刊行の趣意

「学問は歴史に極まり候ことに候」とは、先哲荻生徂徠のことばである。歴史のなかにこそ人間の智恵は宿されている。人間の愚かさもそこにはあらわだ。この歴史を探り、歴史に学んでこそ、人間はようやくみずからの正体を知り、いくらかは賢くなることができる。新しい勇気を得て未来に向かうことができる。徂徠はそう言いたかったのだろう。

「ミネルヴァ日本評伝選」は、私たちの直接の先人について、この人間知を学びなおそうという試みである。日本列島の過去に生きた人々の言行を、深く、くわしく探って、そこに現代への批判を聴きとろうとする試みである。日本人ばかりではない。列島の歴史にかかわった多くの異国の人々の声にも耳を傾けよう。先人たちの書き残した文章をそのひだにまで立ち入って読み、彼らの旅した跡をたどりなおし、彼らのなしとげた事業を広い文脈のなかで注意深く観察しなおす——そのとき、はじめて先人たちはいまの私たちのかたわらによみがえってくる。彼らのなまの声で歴史の智恵を、また人間であることのよろこびと苦しみを、私たちに伝えてくれもするだろう。

この「評伝選」のつらなりのなかから、列島の歴史はおのずからその複雑さと奥ゆきの深さをもって浮かび上がってくるはずだ。これを読むとき、私たちのなかに新たな自信と勇気が湧いてきて、その矜持と勇気をもって「グローバリゼーション」の世紀に立ち向かってゆくことができる——そのような「ミネルヴァ日本評伝選」にしたいと、私たちは願っている。

平成十五年（二〇〇三）九月

上横手雅敬
芳賀　徹

「徳川家康三方ヶ原戦役画像（顰《しかみ》像）」

（徳川美術館蔵／©徳川美術館イメージアーカイブ/DNPartcom）

三池光世作「太刀」
（徳川家康所用）
（久能山東照宮博物館蔵
／艸藝社提供）

伝狩野探信筆「家康及徳川十六将図」
（久能山東照宮博物館蔵／艸藝社提供）

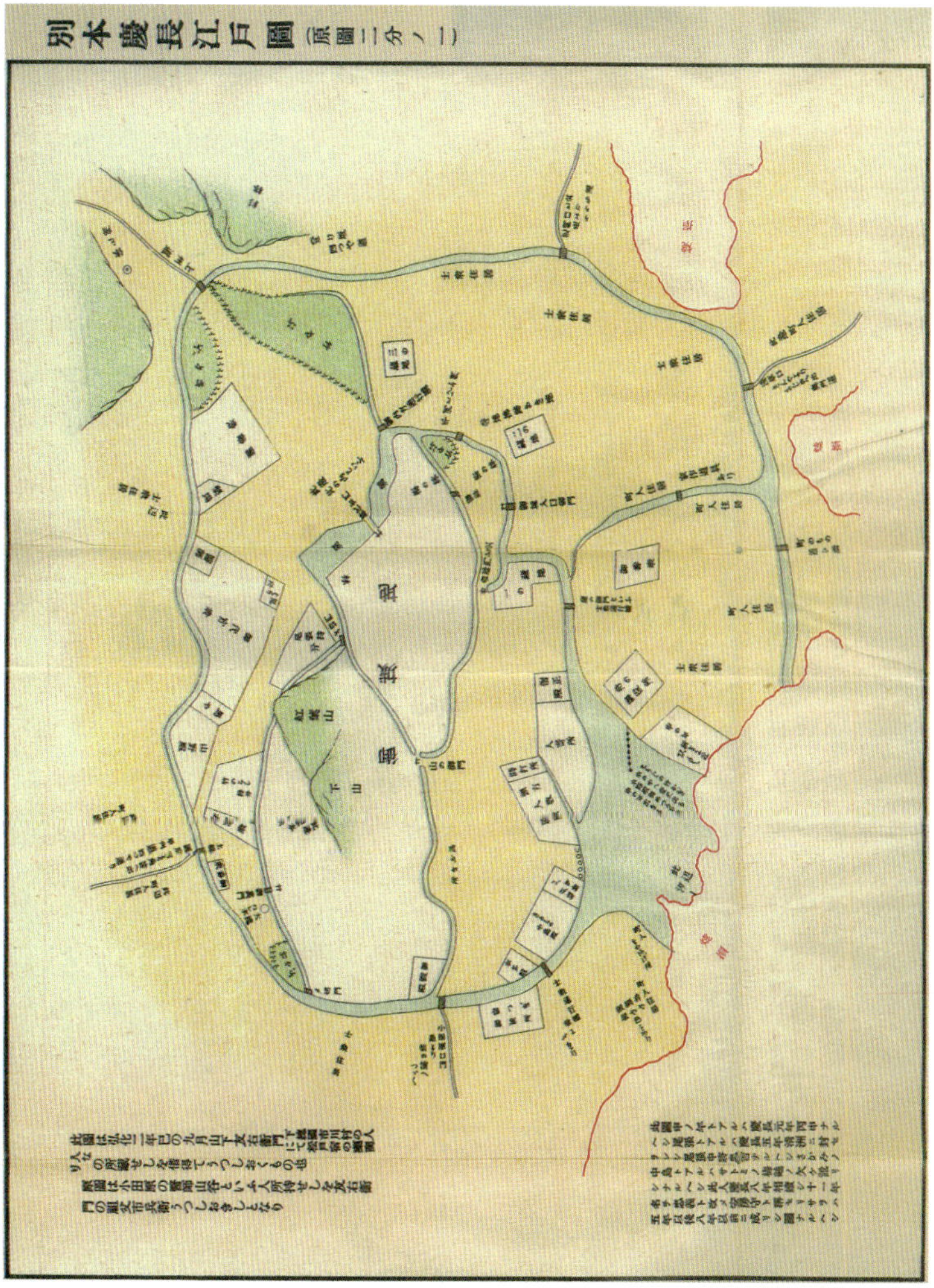

「別本慶長江戸図」

関ヶ原合戦直後頃の江戸の姿を示している。日比谷入り江が右下部分に見え，道三堀も描かれているが，その先にある日本橋川の流れは見えない。この頃は，町人住居が江戸城の郭内にあったことも分かる。

「大坂夏の陣図屛風」右隻

（大阪城天守閣蔵）

「関ヶ原合戦図屏風」

（関ヶ原町歴史民俗資料館蔵）

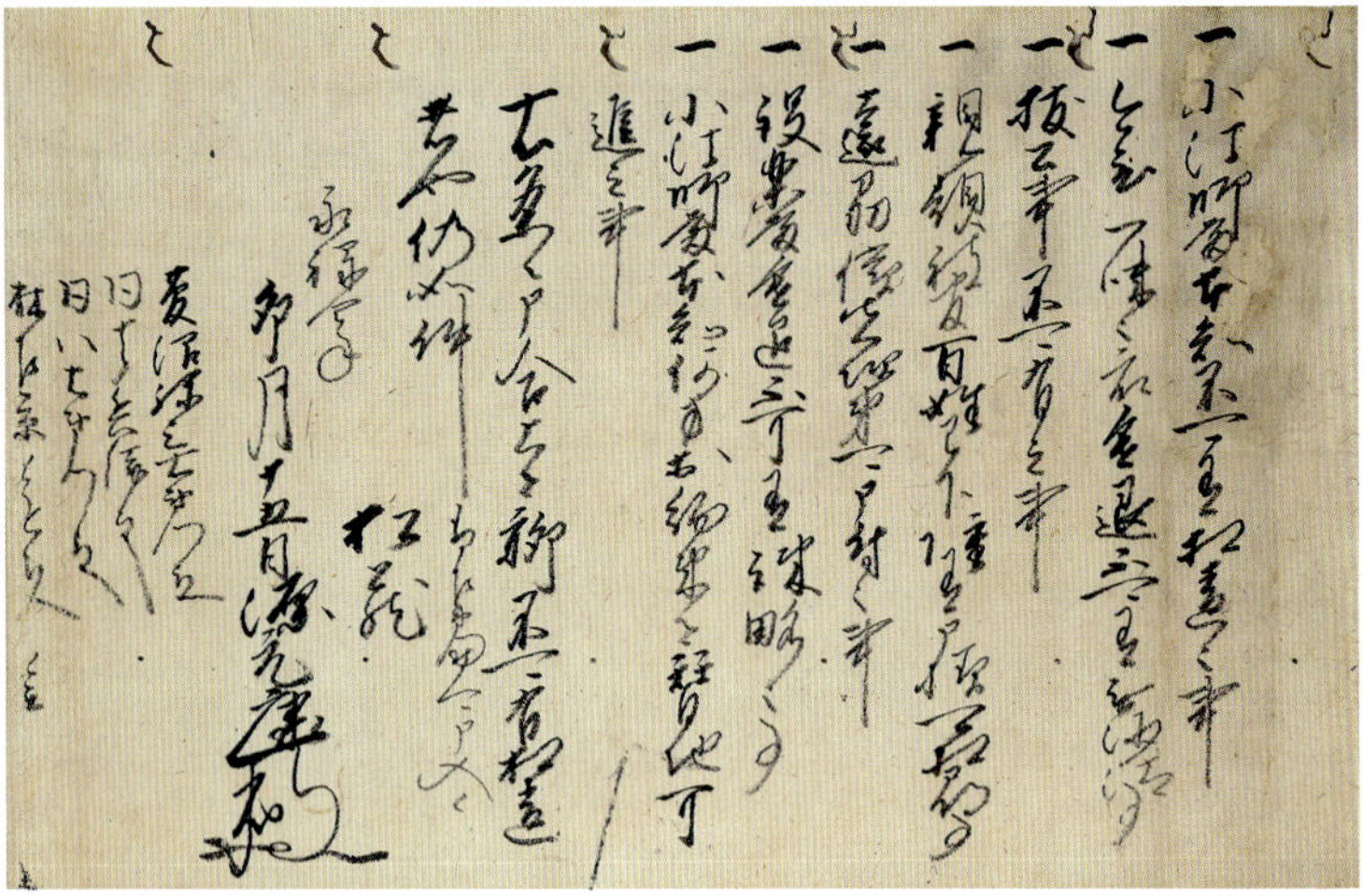

松平蔵人源元康安堵状（永禄４年４月15日）

（久能山東照宮博物館蔵／艸藝社提供）

「洛中洛外図屛風」左隻部分（岐阜市歴史博物館蔵）

征夷大将軍任官拝賀の儀のため，家康が二条城から御所へ参内する場面を描いていると考えられる。牛車の主は家康である。また創建当初の第一次二条城の姿も克明に描かれている。

（牛車部分拡大）

松平東照宮（愛知県豊田市松平町赤原）

松平家の館跡に建つ神社で，もとは八幡宮と称して松平家の屋敷神であったものを，元和５（1619）に松平尚栄が東照大権現を勧請し，さらに昭和40（1965）年に松平親氏を合祀した。

世良田東照宮（群馬県太田市世良田町）

元和３（1617）年に駿河国久能山（久能山東照宮）より下野国日光（日光東照宮）へ家康の遺骸を改葬した際に，２代将軍・徳川秀忠によって建てられた社殿を，３代将軍・徳川家光の命により，寛永21（1644）年に上野国世良田へ移築し，創建された。この地に徳川家遠祖の世良田義季の創建になる長楽寺があり，またその住職が天海僧正だったことによるものである。

はしがき

徳川家康をめぐって膨大な研究蓄積があることは周知のところである。主なものを取り上げただけでも、古く徳富蘇峰の全百冊からなる『近世日本国民史』のうちの「徳川家康時代篇」があり、家康研究の泰斗たる中村孝也氏の『徳川家康文書の研究』全五巻という家康文書の一大集成と、それを踏まえた『徳川家康公伝』他からなる家康研究の金字塔を眺めやることができる。

さらに新旧の『岡崎市史』において詳密な考証・論述をされた、柴田顕正『岡崎市史別巻　徳川家康と其周囲』全三巻、新行紀一『新編岡崎市史　中世二』の二大業績が、また研究書として、古くは北島正元『江戸幕府の権力構造』、近年では本多隆成『定本徳川家康』などがあり、枚挙に暇がない。

このような巨大な家康研究の森を前にして、筆者ごときが果たして何をなしうるというのか。蟷螂の斧をふるうが如き喩えに他ならないであろう。ただ、筆者には幾分、家康研究において自負するところがあった。すでに飽和状態にあるかに見受けられる家康研究の中にあって、筆者は独自の立場から、家康をめぐって幾つかの新生面を切り開いてきたということである。

家康が主役として登場する関ヶ原合戦と大坂の陣の研究分野における、筆者の新しい見解は比較的よく知られているかと思うが、筆者にはその他に「徳川家康の源氏改姓問題」(『日本研究』第一六号、一九九七年九月)などを著わして、本書でも紙幅をかなり費やして論じている松平—徳川家の始祖伝承をめぐる問題、源氏系図の捏造とされてきた問題、そして家康が清和源氏に改姓する時期と経緯をめぐる問題をこれまでに論じてきた。

これら三分野における新たな知見をもって臨むならば、筆者の如きであっても家康の伝記的研究の進展に対して、何がしか寄与するところもあるのではと考えて、本書の執筆に取り組んだ次第である。

しかしながら着手してみて、初めて事の尋常でないことを思い知らされる。筆者の経験から、関ヶ原合戦関係の史料、論著だけでも膨大なことが痛感されており、これを家康という人の全生涯にわたって対象を広げたとき、どのような状態になるかは予想されたことではあったのだけれども。

いずれの研究においても同様であるが、その多くを先人のなしとげた研究成果に負っており、それ抜きには真の研究というものは成り立たないということである。先人の学説をただ祖述するだけでなく、批判精神をもってそれを乗り越えて行くこともまた学問探求において不可欠ではある。しかしその場合であっても、先人の研究があればこそ、それを乗り越えて発展させることができるということを忘れてはならないであろう。

家康研究については、ことにそれを痛感する。巻末に掲げた参考文献の長大なリストは、そのような筆者の先行研究への感謝と敬意の表れと受け止めていただければ幸いである。

徳川家康——われ一人腹を切て、万民を助くべし　目次

はしがき

第六章　豊臣政権の分裂と秀吉の死……153

図版写真一覧

図版写真一覧

清和源氏系図

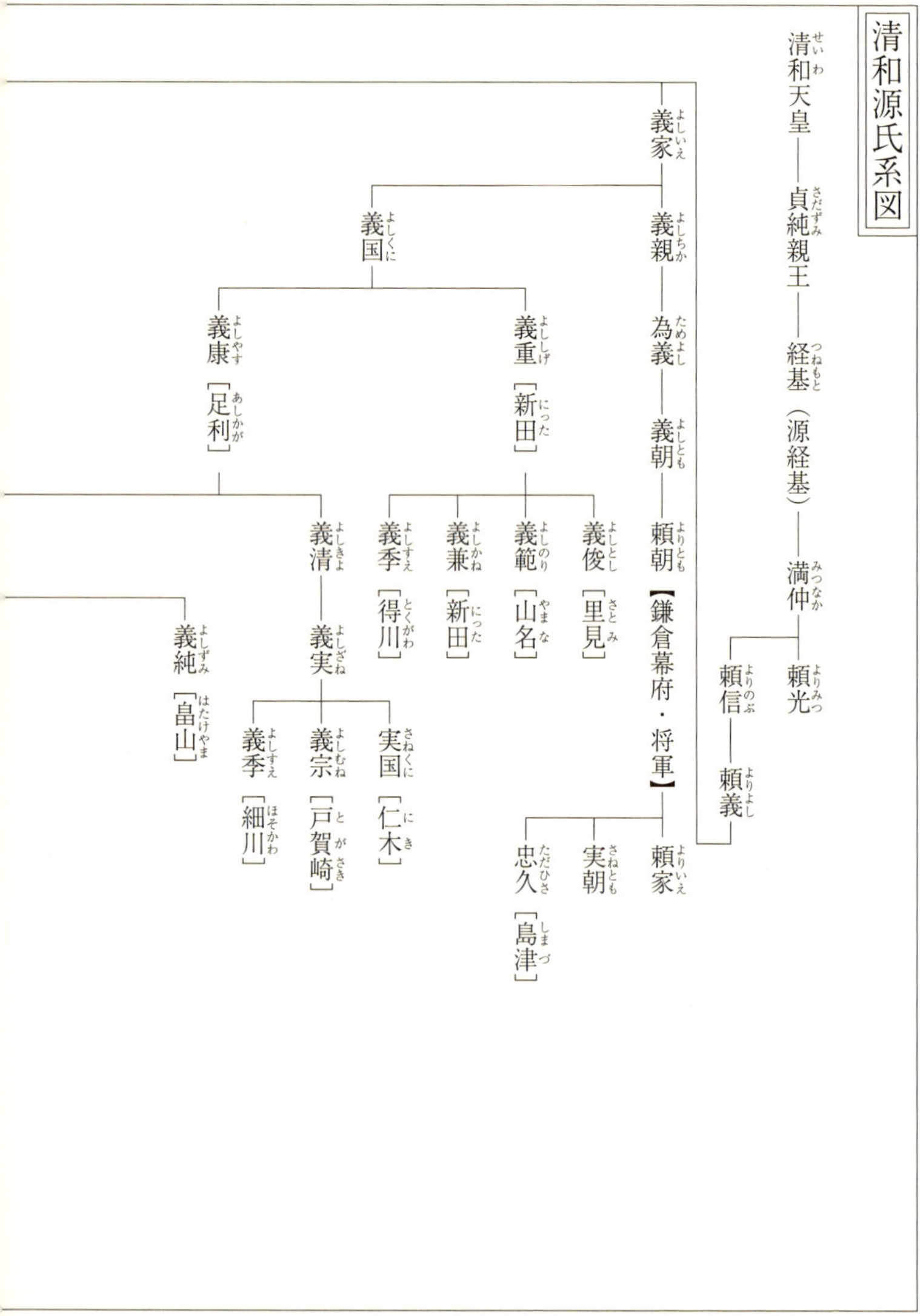

清和《せいわ》天皇
貞純《さだずみ》親王
経基《つねもと》（源経基）
満仲《みつなか》
頼光《よりみつ》
頼信《よりのぶ》
頼義《よりよし》
義家《よしいえ》
義親《よしちか》
為義《ためよし》
義朝《よしとも》
頼朝《よりとも》【鎌倉幕府・将軍】
頼家《よりいえ》
実朝《さねとも》
忠久《ただひさ》［島津《しまづ》］
義国《よしくに》
義重《よししげ》［新田《にった》］
義俊《よしとし》［里見《さとみ》］
義範《よしのり》［山名《やまな》］
義兼《よしかね》［新田《にった》］
義季《よしすえ》［得川《とくがわ》］
義康《よしやす》［足利《あしかが》］
義清《よしきよ》
義実《よしざね》
実国《さねくに》［仁木《にき》］
義宗《よしむね》［戸賀崎《とがさき》］
義季《よしすえ》［細川《ほそかわ》］
義純《よしずみ》［畠山《はたけやま》］

- 義光《よしみつ》
  - 義業《よしなり》［佐竹《さたけ》］
  - 義清《よしきよ》—□
    - 信義《のぶよし》［武田《たけだ》］……信虎《のぶとら》—晴信《はるのぶ》（信玄《しんげん》）—勝頼《かつより》
    - 遠光《とおみつ》［小笠原《おがさわら》］
- 義兼《よしかね》
  - 義氏《よしうじ》
    - 長氏《ながうじ》
      - 満氏《みつうじ》［吉良《きら》］
      - 国氏《くにうじ》［今川《いまがわ》］
      - 家氏《いえうじ》［斯波《しば》］
    - 泰氏《やすうじ》—頼氏《よりうじ》—家時《いえとき》—貞氏《さだうじ》
      - 尊氏《たかうじ》【室町幕府・将軍】—義詮《よしあきら》—義満《よしみつ》—義持《よしもち》—義量《よしかず》—義教《よしのり》—義勝《よしかつ》—義政《よしまさ》
        - 義尚《よしひさ》—義稙《よしたね》—義澄《よしずみ》—義晴《よしはる》—義輝《よしてる》—義栄《よしひで》—義昭《よしあき》

徳川家系図

- 義季《よしすえ》［得川《とくがわ》］
  - 頼有
  - 頼氏《よりうじ》［世良田《せらだ》］
    - 有氏
    - 教氏—（三代略）—親季《ちかすえ》—親氏《ちかうじ》［松平《まつだいら》］—泰親《やすちか》—信光《のぶみつ》—親忠《ちかただ》—長親《ながちか》
      - 信忠《のぶただ》—清康《きよやす》—広忠《ひろただ》—家康《いえやす》［徳川《とくがわ》］【江戸幕府・将軍】
    - 満氏［江田］

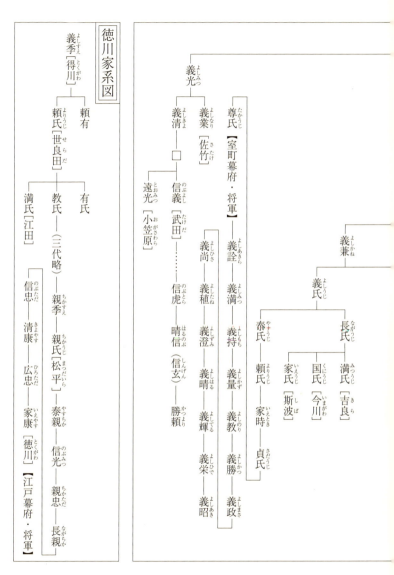

第一章　家康の誕生と幼少時代

1　家康の誕生

岡崎城は家康誕生の城である。木々の生い茂る城内の一隅に小さな井戸があり、その傍らに「家康公の産湯の水を汲んだ井戸」とある。かつて毎年の夏、縁あってこの地方の大学に夏季集中講義で訪れていた筆者は、時間があれば岡崎城内を散策し、この家康誕生の証跡ともいうべき産湯の井戸の前に足を止めて、蟬時雨の降りそそぐ中で往事をしのぶことを恒例の儀式のようにしていた。

家康が誕生したのは天文一一年一二月二六日（ユリウス西暦一五四三年一月三一日）の未明（午前四時頃）であった。父は三河国の国人領主で岡崎城主であった松平広忠《ひろただ》、母は同じく刈谷の領主であった水野忠政の女子・於大《おだい》（伝通院）。家康は広忠の嫡男として生まれ、幼名を竹千代と称した。父広忠は一七歳、母於大は一五歳であった。

岡崎城（愛知県岡崎市康生町）

東照公産湯井（岡崎城内）

2 松平—徳川家の始祖伝承

松平郷発祥の在地領主

家康が生を享けた松平の家というのは、代々三河国に勢力を張ってきた国人領主の家柄であり、その苗字は奥三河の加茂郡にある松平郷（現・愛知県豊田市松平町。名鉄東岡崎駅から車で四〇分ほどの地）の地名に由来している。家康から数えて八代前の祖先である親氏《ちかうじ》が松平郷の村長の地位から出発して武士領主としての発展の途を歩み始め、その後、泰親《やすちか》—信光《のぶみつ》—親忠《ちかただ》—長親《ながちか》—信忠《のぶただ》—清康《きよやす》—広忠と続き、そして家康に至る。

この系譜の初発にある「親氏」という人物をめぐる物語がミステリアスであり、松平—徳川家の始祖伝承として長く語られ、そして家康の征夷大将軍成りの問題にまで影響を及ぼしているものと考えられ、その信憑性をめぐり長きにわたって物議を醸してきたのである。

従って、本書ではこの始祖伝承の問題にたびたび立ち返って検討することになるけれども、ここでは徳川家の正史『徳川実紀《とくがわじつき》』に記されている、松平—徳川家の由緒をめぐる始祖伝承のあらましと、姓氏問題の性格についての予備的な説明を施しておきたい。

家康の出自をなしている松平家というのは、古代豪族の賀茂氏の一族と言われている。賀茂一族は全国に広く分布していたが、三河国賀茂郡もまたそのゆかりの地の一つと見なされていた。松平家の三代目の当主信光が「加茂朝臣」を称していたことが、信光の建立した三河妙心寺の阿弥陀像の銘文から知られ、また松平—徳川家の家紋である「三つ葉葵」も葵祭で有名な京都の賀茂神社との関連の深いことを思わせるものがある。

このように松平家は、もともとは三河国の一土豪の家柄であって、地方の中小在地領主の域を出るものではなかった。ところがこの松平家には始祖伝承なるものがあり、松平の名字（家名）を名乗ることになった初代の松平親氏という人物は、実は清和源氏の流れを汲む新田一族に属し、下野国新田荘世良田《せらだ》郷得川《とくがわ》に住した得川四郎義季《よしすえ》の七代目の子孫に他ならないとされている。

松平氏館跡（愛知県豊田市松平町赤原）

高月院（愛知県豊田市松平町寒ヶ入）

すなわち得川義季の子孫は新田一族として、南北朝内乱に際しては新田義貞に属する形で南朝方として行動したが、そのため足利方の圧迫を蒙ることとなり、その危難を避けるべく親氏は所領を離れ、時宗《じしゅう》の僧侶に身をやつして諸国流浪の旅に出た。そして三河国松平郷に至り、親氏はこの地の村長であった太郎左衛門信重《のぶしげ》の聟として迎え入れられ、こうして松平家の始祖である松平親氏が誕生したという。

そして松平家の始祖がこのような由縁の者とされていることから、家康はのちに松平の名字（苗字）を改めて徳川となし、さらにそれが新田系の清和源氏の血統を帯びることから、これを根拠として征夷大将軍に任官したとされている。

松平親氏が真に、新田得川の血統を引く人物であるか否かについては決定の難しい問題であるが、しかしこの松平家に伝わる始祖伝承を踏まえておくことは、家康の行動を理解するうえで不可欠なことである。その最も著しい問題は、家康が慶長八（一六〇三）年に征夷大将軍に任官するために、それに合わせる形で清和源氏としての系図をにわかに捏造したとする見解が、昔から取られてきたけれども、そのような見方は誤りであり、戒められなければならないということである。

第三代信光の願文と第七代清康の名乗り

このような始祖伝承は、将軍任官の必要性にかられて家康が恣意的に作ったものではなく、松平家の中で連綿と語り継がれてきたものである。三代の松平信光の願文には「源氏武運長久」の一文が明記されている。また家康の祖父にあたる清康《きよやす》も、その名乗りに「世良田二郎三郎」を唱えていたという事実がある。家康はこのような松平家に言い伝えられてきたところによって、自己が新田得川の末裔であることを信じていたのである。

3　松平一族の発展——十八松平と譜代家臣団

岩津松平と安城松平

親氏の後、二代目の泰親《やすちか》は同じ三河国の岩津《いわづ》城を攻略して、ここを本拠とした。第三代信光《のぶみつ》は四〇人近くの子に恵まれたことから、数多くの分流庶家を

松平氏略系図

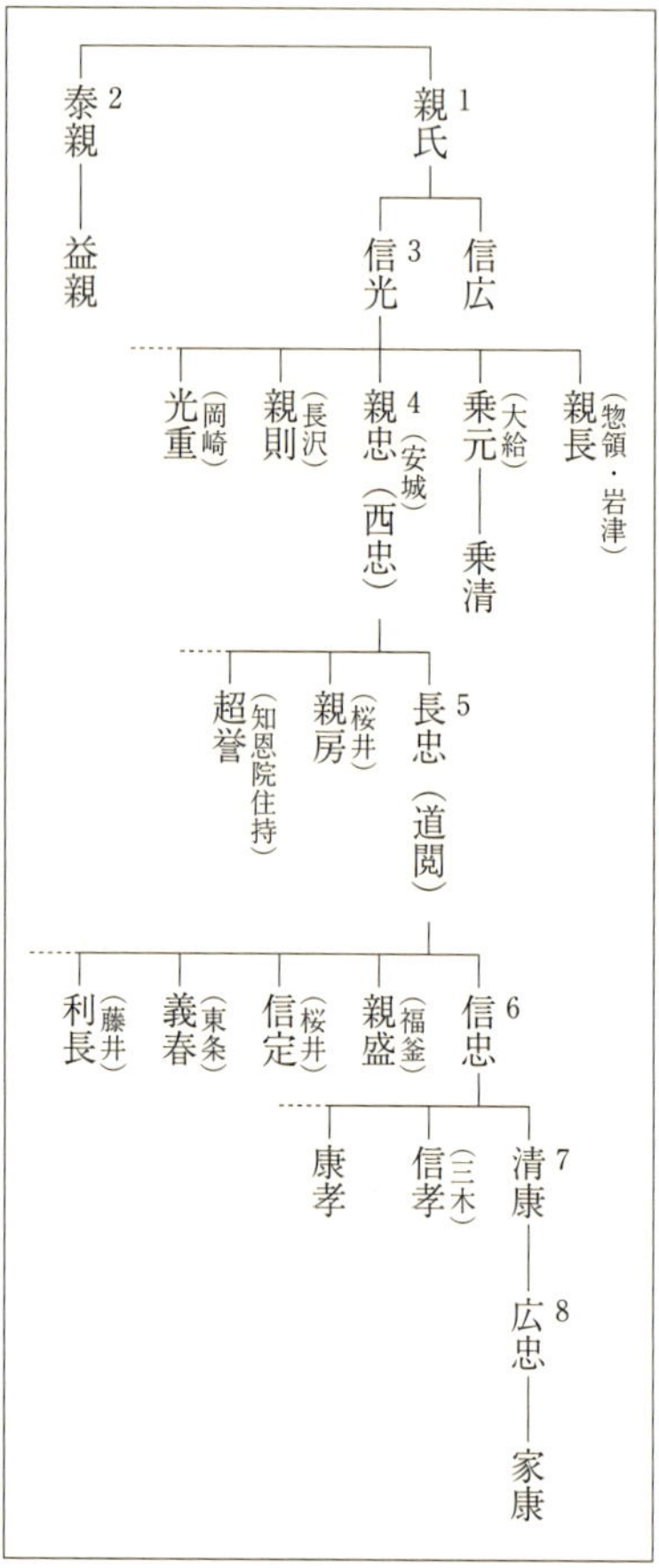

派生することとなった。それら分流庶家はそれらの領地（「所領《しょりょう》」）の地名によって、大給《おぎゅう》、桜井《さくらい》、深《ふこ》溝《うづ》、福釜《ふかま》、藤井《ふじい》、滝脇《たきわき》、長沢《ながさわ》などの松平を称した。それら家康の代までに分家分流した松平諸家を総称して「十八松平」と呼ぶのを常としているが、実際に確認されるのは一四家ほどとされている（北島正元『江戸幕府の権力構造』）。

実は家康が生を享けた岡崎城主の松平家も松平惣領家ではなく、第三代信光の第三子で安祥城主としてあった松平親忠を祖とする庶流であった。惣領家は泰親および信光が岩津城主であったことから

松平一族分布図（北島正元『江戸幕府の権力構造』に拠る）

「岩津殿」と呼ばれていたが、次第に家勢が衰え、代わって安祥松平家がいつしか松平一族の惣領家としての地位を固めることとなった。

大久保忠教（彦左衛門）の『三河物語』が松平家の譜代家臣について述べた箇所で、安祥譜代から始めて、それ以前の家臣団形成を記さないのは、家康の属する松平家が松平親氏に発する嫡系ではなくて、信光の第三子で安祥城主であった松平親忠に発する庶流家であることを裏付ける記述となっている。

これら松平諸家は、のちに徳川幕府が成立すると一万石以上は譜代大名として、以下は旗本としてあった。血統的には徳川家の親類筋であったが、その一万石以上の者も決して一門大名（いわゆる親藩）の扱いではなくて、あくまで家臣筋である譜代大名としての待遇であった。けれども譜代大名の中での格式は高く、特に大給松平家は五位の大名（後述する朝廷位階が従五位下の大名で、三百近くある大名の大半が含まれる）の上席という待遇を得ていた（小川恭一『江戸幕藩大名家事典』下巻）。

これら分流庶家を併せた松平一族の武士領主としての発展は、代を重ねるごとに版図の拡大として現れ、その本拠も山間の松平郷から出て三河国の中央部に位置することとなっている。前述のように二代泰親・三代信光の時代には岩津城が中心であったが、四代の親忠の時代からはその居城である安祥城に勢力が移り、さらに代を重ねる中で武士領主として次第に大をなし、家康の祖父にあたる松平清康の時代には三河国を統一するばかりの勢いを示していた。

松平清康の覇業と守山崩れ

家康の祖父である松平清康は信忠の子で、永正八（一五一一）年の生まれ、大永三（一五二三）年に一三歳で家督を嗣いだ。当時安祥城にいた清康は翌年五月、敵対していた松平（西郷）弾正左衛門信貞《のぶさだ》を攻め山中城（豊田市）・岡崎城（岡崎市）を奪い、本拠を岡崎城に移した。

清康は智勇に優れ、また一四歳のとき既に身長五尺八寸（約一七五センチ）と大柄で力も強く、二四～二五歳にも見えたと伝えられている。清康の時代に版図が急速に拡大し、三河国に覇を唱えるまでになっていた。

三河国を切り従えた清康は、隣国尾張国の実力者織田信秀《のぶひで》と敵対することとなり、天文四（一五三五）年一二月、織田方の出城である尾張守山城《もりやま》（現・名古屋市守山区）の攻略を目指し一万の大軍を率いて出陣した。ところが守山において敵と対峙していた松平側の陣内で、思わぬ突発事件が生じた。清康の家来に阿部定吉《あべさだよし》なる者があったが、敵方に内通しているという噂が流れていて、家臣たちの間に動揺が広がっていた。そのような時、たまたま味方の馬が暴れ出すことがあり、清康は現場で家来を指揮してこれを鎮めようと下知していた。ところが、この騒ぎを阿部定吉を誅殺するための出動と曲解した定吉の子・弥七郎《やしちろう》は、清康の背後に迫って一刀のもとにこれを斬り殺してしまった。

弥七郎はその場で討ち果たされ、父の定吉は捕らえられたが（後に許されている）、総大将を失った松平軍は総崩れの状態となり、三河国に撤退せざるをえなかった。これを「守山崩れ」と称し、この事件を境に松平党は悲運の途を歩むこととなる。

松平広忠の苦難

清康の死後はその子の広忠が家督を嗣いだが、広忠はいまだ一三歳であり、岡崎松平家の身代は松平一族の松平（桜井）内膳信定に奪われ、幼い広忠は岡崎城を追われて伊勢国へ落ちていくこととなった。清康を誤って刺殺した阿部弥七郎の親、阿部定吉は我が子の犯した大罪を償うべく、幼い広忠を護って各地を流浪する。そして最終的に駿河国の太守・今川義元を頼り、義元の支援の下に岡崎城への帰還を果たすことができた。これには松平家臣団の中でも、八国甚六、大久保新八郎、成瀬又太郎、大原左近右衛門、林藤助といった面々が、広忠の帰城に尽力したということである（柴田顕正『徳川家康と其周囲』）。

しかし、このような経緯があって岡崎城主に復帰したことから、広忠にとって今川義元の意向は絶対であり、今川家の傘下に甘んじることでその命脈を保つこととなった。その後、天文一〇年頃、広忠は三河国刈谷の領主水野忠政の娘・於大（伝通院）を妻に迎え、嫡男竹千代を儲けたが、竹千代二

於大（伝通院）
（楞厳寺蔵）

松平・水野氏関係略系図

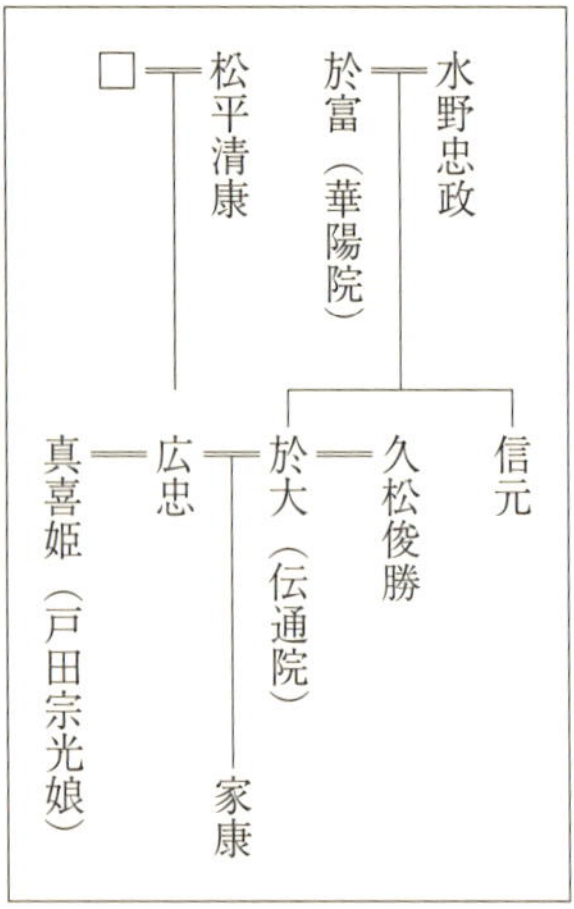

歳のとき、忠政没後の水野家を嗣いだ水野信元（於大の兄）は、今川から離反して尾張国の織田方についた。このため広忠は於大の離縁を余儀なくされ、竹千代は幼くして母と生き別れの境遇となった。

4　今川の人質

六歳のとき竹千代は、松平家の宗主である今川の下に人質として送られることとなる。広忠の岡崎城が織田信秀の軍勢に攻められて窮地に陥ったため今川義元に救援を要請したところ、義元はその見返りに人質の提出を求めてきた。義元は広忠率いる松平家が不振であることに苛立ちを覚えており、他方、織田信秀の勢いの盛んなるのに恐れを抱いていたことから、今川自らが西進して領国を固めるべく、岡崎城と松平家とをその支配下に収めることを考えたものであろう。こうして、その人質には、その母が織田方の人間である竹千代が充てられることとなった。すなわち、於大の実兄水野信元も、於大が再婚した久松俊勝（尾張国知多郡の坂部城主）も、ともに織田方の武将としてあったからである。

織田信秀の下へ

こうして竹千代は今川義元のいる駿府へ送られることとなったのであるが、護送の途中に立ち寄った田原城の城主戸田康光《とだやすみつ》（広忠の後妻の父）の裏切りにあって、竹千代は奪われて尾張の織田信秀の下へ送られてしまった。しかし広忠は今川への臣従を変じなかったことから、竹千代は見捨てられた形となり、そのまま人質として尾張国に留め置かれた。

織田信秀の手中に陥った竹千代であるが、彼が尾張国で置かれた場所は熱田の加藤図書《ずしょ》と称した在地の土豪の屋敷であった。もとより大事な人質のことでもあり、警固の人数はしっかりと配備されていたことであろうが、なぜ熱田に留め置かれたことの理由は明らかではない（後に名古屋の万松寺に移されているが）。

ただこの熱田の地は、家康の生母である於大の方が久松俊勝に再嫁して居住していた阿古居《あぐい》（現・知多郡阿久比町）の地から近かったという地理的事情があった。ために於大の方は、幼い竹千代のために家臣を派して、たびたび差し入れを行っていたとのことである（柴田『徳川家康と其周囲』上巻）。人質の身であるがゆえに、面会することは叶わなかったであろうが、生き別れとなった母子の恩愛の情が伝わってくる話でもある。あるいは久松俊勝から織田信秀に嘆願して、このような扱いとなったかもしれない。あくまでも推測に過ぎないことではあるが。

そしてこの人質竹千代をめぐっては、もう一人の人物との人間関係に誰しもが興味を惹かれることであろう。すなわち若き信長である。この時期、織田家の跡取り息子で天文三（一五三四）年生まれの信長は一四歳になっており、好奇心旺盛な信長のこと、計略で奪われてきたという人質の松平家の惣領息子がどんなものか、一目見てやろうと、熱田の地まで足を運んでくるということは想像に難くないであろう。当時の信長の居城であった那古野城（現、名古屋城）から熱田までなら馬で駆ければすぐの距離、竹千代の尾張滞在は二年に及んでいるのだから、そのような機会はいくらでもありえたことであろう。

後年、長く同盟を倶にした両雄の、幼年時における交わりがどのようであったか誰しも興味津々ではないかと思うが、ただしそれを物語る史料は残されていない。しかし史料が残されていないからと て、そのような歴史的事実が無いということを意味するわけではない。特にこのような子供同士のプライベートな関係は史料として残りにくい分野であることを踏まえたうえで、両雄がどのような交友をもっていたか、想像はこの上なくふくらむ。

父広忠の死

竹千代が尾張に囲われていた天文一八（一五四九）年三月のこと、その父松平広忠が急死する。『三河物語』などはこれを病死と記しているが、岩松弥八なる家臣によって殺害されたとするのが事実のようである。理由や動機は不明ながら殺害となれば、清康、広忠の二代にわたって家臣の手にかかって主君が殺害されたということになり、それを忌んで『三河物語』などは病死としたものであろう。広忠の死が変死であることについては、『新修　岡崎市史』などの信頼のおける現代の編纂物も同様の記述をとっていることを指摘しておきたい。

この岡崎の混乱に乗じて今川義元は岡崎城と松平家の直接支配に乗り出した。家老・重臣たちは妻子とともに駿府在住が命ぜられ、岡崎城の本丸、二の丸には今川家の侍大将が交代在番することとし、松平家臣では鳥居伊賀守忠吉《ただよし》のみ三の丸にあって租税と雑務を扱うこととさせた。それゆえ、城中には忠吉と末々の小役人ばかりが残るにすぎなかった。岡崎は駿府今川の保護領の観を呈するに至った（中村孝也『徳川家康公伝』）。

竹千代はその後、今川方の手によって捕虜とされた織田信秀の子・織田信広（信長の弟）との人質交換によって織田方からは取り戻された。しかし岡崎城に戻ることは許されず、そのまま今川義元の駿府に移された。

今川義元の下へ

この時、竹千代に従って駿府に赴いた家臣――それは後に家康の股肱の臣として信頼厚く、重要な役割を果たす者たち――には、酒井正親《さかいまさちか》、内藤正次、天野康景《あまのやすかげ》、石川数正《いしかわかずまさ》、阿部正勝、同重吉、平岩親吉《ひらいわちかよし》、野々山元政などがあった（中村孝也『徳川家康公伝』）。彼らは年齢が二十代から竹千代と同年代の八歳ほどまでの者からなっており、若年ながら竹千代のお伴の者として起居を共にし、遊び相手ともなり、また警固の任務も帯びていた。主君たる竹千代のためには命を惜しまぬ者たちであり、竹千代は彼らに取り囲まれながら成長していく。ドラマでよく描かれるように、独り淋しく暮らしていたわけではない。

駿河今川家

竹千代が人質として送られ、その幼少時代を過ごすこととなった今川家とは、足利将軍家の支流をなす名門である。足利義氏の孫国氏が三河国今川荘（愛知県西尾市）を所領（領地）として保有し、そこを基盤として発展したことから今川を苗字（名字）として名乗るようになる（このように、その地名が自己の苗字の由来となった根本所領のことを「名字の地」と呼ぶ）。

そして足利家自体が八幡太郎・源義家の流れを汲む清和源氏の正統であり（源氏系図参照）、その支流である今川もまた名門武家としての地位を誇っていた。南北朝内乱では足利尊氏に従って遠江・駿河二ヶ国の守護となるが、歴代当主の中でも今川貞世《さだよ》（了俊《りょうしゅん》）の武人および治者としての名は高く、九州探題として活躍し、南朝勢力を抑えて幕府の九州経営に多大の貢献をなした。

室町時代には、幕府の本拠は京都に置かれたが、鎌倉に鎌倉公方を派遣して関東方面の施政を委ね、東国・西国という二元政治をとっていたことから、その領国が両者をつなぐ東海道筋に位置する今川家の存在はおのずから重きをなすこととなった。

しかも京都の足利将軍と鎌倉公方との確執は代を重ねて収まることなく、さらに鎌倉公方が分裂して古河公方と堀越公方の二つに分かれ、鎌倉公方を支える関東管領の上杉家も四分五裂のありさまとなり、ついに関東は新興の後北条に制されることとなる。

このような中にあって今川家は、幕府の鎌倉府対策にとって重要な役割を果してきた。そして関東を支配することとなった後北条の祖である伊勢新九郎（北条早雲）も今川の客将であり、今川義忠の側室北川殿の兄という関係にあった。このようなことから今川は、関東に覇を唱えた戦国大名後北条と提携する形で、自らも戦国大名へと成長していった。

今川義元

今川義元は永正一六（一五一九）年の生まれ、幼時に出家して承芳と称した。そののち早世した兄氏輝の後継をめぐる争いで次兄恵探を破り（花倉の乱）、還俗して今川家の当主となった。駿河東部を安定させるとともに三河国を配下に収め、駿河・遠江・三河の三ヶ国を領有する戦国大名として東海地方に君臨した。甲斐国の武田家と並んで清和源氏の血統に連なる名門であり、中世以来、守護家として長くその地を治めてきたという実績も、その支配の安定と持続の基礎をなしていた。

義元は領内に検地を施行して在地掌握に努め、領内の武士、土豪らを寄親・寄子制（家臣の中に保護者―被保護者関係の束を作る）にのっとって整序し、安定した強力な家臣団の編成に傾注した。また今川家は京の足利将軍家の親類筋でもあったことから京の文化は自ずから日常的に流入しており、駿府は東海地方における学問、文化の中心としての観を呈していた。

駿府の竹千代――太原雪斎の薫陶

駿府に来った竹千代が最初に住まいしたのは、『三河物語』によるならば同地の少将宮町と呼ばれた場所の屋敷であった（現・静岡市葵区紺屋町の小梳神社付近）。そこで幼い竹千代を保育したのは、義元の時代に駿府に下っていた外祖母（於大の方の母）の源応尼であった。彼女は今川義元の許しを得たうえで自己の屋敷に竹千代を住まわせ、かいがいしく世話をし、駿府に来た八歳から一五歳までの長きにわたって、その成長を助けた。また手習いの技を授けるなど、竹千代の幼年期の教育は、もっぱら彼女の手になったようである。

竹千代は長じるに及んで今川義元の周囲の高僧、学者たちから薫陶を受け、修養を積んでいく。人質の境遇が幸せであるはずもないが、しかしまた一般に考えられているほどに悲惨なわけでもない。彼らを迎え入れた側の大名領主は、多くの場合、この幼少の人質をそれなりに丁重に扱い、特に教育、教養の機会を提供して立派に成人するように配慮している。それは彼らに慈愛をもって接することによって、彼らがその大名を父同然になついていき、将来、人質の境遇から解放されて独立領主となった時にも、育ての恩義を思い、末久しく宗主大名としての忠誠を捧げてくれることを期待してのことなのである。

竹千代の今川家における境遇もこのような形で理解されてよいかと思う。実際、彼の教育係としては、臨済宗の禅僧にして、武将としてもしばしば戦場で活躍していた太原雪斎《たいげんせっさい》があてられたと言われている。

太原雪斎は、庵原《いはら》城主・庵原政盛の子であり、母は興津横山城主・興津正信の娘。庵原、興津の両家とも今川家譜代の家柄であり、雪斎は今川義元の禅僧時代からの友にして、そろって京へ赴いて建仁寺や妙心寺などで仏道修業に励んだ仲であった。そののち雪斎は義元の家督相続に尽力。相続後は義元を補佐して内政・外交・軍事に敏腕を発揮し、今川家の全盛期を築き上げていた。まさに今川家、義元の軍師と呼ぶにふさわしい人物であった。

このような禅学と軍事の両道に通暁していた雪斎の薫陶を受けたことは、竹千代にとってこの上ない幸いであった。中世以来の名門武家といい、今川了俊を代表とする文人的香りの高い雰囲気といい、三遠駿の三ヶ国領有からもたらされる財力と文化資源といい、竹千代にとってまずは申し分のない教育環境であったと言ってよいであろう。

家康が戦国英傑の中では傑出した好学大名として知られ、出版事業にも熱意を示して書籍文化史の中でも顕著な事跡を残すことになるのも、その素地はと言えば、やはりこの駿府幼少時の教育環境に求められることになるだろう。後年今川家が衰退して領国を失い、流浪の人となった義元の子である今川氏真を、家康は自己の下に迎え入れて文化人として遇している。これなども、家康の今川家に対する思慕の情の表れと見ることができよう。

松平家臣団の忍従の日々

竹千代の養育については恩遇厚かった今川義元も、松平家の領国と家臣団に対する支配は無情であった。竹千代が駿府において人質生活を送っていた時、主を失った松平家の家臣たちは辛酸の日々を送っていた。岡崎城には今川家から派遣された城代（朝比奈泰能《あさひなやすよし》や山田景隆《やまだかげたか》など）が入り、彼らによって松平の家臣たちは頤使《いし》されていたが、もし逆らえば竹千代の身に危害の及ぶことを恐れ、ひたすら忍従に甘んじざるをえなかった。

しかしこのような悲哀の状態にあっても、松平家を見限って去っていく者はさして見られなかった。この当時の常として、大名主君と従者（「家臣」というよりも「被官」の語が用いられる）との関係は限定的、流動的であり、大名家が落ち目となったり、他からよりよい条件で誘いがあったなら、そこを去って別の大名の下に移っていくというのは、ごく普通に見られることであった。

それを思うならば、松平家臣団の忍従と結束には刮目しなければならないだろう。松平一族の祖・親氏から数えて八代、また直接の家祖となる安祥城主親忠から数えても五代、この間に培った累代にわたる主従の絆は固かった。彼らはいつか竹千代が元服成人し、岡崎城主として松平家臣団を率いる日のあることを念じて、艱難の日々を送った。徳川家臣団の結束と忠誠心が人一倍篤いのも、この艱難の時代を耐え抜いたという誇りと自負の心のゆえであろう。そこで鍛えられた数多くの譜代家臣をその配下に置いていることが徳川家の強みであり、天下に覇を唱えることができた根源的な力となっている。

この時代における松平家臣団の悲哀の境遇については、大久保忠教の『三河物語』の中に詳しく記されている。忠教自身はいまだこの時代には生を受けてはいないけれども、それは、この忍従の時代を耐え抜いた大久保一族の中で語り継がれてきた昔物語である。

> 今河《ママ》殿え残らず押〔横〕領して、御普代の衆は拾ヶ年余、御扶持方の御宛行《あてがい》なさるべき様もあらざれば、「せめて山中二千石余の所を渡してもくれざるか、普代の者共が餓死に及ぶ体《てい》なれば、彼等にせめて扶持方をもくれたし」と仰せられけれ共、山中二千石さえ渡し候はねば、何れも御普代衆、手作りをして年貢石米をなして、百姓同然に鎌・鍬を取り、妻子を育み、（後略）　（『三河物語』中巻）

> 松平家の領地はすべて今川家に奪われてしまい、松平家臣たちには扶持米が渡されない。そこで、「せめて松平家の根本領地である山中二千石余の領地だけでも渡してもらえないか。譜代の家臣たちが飢え死にも及ぶ状態なので、扶持米を支給してほしい」と頼むが、渡してくれないので、譜代家臣たちはみな、自分で農作をして年貢米も今川へ納め、農民同然に鎌や鍬を手にして農作業をして妻子を養っていた（後略）

また合戦の場でも悲惨であった。合戦において最前線である先鋒を務めることは武士の名誉とすることであり、それ自体は決して不当な扱いということはない。むしろ武士ならば競い合ってその部所を求めるものではある。しかし『三河物語』の観方を信ずるならば、そのような名誉の部所であることをよいことに、松平家臣の古参有力者たちを敵との最前線に立たせ、次々に討ち死にさせることによって、この世から滅却させていくというのである。そしてそのような松平家に絶対忠誠を捧げる古参の者たちを消し去って、今川の支配に甘んじるような者たちに置き換えていったのである、と。何という非情な話であろうか、慄然たる思いを禁じ得ない。

元服と諱——松平元康と源氏の名乗り

駿府にあった竹千代は天文二四（弘治元。一五五五）年三月に一四歳で元服し、今川義元から偏諱（主君の実名（諱《いみな》）の一字）として「元」を賜って次郎三郎元信と名乗る。元信の「信」は、信光や信忠のように松平家の歴代当主の中で用いられていた文字であった。元信が実名（諱）であるのに対して「次郎三郎」は称号といい、日常的に用いられる通称である。この次郎三郎という称号は父広忠、祖父清康も用いており、松平家の歴代当主を表す称号であったようである。

元信は弘治四年頃に蔵人佐《くらんどのすけ》元康と改名する（中村『徳川家康公伝』）。「康」の字については、松平家の隆盛の時代を築いた祖父清康の偏諱を取っている。蔵人佐の称号については曽祖父信忠などが用いた例が見られるので、それによったものであろう。

のちに桶狭間の戦いで今川義元が討たれ、家康が今川の軛から脱して独立大名としての途を歩み始めた永禄六（一五六三）年一〇月頃、家康はそれまでの諱であった「元康」を棄てて「家康」を名乗ることとなる（中村『新訂徳川家康文書の研究』上巻）。そして苗字も「松平」から「徳川」に改める。こうして「徳川家康」という名前が登場してくるのであるが、このような名前の展開には実に興味深いものがある。「家康」の「家」という文字は、いったいどこから引いてきたのであろうか。その名前の由来と背景をながめるだけでも、家康と徳川家の全歴史が浮かびあがってくるほどに本質的な問題を孕んでいる。

その問題は後述するとして、ここでは若き元康が自己の家である松平家をどのようなものと理解していたのか、別言すれば自己のアイデンティティをどのように認識していたかを見ておきたい。その謎を解くカギは、この若き時代に発給した一連の文書の中に求めることができる。家康がまだ元康を名乗っていた時代に発給した文書が少なからず残されているが、そのうち八通については特に血統的由緒を示す「氏」が記されている。次のようなものである（中村『徳川家康文書の研究』拾遺集）。

従鵜殿、其方ぇ為仮弁田、永代譲置之下地事
一、西郡八幡方岡下地六石六斗内半分幷屋敷三、年貢三貫文内禰宜半分
一、貴布祢方弐拾俵成
一、浜道下三反弐石四斗成之分
右、任彼譲状、従何方雖有申様、永不可有相違者也、仍如件
永禄六年
五月九日　　岡蔵　源元康（花押）
松〔松平又八郎伊忠〕又参

これは紛れもない原文書である。宛所の松平又八郎伊忠《これただ》は深津松平家の第三代当主。彼が舅にあた

る鵜殿《うどの》三郎長持《ながもち》から譲られた西郡八幡方岡下地などの所領を若き家康が安堵したものである。差し出しの署名については「岡蔵」、すなわち岡崎蔵人と通称を右肩に記したのち、「源元康」と正式の名乗りを記し、花押を据えている。

すなわち、自己の血統的由緒を「源氏」として明示しているということである。そして残りの七通も同様であり、元康は自己の血統的由緒を「源氏」として意識していたことが明らかであり、これすなわち松平家の始祖・親氏が、清和源氏の流れを汲む新田一族の支族である得川四郎義季の七代目の子孫とする松平—徳川家の始祖伝承と合致しており、若き元康がこの伝承を信じていたことが諒解されるであろう（笠谷「徳川家康の源氏改姓問題」）。

さて、家康がまだ元信と名乗っていた一六歳の時、弘治三（一五五七）年正月一五日、今川義元の姪で今川家重臣である関口刑部大輔義広の娘を娶っている。後に築山殿《つきやまどの》と呼ばれる家康の正妻である。永禄二（一五五九）年に嫡男信康《のぶやす》を、同三年には長女亀姫を彼女との間に儲けることとなる。

家康が今川家から独立してのちの永禄五（一五六二）年、駿府に残されていた築山殿は子供たちと共に家康のいる岡崎に移った。しかし、築山殿は彼女を今川の人間と見なして嫌う家康の生母・於大の方から岡崎城に入ることを許されず、岡崎城の外れの尼寺で、幽閉同然の生活を強いられた。この幽閉の場所を築山と呼んだところから築山殿の名があるという。

元信の岡崎訪問

元服を終えた元信は一時的に岡崎城に帰参することが許された。これは元信の側から嘆願したとも、今川義元の方から促したとも言われているが、竹千代としての幼少時代には、織田方に囚われの身となっていたことから父の死に目に会うことも叶わず、その後も久しく墓参もできぬままにうち過ぎていたことを悔やんでのことであった。そこで父の墓参を兼ねて、元服を終えた元信の姿を松平の家臣団に披露させてやろうという、義元のせめてもの温情であったのだろう。

弘治二（一五五六）年三月の頃（『徳川家康公伝』。中村孝也氏は広忠の祥月命日が三月六日であり、折しも田植えの季節であったとされていることから、かく推定されている）、一五歳となった元信は、その地を離れてより九年ぶりに岡崎城に戻ることができた。しかし同城は今川の代官の支配するところであり、元信は自己の城であるにもかかわらず本丸に入ることはできず、同城二の丸に滞在せざるをえなかった。しかし忍従に耐えてきた松平家臣の面々が、元服なった若き主君に直接まみえることのできた喜びは、いかばかりであったろうか。

これはよく知られたエピソードであるが、この時、岡崎城の財務を司っていた鳥居忠吉は元信を密かに導いて、同城の蔵の一つを開けてその蓄えを一覧に供した。そこには、松平家臣たちが窮乏を凌いで蓄え、今川の代官たちの目を盗んで囲い置かれてきた財物――夥しい数の銭と兵糧米の数々――が覆いの下に敷き詰められていた。鳥居の言うよう、「これは若君が岡崎城主として戻られ、松平一党が三河国に覇を唱える時節の到来を期しての蓄え」、と。

初陣

永禄元（一五五八）年、元康は織田方に寝返った寺部城主・鈴木日向守重辰《しげとき》を討伐することを義元から命ぜられており、これが元康の初陣となる。この時、元康は岡崎から来参した松平家臣団を率いての出陣となったが、松平の家臣たちは甲冑を帯して一軍を率いる元康の凛々しい軍将として姿を見て感涙にむせんだことであろう。

合戦では、元康の率いる松平勢は大いに奮戦して鈴木重辰を城内に押し込め、外郭をすべて焼き払っている。元康らはそれより転進して同じく織田方の広瀬、挙母《ころも》など諸城の攻撃に向かい、こちらも外郭を焼失させることで城の孤立化に成功している。この外郭の焼き討ちを指揮する若き元康の姿は、家臣たちの目にはいかにも頼もしく映ぜられたということである。

この初陣の戦功を賞して、義元は松平家に対して旧領の山中三百貫の地を返還した。しかしそれは松平旧領のごく一部でしかなかった。松平家臣たちは松平旧領全部の返還を求め、また駿府への人質は松平家家老の中から提出し、元康を岡崎城に返されんことを嘆願したが、そのいずれも聞き入られることはなかった。松平家の苦難はなお続くこととなる。

第二章　桶狭間の戦いと松平家の独立

1　桶狭間の戦い

今川軍の尾張侵攻

東海道方面の政治地図を見たとき、駿河の今川勢力がひときわ際立っていた。足利将軍家の同族にして清和源氏の名門に属するという血統的由緒を誇り、今川了俊をはじめとする名将を生んできた有力守護大名として、また京の文化に彩られた文化的繁栄といい、他に抜きんでた門地を築き上げていた。

この今川に対抗する勢力として尾張国の織田があった。織田家はもと尾張国守護である斯波家の守護代の家柄であったが、次第に尾張国を支配下に置きつつあった。しかしここでも下剋上の力が働いて、守護代織田家の家老筋であった織田信秀が勢力を台頭させ、さらにその子である信長は守護代織田家を打倒して、尾張一国を自己の掌中に収める勢いであった。

このような情勢の下、永禄三（一五六〇）年五月、今川義元は大軍を発して自ら織田討伐に乗り出し、駿河国から尾張国にまで至る東海道全域の掌握を画した。駿河・遠江・三河の三ヶ国を支配する義元の軍勢は、二万人とも四万人とも号する大軍であり、対する織田軍の総兵力は五千にすぎないことから、衆寡敵せず織田方に勝ち目があるとは見えなかった。今川軍は、松平元康の率いる三河勢を先鋒にして、織田領国へ侵攻していった。

先鋒松平勢の動向

ここで今川軍の先鋒として配備された松平勢の扱いについて考えてみたい。そもそも松平勢が先鋒に配属されたことをもって、今川から捨て駒にされていたといった評言は、先述の『三河物語』に伝えるところからしてもっともな側面もあるけれど、それだけとも言えない。

軍隊配備において最も基本的なルールとなるのは、敵地に近接した地に自己の領地を有する者から順に陣立ての上の配備がなされるという原則である。これは敵地の地理的状態や民情などにも詳しく、兵糧や軍馬、舟といった軍事手段の調達が容易であろうという観点からも、ごく自然に導き出されてくる基準なのである。このような観点からしたとき、尾張の織田方と領地を接する松平勢が、織田攻めに際して、今川軍団の先鋒を務めるのは当然のことと言わねばならない。

このとき今川方の最前線にあって、尾張領内に深く入り込んで孤立している大高城の鵜殿長照《ながてる》から、城中の兵糧が欠乏していることを義元に訴えてきた。そこで先鋒を務める松平軍は義元から同城への兵糧の補給を命じられたのであるが、大高城へたどりつくためには、それより手前にある織田方の丸根砦と鷲津砦が行く手を遮っていた。しかしながら松平隊は両砦の間を突破して、小荷駄を大高城中に送り込むことに成功した。これを、「大高城の兵糧入れ」と称する。

今川義元の戦死

今川勢の攻勢に対して信長は事態の推移を静かに見守っていたが、五月一九日昼過ぎ、突如号令を発して配下に出撃を命じた。信長はまず熱田神宮に参拝し、それから善照寺砦に赴き、ここに四千の兵を集結させて攻撃の態勢を整えた。そして桶狭間の地において、今川義元のいる敵軍本営に狙いを定めて強襲をかけ、今川軍が混乱に陥っている中で敵将義元を討ち取った。総大将を討たれた今川軍は壊乱状態となり、戦う術《すべ》を失って本国駿河国へと敗走していった。

今川義元が信長に討たれた際、大高城で休息中であった元康は、織田軍急襲の報を受けて大高城からの撤退を余儀なくされる。今川本隊が敗走した今、最前線にあった松平隊は取り残された形となり、織田方の包囲・攻撃を蒙ることは必至の情勢であった。しかしながら織田軍は今川本隊の攻撃に全兵力を集中して疲労困憊の極にあったことから、大高城へ兵を差し向ける余裕などなく、元康らは無傷のまま同城から撤退することができた。

そして松平家の菩提寺である岡崎の大樹寺《だいじゅじ》までかろうじて引き退いたところ、岡崎城は今川の在番武将が逃走して空城となっていた。元康は「捨て城ならば拾はん」と言って、期せずして岡崎城主として復帰することを得た。つまり元康と松平家臣団にとって岡崎城の回復は悲願中の悲願であったはずなのに、元康には今川への義理合から、この混乱に乗じて岡崎城を強行奪取しようとするような態

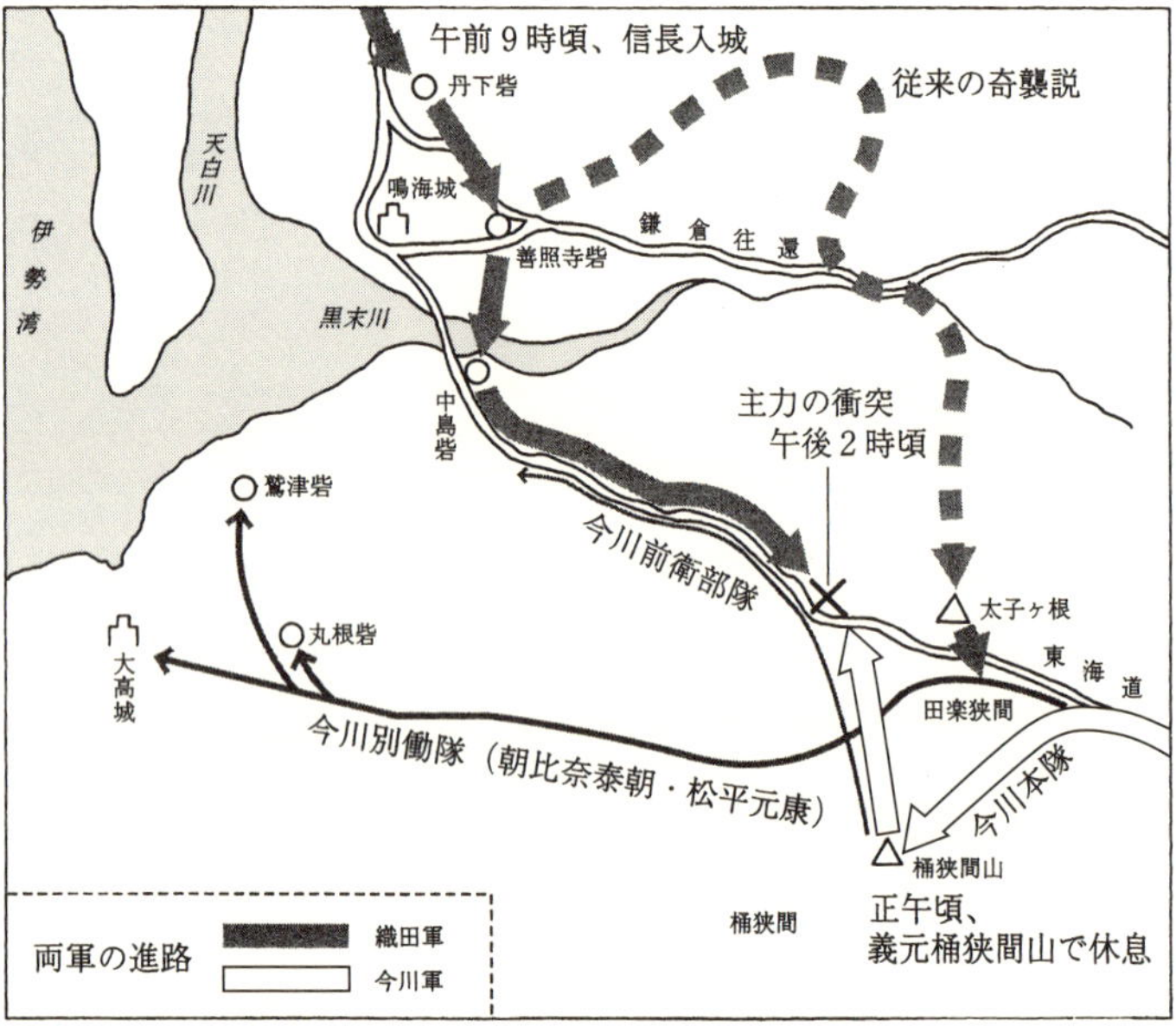

桶狭間の戦い要図（谷口克広『信長の天下布武への道』より）

大樹寺（愛知県岡崎市鴨田町広元）

度は取っていなかった。このあたりにも後々まで言われる、家康の律儀な性格が見て取れるようである。

　さて、岡崎城に入った元康と松平家臣団一同は、織田軍の到来を待ち受けたのであるが、結局、織田方の追撃攻勢は見られなかった。けだし信長軍は今川義元を討ち取ることに精力を使い果たし、また敵方総大将の首級を挙げたことの安堵から、それ以上の追撃を止めたものであろう。元康と松平軍は辛うじて虎口を脱した。

今川からの独立

　結果として見れば、桶狭間の戦いにおける今川義元の敗死は、元康と松平家臣団に岡崎城を返し与え、今川の軛から彼らを解放する機縁をなすこととなった。こうして元康と松平家臣団は今川からの独立を決意し、祖父・清康の代に確立した三河国の支配権の回復を目指して活動することとなる。

　今川家では義元亡き後は子の氏真が家督を継ぎ、元康に対しても引き続き帰順することを求めていたが、永禄五（一五六二）年になると、先に今川を見限って織田と同盟を結んでいた叔父・水野信元の仲介もあって、元康は今川家と断交し信長との同盟の途を選ぶこととなる。その翌年に、義元からもらった偏諱である「元」の字を返上して元康から家康と名を改めたのは、そのような決意の表明でもあった。

　こうして今川の軛から脱して独立し、三河国の統一に向けて邁進していくことになるのであるが、しかしそこへたどり着く前に、思わぬ出来事によって家康は足元をすくわれることとなる。のちに「神君三大危難」の一つとして知られる三河国一向一揆の勃発である。

2 三河一向一揆

三河・東海の宗教地図

今川の支配を脱して岡崎城に帰還することを得て、いよいよこれから松平家の隆盛を迎えようとした矢先、家康は思いがけない強敵の攻撃にさらされることとなる。永禄六（一五六三）年、三河国に起こった一向一揆である。

一向一揆は、一向宗の信徒（「門徒」）たちによる宗教的反乱である。一向宗とは、鎌倉時代に親鸞が創始した浄土真宗のうち本願寺派と呼ばれる宗派を指している。本願寺派は室町時代末に出た蓮如の精力的な布教活動によって全国的な広がりを見せており、この宗派ではひたすら（「一向」とはひたすらの意）念仏を唱えることによって極楽往生が叶うと説き、門徒一同がそのように実践したことから一向宗と呼ばれるようになった。

家康の勢力圏である西三河には、土呂本宗寺、野寺本証寺、佐々木上宮寺、針崎勝鬘寺などを中心に強固な本願寺教団があった。これらの有力寺院は寺内不入を標榜して武士領主の支配を拒絶していたことから、西三河に対する支配を進めていた家康と早晩衝突は避けられなかった。

一向宗に苦戦

家康は武力をもってこれら有力寺院を制圧しようとしたが、家康の家臣の中にも一向宗の門徒が少なからずいたことから、家康は足下をすくわれる形となって苦戦を強いられることとなった。

家康家臣による本証寺寺内の不入権侵害をきっかけに、西三河への支配を強めていた家康との抗争が勃発。家康家臣の中にも一揆方についた者がおり、門徒武士の中にも家康方につく者がいるなど、西三河の武士層を二分しての抗争が繰り広げられた。家康自身も、一揆方の放った銃弾を身に受けるほどであったと言われている。しかしながら、戦いは一揆方の敗北に終わり、改宗命令を拒否した寺僧は追放されたが、天正一一（一五八三）年になって帰国を許された。

三河国の統一

苦難の末に三河一向一揆を鎮圧し、岡崎周辺の不安要素を取り払うと、家康は対今川の戦略を積極的に推し進めた。東三河の戸田や西郷といった土豪を抱き込みながら、軍勢を東へ進めて鵜殿のような敵対勢力を排除していった。三河国への対応に遅れる今川との間で宝飯郡を主戦場とした攻防戦を繰り広げた後、永禄九（一五六六）年までには東三河・奥三河（三河国北部）を平定し、三河国をほぼ統一するに至った。

3　松平から徳川へ――「徳川家康」の名乗り

永禄九年の叙爵と改名

桶狭間の戦いから六年後の永禄九（一五六六）年一二月、家康は朝廷に申請して、従五位下《じゅごいのげ》三河守《みかわのかみ》に正式に叙任される。「従五位下」に叙位されることを特に「叙爵《じょしゃく》」と称し、貴族の身分に連なることを意味する（一〇一頁の官位表を参照）。併せて「松平」の名字（苗字、家名）を改めて「徳川」とすることも許されている。この徳川という名字ないし家名こそ、かの松平

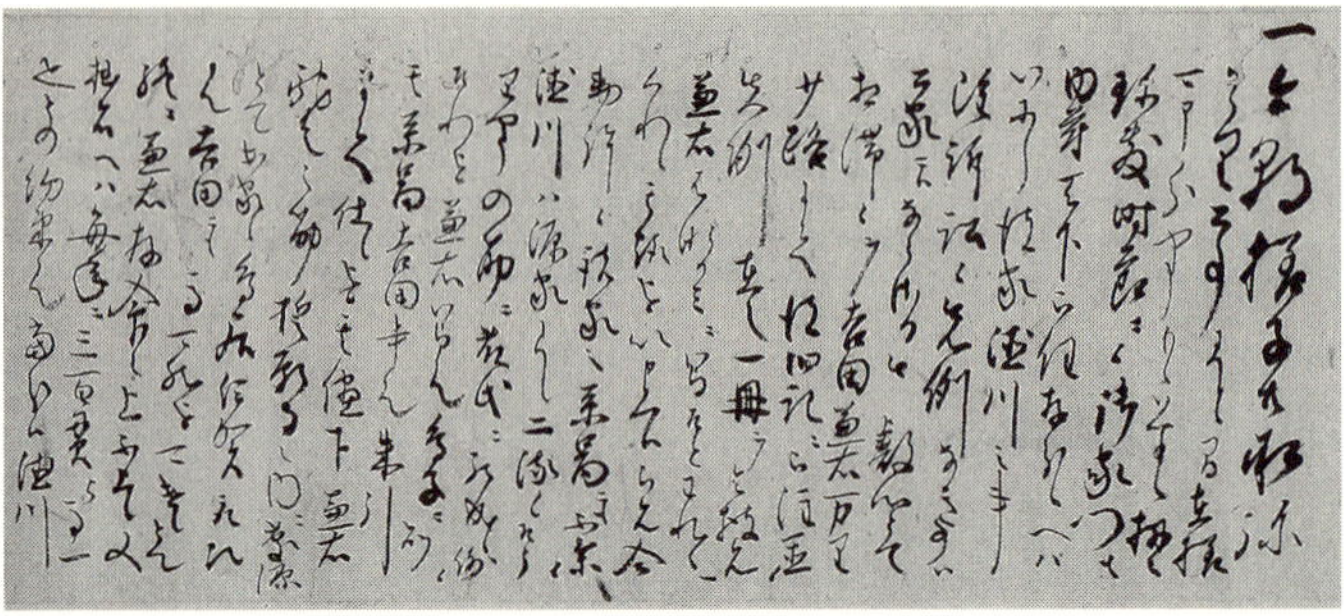

7年か）部分（陽明文庫蔵）

家に伝わる始祖伝承に基づくものであり、家康は自己の家系が清和源氏の流れを汲む新田義重の四男、得川義季の七代の末裔である得川親氏に由来するものであることを申し立て、これが認められてこの正式叙任に至ったものである。

この朝廷官位の叙任問題については、これを朝廷に取り次いで奏請したのは、時の関白・近衛前久《このえさきひさ》であった。後年、おそらくは家康が征夷大将軍に任官する少し前の慶長七（一六〇二）年頃と推定されているが、近衛前久は自分の息子である近衛信尹《のぶただ》に対して、家康の叙任事情を心得として知っておくようにという思いから、その詳細な説明を施している。重要な史料なので、その主要部分を読み下し文にして掲げる。

「扨々《さてさて》珍敷時節に候、御家門も内府天下存分に任せられ候へば、いにし彼家徳川の事、訴訟候といへども、先例なき事は公家にはならざる由、叡心にて相滞候を、吉田兼右《かねすけ》、万里小路《までのこうじ》にて彼の旧記に注し置かれ候先例これ在り候一冊を披見せしめ、兼右はなかみに写し取て、われわれにくれ候、その趣を以て申候へ

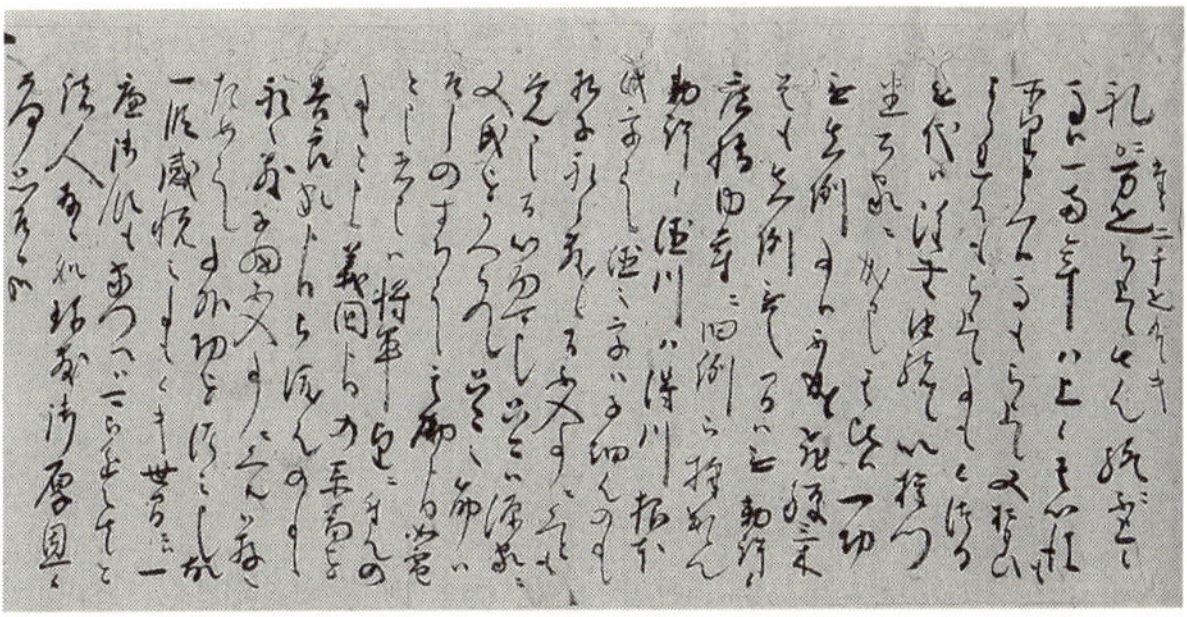

近衛信尹宛近衛前久書状（慶長

は、見合わされ勅許候、諸家の系図にも乗らず候、徳川は源家にて二流のそうりやう《惣領》の筋に藤氏に罷成候例候、それを兼右写し候て、鳥子に則ちその系図吉田書き候て、朱引まで仕り候をそのまま下さる、兼右馳走の筋、誓願寺の内に慶深とて出家候、鳥居伊賀取次候て、吉田にも馬しかるべきを遣わすべく候とて、終に兼右存命候上、上らず候、

（中略）只今は源家に又氏をかへられ候、只今之筋はそしのすち《素志の筋》にて候、その砌《みぎり》より如雪と申す者申候は、将軍望に付候ての事と申候、義国よりの系図を吉良家より渡され候ての事、永々敷、子細入らざる事に候へ共、御存のためにて候」

右書状の文書を直訳するならば、松平家康が徳川を称する問題については先例が無いという理由で、時の正親町《おおぎまち》天皇は許可を与えず停滞していたのであるが、神祇官の吉田兼右《よしだかねすけ》が万里小路《までのこうじ》家で旧記から先例を探し出し、それを鼻紙（懐紙）に写し取って、鳥の子紙仕立ての立派な系図を作成した。これは他には見られない珍しい系図で、徳川は本来は源氏なのであるが、その惣領の筋が二流に分かれて、その一つが藤原氏になったというものであった。そしてこれを先例として執奏して、天皇の勅許を得たという次第である。

この書状が指しているのは、永禄九年一二月に朝廷から勅許が下された従五位下三河守の官位叙任の問題である。書状の表面だけを見るならば、従前の松平の家名（名字、苗字）を徳川に改めることについて、その勅許を求める根拠を探索したというように読めるが、家名の変更それ自体にいちいち天皇の勅許など要することはない。家名をどのように変更しようとも、それは本人の自由である。

ここで勅許が問題となっているのは、従五位下三河守という朝廷官位の叙任に関わる事柄であると理解すべきである。つまり正親町天皇が難色を示しているのは、氏素性の確かでない者に対して軽々に朝廷官位を授与することができないということであり、徳川家康なる者が身分確かな者であることの証拠となるものを提出するようにという要請であったと判断する。

つまりここでの家康にとっての課題は、従五位下三河守という朝廷官位を獲得することであり、そのためにその姓氏を由緒あるものとして整える必要があったということであろう。すでに三河国の在地領主の第一人者として、三河一国の平定を進めていた家康としては、隣国の今川・武田といった清和源氏の流れを汲む諸勢力と対抗し、あるいは三河国内にある吉良などの名族を支配下に収めていくためには、従前の土豪の出自のままでは限界があり、多くの戦国大名がそうであったのと同様に、自己の立場を正当化してくれる高い政治的権威を必要としたのである。貴族の身分に連なる従五位下の官位と、三河国の国主のシンボルともなる三河守の称号は家康にとって不可欠であったろう。

そこで家康は、従前、関係のあった京都誓願寺の慶深という僧侶を通して、時の関白近衛前久に朝廷への叙任申請を依頼した。

しかるに時の正親町天皇は、その血統にしっかりした由緒がなければ官位叙任の勅許は出さないという。そこで、松平の家名では官位叙任の先例も無いことから、かねて松平家に伝わる始祖伝承を持ち出して、松平家が清和源氏の一族新田の末流である徳川（得川）義季に系譜上の繫がりを有することを申し立て、首尾よく叙爵を実現するとともに、家名を松平から徳川へと改めることになったという次第である。

氏は藤原

ところがこの叙爵―家名変更問題には、もう一つ複雑な問題が絡んできたようである。それは氏《ウジ》に関わる問題であって、結果的には、この新たな家名である徳川については、氏としては源氏ではなく藤原氏として認定されることとなった。すなわち家康の叙爵問題の実現のために、近衛前久の意を受けて調査していた吉田兼右が探し求めてきた万里小路家の旧記の系図では、徳川は徳川でも源氏から藤原氏に氏が変わっていたそれであるというのである。

この点が、家康の改姓問題において留意すべきことの第一となる。なにゆえにこのような面倒な問題に逢着するはめになったかは大いに疑問とされるところである。考えられる一つとしては、吉田の求めてきた藤原氏徳川（得川）の系図の中に、松平の先祖の人物で新田―徳川（得川）の系譜に連なることを思わせる記載があったためかということであろう。

しかしおそらくは、以下に述べるもう一つの理由がその正答になると思われる。それは、家康の叙爵―改姓問題を執奏しているのが、藤原氏の「氏の長者」である近衛前久であり、そこから徳川の氏は藤原にせねばならない必要が生じていたであろうということである。

源氏系の武士身分の者として叙爵を求める以上は、源氏の「氏の長者」としての資格を有する足利将軍家の執奏を必要とするであろうが、この永禄九（一五六六）年という時期は足利将軍家そのものが争乱の極にあって、前年の同八年五月に第一三代将軍足利義輝が三好一党・松永久秀らによって弑されるに至り、将軍職が空白という異常事態を迎えていた。家康が叙爵に際して近衛前久に執奏を依頼し、その姓氏として藤原氏を選択したのはそのような事情に基づくものであったかと思われる。

永禄九年の改姓問題で、家康は念願の従五位下三河守の官位を獲得し、その名字（家名）を徳川に改めることも実現した。しかしながら、肝心の姓氏については源氏ではなく、藤原氏を受け入れざるをえなかった。偏に、家康の官位執奏が藤原氏の氏の長者である近衛前久によってなされたがゆえのためであった（笠谷「徳川家康の源氏改姓問題」）。

もとよりそれは家康にとって不本意なことに違いなかったであろう。中世の新田―得川が八幡太郎・源義家に連なる清和源氏の本流であることは紛れもないことであり、実際、家康がいまだ元康の名乗りをしていた若き日に発給した文書の内、八通に氏が記載されているものがあるが、前述の通り、それはいずれも「源」であった。これらからして、家康が自己のアイデンティティーを清和源氏に求めていることは疑いのないことであった。

それが故に、ここで藤原氏を余儀なくされたことは、家康にとって不本意であったと見るのである。

やがてこれを改める時がやってくる。そして家康がその姓氏を清和源氏として確立するのは、旧来の通説が述べてきた、家康が征夷大将軍に任官する慶長八（一六〇三）年の直前のことではなく、それよりも一五年も前の天正一六（一五八八）年のことである。この源氏改姓の問題については後述するところである。

付論――氏と家

家康の改姓問題について簡単に述べておく。改姓と一般に言うけれども、これには「氏《ウジ》」に関わるものと、「名字《ミョウジ》（苗字）」ないし「家名（家号）」に関わるものとの、レベルを異にする二種類の問題があることに注意しなければならない。ことに家康の改姓問題では、この二種類の問題が複雑に交錯していくために、議論が混乱し、正しい認識をさまたげる結果ともなっている。

源《みなもと》、平《たいら》、藤原、橘、菅原、清原などというのは「氏《ウジ》」の名であって、同一の始祖から発した血族（父系氏族であることを原則とする）の全体に対する呼称である。これに対して、足利・新田・武田・小笠原・佐竹・南部・今川・吉良・細川、そして松平・徳川（得川）というのは「名字（苗字）」であって、「氏」が分解され、系図上の枝分かれに従って独立のまとまりを示していった直系親族集団の呼称である（前掲源氏系図参照）。

この「名字」は、武士領主が依拠している所領の地名に由来するものであるが、それがのちの「家《イエ》」の名の起こりとなっていく。例えば、源氏（清和源氏）の集団のうち、足利という土地に所領を形成したサブ集団は「足利の源氏」と呼ばれ、足利の所領が一子相続（長子単独相続）の形で父子直

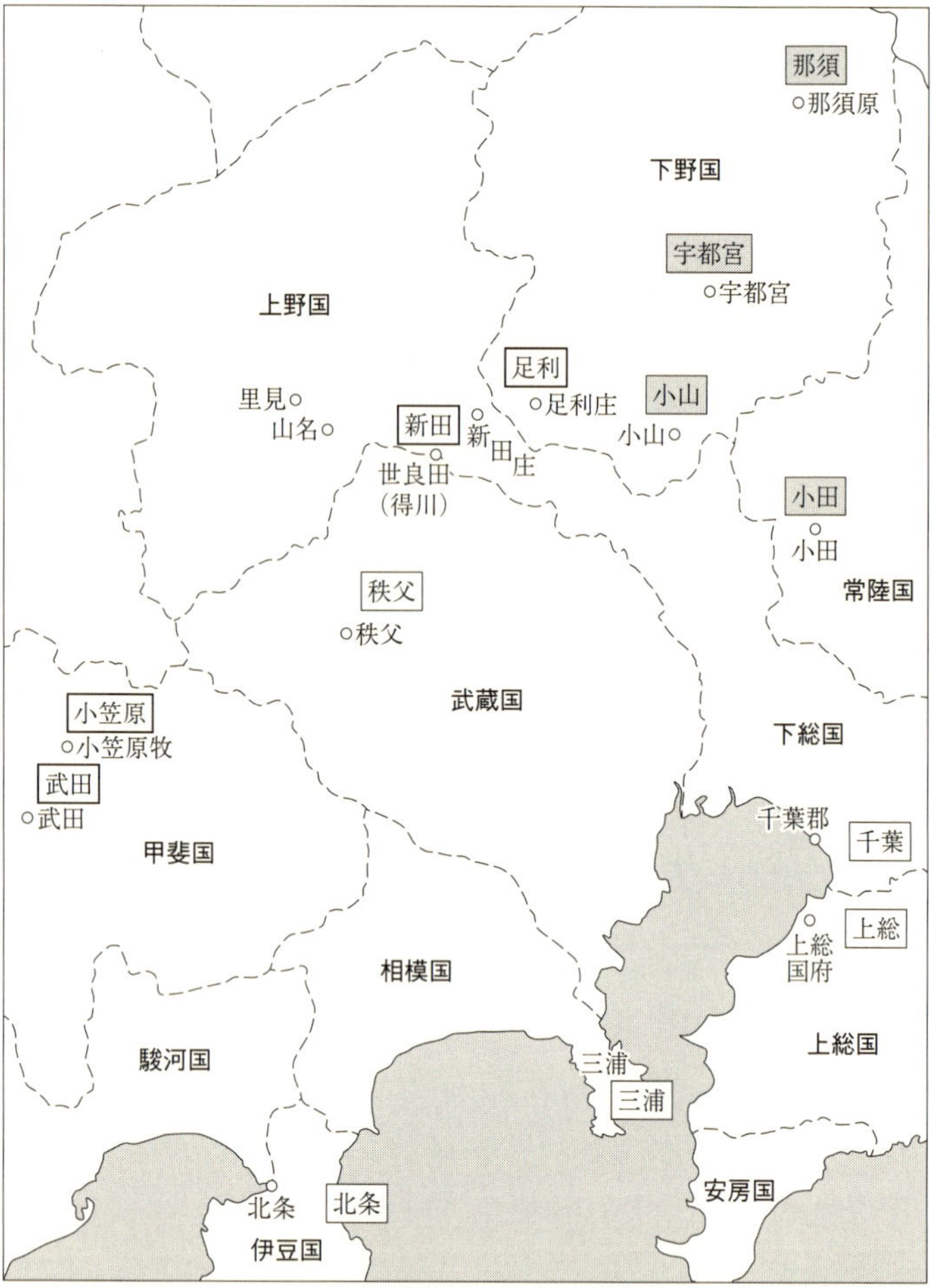

中世在地領主の所領と家名

□は名字・家名，○は所領の地名。

□は平氏，□は源氏，□は藤原氏。

系継承されていく中で「家《イエ》」が形成され、足利は家名として確立される。新田、得川、武田、小笠原なども同様の形で、所領の不分割、一体継承を追及する中で「家《イエ》」が形成され、その所領の地名が家名となっていくのである。

このような現象は日本社会に特有なもので、中国や韓国の社会には見られない。中国や韓国では、同一の父祖をもつ親族集団は分解されることなく、どこまでも巨大集団のまま同一の「氏」の名を名乗ることになる（韓国の金、李、朴。中国の王、張、劉など）。

したがって、日本人というのは原則的には、「氏」の名と、「家」の名の二つを同時に有するのであって、これが日本社会の著しい特性ともなっている。日本人の苗字と、中国・韓国の人の苗字の数が極端に異なるのは、右に述べたような両者の親族構造の違いによっているのである。

「家康」という名前

前述の通り、家康は永禄六（一五六三）年一〇月の頃、それまでの「元康」を改めて「家康」と名乗るようになる。この家康の「家」という文字はどこから来ているのであろうか、何に由来するのであろうか。松平の歴代当主の実名（諱《いみな》）には「家」の文字は見えない。これは逸することのできない重要問題であろう。

家康はその名字（苗字）を松平から徳川に改めている。それは自己の血統的系譜が松平家の始祖伝承にいう、清和源氏の正統に連なる新田得川の流れを汲むものという意識に基づくものなのであるが、この点を踏まえるならば、家康の「家」の文字がどこに由来するかは、自ずから明らかとなる。すなわち清和源氏の本流の祖とされる八幡太郎源義家、その人の名に他ならないということである。

実際、家康の清和源氏血統に対する思い入れはその若い日から明確であり、既述の通り「源元康」の署名を記した文書八通の存在が確認されている。そして「源」以外の姓氏使用は見られない。この事実からしても、家康が自己の系譜を清和源氏の血脈に連ねていること、そしてその実名（諱《いみな》）が源義家の名に由来していることは、疑いないであろう。

連歌師「如雪」　近衛前久書状に見える「如雪」とは、『家忠日記』天正一六・同一七年頃の記事に散見する連歌師如雪のことと思われる。天正一七年二月一一日条には家康の領国三・遠・駿の連歌師連衆一〇人を駿府城に集めて連歌会を催しているが、そこに「するか衆　如雪」と見える。その他、如雪は松平家忠とも親しく付き合っており、徳川家の内情を知りうる立場にあったこと、また連歌師ならば京都に赴いて近衛前久の下に伺候することもあったことが推測される。

4　徳川家の譜代家臣

家臣団の形成　このように徳川家としての形も整ったが、この間にその家臣団も次第に充実していった。これら三河国において形成された譜代家臣は、後々徳川家にとって重要な譜代家臣として位置づけられていく。彼らも松平家の家臣として編入された時期に即して、安祥譜代、山中譜代、岡崎譜代などと称された。前述の通り、家康につらなる松平—徳川家の直接の祖先は安祥城主である松平親忠であることから、その譜代家臣は岩津殿の岩津時代を除いた安祥時代から数えるのを常としている。

松平―徳川家の古伝承については大久保忠教の『三河物語』が詳しいとされているが、同書では安祥譜代、山中譜代、岡崎譜代の三譜代を挙げ、徳川時代になって作られた柳営故実書（幕府に関する故事来歴をまとめた書物）である『柳営秘鑑』では安祥譜代として酒井、大久保、本多、阿部、石川、青山、植村の七家を挙げている。

酒井家

この中でも酒井家の存在は特に重要であり、その来歴を知っておくことは徳川幕府の長い歴史の理解のためにも不可欠であるので、やや詳しく解説しておきたい。酒井家の祖となる酒井広親は、松平家の始祖となった松平親氏の子とされており、親氏が松平郷に来る前、いまだ時宗僧の徳阿弥と名乗っていた時、三河国幡豆郡坂井郷（碧海郡酒井村とも）の村長の下に立ち寄った折、その家の女子に情けをかけて儲けたものとされている（『三河物語』）。そののち、徳阿弥こと親氏はそこを去って松平郷へ赴き、前述の通り村長であった太郎左衛門信重の婿となり、その跡を嗣いだという流れになっている。つまりその広親の後裔となる譜代大名酒井家は松平―徳川家と同祖という関係になる。

松平親氏の出自の不確かさから、この酒井家の伝承についても作為的な印象を免れぬところであるが、ただしこの伝承はかの大久保忠教の『三河物語』の記すところであることに留意しなければならない。同じく松平家の最古参の来歴をもつ譜代家臣大久保家の立場からして、酒井家にそのような特別な貴種性を付与することは、明らかに大久保側にとって不利に働くことであろう。そもそも松平家の始祖伝承にとって、親氏が松平家に来る前に、酒井家の女子との間に子供を儲けていたなどということは、必要ない話ではないか。むしろ話を錯綜させる混乱要因にすらなっている。そういう観点からしたとき、『三河物語』があえて載せるこの伝承を、虚妄の話と切り捨てることにはためらいを覚えさせるものがある。大久保忠教が、自家、他家の古老から聞き伝えたことを、ただ素直に記しているということなのであろう。

さて、その酒井広親は二子を儲ける。氏忠と家忠であり、前者の系譜からはそののち家康四天王の一人である酒井忠次《ただつぐ》を生じるなどもっぱら軍事をもって聞こえ、「左衛門尉《さえもんのじょう》」の称号を代々用いるところから「左衛門尉家」と呼ばれる。のちに出羽庄内藩（鶴岡藩）一四万石の藩主となる。

後者の家忠の末裔には、徳川幕府の年寄り酒井忠世《ただよ》や大老酒井忠清《ただきよ》たちが連なる。こちらは松平—徳川家の執事的な家柄であり、「雅楽頭《うたのかみ》」の称号を代々用いるところから「雅楽頭家」と呼ばれる。のち前橋藩を経て姫路藩一五万石の藩主となる。

大久保家

関東の豪族・宇都宮氏の庶流である武茂氏からの分流で、南北朝の争乱の際に武茂時綱の子の武茂泰藤が三河国に移住したのが始まりで、その子孫が松平家に仕えたとされる。当初は宇都宮の名にあやかり宇津と名乗っていたが、大久保忠茂または大久保忠俊の代に大久保（大窪）を称した。彼らは、家康の父広忠が幼少で家督を嗣ごうとしたとき、一族の松平（桜井）信定が松平家の横領を図ったけれども、ついにこれに同調せず、広忠の帰還を迎え入れるという功績があった。『三河物語』が大久保党の変わらぬ忠誠心の篤さを誇らしげに記すエピソードではある。徳川家康の配下として活躍したのは忠茂の孫で、大久保忠員《ただかず》の子である大久保忠世《ただよ》、忠佐《ただすけ》の兄弟であり、かの長篠の合戦を始めとして、ともに主要な合戦で武功を挙げている。

忠世の子・大久保忠隣《ただちか》は徳川秀忠付けとなり、幕府の中において譜代名門家の人間として重用される。しかし慶長一八（一六一三）年、忠隣はキリシタン取り締まりのために京へ派遣されるのであるが、その留守中に改易処分となる。理由は家康と秀忠に対して謀叛を企てたというものであった。一族の大久保忠教は『三河物語』の中で、これを対立関係にあった本多正信《まさのぶ》・正純《まさずみ》らの讒言によるものと憤りを露わにしている。「われら松平家歴代の譜代家臣である大久保一族の者が、主君に対して謀叛を企てるが如きは未来永劫ありえない」と。

しかし忠隣は近江国栗太《くりた》郡中村へ配流され、そのまま赦免されることなく同地で没している。寛永二（一六二五）年、忠隣の孫・忠職《ただもと》の代になって、ようやく赦免された。当時二二歳の忠職は、母方の従兄弟・松平忠隆《ただたか》の死去に伴い、美濃国加納《かのう》藩の新たな藩主となって大久保家嫡流（大久保加賀守家）を再興させた。そこから五代将軍綱吉の元禄時代に老中を務めた大久保忠朝《ただとも》や同忠増《ただます》を出すなどして名誉を回復している。

忠隣事件については今もって不可解としか言いようがないが、そのようなこともあって、大久保家は最古参の家柄でありながら、他の酒井や本多ほどには徳川幕府の歴史の中ではあまり振るうことがなかった。分家筋になる三千石の旗本、大久保忠教が一人気を吐いていた。

本多家

藤原氏北家兼通流の二条家綱の後裔と自称した右馬允秀豊が、豊後日高郡本多郷を領したことから本多と称したという。南北朝時代、助定の代に足利尊氏に従って戦功で尾張横根郡と粟飯原郡の地頭となり、後に三河に移住したとされている。

本多家は古くから松平家に仕えた譜代の家系であり、安祥七譜代のうち酒井、大久保に次いで第三番目に位置づけられている。ただし本多家の家系は多岐に分かれており、三河三奉行の一人とされる本多重次《しげつぐ》（作左衛門）の系統、徳川四天王に数えられる本多忠勝《ただかつ》の系、徳川家康の参謀となった本多正信《まさのぶ》の系など多くを数える。これらの中で宗家については忠勝の家系とする説が一般的であるが、正信の家系をもって宗家とする説もある。

ただし正信は永禄六（一五六三）年の三河一向一揆に際して、一揆勢に与して一時期は松平家を去っていたという経緯があり、他方で忠勝は徳川四天王の一人として、武功抜群という華やかな経歴を誇っていたことから、忠勝の系が宗家筋とされたのであろう。

5　新参取り立て

このように家康の家臣の多くが累代にわたって松平―徳川家に忠誠を捧げてきた者たちであり、それが家康と徳川家の強みであった。しかし他方では、家康一代のうちに家康自身によって取り立てられた有力家臣もある。徳川四天王と呼ばれた榊原康政《さかきばらやすまさ》と井伊直政《いいなおまさ》がそれである。

○榊原康政　天文一七（一五四八）年〜慶長一一（一六〇六）年五月一四日

榊原家は三河仁木家の支族とされ、後に伊勢国一志郡榊原に移ったことから榊原を名字（苗字）とした。後に伊勢に残った本家筋の系統と三河に戻った分家筋の系統があったことが知られ、三河に戻った系統でも台頭してきた松平家の直臣になった系統とそれ以外の系統が存在していた。康政の系統は松平家譜代家臣の酒井忠尚《ただなお》に仕える陪臣の家柄であった。天文一七（一五四八）年、榊原長政の次男として三河国上野郷（現・愛知県豊田市上郷町）に生まれる。一三歳の時、家康（その当時は「元康」）に見出され、その小姓となった。三河一向一揆鎮圧戦で初陣を果たし、家康から武功を賞されて「康」の字を与えられた。永禄末年には本多忠勝と共に旗本先手役に取り立てられ、姉川の戦い、三方ヶ原の戦いで戦功を上げている。のち家康が関東に移封されたとき上野国館林で一〇万石を与えられる。

○井伊直政　永禄四（一五六一）年〜慶長七（一六〇二）年二月一日

戦国大名今川家の重臣井伊直親《なおちか》の子として遠江の井伊谷に生まれる。母は奥山親朝の娘。永禄五（一五六二）年、父直親が讒言によって今川氏真に殺されたため各地を放浪し、井伊家は直親の従妹にあたる女性の祐円尼が井伊直虎《なおとら》と名乗って相続する。天正三（一五七五）年、直政は直虎らの介添のもと浜松城下で徳川家康に見出されて仕え、井伊万千代の名をもって小姓に取り立てられた。その翌年早くも遠江の芝原における武田勝頼の軍勢との戦いで初陣。そののち直政の姿は、本多忠勝や榊原康政といった家康の旗本先手役と並んで先鋒の中にみられるようになる。天正一〇年の武田家滅亡後、家康による甲州経略に際しても、武田遺臣の帰順に功があり、家康は武田遺臣百名余を直政につけ、山県昌景《やまがたまさかげ》の「赤備え」を継承させた。こうして旗や具足などを赤一色で統一した「井伊の赤備え」が形作られる。家康が豊臣秀吉に帰属したのち、直政は他の徳川重臣たちとともに、朝廷官位の従五位下に叙せられるが、天正一六（一五八八）年の聚楽第行幸に際して、直政のみ侍従に任官しており、徳川家中で最も高い格式を得た。秀吉の評価も高かった。次いで同一八年家康の関東移封に際し、上野国箕輪《みのわ》で一二万石を与えられたが、これはこの時点での徳川家臣団の石高で最高であった。

そののち直政が関ヶ原合戦で武功を立て、その子の直孝が大坂の陣で活躍したことなどは後述するところであるが、徳川創業の二大合戦に際して、父子二代にわたる功績が評価され、後々酒井、本多ら古参の家々をも凌駕して譜代大名の筆頭としての地位を確立するに至るのである。

6　三河時代の徳川家の軍制と職制

家臣の任務分担

この家康が三河一国の国持大名として自立した頃の軍制と職制について、永禄一〇（一五六七）年一二月二七日に、以下のように家臣の任務分担を定めたとされている（「東照軍鑑」柴田前掲『徳川家康と其周囲』）。

惣先手侍大将　酒井忠次　　是に従う輩

松平（桜井）忠正、本多広孝、松平（長澤）康忠、松平（深溝）伊忠、松平（竹谷）清宗、松平（形原）家忠、牧野広成、松平（鵜殿）広定、奥平貞能、菅沼定盈、菅沼満直、菅沼定吉、松平（藤井）信一、戸田忠重、西郷清員、本多忠次、松平（御油）景忠、設楽貞通

惣先手侍大将　石川数正

酒井重忠、平岩親吉、内藤家長、鈴木重顕、鈴木重定、松平（細川）真乗、奥平信光、松平甚平、松平飛驒守、大桑弥十郎、梁瀬甚八郎、阿知波玄鉄、松平康安

御旗本先手侍大将

松平家忠、鳥居元忠、柴田康忠、本多忠勝、榊原康政、大久保忠世、松平康純

御跡備侍大将　御留守居衆一人、三奉行の内一人　合て両人

御留守居衆

酒井正親（雅樂助）、石川家成、鳥居忠吉、久松俊勝、青木広次、中根正照、平岩新左衛門、本多信俊、本多重次、三宅政貞

三奉行　大須賀康高、植村正勝、高力清長

足軽指引物見役の衆

内藤正成、渡辺守綱、大久保忠佐、鳥居信広、植村家政、戸田忠次、成瀬正義、本多忠真、榊原忠政、服部正成、富永孫大夫、斎藤宗林、筧正重、中根肥後、小栗重常

大小姓衆

平岩康重、菅沼定利、内藤信成、三宅康貞、天野康景、阿部正勝、加藤景元
御旗奉行　加藤長次、野々山元政
御船手衆　小笠原安元、同安次
小荷駄歩奉行　小栗忠吉、浅井道忠
御納戸頭　内藤与三兵衛、天野伝六郎、黒田三吉
御代官頭　平岩助右衛門、中根次左衛門、大岡弥四郎
御同朋　内田金阿弥
書物目安奉行　如雪斎
御医者　竹田法眼、丸山清林
御右筆頭　慶琢
御台所人頭　天野又兵衛
升判　天野久右衛門
金ノ判　奥田勘斎

以上の人名を挙げた後に、「右ノ外、寄合衆数多アリ、是ハ惣先手ノ侍大将、御旗本ノ先手衆、御馬廻衆ノ内ヘモ、向々ニ被仰付、時ニ因リテ替ル、故に兼て書付難シ」と締め括っている。すなわち、ここに挙げた者の外にも、役務に就いていない寄合衆が多数いる。それらは先手の大将や家康の親衛

隊である馬廻り衆に任命されることがあり、役名は変わることがあり、あらかじめ確定的に記すことはできないとしている。

この一覧から見て取れることは、後の時代に明確になる番方と役方の区別、すなわち軍制上の編成と、行財政を処理する役人の職務体系の職制といった区別であるよりも、むしろ、ただ家臣各自の役割分担が記されているのみである。この時代の状況を反映して、また彼らの武士としての性格からして、軍事関係の部署が大半を占めている。

数々の役　まず、「惣先手侍大将」として酒井忠次と石川数正の二名が挙げられ、その配下には三河各地の国人領主の系譜を有する独立性の高い有力家臣が置かれている。地域的に酒井は東三河方面の、石川は西三河方面の領主を指揮する形となっている。

これらの中に松平を名字（苗字）とする者が多く見られるが、これこそ前述の十八松平の末裔に他ならない。徳川家とは祖先を同じくする彼ら面々は、同族故の協力関係もあるが、同時に一門衆ゆえの独立性の高さもあって、扱いの難しい存在でもある。これより古い時代の陣形では、彼ら十八松平の面々が、それぞれ独自に先手を務める形であったが、この時代には家康の家臣である酒井・石川らの配下に置かれている。これは徳川家に松平諸家を徳川家家臣として支配する姿が、一段と進行していることを表している。

このことのもつ意味は重要で、かつて祖父清康が若くして落命して、幼い広忠が家督を相続しようとした時、一門の松平（桜井）信定が広忠を放逐して家督を横領しようとした事件があったが、表に見られるような体制をとることによって本宗家（徳川家）の家督相続を安定化させることができる。それとともに、他方では軍陣においてそれら一門松平諸家の独自行動（敵への内応は言うまでもなく、陣払いのように勝手に兵を引き上げてしまうような行動）を防ぐことによって、徳川家の軍事指揮権を安定化させることにもなろう。

「御旗本先手侍大将」には、松平家忠《いえただ》、鳥居元忠《もとただ》、柴田康忠《やすただ》、本多忠勝、榊原康政、大久保忠世、松平康純の七名が挙げられている。いずれも家康の幼少期から近侍してきた信頼厚い家臣たちである。彼らは家康の旗本備に属し、かつその最前線を担当する侍大将である。後の徳川家の軍制における大番頭に近いものかと思われる。

跡備は留守居衆と三奉行の各一名とされる。留守居衆は出陣の際、城の留守を預かる役目、三奉行は三人の家臣による合議分担によって担われたことからその名があると思われるが、この時代にあって最も行財政的な職務であったろう。三奉行は岡崎の町政を中心としながらも、広く三河国全体にわたる民政や訴訟沙汰を取り扱っていたとされる。

右の表では大須賀《おおすが》康高《やすたか》、植村正勝、高力清長《こうりききよなが》の三人の名が記されているが、徳川家の三河時代の三奉行としては高力清長とともに、本多重次と天野康景で三奉行をなしていたとするのが有名である。当時のざれ歌に、「仏高力、鬼作左、どちへんなしの天野三兵」、すなわち寛容な高力清長、苛烈な本多作左衛門重次、どちらでもない天野三郎兵衛康景と歌われていたことによって知られる。

三奉行は本来的には民政担当の役人であるが、戦陣においても跡備、すなわち後方随従の役務も負っている。本来的に民政役人である三奉行が、このような軍職が列記されている場所に含まれるということが、この時代における軍事圧倒的優位の姿をよく示している。

次いで「足軽指引物見役」とは、いわゆる物頭の役である。足軽大将として鉄砲、弓、旗の足軽などを指揮する。また使番として斥候の役割をも担っていた。ここには後年までも家康の信頼厚かった、直近護衛隊である百人組鉄砲隊の隊長・渡辺半蔵守綱の名が見える。実際、渡辺半蔵のあるところ家康ありとまで言われたほどの人物であった。

大小姓衆はいわゆる御馬廻りの家臣たちで、後の旗本親衛隊である小姓組番に相当するものであろう。御旗奉行、御船手衆、小荷駄歩奉行までは軍事の役目。

以上が、この三河時代の徳川家の軍制の基本をなしており、それは後の五ヶ国領有時代の天正一三（一五八五）年まで維持されている（同年の石川数正の秀吉の下への出奔によって軍制を根本的に改編することになる）。

御納戸頭は財務、出納の責任者で、これから以下が純粋の行財政職ということになるが、その役種は、わずか九種に過ぎない。この時代の実勢を反映しているというべきであろう。その職掌は特に説明の要もないかと思うが、御同朋は法体のいわゆる御坊主で御殿内の諸用を取り仕切り、また立花などの座敷飾りを司る。升判は、領内で使用する升が基準通りであることを証明する極印を施す役務、金ノ判も領内通用の小判などの金貨に極印を施す役務である。

これらの役人のうち、代官の大岡弥四郎は大賀弥四郎とも言い、渥美郡・奥郡二〇余郷を支配した有力代官。その配下に多くの代官を置いている代官頭（北島『江戸幕府の権力構造』）。後述の通り、徳川家の歴史に大きな衝撃を与えることになる人物である。なお、この人物の名前であるが、苗字が「大岡」とも「大賀」とも記されていることは、その読みが「おおか」であることを示唆しているようである。

また如雪斎という書籍を担当する人物は前述した通り連歌師で、徳川家臣たちの間でも連歌が盛んであるが、彼はその宗匠として彼らを指導している（『家忠日記』）。彼は連歌師としての立場から、時の関白近衛前久の下にも出入りしていたようで、徳川家と近衛関白家との間を取り持つ役割をなしている。その役割が書物奉行というのは首肯されるが、目安奉行でもあるというのはやや意外である。これは訴訟担当の裁判官を意味している。彼には法律の知識も備わっていたのであろうか。気になる人物ではある。

以上が、だいたいこの時期の松平—徳川家の家臣団の役割分担であり、組織の構成を示すものであったと見ることができるであろう。

第三章　織田・徳川同盟――永禄五年〜天正一〇年

1　信長との同盟

家康に対する信長の態度

今川の軛を脱した家康は、前述の通り、織田陣営に属していた叔父である刈谷城主・水野信元の取り持ちで織田信長と同盟を組むこととなる。永禄五（一五六二）年正月、家康は尾張清洲城に赴き、信長と会同して盟約を結んだ（中村『徳川家康公伝』）。これより信長が本能寺の変で倒れるまでの二〇年にわたって、終生変わることのなかった両者の堅く長い同盟が結成されることとなった。

信長はその性格ゆえに傍若無人であり、他者との誓約を平気で破って相手を滅ぼし、またそれゆえに他者から背かれ、離反され、攻撃されることが日常茶飯であった。もとより背反の態度を示した者は容赦なく家族・家臣もろともに殺戮しており、一向一揆に対する殺戮も常軌を逸していた。これだ

織田信長
（神戸市立博物館蔵／Photo: Kobe City Museum/DNPartcom）

け酷いことをやっているのだから、明智光秀のような反逆者が出てきても当然だろうという感懐を吐露する高名な歴史家もいるほどである。

このように他者を踏みつけにし、それゆえに他者からは離反、反逆を被るのを常とした信長であるが、家康に対する態度は他と著しく異なるものが見られた。その扱いの丁寧なることは余に例を見ることが出来ず、遂に信長の最期を迎える時まで盟約に綻びが生じなかったという点においても異例に属している。ただ一度、信長が家康に苛烈に臨んだのは、家康の嫡男信康を死に追いやった事件であるが、これには理由のあることであり、後に詳しく述べたい。

この信康一件を別にするならば、信長の家康に対する態度の親密にして丁重なことに意外の感を覚えるほどである。これには家康の律儀さと忍従の性格が幸いしているのであろうが、それだけに止まらない両者の絆の深さを感じる。そこからして、竹千代時代の家康が一時期、人質として尾張の織田家に囲われていた時期に、若き日の信長との間に幼少者同士の親密な交わりがあったのではないかと想像をかきたてられてくるのである。

版図拡大

信長との同盟によって尾張方面の安全が保障された家康は、東へ向けて版図を拡大する。直接には落日の今川家の領国に対する侵攻ということになるが、しかしこの方面には甲斐の武田信玄も侵攻の機をうかがっており、さらには小田原の北条氏康もまた目を光らせるなど、今川領国は草刈り場の様相を呈していた。

徳川と武田とによる今川領の分割に関しては、大井川を境に東の駿河国を武田領、西の遠江国を徳川領とする協定を結んでいたとされるが（『三河物語』）、永禄一一（一五六八）年には武田家臣・秋山虎繁（信友）に徳川領である遠江国への侵攻を受けており、家康は今川氏真と和睦するとともに、北条氏康の協力を得て武田軍を退けている。家康にとって、複雑な思いのある今川家の零落した当主であるが、しかしこれを見捨てることなくこの後も庇護し続けている。

さらに家康の晩年には、氏真の二人の子を秀忠の下に出仕させ、のちの高家・今川家としての形を整えていく。氏真自身には五〇〇石の知行地を給付し、品川に屋敷地を与えて生涯、その生活の面倒を見ている。品川に屋敷を与えたのは、会えば長話になる氏真を遠ざけたという説もあるようだが、その当時、港町としての賑わいを見せていた品川の地をわざわざ用意したという、家康一流の気配りというのが実のところであろう。

ちなみに、似たような境遇にあった、秀吉によって領地没収の憂き目を見て浪々の身となっていた織田常真こと織田信雄《のぶかつ》の場合であるが、家康は彼をも庇護して御伽衆という形で生計の立つようにしている。これらは、昔のよしみを忘れない、家康の律儀で誠実な人柄を表すエピソードではないであろうか。

信長の上洛と元亀年間の騒乱

家康と同盟を形成したことによって背後の脅威が無くなった信長は、永禄一一（一五六八）年、足利義昭を奉じて上洛し、中央政権としての一歩を踏み出す。義昭は信長に対してその功に報いるべく、副将軍の地位か管領職か、いずれでも望み次第に授与する旨を申し出たのであるが、信長は一切を辞退して国元へ帰ってしまう。義昭の家来になるつもりはないということであり、このような信長の傲岸不遜な態度が義昭との間に疎隔を生じ、また四周に敵を作ることになる。

朝倉攻めと金ヶ崎の退却陣

信長は越前の大名である朝倉義景《あさくらよしかげ》に対して、将軍義昭の命令として上洛を命じるが、義景は拒否する。このため永禄一三（一五七〇）年四月、信長は義景に叛意ありとして越前出兵に踏み切る。

信長が越前出兵に際して気掛かりであったのは、朝倉家と深い関係をもつ近江小谷城の浅井家の存在であった。しかしながら、信長は先の永禄十一年の上洛に際して近江通行の安全を図るべく、その妹お市の方を小谷城主の浅井長政に嫁がせて味方に引き入れていた。織田—浅井の同盟は強固であるかに見えた。

こうして後顧の憂いを絶った信長は総勢三万の大軍をもって越前へと進攻した。家康は信長との同盟の実を挙げるべく、みずから軍を率いてこの越前攻めに参加をしている。そして織田・徳川の連合軍は、朝倉方の前線諸城を相次いで攻略していき、重要な支城である天筒山城と金ヶ崎城も連合軍の攻勢の前にあえなく落城した。

しかしこの時、小谷城の浅井長政が裏切って織田軍の背後を衝いたために、織田・徳川の連合軍は前後双方から挟撃される形となり、きわめて危険な状態に陥ることとなった。これはこれから後にもたびたび出てくることではあるが、基本的に槍を主要な武器として戦う当時の戦争においては、正面戦を続けている限り戦死者の数も知れている。しかし勝敗の帰趨が決し一方が敗走を始めると、その戦死者の数は飛躍的に伸びていく。すなわち、敵に背を向けて敗走する敵を馬で追撃し、馬上から槍で仕留めていくわけであるから、その惨状は言うまでもないことであろう。

しかしそれ以上に恐ろしいのが、敵に完全包囲されてしまった状況。これは退路を断たれたことを意味するため、時に全滅を覚悟しなければならなくなる。この越前攻めがまさにその状況を現出していた。浅井裏切りの報が入るや、信長はただ一〇人ほどの御小姓衆とともに夜陰に紛れて陣を脱出し、湖西の朽木谷を通って京へ逃げ帰っていったが、この異常な行動の中に、前後挟撃という状況に対する危機感の深さを知ることができるというものであろう。

さて家康である。浅井の裏切りの報もさることながら、総大将である信長が一人逃亡してしまったという話の前に、家康にも、置き去りにされた織田家臣団の間にも衝撃が走ったことは想像に難くない。ともかくも撤退であるが、この場合、敵の追撃を遮りながら味方を遠方へ落ち延びさせるために最後尾に位置する殿《しんがり》部隊の役割が重要となる。この殿部隊がわが身を犠牲にする覚悟でもって追尾する敵に強烈な打撃を与え、敵がひるんでいる隙に味方を整然と後退させていくならば、全軍の撤退作戦も損害をより少なくすることができる。そのため、撤退作戦における殿の役割は、武士の誉とする自己犠牲の精神の発揚の場であるとともに、他方では武将の腕の見せ所。首尾よく敵の追撃を退けて、味方の無事撤退を実現するならば、比類なき武功として、後々までも語りつがれる武名をあげる好機であることを意味していた。

そこで武将たちは臆病との嘲りを受けたくないために、また進んでは自己の武名を顕揚せんがため、この殿の部署の取り合いをするというのが常であった。

そしてこの金ヶ崎の退き口については、柴田勝家や丹羽長秀《にわながひで》といった織田家宿老の誰かが殿を担当すべきところであったが、実際にこれを務めたのは羽柴秀吉（この頃は「木下藤吉郎」の名）であったとされている。彼は攻略した朝倉方の金ヶ崎城に踏みとどまって、追撃してくる朝倉勢を待ち受けて反撃し、そのひるんでいる間に味方を落ち延びさせ、結句、秀吉の軍もまた撤退に成功した。これは金ヶ崎城に立てこもった秀吉軍の強力さに恐れをなした朝倉側が、深追い無用といった理屈で追撃を放棄してしまったことによると言われている。

家康が殿の一翼を担ったように記されているものもあるが、いかがなものであろうか。家康は織田勢の中では客将の立場であるし、越前攻めはあくまでも信長の作戦であることから、その作戦不首尾の責任のしりぬぐいに家康が充てられることはない。ただ武将の面目として、柴田・丹羽らとともに、撤退行動の中で一時的に殿を交代で務めるということはありうるであろうが。

朝倉義景は、その消極的な戦いぶりによって織田軍に壊滅的打撃を加える千載一遇の好機を逸してしまった。それとともに追撃放棄という事実が朝倉勢の非力さと組織的な脆弱さを露呈させたことで、二年後に迎えるその滅亡の端緒を開いてしまうこととなった。

他方では、秀吉はこの撤退戦における水際立った働きぶりにより、信長から黄金一〇枚を下賜される栄に浴し、織田家中において頭角を現すこととなった。そしてまた家康も、この時に初めて終生の好敵手となる人物の存在を知り、その武将としての傑出した力量に大いに括目させられたことであろう。金ヶ崎の陣は、信長・秀吉・家康という三英傑の初顔合わせの場として見所多い一幕であった。

姉川の合戦

元亀元（一五七〇）年六月、織田・徳川連合軍と朝倉・浅井連合軍は近江国姉川で決戦に及ぶ。この戦いは信長の戦いであり、家康は加勢としての参戦である。しかも三河国からの参加であるから、戦場にはやや遅れて到着した。そこで陣立ては、先鋒となる一番に柴田勝家、明智光秀、森可成ら、家康は二番手にと信長から告げられた。これを聞いた家康は猛然と異を唱え、はるばる遠方より加勢に来ながら二番手の配属は迷惑であり、後世の聞こえもよろしくない。どうあっても一番手を任されたいと強硬に申し入れるものだから、信長も弱って、「陣立ては既に出来上がってしまっているので何とか容認してほしい」と家康をあれこれ説得に努めたけれども、家康は頑として譲らなかった（『三河物語』）。

そこで信長も翻意して、翌日の戦いの一番手を家康に委ねたという次第である。当然、既に配備が決まっている織田の部将たちからは不満の声が沸き起こってくるわけだが、これは信長の一喝でおとなしくなってしまう。人の言い分や要求などに耳を借すこともない信長であるが、こと家康が相手だとこのような丁寧な対応ぶりである。たしかに客分のことではあるけれども、それだけでは済まない両者の親密な関係に思いを馳せたくもなる。

さて家康であるが、日ごろは温厚篤実な性格をもって知られるけれども、こと弓矢の道の話となると一歩も引かない頑固さを露わにする。ために信長すら、たじたじとさせてしまうのであり、このあたり配下の武将たちは言うまでもなく、のちのち加藤清正ら豊臣系の武将たちからも信頼を勝ち得ることになる理由をなしている。

さて、こうして姉川の合戦においては一番手を取った家康率いる三千の徳川部隊と、信長率いる一万の軍勢の連合軍で、朝倉・浅井の連合軍と決戦に及ぶ。しかし朝倉軍の総大将は義景ではなく、一族の朝倉景健であり、兵力も八千（一説に一万五千）だった。朝倉軍は徳川軍と対戦したが榊原康政に側面を突かれて大きく崩れ、姉川の戦いは織田・徳川連合軍の勝利に終わった。『信長公記』によると浅井・朝倉軍は千百余の損害を出したとされる。ただし、後述のようにこの三カ月後に朝倉軍は再度出兵を行っており、巷でいわれたほどの大損害を受けたとは考えにくい。だがこの戦いで信長は浅井方の支城の多くを落とすことになり、戦略的に非常に不利な立場に陥ったのは事実である。

この後も朝倉・浅井勢は、大坂石山本願寺の一向一揆勢と連携をとりつつ執拗に信長に戦いを挑み続ける。また比叡山の天台宗延暦寺の掩護を得て、信長との戦いに劣勢となると、比叡山の山中に逃げ込むといった戦法をとっていたが、業を煮やした信長によって叡山焼き討ちが敢行されるなど、次第に追い詰められていく。

しかしこれに対して、反信長連合の陣営では、甲斐の武田信玄に率兵上京を求め、信玄もこの要請に応えて元亀三（一五七二）年一〇月に上洛作戦を開始した。

2　三方ヶ原の戦い

信玄の出陣

武田軍の総兵力は三万。これを三つに分けて、山県昌景率いる五千、秋山信友の率いる五千、そして信玄の率いる本隊二万とし、三方向から徳川・織田領内へ攻め入った（『日本戦史・三方原役』）。

九月二九日、山県隊は信濃国・諏訪より東三河に侵攻し、この方面の重要な徳川支城である長篠城を攻略した後、遠江国に兵を進めた。信州高遠城にあった秋山信友の率いる兵五千は山県隊とほぼ同時に東美濃に入り、織田方の主要拠点である岩村城を落とした。

武田信玄（晴信）
（高野山持明院蔵／高野山霊宝館提供）

武田信玄率いる本隊二万余は一〇月三日、甲府より出陣したのち駿河国に入り、それより徳川領国である遠江国に侵攻した。同地には徳川方の重要な支城である高天神城があり、信玄軍はその攻略に向かうかと思われたが、同城を目前にして急に北上に転じ、やはり徳川方の要衝である二俣城の攻略へと向かった。武田方の別動隊である山県・秋山の両隊も合流することによって、二俣城は武田の大軍によって囲まれることとなる。

武田軍と徳川軍との主力軍同士による最初の角逐は、遠江国の二俣城をめぐって行われることとなった。同城は徳川の本城・浜松城と支城である掛川城・高天神城とを結ぶ要所にあたっていたことから、同城の攻防はその後の戦いの方向を占う目安としての意味合いを有していた。

一言坂の戦い

一〇月一四日、二俣城を支援したい家康は、本多忠勝・内藤信成を偵察に先行させ、自身も三千の軍勢を率いて出陣して天竜川を渡河した。

しかしながら武田軍の進攻は急で、偵察の内藤隊と遭遇し一言坂《ひとことざか》の地で交戦に及んだ。これは徳川側には望まぬ形での開戦であり、兵数の開きもあったことから家康は撤退を決める。しかし徳川軍が退くと見るや、武田隊は猛然とこれに襲い掛かってくる。これに対して、本多忠勝と大久保忠佐の二隊が殿《しんがり》をつとめて、家康本隊と内藤隊を逃がすべく、一言坂の下方に陣して追撃する武田軍を待ち受けた。

武田軍の先鋒をつとめる馬場信春の部隊は、本多らの迎撃陣に猛攻を加えてこれを打ち破り、結句、本多・大久保の両隊は武田方の囲みを突破して退却した。こうして徳川隊は天竜川を越えて浜松に退かざるを得ず、二俣城は孤立無援となって開城・降伏した。

三方ヶ原の戦い

この情勢に対して信長は、佐久間信盛・平手《ひらて》汎秀《ひろひで》ら三千の援軍を家康の下に送り、武田軍を本格的に迎え撃つ態勢をとった。しかし兵数的になお劣勢であった家康は、本拠である浜松城に立て籠もって武田軍の来襲を待ち受けることとした。

二俣城を攻略した武田軍は、それより南下して家康の本城・浜松城を目指して進んできた。だが意外なことに、武田軍は浜松城を目前にしながら、急に方向を西に転じて浜松城を素通りし、三方ヶ原台地から浜名湖方面へと進むという動きをとった。

これは当時の戦いの形としてあるべからざることであり、侵攻する行く手にある城は必ず落としてから進む、少なくとも攻城軍を差し向けて包囲し城内兵力を封じ込めるというのが戦いの常道である。封じ込めの兵も送らず、城の前を素通りするというのはこの上もなく侮辱的な態度であり、状況から

浜松城（静岡県浜松市中区元城町）
（浜松市提供）

三方原古戦場（静岡県浜松市北区根洗町）
（浜松市文化財課提供）

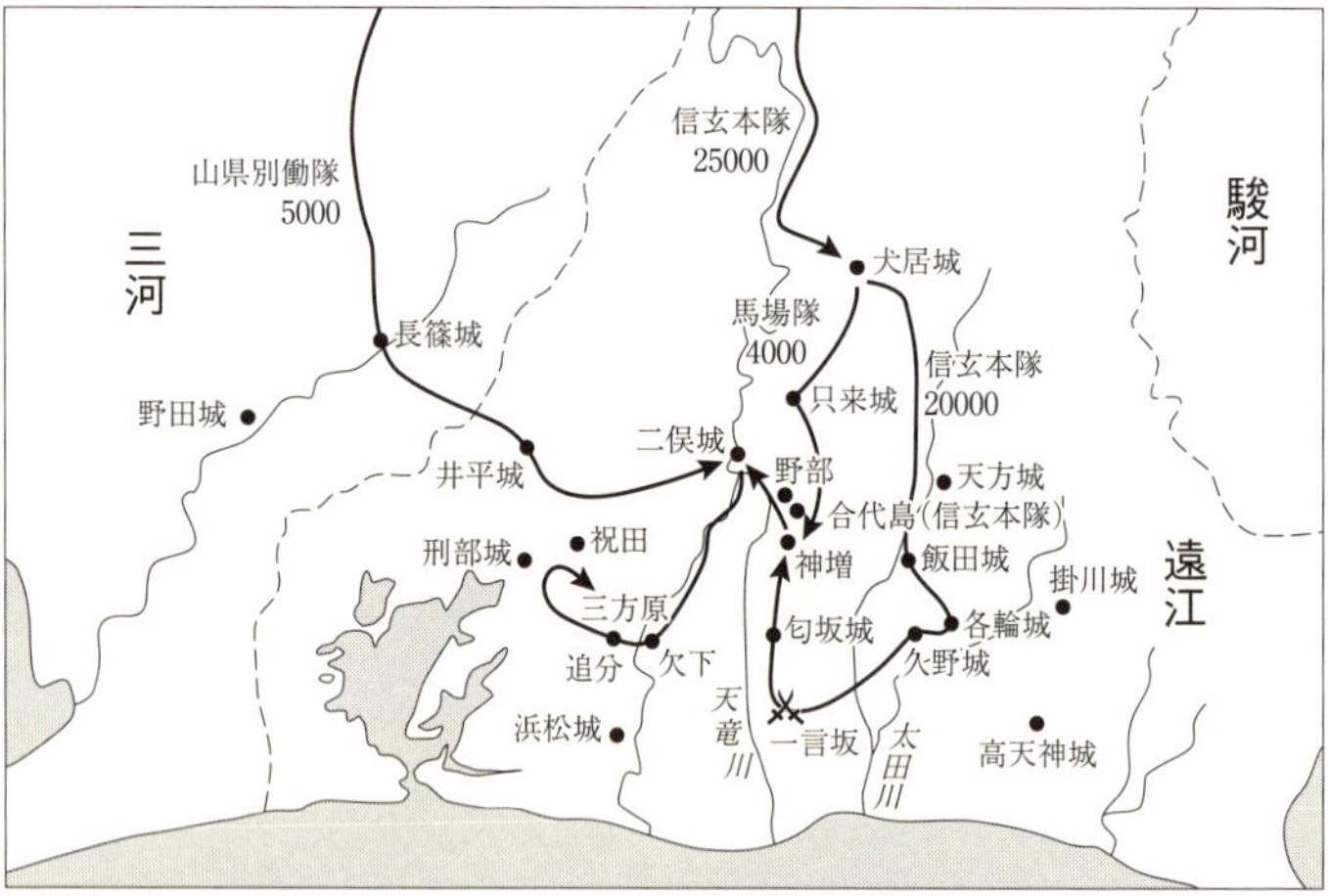

武田軍西上作戦進路
（『地図で知る戦国　下巻』より）

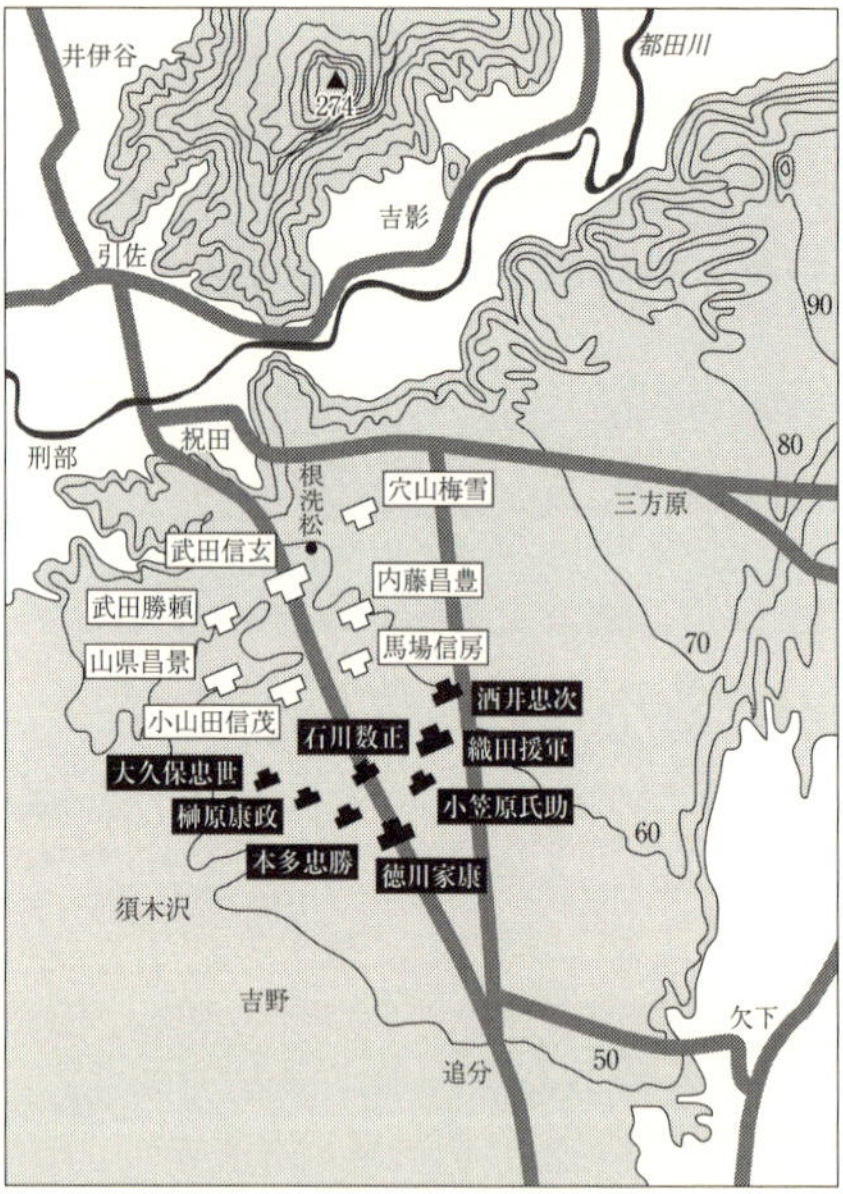

三方ヶ原の戦い布陣図
（小和田哲男『東海の戦国史』より）

して武田側の挑発行為であることは疑いなかった。

これが武田側の城からの誘《おび》き出し作戦であることは明らかであり、かつ兵数においても徳川方は劣弱であったことから、浜松城内では自重論も唱えられていた。しかしながら家康は、これを空しく見送るとあっては武将として末代までの恥辱として、あえて打って出ることを決意し、三方ヶ原から祝田の坂を下るであろう武田軍を背後から攻撃することを策定して浜松城から出陣した。

同日夕刻、家康の率いる徳川軍は三方ヶ原台地に到着したけれども、武田側にとって徳川軍の追撃は折り込み済みのことであり、台地の高所に陣を敷いて坂を攻め上る徳川軍を待ち構えていた。こうして武田軍に兵力・戦術の両面において劣っていた徳川方に勝ち目はなく、わずか二時間の戦闘で甚大な被害を蒙り同地から敗退する。

武田軍の死傷者が僅少であったのに対して徳川方の被害は目も当てられぬばかりであり、鳥居四郎左衛門、成瀬藤蔵といった有力な家臣から、家康の身代わりとなった夏目吉信、鈴木久三郎ら、そして信長から援軍として派遣されていた織田軍の平手汎秀といった武将までが相次いで討ち死にしていった。

徳川軍は壊滅状態となって敗走する中で、家康も討ち死に寸前まで追い詰められたが、身代わりを立てるなどして敵の追撃をかわしつつ、辛うじて浜松城へ帰還することを得た。この三方ヶ原の敗走は、かつて家臣団の多くが離反して窮地に追い込まれた三河国一向一揆、本能寺の変の直後に敢行した伊賀越えの逃避行と並んで、後世「神君三大危難」の一つと称せられることとなった。

徳川家康の遠江国領国に侵攻し、三方ヶ原の戦いで家康率いる徳川軍を撃破して武田軍は西進した。武田軍がそのまま上洛を遂げて、反信長包囲網に加わっていたならば、信長の命脈も尽きていたことであろうが、この時武田軍は尾張国を目前にしながら向きを転じて甲斐国へ戻ってしまった。信玄が陣中で病を発して急死してしまったことによるものである。

朝倉・浅井の滅亡

危地を脱した信長は、反信長包囲網に大きな綻びが生じたこの機会を逃すことなく、天正元（一五七三）年七月、一気に越前に対して進攻作戦を強行した。信長軍の勢いの前に、朝倉方の諸城は相次いで陥落し、また朝倉義景に見切りをつけた家臣たちが、あるいは逃亡し、あるいは裏切りを行ったことで、朝倉方が総崩れとなる中で義景は自刃し、朝倉家の繁栄の拠点であった越前一乗谷の城館や町場は火をかけられて灰燼と化していった。

朝倉を滅ぼした信長は同八月、近江小谷城の浅井長政を攻め、長政ら浅井一族もまた自刃して果てた。こうして織田・徳川連合軍にとり、宿敵であった朝倉・浅井の勢力が潰え去った。

3　長篠・設楽ヶ原の戦い

武田信玄の死後、家康も勢力を回復して長篠城から奥三河方面にかけて領土を奪還し、駿河国の武田領まで脅かした。これに対して信玄の後継者である武田勝頼は攻勢に出て、天正二（一五七四）年り返していた。

には東美濃の明智城、遠江の要衝である高天神城を奪還するなど、徳川と武田は一進一退の攻防を繰り返していた。

奥平父子の帰順

奥三河作手《つくで》の領主奥平貞昌《おくだいらさだまさ》はもと武田の被官としてあったが、信玄没後の武田家の行く末に見切りをつけて、徳川家康の陣営に参じた。この動きの背景には、家康と、そして信長の強い働きかけがあったようである。貞昌は合戦後、家康の女子亀姫を妻にもらい受けるとともに、信長の諱の一字をたまわり信昌《のぶまさ》と名乗っている。

家康は、この奥平信昌を武田との戦いの最前線に位置する長篠城に配し、武田方を挑発した。武田を裏切った奥平をそのような武田との最前線に配備する以上、怒った武田が奥平の長篠城を攻撃するのは必至であり、武田の大軍を同城に誘き出して一戦撃破を目論んだものであろう。三方ヶ原の敗北の再戦に燃える家康である。そして背後には、同じく信玄の上洛作戦で窮地に追い込まれた信長の復讐戦にかける思いがあった。

長篠城と設楽ヶ原

長篠城は甲斐国との境をなす奥三河に位置し、大野川と寒狭《かんさ》川という二川の合流地点に築かれている。西南と東南の方角は川が寄せ手の攻撃を阻んでおり、攻城側は北の方角からの攻撃に限定されてしまう。長篠城内の兵数はわずか五百ほどを数えるのみであったが、多数の鉄砲が城内に備わっていたことから、これでもって応戦し、一方向からの攻撃に事実上限定される武田方の軍勢を苦しめることになる。

長篠城の攻防戦とは別に、織田・徳川連合軍と武田軍とが激突した戦いは、同城から少し離れた

長篠城跡（愛知県新城市長篠市場）

設楽《しだら》ヶ原であった。ゆえにこの時の戦いは、長篠・設楽ヶ原の合戦と呼ぶのが正しい。

武田勝頼の出陣

奥平の裏切りを怒った武田勝頼は一万五〇〇〇の大軍を率いて、奥平の立て籠もる長篠城の攻略に向かった。しかし奥平勢の善戦により武田軍は長篠城攻略に手間取る。

このとき救援の徳川軍との連絡にあたっていた奥平の家臣鳥居強右衛門《すねえもん》は、帰還の途中で武田軍に囚われの身となった。武田方は鳥居に対して、「救援軍の望みは無い」旨を城内に伝えるならば命だけは助けてやると言った。鳥居は承知したと答えたうえで、さて長篠城内に対して大音声をもって「徳川軍の救援は間近ぞ、城を持ちこたえよ」と叫んだ。

鳥居は処刑されたが、この鳥居の鼓舞の一言をもって城内は奮い立ち、結句、武田方は長篠城を陥すことができないままに徳川・織田連合軍の来襲を待ち受けねばならなくなる。武田方大敗の因をなした所以《ゆえん》であった。

このとき家康のもとには信長から派遣された軍勢が集結しつつあり、信長自身も五月一三日には岐阜を出発して岡崎城へと向かっていた。

家康の救援　徳川家康は織田軍に先立って設楽ヶ原に到着し、弾正山に本営を置いた。嫡男の信康は松尾山にあり、徳川諸士の大久保忠世、本多忠勝、榊原康政、石川数正、平岩親吉、酒井忠次、鳥居元忠、菅沼定利、高力清長、大須賀康高、戸田忠次らは弾正山の東に展開した。兵数合計八千余。

信長の決断　信長の本隊は極楽寺山、嫡男信忠《のぶただ》は天神山、織田信雄は御堂山にそれぞれ陣し、茶磨山には佐久間信盛、池田恒興《いけだつねおき》、丹羽長秀、滝川一益《たきがわかずます》らが、そしてこの四高地の東方には水野信元、蒲生氏郷《がもううじさと》、森長可《もりながよし》、羽柴秀吉、不破光治《ふわみつはる》らが備えた。兵数総計三万余。

信長は武田隊の騎馬突撃による強襲戦法を警戒し、両軍の間に横たわる連子川にそって柵を三重に張り巡らして武田方に備えた。長篠・設楽ヶ原の合戦の帰趨を決することとなった主要因の一つである馬防柵の構築であった。

鳶の巣山攻防戦　武田軍が織田・徳川連合軍の到来を待ち構えていた五月二〇日夜、家康の部将酒井忠次率いる東三河衆の他、織田軍・金森長近《かなもりながちか》などの与力および鉄砲五百丁を持たせた足軽隊など約三千ほどからなる別働隊が、武田方に対して奇襲を企てていた。すなわち、この部隊は夜陰にまぎれるようにして進んで豊川を渡河し、翌日の夜明けには長篠城包囲の要であった鳶の巣山砦を尾根伝いに進んで背後から強襲した。

鳶の巣山砦は、長篠城を包囲・牽制するために築かれた砦で、本砦に四つの支砦からなる強固な軍事施設であった。この種の砦は「付城《つけじろ》」とも呼ばれ、本格的な攻城作戦に際して構築される攻城側の攻撃拠点である。これは籠城側といえども、夜間などに機を見ては城外へ討って出て攻城側に打撃を与えることもあることから、攻城側にも堅固な陣地は必要であること。さらには籠城軍を救援するために攻城軍の背後から迫る軍勢（これを「後巻《うしろまき》」という）の動きを監視し、その進撃を阻止するといった機能も期待されている。

鳶の巣山砦はまさにそのような役割を担った、武田方が長篠城攻略戦を遂行するうえで築造した重要拠点であった。ところが、この武田側にとって重要な拠点である鳶の巣山砦が、右の奇襲部隊によってあっけなく落とされてしまった。

これは武田方にとっては大きな打撃であった。味方の重要拠点を失ったばかりではなく、武田軍は正面に展開する織田・徳川の本隊のみならず、鳶の巣山砦および長篠城の軍勢という三方向から圧迫される事態に陥ってしまった。そしてさらに決定的なことに、酒井奇襲隊は敗走する武田軍を追撃し、有海村に駐留していた武田の支軍までも追い払って同地を占拠したことから、武田本隊はその退路が脅かされるという抜き差しならない事態に追い込まれてしまった。

設楽ヶ原の合戦

織田・徳川連合の大軍の到来を受けて、長篠城包囲を続ける武田方では軍議が開かれ、城の囲みを解いて撤退すべしとの意見も少なくなかったが、鳶の巣山砦が徳川軍の手に落ちた以上、撤退した場合には徳川方の追撃を受けて相当な損害を受けることが予想されること、さらに信玄の跡を受けて武田の当主となった勝頼としては、戦わずして敵に後ろを見せるというのは自身の威信の低下に繋がること、これらから、あえて織田・徳川連合軍との正面戦に臨み、

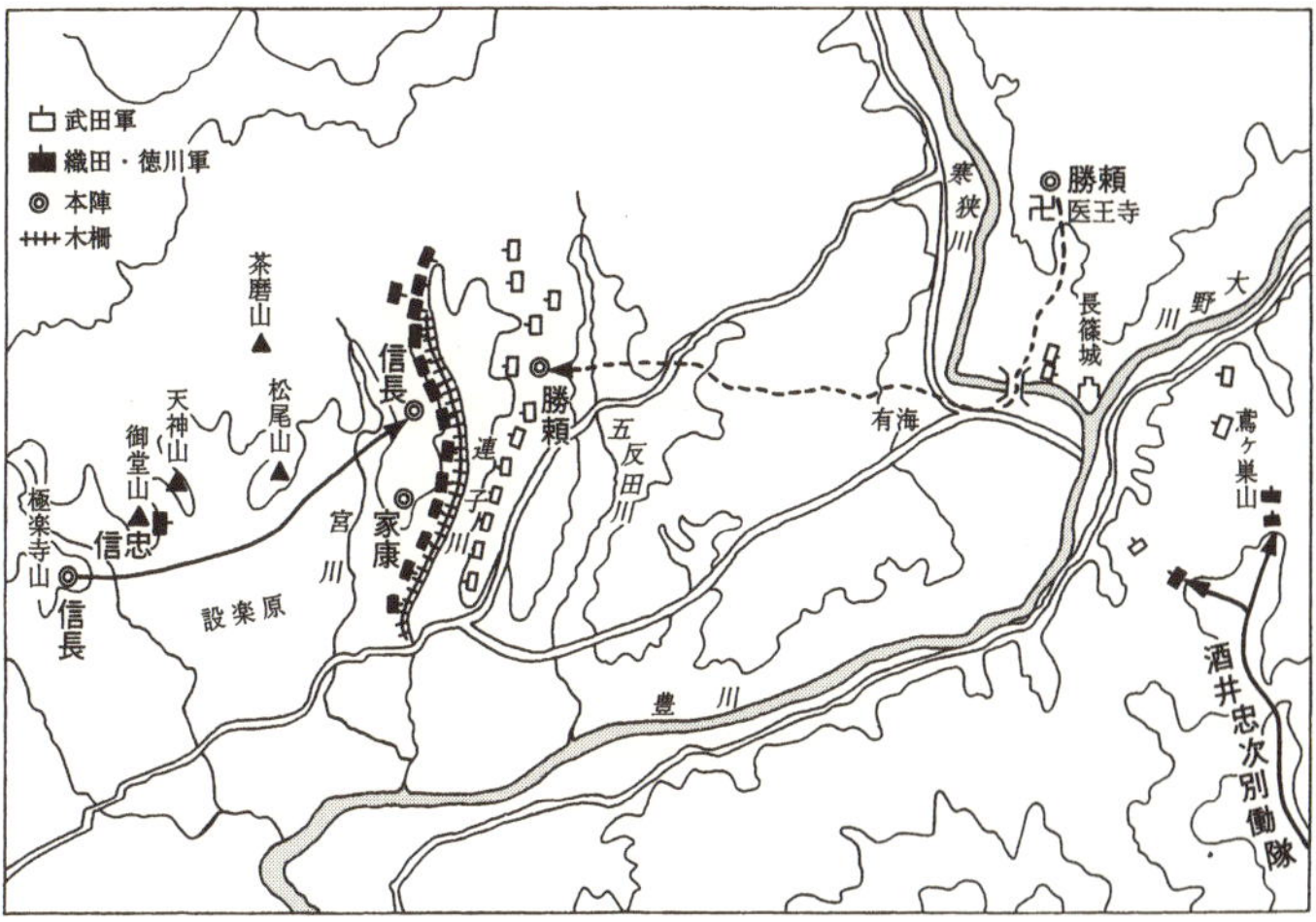

長篠・設楽ヶ原の戦い要図（谷口克広『信長の天下布武への道』より）

「長篠合戦図屏風」部分（大阪城天守閣蔵）
左上の騎上の武者が家康。

設楽ヶ原古戦場（愛知県新城市大宮清水）

敵に打撃を与える中で血路を開くとする策がとられた。

　戦いは、長篠城から少し離れた設楽ヶ原において行われた。五月二一日早朝、武田軍の側から動いて合戦が開始され、戦いは昼過ぎまで約八時間にわたって続けられた。武田軍は善戦したけれども、いずれの攻撃方面においても、織田・徳川軍が周到にはりめぐらせた木柵のラインによって進撃をはばまれ、そして木柵の内側から間断なく発射される鉄砲の餌食となってその場に倒れていった。

　武田軍左翼の旗頭である山県昌景は、自ら前線に出て騎馬部隊を率いて突撃を試みたが、織田・徳川方の鉄砲の射撃によってあえなく最期を遂げた。鉄砲の一斉射撃の威力はすさまじく、突撃してきた騎馬部隊の馬上の武士たちが一瞬にして消え去ってしまったという（『信長公記』）。

　土屋昌次の率いる部隊は三重に築かれた馬防柵のうち二段目まで突破し、織田・徳川の連合軍を押し込んだけれども、しかしそこで連合軍の鉄砲隊による猛反撃を受けて潰され、土屋は鉄砲の玉を身に浴びて討ち死にした。

　左右両翼において展開した武田の精鋭部隊が相次いで倒されていくという信じがたい光景がくりひろげられる中で、武田勝頼の本陣を中心とする中央軍はパニックに陥り、統制を乱して敵前逃亡を始めたために武田方は総崩れの状態となった。

これを見た織田・徳川軍は敗走する武田軍に対して追撃戦を行い、武田軍は数千人を数えるほどの犠牲を出すに至った。そして戦死者の数もさることながら、戦死者の中味がいっそう深刻であった。すなわち織田・徳川の連合軍の側には戦死者に主だった者が見られないのに対し、武田軍では武田四天王と呼ばれた山県昌景、馬場信春、内藤昌豊の三将をはじめとして、原昌胤、原盛胤、真田信綱、真田昌輝、土屋昌次、土屋直規、安中景繁、望月信永、米倉重継という錚々たる将士が相次いで討ち死にをしており、武田方はほとんど壊滅と呼んでさしつかえないほどの大敗となった。

勝頼はわずか数百人の旗本に守られながら、辛うじて信州の高遠城まで退却した。同所で立ち往生となった勝頼であったが、信州川中島の海津城にあって上杉謙信と対峙状態にあった高坂昌信《こうさかまさのぶ》が、謙信に和を乞うて暫定休戦を認めてもらい、その手兵を引き連れて高遠城に向かい、勝頼を辛うじて甲府に連れ戻すことを得たのであった。

4　岡崎信康切腹事件

天正年間の家康

天正三年の長篠の戦いは劇的であった。勝利の主役は巧妙な鉄砲戦術を駆使した信長であり、家康は、鳶の巣砦の攻略以外には目立った戦功はなかったものの勝ち組の側であることは違いなかった。

武田方はこの戦いにおける惨敗でもって昔日の面影を喪うに至るのであるが、しかしながら信玄の遺産のゆえであろうか、武田家がただちに滅びるということもなく、守勢の状態とはいえなお甲信方面において重きを保っていた。これは隣国の雄、上杉謙信という人物が敵の弱みに乗じて攻め入るというようなことを潔しとしない、という性格の持ち主であったことが大きかったかもしれない。

さらにその上杉謙信が天正六（一五七八）年に急逝するや、上杉家はその跡目をめぐる内乱、いわゆる「御館《おたて》の乱」に突入していく。上杉謙信の二人の養子、すなわち謙信の甥（母が謙信の実姉）である景勝と、北条家から人質として送られていた景虎の両者が謙信の跡目をめぐって一年余にわたって内乱を繰り広げていた。

これがために、越後の上杉方からする武田への圧迫が無くなり、傷ついた武田勢は勢力挽回の機会を得ていた。さらに上杉家の内紛の中で、上杉景勝方は武田家に助力を求め、勝頼の女子が景勝の正室に迎え入れられることで、この長年にわたる宿敵関係にあった両者が結ばれることになる。そして景勝方が景虎を倒して越後上杉家を手中に収めたことにより、武田勝頼の勢力も次第に盛り返しを見せていた。

この頃の家康について見れば、この天正三〜一〇年の間というのは彼の生涯の中でも珍しい、一つの空白時期をなしていた。信長は西国の毛利勢力に対する攻勢をかけており、羽柴秀吉が前線武将として活躍していた頃である。また大坂石山本願寺との死闘を展開し、荒木村重がこれに呼応して叛旗を翻すといった混沌とした情勢であった。

しかし家康には、これら西国方面の軍事について動員はかからなかった。家康の担当はあくまで東国方面であり、先年の長篠合戦における大勝利への貢献が評価もされてであろう、家康には甲斐の武田に対する防備に専念することのみが求められていたようである。そして武田は守勢に立っていたことから、家康にとってめずらしくも戦乱から解放された年月が流れていた。

信康切腹

この空白時期の半ばに当たる天正七（一五七九）年のこと、戦争ではないが家康にとって生涯にわたる痛恨事が生じた。他ならぬ嫡子信康が死に追い込まれた信康切腹事件であり、この時、家康の夫人である築山殿も斬られて他界している。

この信康生害事件の原因については諸説乱立しているようであるが、松平―徳川家の来歴について詳しい『三河物語』には、次のように記されている。織田信長の娘である徳姫は、信康と不和となり、父・信長に対して一二箇条からなる信康母子を告発する内容の書状をしたため、使者として信長の下に赴く家康の重臣・酒井忠次にこれを託した。書状には信康と自分とが不仲であること、信康母の築山殿は武田勝頼と内通しており、武田勢の徳川領国への侵攻の手引きを企てている旨を訴えた。信長は使者の酒井忠次に事の実否を糺したが、忠次はこれに反論することなく、その告発の内容を認める態度を示した。『三河物語』は言を濁しているが、おそらくその書状には築山殿の武田への通謀に、信康も関わっている旨が記されていたのであろう。

この結果、信長は家康に信康の処分を要求するに至った。徳川家中では、信康の生害に反対する声が強かったけれども、徳川家の老臣が既に認めてしまった以上、もはやどうすることもできず、信康の処断を決意せざるを得なかった。

八月二九日、まず築山殿が二俣城への護送中に佐鳴湖の畔で徳川家家臣の手で殺害され、さらに九月一五日、信康は事件以降に幽閉されていた二俣城において切腹して果てた。

事件の背景

同事件については、信康の逸材なることを恐れた信長が、織田家の将来における安泰を図るために、武田方との通謀などを口実として家康にその処分を迫ったものといった言説が結構広まっているようである。しかしこれは誤りである。家康が徳川家の存続を第一として、信長の理不尽な脅迫に屈して嫡子信康を死に追いやったというストーリーはそもそも矛盾した話ではないか。自分の大切な跡取りを抹殺してしまって、徳川家の存続もないだろう。

この問題が右の如き信長の理不尽な抑圧に出たとしたならば、徳川家の存続を考える家康は信長との同盟を破棄して、小田原の北条らとの同盟に走り、さらには畿内の石山本願寺を中心とする反信長包囲戦線との連携を深めて防衛力を高めていけばよいことである。しかし家康はそのような行動はとらず、信康を切腹に処するとともに、反信長包囲網に苦しめられている信長を一貫して支援していた。

徳川幕府の正史『徳川実紀《とくがわじっき》』によると、この事件の背後に大賀弥四郎という者があったとする。初めは徳川家康の中間だったが、算術に長じていたため勘定方に用いられたのち、三河国奥郡の代官に抜擢された。普段は家康の居する浜松にありながら、ときどき岡崎にいる嫡男松平信康の用も務めるようになり、両者の信任を得て権勢並びなき者となり増長した。しかし、家康の家臣近藤某が領地を加増されたとき、大賀弥四郎が自分のとりなしによるものだと言ったため、近藤は大賀に追従してまで加増されたくはないと返上を申し出た。このことがきっかけで、家康が大賀の日頃の悪行を耳にすることとなり、大賀は捕らわれて家財を没収された。すると、大賀が岡崎城を乗っ取って武田勝頼を手引きすることを書いた、武田方への書簡が発見された。これにより大賀は謀反罪として、岡崎で土に埋められ首を通行人に竹鋸で引かせる鋸引きの刑に処せられた由である。

『井上主計頭覚書』　この大賀弥四郎について、この間の事情を最も詳しく説明しているのが、世に『東照宮御遺訓』として知られている書物である。この書はもと、『松永道斎聞書』とか『井上主計頭覚書』の名で世に流布していた家康の言行に関する伝聞録の一つである。もとより信頼性の乏しい性格の書に違いないが、しかしながらその記すところには説得性も感ぜられ、実際、徳川幕府では一八世紀の末頃には、これを家康の真言と信じて『東照宮御遺訓』の題名を付し、毎年、家康の祥月命日である四月一七日には、江戸城奥の仏間において将軍と近臣たちの間で同書を朗読聴聞する習慣であったことが知られている（近藤斉『近世武家家訓の研究』）。

同書は次のような興味深いエピソードでもって始まる。家康が大御所として駿府に隠居し、秀忠が第二代将軍であった頃のことというから、慶長一〇年代のことになるであろうか。ある日、秀忠が幕臣たちに知行の宛行状《あてがいじょう》を交付していた。幕臣各自にそれぞれ領地を給付する旨を記した保証書の授与であり、武士たちにとって最も重要な行事であった。

その日の知行宛行状の交付は順調に進んでいたが、ある幕臣に知行宛行状が渡されたとき、あろうことか彼は一見するやこの宛行状を揉み丸めて将軍秀忠の前に投げつけたという。けだし、そこに記された知行高の数字が彼の期待を大きく裏切り、そのプライドを著しく傷つけるものであったのであろう。「馬鹿にするな」という抗議の意思表示であった。

彼の憤りが妥当であったか否かはさておき、いやしくも将軍から交付された厳かな知行宛行状を丸めて投げ返してくるとは！ もとより切腹、手討ちは覚悟の前であったに相違あるまい。彼にとっては命よりも、己の武勇の働きが不当な評価を受けたという屈辱、名誉の喪失のほうが遙かに重要な問題なのであった。

しかしながら理由、事情はどうであれ、将軍に対してこのような無礼を働いた者である。手討ち、切腹は必至と思われたが、秀忠はただちに処断を下すことを留保し、自分の側近である井上主計頭《かずえのかみ》正就《まさなり》を駿府に派遣して、この問題について家康の意見を求めた。

そうしたところ、この話を聞いた家康は大いに喜び、これは徳川家長久の証にほかならない、誠に目出度い話であると井上に語ったということであった。すなわち第一に、この武士のような、相手が将軍といえども少しも恐れることなく、堂々と自己の存念を披瀝し、直言を申し立てることの出来る剛直の士を抱えていることは徳川家の強みにほかならないこと、第二には、このような直言の士を怒りにまかせて成敗《せいばい》することなく、自制して冷静な対処をほどこそうとした秀忠も人の上に立つ者として立派であること、そして問題を家康に相談してから決しようとしてくれた態度もいよいよ嬉しい。これらの総てが、徳川家の安泰と繁栄を保障してくれる証に他ならないと確信している旨を述べた。

以上のエピソードを導入部として、そこから本書は本文に入っていく。それは家康の長大な述懐であり、自分がなぜ冒頭のような見解を抱くに至ったのかについての苦渋に満ちた物語である。

同書によるならば、家康が浜松城に在城の時代、大賀弥四郎なる者が家康のもとにやってきた。大賀は才知渙発にして立ち居振る舞いも優雅で衆に抜きんでていた。文筆の技に優れていて、年貢勘定から領内政治の万般にわたって淀みなくこなしてくれる卓越した能力を有していた。

それまで家康の周りにいた三河武士といえば、武辺には遅れをとることがないけれども、無骨一辺倒で融通がきかず、ずけずけと物言いはするけれども財政実務や領内行政を任せてもおよそ役立たずの状態。そこで家康はこの大賀弥四郎を重宝にして、なにかといえば弥四郎、弥四郎と、万事につけ彼まかせの有様となっていた。

ところがこの大賀弥四郎、実は甲斐の武田勝頼が送り込んだスパイであり、武田の徳川領国侵攻を手引きするためのトロイの木馬であった。そして大賀がこの目的遂行のために目をつけたのが、徳川家の正夫人でありながら、家康とは長らく不和疎遠の状態にある築山殿であった。大賀は築山殿に取り入ってこれを籠絡し、さらにはその子の信康までも手なづけてしまった。彼らは大賀の術中にはまり、武田・徳川の同盟密約を推進する事態にまで至ってしまった。

しかし、この謀計は信康夫人の知るところとなり、彼女はその実父織田信長にこの陰謀のことごとくを注進した。そしてその結果、信康や築山殿が武田勝頼と取り交わした密謀の書状が証拠として押さえられ、信長は家康に大賀の陰謀を通告するとともに、築山殿と信康の処刑を強硬に要求したとされる。

家康が、信長の強要によって信康の成敗を受け入れざるを得なかったのは、一にかかってこの武田との通謀嫌疑であり、信康の関与を示す証拠の書状を突きつけられては家康とてどうしようもなかったということであろう。

『井上主計頭覚書』の全編は、家康が徳川の将来を託した最愛の息子信康を失った無念の述懐に充ち満ちている。そして井上に物語る言葉を継ぐたびごとに、「あの大賀弥四郎めが」という腸を引きちぎるような声が家康の口から発せられる、くどいばかりに。

『井上主計頭覚書』（『松永道斎聞書』）は、もとよりこの信康切腹事件よりはるか後に作成された伝聞史料でしかない。その限りにおいて、歴史学的価値は高くなく、それに依拠して歴史叙述をすることは控えなければならない。たとえばこの大賀弥四郎であるが、彼はたしかに実在の人物であるが、武田から送り込まれたというより、もともと家康の家臣としてあった者である。前掲（五一頁）の通り、大岡弥四郎とも表記されていて、岡崎城に詰める代官頭であった。

しかし、この大賀については『三河物語』においても、土中に埋められて鋸引きの刑に処せられたとしているので、謀反の罪であることは疑いなく、状況的に見て、それが武田との通謀嫌疑である可能性は高いであろう。そして信康はこの当時、岡崎城にあってその防衛を担当していたことから、信康がこの大賀の通謀問題に巻き込まれたという『井上主計頭覚書』の語る事件の構図は大筋において首肯されるものではないかと思う。

＊なお、この大賀弥四郎の事件と、信康・築山殿の生害事件とは別の事件と位置づけるべきとの見解も示され

ている。『新修　岡崎市史』（新行紀一氏執筆）では、両事件は年月も別であり、前者は天正三年の長篠の合戦を目前に発生した事件で、大賀の単独事件ではなく徳川家臣団のうち岡崎城にあった多数の家臣たちによる武田方への通謀事件。後者は天正七年の事件で、信康と夫婦仲のよくなかった徳姫が、父の信長に信康の乱行と築山殿の不行跡および武田方への通謀嫌疑などを訴えたところから両者の生害に及んだものとされている。これについては、しばらく後考に待ちたい。

＊なお、信康切腹事件の原因については、武田通謀問題ではなく、家康との父子関係の悪化にあり、さらには信康が預かる岡崎城の家臣団と家康の居城浜松の家臣団との間の対立にあるとする説が昔から唱えられている。しかしこの事件では築山殿が移送中に斬られるという異常事態が目をひく。築山殿は信康をかばい、家臣たちに信康に味方するよう呼びかけたということがこの生害の理由とされている。この事件の主因が信康にあるならば、母として信康をかばった築山殿はあくまで従犯であり、家康の正夫人であることを考えれば、落飾のうえ一所に幽閉というあたりが妥当な処分ではないだろうか。しかし実際は移送途上の斬殺であり、しかもその処置は信康の切腹よりも前になされていることに着目しなければならない。これは築山殿こそが本事件の主犯であること、武田との通謀疑惑が主たる原因であることを強く示唆している。信康は通謀問題に巻き込まれたというのが本事件の構図ではないかと考える。なお本多隆成「松平信康事件について」（『静岡県地域史研究』七号）参照。

5　武田家の滅亡

武田被官の
相次ぐ離反

天正一〇（一五八二）年二月、武田攻撃をめぐって満を持していた信長は家康と共同で武田領へ本格的侵攻を開始した。武田内部では、これに伴って反乱が起こり、それが連鎖作用を押し及ぼしていった。

かねてから、信玄の娘婿であった木曽の城主木曾義昌は、勝頼の強引な施策に不満を抱いており、武田家の行く末に見切りをつけて信長方に寝返った。勝頼は木曾討伐の軍勢を送り出したが、木曽の反乱を機として、織田・徳川および北条の軍勢が一斉に甲州に向けて侵攻を開始した。織田信忠は伊那方面から、金森長近は飛驒国から、徳川家康は駿河国から、北条氏直は関東・伊豆国から武田領に進撃した。

織田軍の信濃方面からの侵攻に呼応して徳川軍も駿河方面から侵攻し、武田軍の依田信蕃の田中城を成瀬正一らの説得により引き渡させ、さらに駿河江尻領主の穴山信君（梅雪）を調略によって離反させるなどして駿河領を確保した。

これらの侵攻に対して武田軍では組織的な抵抗ができず、ことに武田一族の重鎮である穴山信君まで裏切りをなすに及んで、武田の将兵は勝頼を見捨てて逃亡を始めた。同年三月、勝頼は未完成の新府城を放棄して、小山田信茂の居城である岩殿城に入ろうとした。しかし、小山田もまた最後に心変わりして勝頼の入城を拒否するに及んだ。

勝頼は行く手を阻まれ、後方から滝川一益の軍勢が迫ってきたことから逃げる術《すべ》を失い、観念した勝頼一行は武田家ゆかりの地である天目山棲雲寺を目指し、同地で最期を遂げようとした。だが、その願いすらも空しく、彼らはその途上の田野の地において敵に囲まれてしまい、勝頼はその場において嫡男の信勝や正室の北条夫人とともに自害して果てた。享年三七。こうして、四五〇年の歴史を誇った、新羅三郎義光流の清和源氏の名門武田家は滅亡した。

家康、駿河国を拝領

この甲州攻めの功績により、武田領国であった駿河国は家康が領有することとなった。甲斐国に乗り込んできた信長は、勝頼の首級の実検を終えると帰路には家康に与えた駿河国に入り、それより遠江・三河と家康領地の東海道を通って帰還することとした。もとより富士山の見物が目的の旅程であった。

四月一〇日に甲斐から駿河へ入り、そこで家康の手厚いもてなしを受ける。富士山を存分に見物したあとは、いつも戦争目的で脇目もふらず疾駆するしかない東海道を、折角の機会、旅の情趣を味わいつつ、心静かに歩みたいという思いが募るであろう。長年にわたり苦闘を繰り広げてきた宿敵を、漸くにして打ち滅ぼすことを得たという安堵の気持ちに包まれながら。

このとき家康は、信長のために長い旅の無聊を慰めるよう、万全の手配を施した。家康自身が亭主としてもてなす駿河の地での祝宴はいうまでもなく、東海道の諸所に趣向を凝らした茶亭や接待所を設けて、行く先々で信長を楽しませた。家康は、この饗応に遺漏なきを期するために、莫大な財を傾けるとともに、信長の側近である長谷川秀一の助言を受けつつ、信長の好みや嗜好品の細々にわたるまで徹底的に調べ上げていた。気配りの家康の本領が発揮されたひとコマであった。だがその時には、知る由もなかった、その万全の饗応がその後に発生する大事件の引き金になろうとは。

6 本能寺の変と伊賀越え

家康の安土参向と饗応役・明智光秀

天正一〇（一五八二）年五月、今度は家康の側が信長の招きによって、降伏した穴山信君（梅雪）とともに信長の安土城を訪れた。この時、家康には重臣の酒井忠次、本多忠勝、榊原康政ら三十数名が同行した。徳川家の主要メンバーが勢揃いしての安土参向であった。信長の覇業を支えてきた家康と配下武将たちの長年にわたる功労に報いる意味を込めての招待でもあったろう。そして、この重要な接待の奉行には、信長の信頼も篤く、名門土岐家の末裔とされて古式礼法にも通じている明智光秀が充てられた。

これは信長としては最善の人選のはずであった。駿河、東海道における家康の遺漏なき見事な饗応に応えるべく、完璧な形で家康をもてなし、家康との絆を深めるとともに、また己の権威を輝かすべく細心の配慮を加えての接待であるはずであった。

しかしながら、この絶対に落ち度の許されない饗応に際して、光秀は信長の期待にたがう失態を犯してしまったようである。光秀の家康一行に対する饗応役は五月一五日から始まるが、同一七日には解任されてしまう。家康一行はなお安土城に同二六日まで滞在しているのであるから、この解任は饗応役失格を申し渡されたも同然であった。残りの滞在中は長谷川秀一が勤めている。

面目を失墜した光秀の思いはいかばかりのことであったろうか。本能寺の変は、その半月後のことであった。

もとより本能寺の変のような大事件が、このような饗応の不首尾を原因として発生すべくもなく、その背後には巨大な構造的な矛盾が内在しているのであるが、しかしこの光秀の饗応役失格と解任という信長のとった処置が、その内在的な爆薬に点火する役割を果したであろうことは否定できないと考える。

家康、堺見物

家康はそれより信長の勧めで、京・堺の遊覧に赴く。本願寺顕如の右筆・宇野主水の『宇野主水日記』によると、五月二七、二八日は京都に滞在、「京都において御茶湯御遊覧等あるべし」と京都で家康に茶の湯接待が行われ、家康は二九日に堺に到着、堺の代官で茶人として有名な宮内法印（松井友閑）の歓待を受けた。翌六月一日（五月は小の月のため二九日まで）朝には今井宗久の茶の湯朝会、昼には信長の茶堂も務める天王寺屋津田宗及の茶会に、夜には幸若舞の舞われる宴席での歓待と、接待づくめの一日であった。これらの手厚い接待はもとより信長の指示によるもので、安土での宴席にミソを付けたことへの埋め合わせでもあったろうか、堺の街を挙げて家康をもてなすようにとの意向が示されていた。

こうして接待づくめの六月一日は果てて明くる二日、家康一行は朝から堺の街を見物しながら過ごしていたが、その下に急の使者が到来し、同日未明に京で発生した本能寺の変の報がもたらされる。文字通り、青天の霹靂であった。

この時の家康の供は、本多忠勝ら重臣三十名ほどの少人数であり、家康一行はきわめて危険な状態に陥った。家康も一時は狼狽して、亡くなった信長の後を追おうとするほどであった。それは光秀から差し向けられるであろう討手の脅威もさることながら、それ以上に恐れなければならないのが、この種の騒乱が勃発すると決まって発生する落武者狩りの危険であった。

落武者狩り。それは地侍や農民にとって、特別収入のような旨味のある機会であった。敗残の将士たちを討ち取って甲冑・武器・馬の類を奪い取る行為である。相手は敗北して落ち延びていく武士たちであるから、後日の報復の恐れがなく、奪い取り放題である。しかも討ち取った武士が名のある有力武士の場合には、その首を相手方陣営に届けることで多くの褒賞にあずかることも稀でなかった。

他ならぬ光秀がこの後、山崎の合戦に敗れて近江の居城坂本へ落ち延びようとしていた時に、伏見小栗栖村の住民たちによる落ち武者狩りにあって落命したことはあまりに有名なことであり、また、この堺にあった家康の場合でも、家康とは別行動をとって逃れようとした穴山梅雪の方は、土豪の手にかかって横死している。

伊賀越え

開けた道を進めば光秀方の兵に発見もされるであろうし、土地の者から光秀方へ通報される危険もある。さりとて、人目につかない山道を歩めば落武者狩りに遭うという仕儀である。まさに進退に窮した状況、家康が「土民らの手にかかって無残な最期を遂げるよりは」と、弱気になって切腹を口にしたのも宜《むべ》なるかなであった。しかし本多忠勝ら同行の家臣たちに説得されて翻意し、伊賀出身の家臣であった服部正成（半蔵）が地元との交渉のすえ、伊賀の地侍や農民たちの助力の下、伊賀国の険しい山道をしのび行き、加太越を経て伊勢国へ出、同地から海路でもって三河国に辛うじて戻った（神君伊賀越え）。

家康と伊賀者

実は、家康と伊賀との繋がりは、それ以前より存在していた。そもそも伊賀者の頭となる服部半蔵正成は、その父の代より家康に召し抱えられており、正成自身は普通の侍であって、いわゆる忍者ではない。その父の方は伊賀忍者であったようであるが。

後代の由緒書であるが、伊賀者五〇人ほどが永禄一一（一五六八）年に家康によって召し抱えられたとする伝承がある（「小給地方由緒書寄帳」『徳川家康と其周囲』上巻）。また『三河物語』には、永禄五年二月の鵜殿長持の守る西郡城攻略に際しては、「忍び取」で落としたとする叙述がある。『石川正西見聞集』に、「伊賀、甲賀よりおぼえある者御よび下し（中略）にしのこほりの城を雨の夜に忍び取になされ候」とある。また「服部半蔵正成譜」には、「西郡宇土城夜討之時、正成十六歳にして、伊賀之忍の者六七十人を率いて城中に忍入り、戦功をはげます、これを賞せられて家康より持槍を賜ふ」とある。家康ないし松平―徳川家では早くから、特殊戦闘技能をもつ伊賀忍者を抱えており、実際の戦争においても活用していたようである。

さらに、織田信長の伊賀攻め、いわゆる天正伊賀の乱に際しては、信長の軍事力によって伊賀の地侍・農民の大量殺戮が繰り広げられたが、この時、国外に難を逃れて落ち延びた伊賀者を、家康は庇護して自己の配下に置いたようである。

このように家康、徳川家と伊賀の人間とはかねてよりそのような深い関係にあり、それがゆえに本能寺の変後の逃避行に際して一見したところでは危険きわまりない伊賀越えのルートを選んだものであろう。『寛永諸家系図伝』の「服部保次」の項に、「天正十年六月、大権現忍て御通のとき、忠をつくし伊賀より三州にいたり供奉す。時に鉄砲同心五十余人あづけらる。」とある。服部保次は生国が伊賀国で、通称は「中」。永禄八年に初めて家康に仕え、知行は遠州刑部郷などで一二〇貫文、足軽五〇人を預けられていた。この家はのちの寛永年間には知行二千石で、徒頭《かち》や小姓組組頭などを務めている（同書第一四冊）。

7 甲州・信州の併合——天正壬午の乱

その後、家康は明智光秀を討つために軍勢を集めて尾張国まで進軍したが、このとき中国地方から急速に帰還した羽柴秀吉によって光秀がすでに討たれたことを知る。

旧武田領の混乱

一方、信長の領土となっていた旧武田領の甲斐国と信濃国では大規模な一揆が起こった。一揆の主体は旧武田家臣や土豪・地侍たちで、主君信長を失って狼狽する織田武将を狙い撃ちにしたものであった。さらに、越後国の上杉、相模国の北条も旧武田領への侵攻の気配を見せている。旧武田領に対する支配権を委ねられていた滝川一益は、この状況の下で立ち往生のあり様であった。

滝川配下であった信濃国の森長可と毛利秀頼は領地を捨てて畿内へ逃走し、甲斐国の河尻秀隆はついに一揆勢に敗れて戦死するといった緊迫した状況にあった。相模国の後北条は織田と同盟関係を結んでいたが、信長の死を知るや、上野国の領地の奪回に乗り出してきた。上野国にあった滝川一益は北条軍を迎え討たんとするも支えきれず、そのまま尾張国へ敗走するなど織田支配体制は総崩れの様相を呈していた。

このため、甲斐・信濃・上野国は領主のいない空白地帯となり、これを見て家康もまた八千の軍勢を率いて甲斐国に攻め入った（天正壬午の乱）。一方、上野国へ進出した北条勢はさらに碓氷峠を越えて信濃国に侵攻する。北条軍は上杉軍と川中島で対峙した後に和睦し、南へ向かう。徳川軍は、この北条軍と全面対決の様相を呈したが、北条方に属していた信州上田の真田昌幸が徳川軍に寝返り、北条軍をその執拗なゲリラ戦法で苦しめた結果、北条軍と徳川軍との間で和睦が成立した。

和睦の条件は、上野国を北条が、甲斐国・信濃国を徳川がそれぞれ領有し、家康の次女・督姫が北条氏直に嫁ぐというものであった。こうして、家康は北条と縁戚・同盟関係を結び、同時に甲斐・信濃・駿河・遠江・三河の五カ国を領有する大身大名へと、のし上がっていく。

第一次上田合戦

ただし家康はこの過程のなかで、手痛い敗北を蒙ることになる。第一次上田合戦であり、相手は言うまでもなく真田昌幸である。前述したように徳川・北条の間で和睦が成立するが、それに伴い真田昌幸の保有する上野国沼田領を北条側に引き渡すこととなった。真田は徳川傘下に入っていたが、沼田領は徳川から与えられた領地ではないとして引き渡しを拒否していた。

家康はこれを怒ったけれども、後述するように家康は織田信雄の要請を受けて、羽柴秀吉との戦いに臨まなくてはならず、真田問題は一時棚上げとされていた。しかしながら、秀吉側との一応の和睦がなったのち天正一三（一五八五）年八月になって、家康は真田討伐を決意し、鳥居元忠、大久保忠世、平岩親吉らを将とする約七千の兵を真田の本拠・上田城に差し向けた。

これに対して真田方の兵数は千人ほど、上田城に籠城して徳川軍を待ち受ける。閏八月二日に上田城に攻め寄せた徳川方は、二の丸まで進むがここで反撃を受け撃退される。後退の際には城方の追撃を受け、また戸石城に詰めていた真田信幸の率いる兵が横合いから攻めかけるに及んでついに壊乱の様相を呈し、さらには真田側が堰き止めておいた神川を決壊させるなどといった戦法をくりひろげたことから、徳川方は多数の将兵が溺死することとなった。徳川軍の戦死者は一三〇〇に及んだと言われている。真田側の戦死者は数十名にとどまったようである。

その後、徳川方は態勢を立て直して上田城攻撃を続行する。家康はさらに井伊直政、大須賀康高らを増援部隊として送り込み、真田方も越後の上杉軍の来援を頼むなどして両者対峙の状態が続いていたのであるが、そのような最中、同年一一月、徳川家譜代の重臣である石川数正が羽柴秀吉の下へ出奔するという驚愕の事態が発生し、これがために徳川勢は上田から完全に撤退するに至った。

第四章　豊臣政権への帰順

1　小牧・長久手の戦い

天正一〇（一五八二）年の本能寺の変に織田信長が倒れたとき、信長麾下の武将たちは、信長の天下統一の戦略に従って、全国各地で諸方の戦国大名と対峙の状態にあった。

羽柴秀吉の台頭

柴田勝家は北陸方面で越後の上杉景勝と戦い、羽柴秀吉は中国路を西に進んで毛利領国を攻略しつつあり、瀧川一益は旧武田領国の上州に入って関東の後北条とにらみ合い、丹羽長秀は神戸《かんべ》信孝《のぶたか》と共に土佐の長宗我部《ちょうそかべ》と戦うべく、大坂において四国渡海の用意をしていた。

それゆえに、信長が明智光秀に討たれたとき、畿内は一種の真空状態にあって、光秀に対して組織的な反撃を加えられる条件が整っていなかった。丹羽長秀が光秀に一番近い場所に兵を有していたが、

豊臣（羽柴）秀吉
（神戸市立博物館蔵／Photo: Kobe City Museum/DNPartcom）

長秀は突然の事態の発生に動揺して、なすべき対処の方途を見出せないでいたようである。

そのような中で秀吉のみが変報を受け取るや、ためらうことなく毛利方との講和を取りまとめ、ただちに兵を引き連れてとって返し、畿内近国の織田方の勢力を糾合して光秀との決戦に臨み、山崎の合戦にこれを討ち滅ぼした。

主君信長の復仇を果たした羽柴秀吉は、織田家中において一躍重きをなすに至ったが、しかしそれだからとて、ただちに織田信長の獲得した天下が秀吉の手中に納まるものではなかった。そこに至るには、競争者たちとの長い覇権闘争を必要とした。

まず死亡した織田信長の後継者の選定問題から、この闘争は始まる。同年の清洲会議では織田信忠の子、三法師（織田秀信）を後継者とし、その叔父たる信雄・信孝兄弟は後見をなすということで、ひとまず決着をつけた。しかし信孝・信雄の間で確執が生じ、これに織田家臣団内部での柴田勝家と羽柴秀吉の覇権争いが結び付く形で、天正一一年の賤ヶ岳の戦いが起こり、これによって柴田勝家は滅亡し、勝家と結んでいた信孝も追いつめられて自害し、ここに秀吉による織田領国の事実上の継承がなされた。

小牧山城跡（愛知県小牧市堀の内）

小牧・長久手の戦い

しかし織田信雄は秀吉のこの態度を快からずとして、徳川家康と同盟のうえで秀吉に対抗したことで、天正一二（一五八四）年の三月から四月にかけて小牧・長久手の戦いが展開された。秀吉と家康の両雄が大軍を動員して正面から対峙したこの合戦であったが、両者持久戦に入って膠着状態のままに終始して決着をつけることはできなかった。

しかも秀吉にとって手痛い打撃となり、後々までも家康に対して負目を引きずるはめになったのが、本合戦の局地戦となった長久手の戦いである。すなわち小牧の戦いの膠着状態を打開すべく、秀吉方武将の森長可と池田恒興は献策して、徳川家康が小牧に釘づけになっている隙に、秀吉方別働隊をもって徳川領国に乱入し、進んで岡崎城を攻略する案を唱えた。

秀吉はこの戦術案に同意し、自分の甥の三好秀次《みよしひでつぐ》を総大将として池田・森らの部隊をあわせて総て二万余の大軍を編成して三河へ送り込んだ。しかしこの動きは家康方の察知するところとなり、秀吉方部隊は長久手の地で、急追する榊原康政ら徳川諸隊によって背後から攻撃を受けた。

まず三好秀次の部隊が壊滅状態となり、秀次はかろうじて戦場を脱出して一命をとりとめた。その前方を進んでいた池田・森の部隊は、兵をとって返して徳川の急襲部隊をいったんは撃退したが、こ

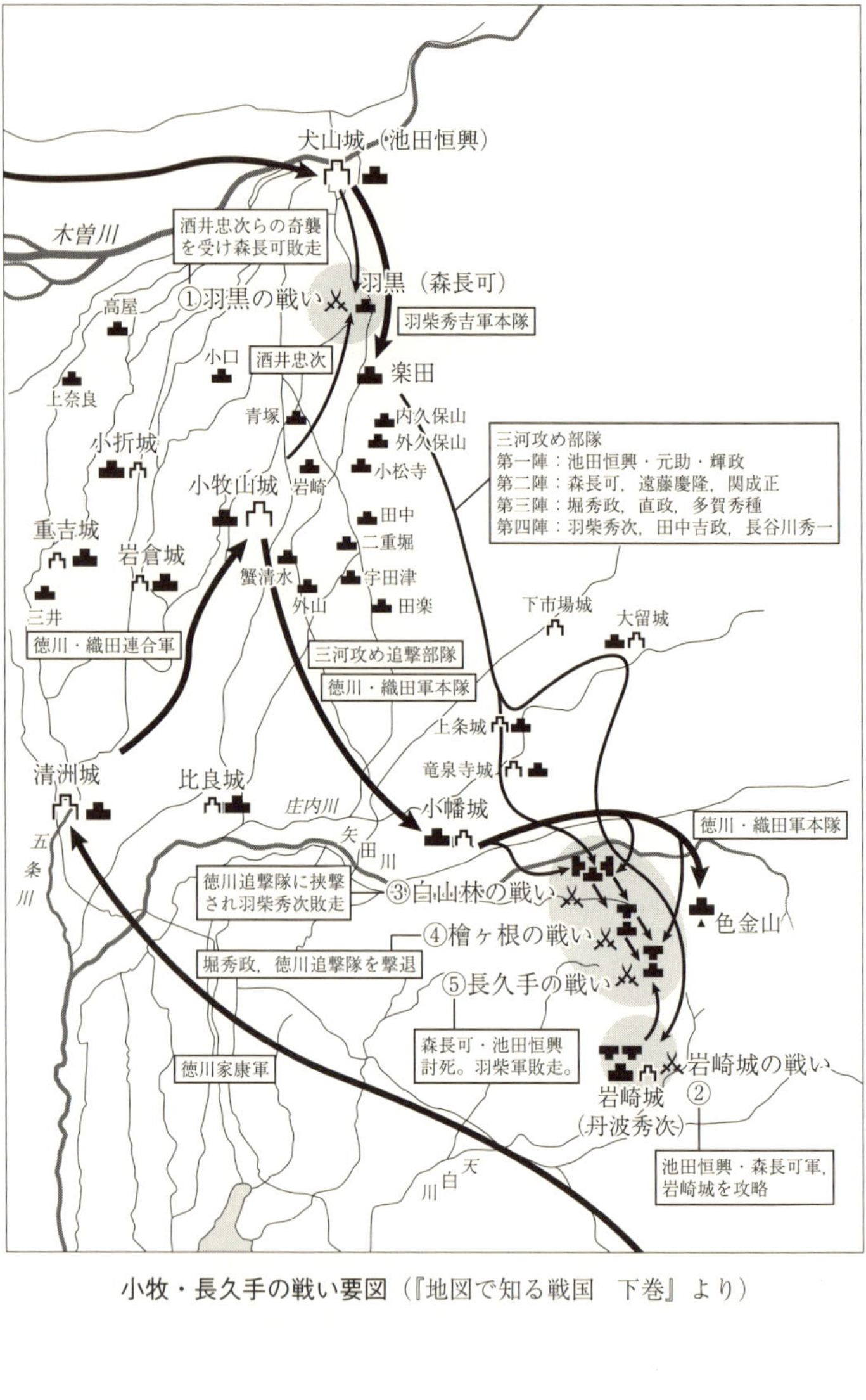

小牧・長久手の戦い要図（『地図で知る戦国　下巻』より）

の時、家康自身の率いる徳川本隊が長久手に到着する。

　こうして長久手の仏ヶ根の地において徳川軍と池田・森軍とが合戦におよぶが、池田・森軍は徳川軍に攻めたてられて全滅に近い総崩れのありさまとなり、一軍の大将たる森長可そして池田恒興が相次いで討たれて、首級を奪われた。

　急変を聞きつけて秀吉も援軍を同地に派遣したが、家康はすでに全軍を撤収してしまっていたために、秀吉方はなすところなく空しく引き上げるのみであった。本戦は秀吉方の完敗に終わったのである。

長久手古戦場（愛知県長久手市武蔵塚）

　小牧の戦いは結局、秀吉と織田信雄が講和を取り結ぶことによって自然終結の体となり、家康としては軍を引くしかなかったのであるが、秀吉としては、家康を屈服せしめえなかったばかりか、逆に軍事上の負目を残すこととなった。

　この長久手の戦いにおける家康の勝利に対して、作り話の類の誇張だとする議論がある。しかし秀吉方の総大将である三好秀次の本隊が壊乱状態となって、大将の秀次が秀吉の下へ逃げ帰ったのも事実であるし、仏ヶ根の地の決戦で岡崎侵攻軍の大将である池田恒興と森長可の両将がともに討ち取られ、首級を奪われて侵攻軍が壊滅的な大打撃を受けたのも事実である。長久手の戦いは決して誇張されたエピソードではありえない。この軍事的敗北は、秀吉にとって終生、家康に対する負い目として豊臣政権の中に刻印されることになるのである。

2 上洛と豊臣体制への帰順

小牧・長久手の戦い後の情勢と家康ら徳川方の動向については、家康に従っていた松平家忠の記した『家忠日記』に詳しい。

石川数正の出奔

家康が軍を引き上げた後も、秀吉方との間には和平でもなく戦いでもないという冷戦状態が続いていた。そのような中で、秀吉側の要求に応じて家康は次男の於義丸《おぎまる》（後の松平［結城《ゆうき》］秀康《ひでやす》）を人質として差し出したが、秀吉側は家康に上洛を求め、あるいはまた更なる人質の提出を強要してきた。

こうした情勢の中、徳川家中は酒井忠次・本多忠勝らを筆頭として豊臣政権との全面対決を辞さずとする強硬意見が沸騰していた。しかしながら他方、京に赴いて秀吉と講和交渉にあたっていた石川数正は、秀吉政権が京の聚楽第を築くなどして日々に隆盛を極めていき、朝廷官位も大納言、内大臣と昇進し、ついには関白の地位にまで昇りつめているという状況を目のあたりにするにつけても、これ以上、豊臣政権と対立を続けることの不可を悟り、秀吉との融和を徳川家臣たちに説いた。

しかしこの数正の融和論は強硬派の聞くところとはならず、天正一三（一五八五）年一一月、数正が一族を引き連れて出奔し、秀吉に帰属するという衝撃的な事件が発生することとなった。この事件で徳川軍の機密が筒抜けになったことから、軍制を刷新し武田軍を見習ったものに改革したという。

天正一四（一五八六）年に入ると、秀吉は織田信雄を通じて家康の懐柔を試み、四月二三日には臣従要求を拒み続ける家康に対して秀吉は実妹・朝日姫を正室として差し出し、五月一四日に家康はこれを迎え入れて、秀吉と家康は義理の兄弟となる。さらに一〇月には秀吉が生母・大政所を朝日姫の見舞いとして家康の下に送り、同一八日に岡崎に到着すると、同二〇日に家康は浜松を出立し上洛している。

もっとも、この上洛には危険がともなっているのも事実であった。酒井忠次ら家臣の多くは、上洛を思いとどまるようにと家康に強く申し入れた。だが、大久保忠教の『三河物語』の伝えるところによると、このとき家康は次のように語った由である。

各々は何とて左様には申すぞ。われ一人腹を切て、万民を助く〔原文「け」〕べし、われが上洛せずんば手切れあるべし、しかれども百万騎にて寄くる共、一合戦にて打ち果すべけれども、陣《いくさ》の習いはさもなきものなり、わが一人の覚悟をもって、民百姓・諸侍どもを山野にはめて殺すならば、其の亡霊の思惑もおそろしき、われ一人腹を切ならば、諸人の命を助けおくべし、其方なども必ず何かの儀申さずとも、詫び事をして諸人の命を助けおけ

すなわち、自分一人が犠牲になることによって万民を助けることができる。自分が上洛を拒否する

大坂城跡（大阪市中央区大阪城）

ならば戦争となるだろう。たとえ敵が百万騎で攻め寄せてくるとも、私はこれと一戦を交えて打ち果すことはできるけれども、戦の習いはそれではすまないだろう。自分一人の決断でもって、大戦争を引き起こし、民百姓や侍たちを山野の戦場に投入して殺すならば、その亡霊たちがどのように思うかと考えると恐ろしい。

自分一人が犠牲となるならば、多くの人の命を助け置くことができるだろう。その方たちも、紛争事が発生した時、なんのかのと言い募るのではなく、宥免を求めることによって人々の命を助けるようにせよ、との意である。

こうして家康は上洛に踏み切り、同年一〇月二六日に大坂に到着、豊臣秀長邸に宿泊した。翌二七日、大坂城において秀吉に謁見し、諸大名の前で秀吉に臣従することを表明している。

家康上洛の決め手——朝廷官位の威力

家康の自己犠牲の決断や、秀吉実母大政所という人質の提出などが家康上洛の決め手になっているわけだが、実はこれと併行する形で、秀吉と家康との間で、別の手段をもってする問題解決がなされようとしていた。それは他ならぬ、朝廷官位という伝統的な制度の枠組みをもってする解決の方式であった。

この家康の上洛がなされる一カ月前のことであるが、天正一四（一五八六）年九月七日付で遠江国の寺院宛に家康の名前で寺領の安堵や寺院の法規などを記した文書三通が発給されている。

現存しているのは三通（二通は正文、一通は写し）であるが、三寺院に特別の関係は見られないことから、発給は遠江国の全寺院に対してなされたであろう印象が強い。なぜこの時期に唐突にも、このような寺院宛文書が一斉に発給されているのであろうか。戦乱もなければ、特段の政治改革が断行されるといった状況でもないのにである。この三通の寺院宛文書は、研究者の間でも昔から意味不明の不可解な文書と見なされてきた。

これに対する筆者の解釈は以下の通りである。すなわち、これらの寺院宛文書は、その文書の内容に意味があるのではなく、その文書の発給者の署名に問題があるということである。そこには「三位中将藤原家康」と記されている。三通ともに、である。ここで、家康のこの時期の姓氏が藤原であることが知られるが、これは前述の永禄九年の官位叙任以来のことであることも確認される。その限りで、この文書は家康の姓氏問題との関連で取り上げられることはあった。しかし実は、より重要な署名は「三位中将」の方なのである。これはどういうことなのであろうか。

これは、この時に家康は朝廷から「三位中将（従三位右近衛中将）」の官位に叙任されたことを示唆しているのである。先の三通の文書は、その文書の内容に問題があるのではなく、これら文書を発給することを通して、家康が「三位中将」の地位に就いたことを告知するお披露目の役割を果たすことに意味があったということである。このような重要な地位についたときに、お披露目の意味をもって発給される祝賀的な文書のことを吉書《きっしょ》と呼ぶ。この三通の文書は、家康にとって三位中将成りの吉書として受け止められる。

三位中将というのは、一般の武士領主の立場からするならば思いもよらないような高位高官である。従五位下に叙せられる叙爵ですら高嶺の花であった。だから多くの武士領主が名乗っている「○○守」は、そのほとんどが私称にすぎなかったのである。この時代は、土豪、野武士の類であっても「若狭守」「摂津守」などを勝手に名乗っていた。

そういう中にあって例外的に、早い時代から正式の叙位任官を受けていた武士領主の一人が徳川家康であった。前述したように、家康は永禄九（一五六六）年という桶狭間の戦いから六年しか経っていないような時期に、時の関白近衛前久にツテを求めて「従五位下三河守」という官位を正式に朝廷から授与されていた。家康にとって、今川の軛から脱して三河一国の国大名に発展していくうえで、この官位は彼の三河支配の正当性を支えてくれるという意味で貴重なものであった。

そのように早い時期から朝廷官位制度の重要さを認識していた家康なればこそ、「三位中将」という官位は目もくらむような輝きを放っていたことであろう。家康がこの「三位中将」という官位に有頂天になったことは、他ならぬ彼が領内寺院に広く発給した「三位中将家康」の書名をもった文書の存在によって推知できる。彼がこの種の官位にさして興味も重要性も覚えていないのであれば、そのような文書を発給する必要などどこにもないからである。明らかに吉書と認定できるこれら文書を領内に広く発給しているという事実の中に、家康が「三位中将」という官位に舞い上がっている様子を見て取ることができようというものである。

朝廷官位表（武家昇進系統）

位（位階）	官（官職）
従一位	太政大臣 左大臣 右大臣
正二位	内大臣　関　白
従二位	大納言
正三位	中納言
従三位	参議（宰相）
正四位　上 　　　　下	中将
従四位　上 　　　　下	少将 侍従
正五位　上 　　　　下	征夷大将軍
従五位　上 　　　　下【叙爵】	守・頭・督・正
【地《ヂ》下《ゲ》】 六位　七位　八位　初位	

しかし同時に、この「三位中将」という秀吉側から提示された官位の危険性についても、家康は充分に認識していたはずである。なぜなら、相手の秀吉はこの時点で「従一位関白」という朝廷官位の最高位を手中にしていたからである。これは両者が対面したとき、家康は秀吉の下風に立たざるをえないということを意味している。「三位中将」はまさに毒入りの美酒なのであった。

考えてみれば「三位中将」といったところで、それは単なる紙切れでしかない。口宣案（中将任官）と位記（三位叙位）という仰々しい体裁で記された文書ではあるが、別に物質的利得も法的な権限も伴うものではない。単なる名称にすぎないのである。これらを虚名、空しい紙切れと一蹴してしまえば、それだけのことである。毒入りの仕掛けは明瞭なのであるから、なおさらのことではないか。

しかしながら家康は、その官位の放つ魅惑から逃れることはできなかった。後に明らかになることであるが、武士領主の誰一人として、この危険な誘惑から身を護ることのできる者はいなかったのである。

家康はここで決断することになったであろう。「三位中将」の官位を受諾し、そして上洛することを。『家忠日記』によるならば、家康はすでに九月二六日に上洛を公表していたという。

（九月）廿六日、戊午、岡崎へ越候、城へ出仕候、殿様御上洛に相定り候、使は朝野弥兵衛《浅野長政》、津田四郎左衛門《津田盛月》、富田平右衛門《富田一白》、尾州より小田源五《織田長益》、瀧川三郎兵《瀧川雄利》へ、ひちかた彦三郎《土方雄氏》、来り越し候浜松城にいた家康も岡崎城に移り、また徳川家臣団も岡崎城への参集が命ぜられ、そこで家康から上洛の決定を告げ知らされた。『家忠日記』によれば、その二日前の九月二四日に上方から使者が到来したので、家康が浜松城から岡崎城に移って、そこで使者と会ったということであった。その使者というのが、秀吉の使者である浅野長政ら三名と織田信雄の使者である織田長益《ながます》ら三名であった。

すなわち、家康はこの六名の使者と面談した結果、上洛を決断したという次第なのであるから、この使者がもたらした秀吉側のメッセージが問題となる。それは、家康が上洛した暁には、その命の保障も含めて家康を優遇する旨の内容であろう。しかしそれは、ここに至るまで何度となく家康に向けて発してこられたものであろうから、それだけでは上洛の決め手とはならないであろう。

このたびの秀吉の使者のもたらしたもの、それがすなわち「三位中将」の宣旨であったとするならば、九月二六日の上洛決定という問題が氷解する。しかし、家康が「三位中将」の肩書で遠江国寺院宛に文書を発給したのは、それより前の九月七日であるという前後矛盾はどうなるか。しかし、これも九月二四日に秀吉使者のもたらした文書に記された「三位中将」の叙任日付が「九月七日」であれば、これも矛盾なく解決される。京都と浜松との旅行日数を考慮するならば、京都で「三位中将」の叙任宣旨が作成・発給されたのが九月七日である公算が高い。

つまり家康は、九月二四日到着の使者から「三位中将」の宣旨を受け取り、その宣旨の発給日時である九月七日付けで領内に寺院宛文書を発給したという流れである。そしてまた、この「三位中将」宣旨を受領した時点で、家康は上洛を公表したという次第であろう。

しかしなお実際の上洛が一〇月二〇日にずれこんだのは、家康側の上洛の準備と、秀吉から生母の大政所を人質として家康側に届けるという手順のためのことであったろう。筆者がここで強調したいことは、家康の上洛決断が、世に言われている大政所の人質提出によってなされているのではなく、「三位中将」という朝廷官位の授与によって実現されていたという事実である。

前述のように家康は一〇月二〇日に岡崎を発って、同二六日に大坂に着く。宿所には豊臣秀長邸があてられた。その夜、秀吉がお忍びでやって来て、家康の手をとって奥の座敷へいざない、そこで心ゆくまで話し合われて、「御入魂ども中々申すばかりなく候」というありさまであった由である（『家忠日記』天正一四年一〇月晦日条）。

以上は事実と見てよいであろうが、巷間語られることは、これに続いて、翌日の聚楽第における公式の対面の席では自分に頭を下げてくれるよう秀吉が家康に懇願したということになっている。これは家康がなぜ秀吉に臣下の礼をとったかということが不可解なことから、そのような裏話が作り上げられたものであろう。

しかし、そのような懇請は不要である。その種の事前要請や根回しなど無かろうとも、秀吉と家康とが対面した場合の座配は、秀吉が上座、家康が下座とならざるを得ないし、家康から秀吉に対して拝礼をするという形が自動的に導かれる。秀吉はその官位が従一位関白であり、家康は従三位中将だからである。この朝廷官位という基準を受け入れた時、受け入れた人々の序列と礼的秩序は自動的に決定されるということである。

いずれにしても、秀吉と家康との三年にわたる（本能寺の変からは五年にわたる）抗争は、こうして決着がついた。家康が秀吉に対して臣下の礼を取るという形においてである。小牧・長久手の直接対決を見る限り、戦争に勝利したのは家康側であるはずである。長久手の戦いは家康側の大勝であったから。また武将としての格から言っても、秀吉は信長の家臣であり足軽からの成り上がり武将。家康は信長の同盟者であり、弱小とはいえ生まれながらの大名である。

これだけ優劣条件が歴然としているのにもかかわらず、両者の角逐の決着は、秀吉が主君となり、家康はその臣下という関係で収斂した。この関係を媒介し、決定したのが朝廷官位の威力であることはもはや明らかであろう。

そしてこの家康の秀吉に対する臣従という関係形成をめぐっては、一つのトリックが伏在している。というのは、家康が秀吉の下座に座して秀吉に拝礼を遂げたのは、あくまでも官位が従三位中将の者が、従一位関白に対して敬意を表したということで、これはあくまでも律令官位制の秩序に基づく上下関係に従ったまでのことで、それ以上のものではないはずである。

しかしながら諸大名が居並ぶ公式の対面の場において、下座に配された家康が上座の秀吉に対して拝礼の所作をとるならば、それは何人の目にも「徳川殿は秀吉様に屈服して臣下の礼をとった」と映ることであろう。秀吉もそのように印象づけるように演出をしているわけである。

家康はと言えば、自分が秀吉に頭を下げているのは、あくまでも官位制度上の上級者に対して敬礼をしているのであって、秀吉に屈服したのでも、臣下の礼をとっているわけではないと自己を慰めるとともに、しかし秀吉の演出によって、この行為が秀吉に対する服従と封建制度上の主従の関係に入ったものとして満座の人々の目には映じているだろう、ということも覚悟のうえだったということである。

すなわち、朝廷官位制度における上下関係を設定することによって、それを巧妙に封建制度上の主従関係にスライド、転化させていくという支配の方式であり、ここに秀吉の天下統一の大きな秘密があった（下村効「豊臣氏官位制度の成立と発展――公家成・諸大夫成・豊臣授姓」）。

さて、このような家康の朝廷官位であるが、その上洛中にさらに昇進して中納言に任ぜられている（『家忠日記』同年一一月七日条）。こうして上洛を無事に終えた家康は、同年一一月一二日には岡崎城に帰還し、翌一二日には大政所を秀吉の元へ送り返している。

駿府城跡（静岡市葵区駿府城公園）
（駿府城公園観光文化施設管理運営共同事業体提供）

駿府城への本城移転

同年一二月四日、家康は本城を一七年間過ごした浜松城から隣国・駿河国の駿府城へ移した。この移転は急なことだったようであり、年の暮れということもあって家臣の大半は自己の屋敷を駿府へ移すことがなかった由である（『三河物語』には、忠教の本家当主である大久保忠隣だけが移転しえたことを誇らしく記されている）。

今川の没落以来、荒れ果てていた駿府城の整備は前年から進められていたようであるので、この本城移転が対秀吉の戦争準備として計画されていたことは間違いないであろう。しかし秀吉との和睦が成立した今、家臣もついてこれないほどに慌ただしく移転せねばならない理由は、そこにはない。つまり対秀吉の軍事戦略ではなくて、むしろ秀吉から要請された小田原の北条問題、さらにはその先にある奥羽仕置きにあたるための態勢作りと解するのが妥当であろう。

秀吉の立場からした時、家康を臣従させたのち日程にのぼり来るのは関東・奥羽平定問題である。この難題に対処するために、家康に期待するところは大であり、交渉による説得であれ、軍事発動による討伐であれ、小田原北条を屈服させることが豊臣政権にとって直面する課題であった。その領地の地政学的位置から家康こそが、この課題遂行の最前線に立つことになるのは必至であり、家康の駿府への本拠移転は秀吉の右のような要請に応える姿勢を示したものと解されるであろう。

3　聚楽第行幸と家康の源氏改姓

聚楽第行幸

さて秀吉の側に目を転じると、最も手強い相手である家康をいとも簡単に屈服させ、臣従させることのできた朝廷官位の威力に、改めて畏敬の念を抱くとともに、ならば自余の武家領主たちに対しても同様の態度で臨むならば、屈服できない者はないであろうとばかりに、秀吉は朝廷官位戦略を全国の武家領主に対する支配と編成の基軸として全面的に展開していくこととなる。
秀吉は全国の諸大名を中心として武家領主たちに相次いで官位授与を行い、そして彼らを臣従させていくのであるが、武家領主でこの秀吉の罠を逃れられた者は一人もいなかった。今まで正式の朝廷官位などとは無縁であった地方の武士領主たちは、高い官位を授与されて有頂天となり、そしてその結果すべて秀吉の臣下となっていく。なにしろ秀吉は関白なのであり、さらに天正一四（一五八六）年一二月には太政大臣にも就いて、従一位関白太政大臣となり、朝廷官位の位階を極めていたのであるから。

これらの事実を背景として、それまで個別に形成してきた秀吉との間の主従関係を総合し、統一的な全国支配の体制を構築すべく、秀吉はすでに傘下に入っていた全武士領主たちを一堂に会して、服従儀礼の盛大な催しを挙行する。それが天正一六（一五八八）年四月に行われた聚楽第行幸であった。この聚楽第行幸はまぎれもなく秀吉の天下統一にとって一大画期をなしていた。

この年の四月一四日、時の後陽成《ごようぜい》天皇を、秀吉は新築なった京洛の居城である聚楽第に迎え、それより同月一八日まで五日間にわたって華やかな行幸行事を催した。そしてこの行幸行事に際して、全国の諸大名は上洛をして聚楽第に参集することが命ぜられた。その顔ぶれはほぼ次頁の表に示した通りである（毛利と島津はやや遅れて同年六、七月に上洛している）。

彼らは、表にあるように従四位下侍従、ないしそれより高い官位に叙任されており、この朝廷官位の上下が彼ら武家領主たちの間の序列を決する編成基準となっているわけである。それらは武士領主たちの間の秩序を形成するものであるが、この序列の頂点に位置するのが従一位関白太政大臣である秀吉であり、したがって全武家領主が秀吉に服従することが統一的な制度として示され、意識されることとなる。

加えて、秀吉は関白という地位にある。関白は天皇から委任された政務代行者という伝統的な意義が備わっている。秀吉はこの関白という特別な地位をも強調して、聚楽第に参集した全武家領主に対して、天皇・公家の領地の保全と関白である秀吉の意命に服従することなどを定めた三ヶ条誓詞に署名することを求めたのである。

聚楽行幸時の諸大名官位

豊臣秀吉	従一位関白太政大臣
織田信雄	正二位内大臣
徳川家康	従二位大納言
豊臣秀長	従二位大納言
三好秀次	従二位中納言
宇喜多秀家	従三位参議中将
毛利輝元	従四位下参議（七月）
前田利家	従四位下少将
結城秀康	従四位下少将
豊臣秀勝	従四位下少将
織田秀信	従四位下侍従
蒲生氏郷	従四位下侍従
堀　秀政	従四位下侍従
丹羽長重	従四位下侍従
細川忠興	従四位下侍従
長宗我部元親	従四位下侍従
大友吉統	従四位下侍従
京極高次	従四位下侍従
池田輝政	従四位下侍従
島津義弘	従五位下侍従（六月）
小早川隆景	従五位下侍従（七月）

（備考）『聚楽行幸記』，『公卿補任』，日置昌一編『日本歴史人名辞典』他による。天正16年４月の聚楽第行幸時点の官位。ただし遅れて上洛をした毛利輝元，島津義弘らは同年６，７月に叙任をしている。

家康の源氏改姓

この聚楽第行幸は、家康にとっても重要な意義を有していた。それは家康の姓氏を、従来の藤原氏から源氏（清和源氏）へ改める機縁をなしたということである。

先述のように家康は、永禄九（一五六六）年に朝廷から従五位下三河守に叙任されていた。この時に、その名字（苗字、家名）を松平から徳川に改めることも認められたが、姓氏は家康の望む源氏ではなく、藤原氏とされた。これは家康の官位叙任を取り持って、朝廷に奏請したのが藤原の氏の長者（藤原一族の長）である近衛前久であったことによるものと解される。その後も家康の姓氏が藤原であったことは、先述の天正一四年九月の三通の遠江国寺院宛文書の存在によっても確認されるところである。その他にも、天正一〇年八月付けの、遠州浜松の普済寺客殿再興の棟札に「遠州太守藤原家康」の署名がある（柴田『徳川家康と其周囲』）。

＊補注――朝廷の口宣に見る家康の姓氏記載

この家康の姓氏問題について、一連の官位叙任に際して朝廷側から発給される宣旨に記された姓氏を確認することが有力な決め手になる。米田雄介氏は、朝廷から発給される官位叙任の口宣《くぜん》（正式の宣旨を作成するための連絡文書）の調進の実務を代々にわたって担当した官務壬生《かんむみぶ》家の史料を丹念に検討し、それによって次の結論を得ている（米田雄介「徳川家康・秀忠の叙任任官文書について」）。

すなわち第一に、今日、日光東照宮に伝存している家康関係の口宣案（口宣の写しという形をとった略式の宣旨）では、家康の姓氏はすべて源氏となっているが、これらは、三代将軍徳川家光の正保二（一六四五）年に、その往昔に散逸した分を改めて補填するという名目のもとに全面的に改変されたものであり、そのまま受け取ることはできないということ。

第二に、永禄九（一五六六）年に家康が叙爵したときの口宣には「藤原家康」とあり、この藤原姓は天正一四（一五八六）年一〇月に家康が中納言に叙任されるより以前のもの総てに等しく用いられていること（天正一四年、同一五年に発給された口宣における家康の姓氏は不明）。米田氏はこの二年次のものは藤原姓と推定）。第三に、天正二〇（一五九二）年九月付で、徳川家の家格を摂家に次ぐ清華《せいが》となす旨の「清華成り」の口宣が発給されているが、この口宣には「源家康」と記載されており、それはそののち慶長八（一六〇三）年の征夷大将軍任官を経て、元和二（一六一六）年の死の直前に叙任された太政大臣任官の折りのものまで一貫していること、等である。

これによって、家康の源氏改姓が天正一四年から同二〇年までの間になされたことが裏付けられるのである。家康が藤原ではなく源氏（清和源氏）を志向していたことは、元康と名乗っていた若い時代から、その発給する文書に源氏としての署名を施していることからも疑いはない（本書二一頁参照）。彼の若い時代に発給した文書では、すべて源氏である。しかし永禄九年の叙爵を境にして藤原氏に変更されるのであるが、その家康が藤原氏から離れて源氏を正式に名乗り始めるのが、他ならぬこの聚楽第行幸の時期からなのである。

すなわち、天正一六年四月の秀吉が催した聚楽第行幸の折の記録『聚楽行幸記』に拠るならば、この後陽成天皇の聚楽第行幸に際しては、関白秀吉の命に対する恭順などを定めた三ヶ条誓詞を諸大名から徴しており、家康はこの誓詞に「大納言源家康」と署名していること、さらにまたその折に催された歌会の記録にも「権大納言源家康」の名で家康の和歌が収められていることを知る。これを記した大村由己の『聚楽行幸記』は行幸直後の同年五月に成書を見ているから、家康に関する名前の記載も事実であると判断される。現存の同書の諸写本を閲しても、この点についての相違は無い。

実際、家康の藤原氏から源氏への改姓は、この聚楽第行幸が大きな画期をなしていると考えられる重要な事情が存在している。

すなわち、長らく毛利の庇護下に備後鞆の浦に居していた足利幕府第一五代征夷大将軍の足利義昭が前年一〇月、鞆の地を離れて京都に帰還するという出来事が見られる。一五年前の天正元（一五七三）年、宇治槙島の戦いにおいて信長に敗れてのち、京の地を追われるように諸国を転々とした後、毛利の庇護を受けて備後鞆の浦の居館にあったけれども、なお現任将軍としてあった。

同地にあっては、憎き信長を打倒することにのみ生き甲斐を見出すかのように、各地の諸大名に信長追討の御内書（書状の形式をとった公文書。将軍の命を発するのに用いられる）を発給して過ごしていた。それであるから本能寺の変を聞いたときには、光秀は自己の御内書の命令に従って決起したと思ったのだろう。直後の御内書では「信長事、討ち果たし畢」（信長は私が討ち果たしてやった）と誇らしげに述べている。

そのような将軍義昭も、信長の死後はなすこともなく、他方、京へ帰還して政権を樹立することも叶わず、ただ無為のままに備後鞆の浦の居館で日々を送っていた。

秀吉にしてみれば、家康を服属させ、九州の島津征伐も終えて、豊臣関白政権の完成が近づいている時、この義昭のような存在は目障りでもあった。そこで義昭方に圧力をかけ、鞆を撤去して上洛し、征夷大将軍の地位を放棄するならば、その身一代の待遇は保障する旨を申し入れたのであろう、義昭は天正一五（一五八七）年一〇月に上洛、翌一六年正月一三日に将軍職を辞したのち落飾出家して昌山と号した。秀吉からは一万石の隠居料が給せられ、朝廷からは准三后の宣旨を受けている。准三后とは皇后・皇太后などに準じる身分ないし待遇のことであり、歴代足利将軍が到達する最高の地位であった（ちなみに、徳川の歴代将軍は准三后にはつかないことを慣例としている）。

源氏の長者としての地位を併せもつ足利将軍家の終焉という事実は、家康にとってこれまで甘んじてきた藤原氏から、かねて念願の筋である源氏に改姓する大きな画期をなしていた。

そしてそれに合わせて、従前の藤原氏徳川から新田系源氏の徳川に系図を組替える必要が生じたのであり、それで徳川（得川）にも近い足利系源氏の吉良家から系図を借り受けて、新田系源氏の徳川としての系図を整えたということなのであろう。

征夷大将軍を志向

そしてさらに重要なことには、前久の書状によるならば、この源氏への改姓は同時に「将軍望みに付候ての事」、すなわち征夷大将軍への任官を射程に置いての処置だったということである。なれば、足利義昭が落飾して足利将軍家が消滅したその時期から、家康が公然と源氏の称を用い始めたということも納得いくことではないであろうか。

豊臣関白体制がまさに完成を見ようとしている時期に、家康の源氏改姓と征夷大将軍の志向が同時に進行していたというのは不可解のことに思われるかもしれない。しかし、やはりそれは事実なのである。足利将軍家が終焉を迎えたまさにその時期に、家康が姓氏を源氏に改めるということが何を意味し、何を志向しているかは、当時の人々にとって説明を要しないほどに明瞭なことであったろう。

そして他ならぬ秀吉もまた、この家康の望むところを察知していたことは疑いない。

現代人の目からしたときには、それは不可解であり、家康の行動はきわめて危険なことのように映る。関白政権の中に家康の将軍幕府が存在する、などということは語義矛盾にしか聞こえないかもしれない。しかしそこに、思い込みによる錯覚が存在している。どのような思い込みか。それは征夷大将軍やその政務機関である幕府は巨大であり、圧倒的な支配力を有しているという思い込みである。しかし、そのような将軍と幕府についてのイメージと実態とは、徳川時代二百年余の経過の中で形成されたにすぎないものなのである。

五位相当の征夷大将軍

そもそも徳川時代以前における征夷大将軍とは、どれほどの地位のものなのだろうか。それは足利幕府の歴代将軍のそれを眺めてみるならば明らかになるだろう。前掲の官位表に即して、歴代の足利将軍がどれくらいの官位段階で征夷大将軍に就任するかというに、正五位下《しょうごいのげ》を原則とし、稀に四位で叙任される例を見るぐらいなもの、官位表では下から数えて三番目という低さである。信じられないかもしれないが、それが現実なのである。確かに歴代の足利将軍は、そののち累進して大臣クラスに至るけれども、征夷大将軍に任官するのは正五位下の段階においてなのである。

征夷大将軍というのは地方の反乱鎮定のための遠征軍の長であるから、貴族身分でさえあればそれで充分といった性格の職位であった。実際、鎌倉幕府の源頼朝の場合を見ても、彼は征夷大将軍に任ぜられているけれども、後世において彼を呼ぶときには将軍の名称は使わない。頼朝が征夷大将軍の前に叙任されていた右近衛大将という地位に即して「先《さきの》右大将家」と呼ぶのを常としている。征夷大将軍と言っても、その程度のものであったことを理解する必要がある。

他方、秀吉の関白はといえば天皇の代理者なのであるから、官位は大臣以上であることを必須とする。秀吉は正二位内大臣の時に関白に就任している。甥の秀次が天正一九年に関白に就いた時も正二位内大臣であった。ここから豊臣家の人間が関白に就任するのは正二位内大臣という慣例が形成されていることが知られるが、それ以前の藤原五摂家（近衛・鷹司・一条・二条・九条の五家）の場合には、右大臣ないし左大臣であることが関白任官の基準であったようである。

これらの諸事実からして、関白と征夷大将軍については、その差には歴然たるものがあることが知れる。それゆえに、豊臣関白体制の下に徳川将軍制を組み込むことがあったにしても、そこに特段の矛盾や障害が発生するわけでもないことが諒解されるであろう。

そしていま秀吉政権にとって、島津征伐を終えてこれから関東・奥羽方面の制圧に乗り出すという段階においては、東国に接する形で領地を有する家康の積極的な軍事指揮を期待するところが大であったという観点からも「豊臣関白政権下での徳川将軍制」という政治体制は矛盾しないばかりか、むしろ適合的な体制であったと言いうる。

事実上の将軍制

家康と源氏改姓、そして将軍の地位との関係はだいたい以上のようなものではなかったかと推測する。そこには一般に了解されているような、慶長五（一六〇〇）年の関ヶ原の合戦で天下の覇権を手中に収め、それより同八年二月の将軍任官に至るまでのある時期に、将軍就任に適合するように清和源氏としての系譜を捏造し、体裁を整えたという歴史像とはまったく異なった姿が浮かび上がってくる。

家康の源氏改姓は慶長八（一六〇三）年の間近ではなく、天正一六（一五八八）年の足利将軍家の終焉とともになされていたこと、そしてそれは豊臣関白政権の下に徳川将軍制を内包するような形での国制を構想したものであったかと推測される。

それは秀吉にとって天下統一を効果的に推進し、ことには小田原北条をはじめとする敵対諸勢力の蟠居する東国・奥羽方面の平定を実現するに際して、自己の最大のライバルたる家康を同盟者として繋ぎとめ、かつは東国・奥羽平定作戦の先鋒としての役割を期待せんがための措置であったろう。

もとより豊臣政権下では家康が将軍に任官することは終に見られず、それはあくまでも事実上《デ・ファクト》の将軍制と名付けるほかはないのであるが、他面、豊臣政権の下においては「坂東法度、置目、公事篇（中略）家康可申付候事」というような文言規定が後々まで見られ、また関東惣無事令の執行者として位置づけられていた点においても、それら家康に委ねられている東国に対する管轄権ないし支配権の内容とその根拠については、以上に述べてきたような「関白政権下での事実上の将軍制」という国制から無理なく説明できるであろう。そして、それに続く家康の関東移封という問題についてもである。

付論――いわゆる「豊臣家康」論について

以上の検討によって家康の姓氏問題は解決したものと考えるが、これとは別に家康は豊臣政権下において豊臣の姓を受け、「豊臣家康」を名乗っていたとする説がある。これは、筆者の論じた天正一六年における家康の源氏改姓に関する議論は認めながら、その後、文禄年間に家康は豊臣に改姓し、そしてまた関ヶ原合戦後に源氏に改姓するという筋道である。

家康については、たしかに秀吉の晩年の文禄年間になると、秀吉の名字である羽柴を授けられ、「羽柴大納言」などと称していた事実がある。これをもって、家康は姓氏についても豊臣氏に改め、慶長八年の征夷大将軍任官の前までは「豊臣家康」であったとする議論である。この問題の当否についても言及しておきたい。

結論から言うならば、家康が「羽柴」の名字を名乗っていた時期があることは事実であるが、にもかかわらず、家康はその氏の名である「源」を「豊臣」に改めることはなかったということである。その根拠となるのは、前掲一一〇頁に記した米田雄介氏の論文で紹介されていた官務・壬生家に残された宣旨の控え記録である。

家康の永禄九（一五六六）年の叙爵に際して「藤原」の姓氏を採用していたことがこれによって裏付けられるのであり、さらにその後、同記録によるならば天正二〇（一五九二）年の家康の家格が清華家という摂家に次ぐ家格と位置づけられた時の姓氏が「源」であったこと、そして文禄五（一五九六）年五月に家康は正二位内大臣に昇進しているが、この時の叙任宣旨が「源家康」宛となっていたことが判明する。

これらの事実によって、いわゆる「豊臣家康」論は誤りであり、家康の姓氏は天正一六（一五八八）

年を境として「藤原」から「源」に改められたこと。そしてそれ以後、「源家康」という姓氏は生涯変更されることなく保持されていたことが確定するのである。

ところでこの秀吉晩年の文禄期以降、武家領主の官位叙任に際しては豊臣姓の授与を不可欠としていたことが指摘をされている。そこで家康に対しても豊臣授姓がなされていたであろうという思い込みから、豊臣家康論という誤った議論に陥ったわけである。

豊臣授姓が極まったとされる文禄期、豊臣姓氏の大海の中にあって家康が一人源氏を称えていたという事実！　この豊臣授姓問題は、図らずも豊臣政権における家康の隔絶した存在性を際立たせることになっている。「豊臣関白体制の下における事実上《デ・ファクト》の将軍制」と規定する所以のものである。

4　五ヶ国領有と領内政治

家康はこのようにして豊臣関白政権下の一大名ではあるが、ただし東国方面の諸大名とその領域に対する管轄権を委任された事実上の将軍的存在として位置づけられていた。その限りで、秀吉も家康を特別の存在として優遇し、家康もまた秀吉政権の意向に沿う形で恭順の態度を保持していた。

平穏の日々

小牧・長久手の戦いが終わってのち、天正一八年の関東移封までの六年ほどの時期は、徳川領国にとって久方ぶりに平穏の日々が続いていた。それを踏まえて、家康は領内統治の整備に乗り出していく。もっとも平穏と言っても束の間のことであり、平穏のかなたには次なる嵐が待ち受けている。すなわち関東および奥羽方面の平定問題である。この時期の一連の施策は、領内に対する統治であるとともに、来るべき大遠征に備えての臨戦態勢の構築という性格をもっていた。殊にこの時期の一大事業と言われている五ヶ国総検地は、その具現でもあった。

領内政治

五ヶ国、すなわち三河・遠江・駿河・甲斐・南信濃の諸国を領有することになった家康は、みずからの領国内でどのような支配を行っていたのであろうか。ここで二、三の点についてみておきたい（北島『江戸幕府の権力構造』）。

第一に、交通政策であるが、家康は戦国大名の伝馬制度を踏襲し、とくに駿府から岡崎に至る街道沿いの宿中や問屋に対して、伝馬や人足を整備するよう命じている。荷馬と人足の確保は、大規模な軍隊の迅速な展開にとって不可欠である。のちの五街道制度のさきがけとなるであろう。

第二に、領国内の諸職人については、特権を与えて保護しながら、統制を強めていった。石切市右衛門に対しては、天正一一（一五八三）年に屋敷などを安堵しながら、「駿国中石切大工たるべく候」として、駿河国内の石切たちを統轄させている。天正一五年には遠州森の七郎左衛門を、「駿・遠両国鋳物師惣大工職」に任命し、諸役を免除しながら、両国鋳物師を統轄させている。家康はのちに関東に移封した時、三遠駿の職人を江戸に呼び寄せて、幕府御用を務める職人の町—国役町—を設けている。

第三に、寺社の支配としては、可睡斎（袋井市）の事例を挙げておこう。家康は天正一一年に、「三河・遠江・駿河井伊豆国、右四箇国の僧録たるの上は、曹洞の寺院支配いたすべきものなり」（『静岡県史』資料編8）として、可睡斎の鳳山等膳《ほうざんとうぜん》を四カ国の僧録《そうろく》に任命したのである。この特権付与によって、可睡斎はこののち近世を通じて、四カ国の曹洞宗寺院を統轄することになった。

農政と検地

徳川氏の領国支配で最大の施策は、天正一七（一五八九）年から翌年にかけて行われた五ヶ国総検地であった。これは臣従したとはいえ豊臣政権と緊張関係にあるという状況の下で、また小田原北条の動静をにらみながら、徳川がみずからの領国内の土地と人との全面的な掌握を図ろうとしたものであった（本多隆成『近世初期社会の基礎構造』）。

この総検地と密接に関わって、天正一七年七月七日から領国支配の統一基準として交布されたのが、「七ヶ条定書」であった。家康の「福徳」という朱印が捺され、二〇人に及ぶ奉者によって各郷村に交布された。

この「七ヶ条定書」の規定には、家康の五ヶ国領有時代における農村支配の様相が反映されているので、その七ヶ条の内容［現代語文］を見ていこう。それは、以下の通りである（『山綱町区有文書 新編岡崎市史 史料 古代中世6』）。

一、年貢の納入について納入証文は明瞭なのだから、少しでも年貢滞納があれば重罪であること。領主（「地頭」）が遠路に居住している場合、五里以内に居れば、年貢を届けなければならない。それ以外は現地で納入する（村役人に納めて、村役人から一括納入）。

二、戦陣に徴発される陣夫役については、年貢二百俵について馬一匹と人足一人を出さなければならない。荷物は上方の舛（京舛）で五斗入りとする。人足の扶持米は一日に六合、馬の飼料は一日に大豆一升で、これは領主が出さなければならない。但し馬がいない場合には、代わりに人夫を二人出す。陣夫を一人出す場合には、年貢のうちから、一反につき一斗を減額する。
三、百姓の屋敷は、百貫文の内三貫文（三％）分を中田の田位でもって年貢免除とする。
四、領主が百姓を働かせる時は、家別に年間二〇日とし、また代官の場合は三日とする。扶持米の支給についていては陣夫役と同じである。
五、四分一役は百貫文につき二人を出さなければならない。
六、請け負った年貢について、もしその年に大風・大水・干ばつなどの災害が起こった時には、上・中・下田全て、実際の収穫高で算出する。但し、生籾の状態で勘定する。
七、竹藪があるなら年間、家康に五〇本、領主へ五〇本の竹を納めなければならない。
以上、七か条を定め置いた。もし領主がこの規定を守らなければ、目安（訴状）を以て家康に申し上げるべきである。

これらの規定から、徳川治下五ヶ国の農民支配の状態を知ることができる。そこには本年貢のほかに現実の労役である陣夫役や一般的な使役の徴発、馬の供出などが記されており、当時の農村と農民の負担の重さが如実に知られる。

ただし同時に、この定書の最後に「右七ヶ条之趣、定め置かれ訖《おわんぬ》、若《も》し地頭難渋せしめば、目安を以て申上ぐべき者也」とあることに注意しなければならない。この規定は農民に所定の年貢と労役などの供出を命じているが、法令の本旨は、むしろここに明記された負担を越えて、領主や代官が恣意的な搾取を行うことを禁止するところにある。領主がそのような非法、非分を行っている時には、家康に直訴する権利を明言しているのである。

このような家康の農村統治の姿勢には注意を要する。このような姿勢は後述する、家康が征夷大将軍に任官した時に発布された「郷村掟」において明確に表現されることになるのである。

次に、この五ヶ国総検地を、その実態面から見たとき、以下のような諸点が指摘される。

第一に、この総検地はともかくも五ヶ国にわたる徳川家の領国検地であったことが評価される。しかも、それは原則として、「七ヶ条定書」の奉者でもあった徳川家の直属奉行衆によって、郷村単位で行われたものであった。

第二に、この総検地では、村単位で一筆ごとに品位・地積・田畑の別・名請人（耕作者）が確定されたのであるから、給人知行地・寺社領をはじめ、領国内の全所領・諸得分の把握が格段に進んだ。

また、知行制の統一基準として俵高制が採用され、それに基づいて、改めて知行地や寺社領の安堵・宛行・寄進が行われた。さらに各郷村に対しては、総検地をふまえて年貢目録が交付され、俵高による年貢高が確定された。

第三に、名請人の性格についていえば、彼らはみずからの屋敷地の周辺に集中して耕地を保有していることから、基本的にこれを直接耕作農民として捉えることが可能である。

他方、給人についてみると、経営の実態がとぼしく、武士領主層の在地からの離脱が進行していたことが推測される。

この総検地では、丈量単位が一反＝三六〇歩（太閤検地で三〇〇歩となる）、小割もなお大・半・小制（太閤検地では町反畝歩制の畝）の旧制であり、石高制が採用されていないという面はあるものの、右に見た諸特質からするならば、内容的には太閤検地に近いものであったと言いうるであろう。

ただし、全国的な太閤検地の一環であるが、豊臣奉行によってではなく、あくまで徳川の家臣たちを検地奉行とする自主検地であった点は注目すべきである。豊臣政権下にあって、徳川家が特別な存在であったことの表現と見ることができよう。

第五章　関東移封と江戸入部

1　小田原の陣と関東移封

西は九州の最南端まで制圧した秀吉にとって、東の関東・奥羽に軍を進めるのは時間の問題であった。しかもこの方面の武士領主で秀吉政権への恭順の態度を示している者はごく少数にすぎなかった。

服属を拒む北条

この方面は中世以来の名族武士領主、いわゆる鎌倉武士の末裔がひしめいており、しかも鎌倉幕府の時代以来、京都・中央に対して独立の気風が強かったから、新参成り上がりの秀吉に服属することを潔しとしなかったのであろう。しかも秀吉の関白という、伝統的観念では文官貴族の長を意味する職位に、武士領主が服属するというのも前例のないことであり抵抗があったであろう。

そこで秀吉が全国征覇を進めつつあることは承知していたけれど、通り一遍の祝儀の使者を送るばかりで、領主自身が上洛して秀吉に服属する姿を示すことはなかった。当面の最大問題となる小田原北条家の場合が、まさにその状態であった。北条家当主の氏直や隠居ながら実権をもつ氏政は、秀吉から再三上洛を求められるも、使者を派遣するばかりで上洛―服属を拒んでいた。

北条側から言わせるならば、自己よりも格下と見なしている家康を上洛させるにあたって秀吉はあらん限りの配慮――妹を家康に嫁がせ、三位中将の官位を事前に送り、最後は実母の大政所を人質として提供――をしていた。しかし今、家康の時代とは情勢が異なるとはいえ、秀吉の態度は北条に対して一方的に上洛を命じるというばかりである。北条が上洛を拒むのも無理からぬところはあった。しかし越後の上杉景勝が早々に上洛を決断して、秀吉に服属するという姿勢を示していた以上、北条の振舞いは甚だ危ういと言わざるをえない。

しかし北条側には、もう一つ期待できる要因があった。それは他ならぬ家康である。すなわち徳川と北条との間には武田を共通の敵対勢力とする同盟が結ばれており、その証として家康の女子督姫《ごう》が北条家の当主氏直に嫁いでいた。

それゆえ、秀吉と北条とが手切れとなっても、家康が北条をかばってくれるであろうという淡い（甘い）期待があり、それが北条の決断を鈍らせる背景ともなっていた。しかし家康が上洛をして豊臣傘下の大名と位置づけられた今となっては、その同盟の効力はほぼ消滅していたと言ってよいであろう。家康からも北条家に対して、上洛して秀吉に服属するよう勧告していたが、上記のような理由で北条側は荏苒《じんぜん》時をむなしく過ごすのみであった。

秀吉は北条討伐、さらには奥羽仕置きの執行の時期をうかがっていた。秀吉の軍事力は強大であったが、単に自己に服属しないという理由だけで諸大名を動員するような兵役を起こすことは控えられたようである。大戦争を起こすための名分、世間を納得せしめる正当性《レジティマシィー》が求められた。それが秀吉のしばしば発令した「惣無事令」の眼目でもあった。

無事とは、闘争のない状態、平和を意味している。戦国時代における全国各地の争覇の状況の下、戦争による共倒れを回避する観点から、「地域における紛争の解決のために武力を用いることを禁止する」という申し合わせ、盟約が地域の領主たちの間でなされていた。これが無事であり、秀吉はこれら地域ごとにおける無事令の慣行を吸収し、これを全国規模で展開した。すなわち九州、関東といった広域地方を対象として、当該方面における紛争の武力による解決が禁止され、紛争はすべて秀吉の裁定に委ねられ、その裁断によって処置されるべきものとした。これが秀吉の惣無事令であり、秀吉の島津征伐も、それに先立って発令された九州の紛争解決のための惣無事令と秀吉の裁定案を、島津が無視したことの非を正すという形をとっていた。

そして北条領国をめぐる関東方面の平和令が関東惣無事令であった。紛争の火種は信州上田城主・真田昌幸であり、真田が昔から領有してきた分領の上野国沼田領の帰属をめぐる争いであった。

上野国名胡桃領の帰属問題

真田が領有してきた上野国沼田領は、一再ならず紛争の火種をなしてきた。かつて家康が真田昌幸を攻めて苦汁を飲まされた第一次上田合戦の原因も、沼田領の帰属問題であった。徳川と北条が提携する場合、甲信両国は徳川、上野国は北条の領分という国分けが自然な成り行きとなる。そこで上野国の沼田領は北条領分として編入されることとなり、徳川傘下にある真田昌幸に対して沼田の引き渡しを求めるものの、真田がこれを拒否することから紛争に発展するのである。

豊臣政権の時代になると、秀吉は関東惣無事令を発して前述の国分けを家康の手前からも承認し、真田に対して沼田領の北条への引き渡しを命じた。昌幸も秀吉の命令に従うしかなかったのであるが、したたかな昌幸はさらに粘って、沼田領のさらにその分領ともなる名胡桃《なぐるみ》領については真田分として残すことを秀吉に認めさせた。

北条側からすれば名胡桃領だけ切り離す理由もなく、当然にも沼田領の内という立場から沼田領の占領に際して、名胡桃領にも兵を送り込んで、これを強行接収してしまった。

秀吉にとってこの小さな問題は、彼の推し進めようとしている壮図にとって渡りに船であった。秀吉は、この北条による名胡桃領の併合をもって関東惣無事令に背くものと宣告し、北条討伐の軍を起こすべく諸大名に動員を発令した。

北条討伐

豊臣側では陣触れ直後に長束正家《なつかまさいえ》に命じて米雑穀二〇万石あまりを調達し、長宗我部元親《もとちか》や宇喜多秀家《うきたひでいえ》、九鬼嘉隆《くきよしたか》らの水軍を出動させて、徴発した米などの輸送にあてた。

豊臣軍は大きく二つの軍勢で構成されていた。東海道を進む秀吉の本隊および徳川勢らの主力二〇万と、東山道から進む前田・上杉・真田勢からなる北方隊三万五千である。これに秀吉に恭順した佐竹、小田、大掾、真壁、結城、宇都宮、那須、里見といった関東方面の諸大名の軍勢一万八千が加わった。

これに対して北条方は小田原城に主だった重臣を集め五万の兵をもって徹底籠城の作戦を採るとともに、関東各地に設けた支城の連携をもって秀吉軍の進出を阻止せんとした。それら支城と城主を挙げれば、松田康長（山中城）、成田泰季（忍城）、北条氏規（韮山城）、大道寺政繁（松井田城）、北条氏邦（鉢形城）などである。

小田原城を過信した後北条

北条氏政ら北条勢が秀吉の上洛要請を拒み、あえて全面戦争という挙に出たのには、それなりの目算があってのことである。それは小田原城の堅固さと、これまでの度重なる戦いを通して外敵を撃退してきた実績とによるものであった。北条家第三代の北条氏康の時代に、その版図を関東全体に広げたのちは、拡大策から堅守の姿勢に転じる。

ことに越後の長尾景虎が上杉の名跡を継承して、上杉を関東から追った北条に対する討伐戦を挑んでくるようになってからは、北条側は小田原城に拠った籠城戦に徹し、あえて戦おうとしなかった。景虎（上杉謙信）側は小田原城の包囲戦を余儀なくされるのであるが、広大な小田原城内の兵糧、武器弾薬の貯えは絶えることなく、逆に上杉側の兵糧が欠乏してしまい、自軍の兵士の兵糧に事欠くあり様となってしまい、結句、なすすべなく包囲を解いて国元の越後へ引き上げるしかなかった。

戦国最強の武将と謳われた上杉謙信が、数度にわたって攻囲したけれど歯が立たなかった小田原城であるという実績が、北条方の強気の背景にあったことは疑いないであろう。これに加えて、上杉の本拠である越後に比した場合の、秀吉の本拠である京・大坂との距離の違いという問題がある。越後に比べて、限りなく遠方の上方から進攻しなければならないのである。兵糧欠乏の深刻さは、上杉の比ではないのである。

それゆえに、辛抱して籠城を続けるならば、秀吉勢といえども、どこかで音をあげ、尻尾を巻いて引き上げざるを得なくなるであろう。その読みは、必ずしも的外れとも言い難かった。そして秀吉軍がそのような手詰まりに追い込まれ混迷に陥った時、あるいは家康が天下取りの野望をもって裏切りに走るのではないかとか、あるいは奥羽の覇者にして北条とは同盟関係にある伊達政宗が襲来して、豊臣軍を切り崩してくれるであろうといった甘い期待が、見通しを狂わせる増幅要因として加わってくる。

実はここにこそ、秀吉軍の強さの要諦が存在していた。上杉謙信らの戦国武将とは異なる秀吉軍の強み、すなわち戦場の直接対決に見られる強みであるよりも、大部隊の長期遠征を支える兵站補給システムを確立していることによってもたらされる強みである。秀吉が全国統一を成し遂げえたのは、一にかかってこのシステムを備えていたがゆえのことである。九州の島津を制圧しえたのも、この関東の北条も、そしてこれに続く奥羽の奥地までも兵を送り込んで平定しえたのも、この強力な兵站補給システムあればこそのことであった。

この点において、北条は豊臣軍の力を読み誤っていた。しかしそれはやむをえないことであった。そのような系統的なシステムは秀吉軍とともに誕生してきたもので、従来の中世・戦国時代の常識が通用しない時代に入ってきたことによるものであったからである。

小田原城の完全封鎖

小田原征討軍の先鋒は家康の軍が務める。これは家康の領地が北条領に隣接するところから必然的に決まることである。家康の軍は三月末に駿府を出陣し、北条方の出先の城、伊豆国の山中城に対して攻撃を開始し、激戦数時間ののちに落城し、徳川勢はさらに鷹之巣城、足柄城を四月一日に落とし、先鋒部隊は早くも四月三日には小田原に到着した。

これに対して前述の通り北条方は徹底籠城の策に打って出て、あえて交戦を避けた。その間にも秀吉の軍勢は陸続として小田原に押し寄せ、秀吉自身も四月初めには小田原に到着し、小田原城は二〇万という途方もない数の大軍によって包囲されるに至った。二〇万という兵数はそれまでに北条方が経験したことのない数であるとともに、そのような巨大な兵をはるか上方から動員するなどということは、それまでの戦術では未見であり、想定をはるかに超えるものであったろう。

さらに海上方面には九鬼水軍をはじめとする秀吉傘下の諸大名の保有する水軍が動員されて相模湾を完全封鎖し、小田原城への支援補給の途は閉ざされ、小田原城は文字通り蟻のはい出る隙間もないほどに囲み尽くされ、その孤立化を余儀なくされた。

このような状況を目の当たりにした北条方の驚愕と焦慮は言うまでもないことであったが、今さら戦わずして屈服することもならず、従来型の籠城持久に徹することによって攻囲側の継戦能力にほころびの生じるのを待つしかなかった。そして家康の反乱蜂起か、伊達政宗の襲来が、やがて起こるであろうことを期待するしかなかった。

だが家康の反乱はついに見られず、頼みの伊達政宗は五月に入ると秀吉の本陣に来って帰順の意思を表した。これによって北条方は万策尽きた形となったが、なお北条氏政らの主戦派は降伏を肯んじえず、秀吉方からの開城勧告に対してもこれを拒み続けるなど、一向に埒があかなかった。六月に入ると、城内から内応者、脱落者が出始めた。また支城の鉢形城が六月一四日に、八王子城は六月二三日に、韮山城は六月二四日に、津久井城も六月二五日にと、相次いで開城した。

このような情勢の下、北条家の現当主である氏直が城を出て秀吉の陣営に赴き、己の切腹と引き換えに城兵を助けるよう申し出たことによって、北条の降伏が明らかとなった。

小田原城は七月九日に秀吉方に明け渡され、前当主で主戦論を唱えてきた氏政と、一門衆の代表である北条氏照、宿老の松田憲秀と大道寺政繁らが切腹を命ぜられた。当主氏直は家康の娘婿（家康二女である督姫の夫）という理由で、また一門の北条氏規は家康と昵懇の仲（家康の駿府人質時代の旧知）であったという理由で助命され、ともに紀伊国高野山に追放の身となる。これらの処分により戦国大名として百年にわたって関東に覇を唱えてきた北条家もついに終焉の時を迎えることとなった。

2 江戸がなぜ選ばれたか――江戸の地形と戦略的意味

小田原と鎌倉 ――他の首府候補

秀吉は小田原落城を受けて家康に関東移封を命じたが、この家康の関東移封に際して、なぜ江戸が首府として選ばれたかは、かねてより議論を呼んできたところである。それまで関東を支配してきた後北条の主城は小田原城であった。しかしながら小田原は関東平野の西の限界にあり、首府とするには位置的に不適切である。

もう一つの候補として考えられるのが鎌倉である。自己の血統的由緒を源義家に連なる清和源氏に求め、そして源氏の嫡流として、また武家政治の先達として敬愛思慕する源頼朝の居所であり、武家政治の根源の地としての鎌倉は家康にとって理想の地であったろう。しかしながら鎌倉は、頼朝の御家人ではなく、膨大な数の徳川幕臣団を住まわせるには狭隘と言わざるを得なかった。

そこでそれ以外の場所として江戸に着目されたわけであるが、なぜ江戸が首府、首城の地として選ばれたのであろうか。

江戸という土地

江戸は中世以来秩父地方から進出してきた秩父一族によって開発が進められ、開発を行った平重継《しげつぐ》は江戸の地に城館を構え、江戸を名字（苗字）として江戸太郎と称し、在地領主として勢力を張った。鎌倉幕府が滅びると江戸一族は南北朝の騒乱において南朝方につくなどしたことから、室町時代に次第に衰えていき、代わって江戸の地には、関東管領上杉の一族である扇谷《おおぎがやつ》上杉家の有力な武将であった太田資長《おおたすけなが》（道灌《どうかん》）が入り、江戸の居館跡に江戸城を築いて自己の居城とした。後々まで江戸城の原型は太田道灌が築いたと語られるゆえんである。

太田道灌はのちに扇谷上杉の手で謀殺されてしまい、江戸城も上杉の支配下に入るが、そのあとは小田原城を拠点として足利公方や管領上杉の勢力を駆逐しつつ、関八州を制覇した後北条の領有するところとなり、その支城としての役割を果たしていた。

後北条時代の江戸については、単なる草深い田舎ではなく、町場としての一定の発展の見られたことが近年では指摘されており、それが家康によって首府に選ばれた理由ともされている。それは確かに理由の一つとして大事な点であろうが、豊臣政権下にあって関東・奥羽方面の制圧を第一課題とする当時の政治・軍事的状況を鑑みるならば、家康が江戸を選択した基準がより地政学的な観点にあったことは言うでもないことであろう。その観点から、当時の江戸というものを考えてみたい。

地政学的に理解するとは、当該地域の地理、地勢的状態を踏まえたうえで、それを政治・軍事的要請の観点から把握をしていくことに他ならない。

江戸の地政学的位置

まず、家康が入部した当時の江戸の地理、地勢を眺めていこう。当時の江戸の姿は、今日の東京のそれとは大きく異なっている。左頁の図に見られる通りである。現在の皇居は、旧江戸城の西ノ丸にあたり、それに隣接する東御苑が旧江戸城の本城にあたる。東御苑のなだらかな坂をのぼり詰めたところに広がる空間が旧本丸であり、その北西隅に位置して天守台の石垣が残されている。

家康が入部した当初の江戸城の位置も、だいたいこの本城（現・東御苑）のそれと異ならない。大きく違うところは、当時は江戸城の前がすぐ浜辺となっており、入り江が現在の大手町のあたりまで広がっていたということである。これを「日比谷入り江」といい、物資を外海から船運でもって江戸城に搬入するに便であり、また外部へ船で出撃するための軍港としての役割を果たしうる。

しかもこれは入り江であり、外洋の荒波から船着き場を守るという地形上の利点を有していた。当時、江戸城の前方には、後の日本橋のあたりを付け根として銀座方面に伸びる半島状の砂洲が存在した。これは「江戸前島」と呼ばれている。

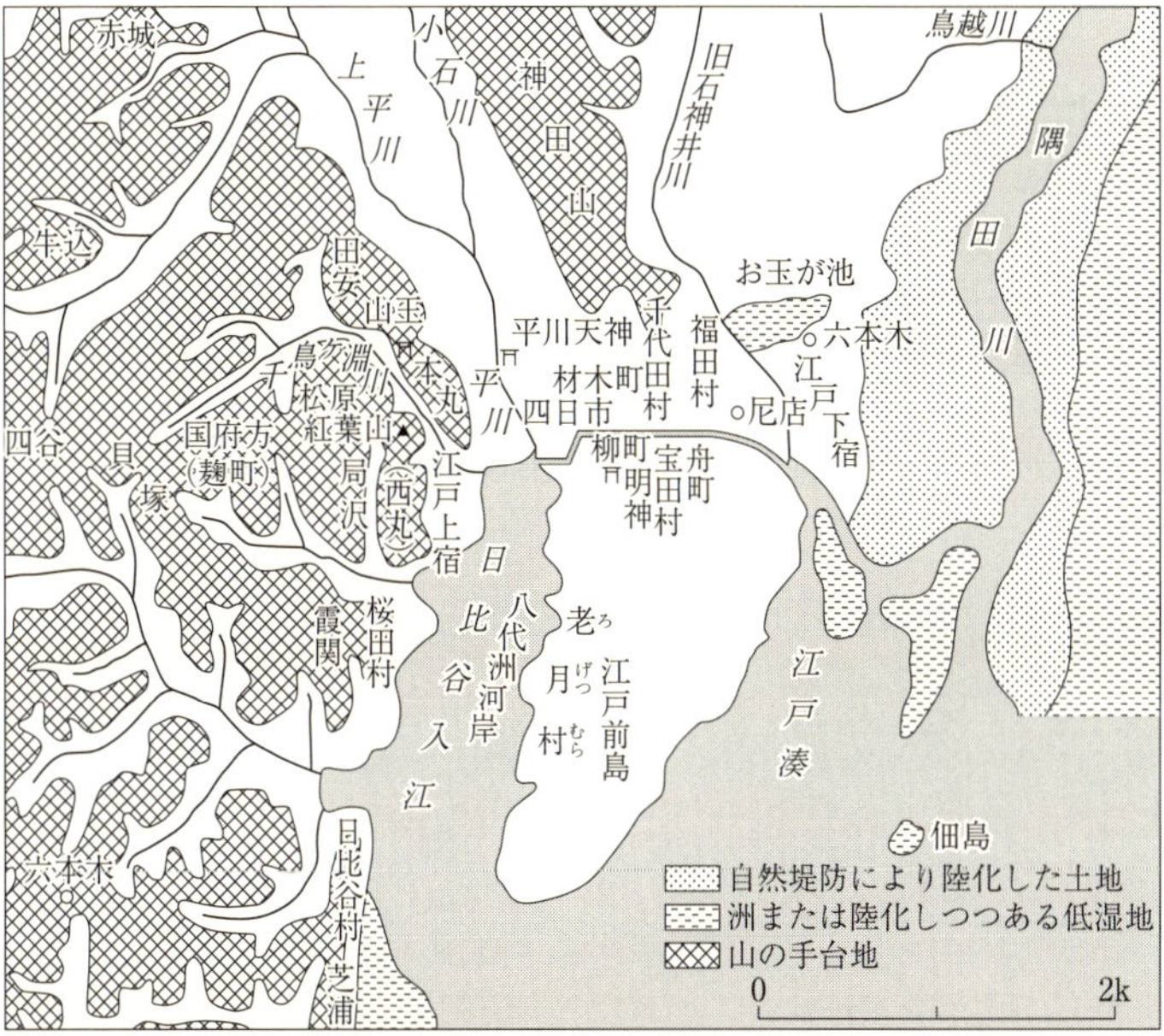

江戸地形図（鈴木理生『幻の江戸百年』より）

これは当時、江戸湾に流れ込んでいた平川《ひらかわ》のもたらす土砂が堆積して形成された砂洲であったが、これが自然堤防となって、外洋の荒波にさらされることのない穏やかな入り江と荷物の搬入出にとって安定性の高い湊を形成していた。この日比谷入り江が城の「舟入り」としての役割を果たしており、これが江戸の選ばれた大きな理由になっているようである。

道三堀の開鑿

もっとも、商用の船の港は江戸湊と呼ばれて江戸前島の東側、すなわち本来の江戸湾の側にあった。現在の隅田川河口あたりである。したがって、この江戸湊へ揚陸された物資を日本橋方面の商人町、そして江戸城へ運搬するために、天正一八（一五九〇）年八月の江戸入部の直後から前島の付け根の位置を横断する形で運河の開削が行われた。これを「道三堀」と称し、後々まで江戸の経済的動脈の根幹をなすことになる。また軍事的な観点からしたときも、日比谷入り江が敵によって軍事封鎖された時も、この道三堀と日本橋川を用いて、江戸湊の側から江戸城に物資の搬入が可能となったであろう。

この道三堀の南岸に幕府の侍医、曲直瀬道三《まなせどうさん》の屋敷があったことからその名があり、歌川広重の浮世絵にも道三堀の風景が描かれている（一三九頁掲載）。

この道三堀であるが、その先には、日本橋の下を通る日本橋川が流れており、これが大川（隅田川）の河口付近で合流し江戸湊に繋がっていくことになる。ところが、単純な話のようであるけれども、この日本橋川の成り立ちを立ち入って考えていくと、実は、それが多くの謎をはらんでいることが浮かび上がってくる。

そもそも、その川の名前に問題がある。日本橋川というのは、かの日本橋が架橋された後に付けられた名前である。それでは日本橋がかかる前には、その川は何と呼ばれていたのか。否、それはそもそも自然河川なのか、それとも人工開鑿《かいさく》された運河なのであろうか。日本橋川の前提として、前頁の図にも記されている平川という江戸の街を流れている根源的な川がある。現在の神田川もまた、その前身は平川であるとされている。それはまた、江戸城の外堀ともなって江戸城を防衛する役割をも担わされてもいた。平川をめぐって問題は複雑な姿を示しているのである。

今日の日本橋川は小石川付近で神田川から分岐して、隅田川河口付近に合流するというルートを取る。日本橋もそうであるが、日本橋川もまた、その上に設置された高速道路によって、ほぼその全域が覆い隠されている形となっている。東京を代表し、大都市東京の源をなした日本橋と日本橋川とが、このような境遇に置かれていることに心が痛む。かねてより問題になっていることは周知のところであるが、一日も早くこれらが往時の輝きを取り戻す日の来ることを待ち望む次第である。

日本橋川とは

さて、この日本橋川であるが、歴史的な観点からした時、それがどのような経緯を辿って成立したのか判然としないところがある。諸書によって説明が異なっており、また矛盾した説明が見られる。すなわち、日本橋川をめぐって道三堀、平川、江戸城外堀の三つの要素が、どのように整序されるかという問題である。

まず道三堀であるが、江戸城和田倉門付近から始まって外堀と交わる銭瓶橋（呉服橋付近）までがそれであることは問題ない。問題となるのは、外堀を越えて一石橋からの下流、大川（隅田川）と合流する部分である。実はこの部分については、『日本歴史地名体系13　東京都の地名』によれば、江戸時代には正式の川名はなく、「一石橋より大川出口迄川筋」（「撰要永久録」）という表記であった由である。延長九五〇間、川幅は日本橋辺りで三六間、鎧橋辺りで六〇間とされている（同書「日本橋川」平凡社、二〇〇二年）。

そこでこの部分の水路の成り立ちの説明であるが、諸書により様々である。いま便宜的に、この部

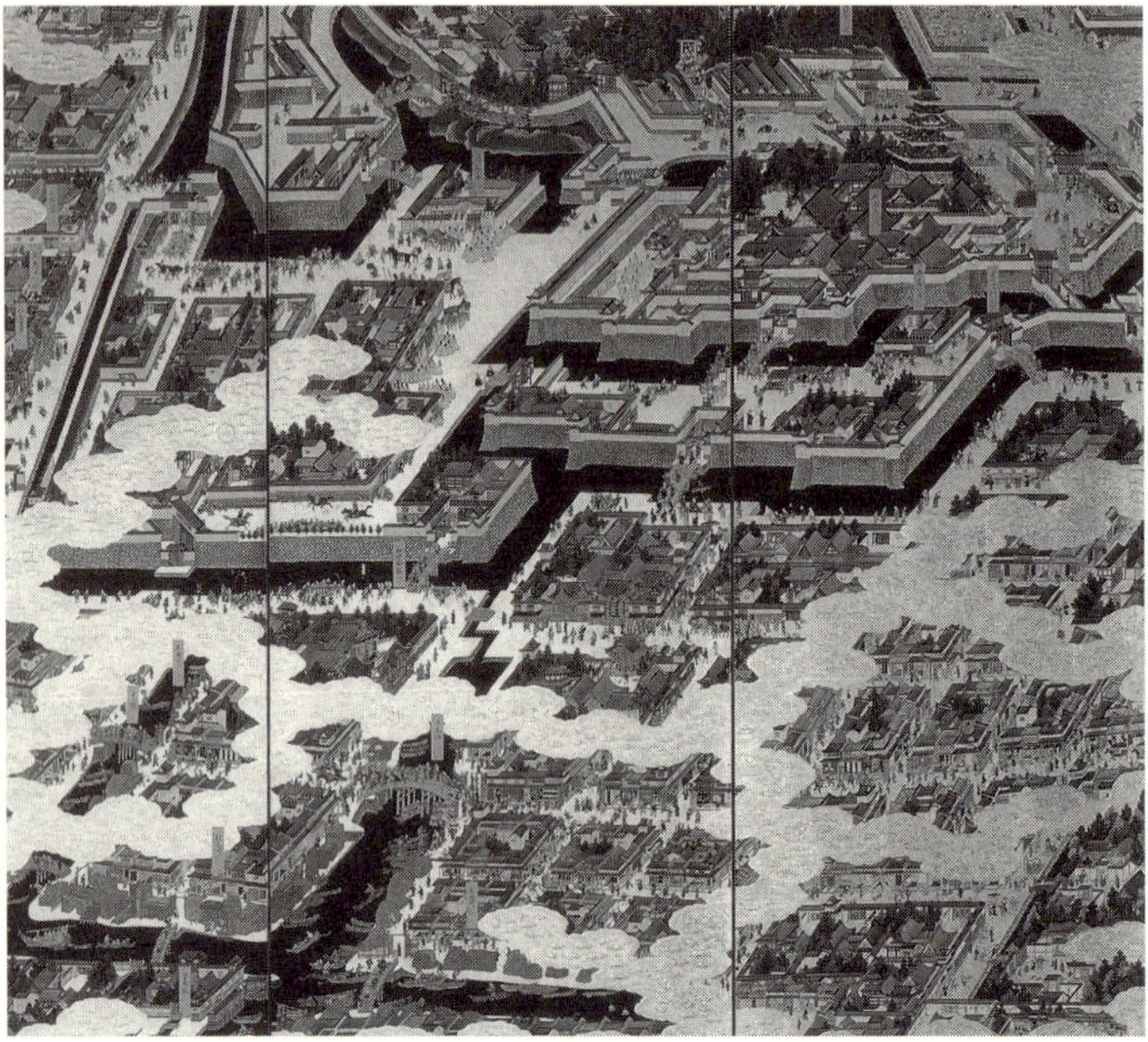

「江戸図屏風」左隻部分（国立歴史民俗博物館蔵）
図手前の左右にまたがる大きな橋が日本橋。雲のかかった向こう側が道三堀である。

分の水路を「一石橋以東の日本橋川」と名付けて、問題を考えてみよう。多く見られる説明は、この水路部分を道三堀の開鑿の延長として捉えて、家康の事業としてそのまま大川との合流点まで開鑿したという説明である。明示的にそのように記さないまでも、特に説明がないので和田倉門付近から大川合流点まで開鑿して水路を切り拓いたと受け止められる。概説書に広く見受けられる説明である。

しかし前掲書にある通り、一石橋から下流の川幅はきわめて大きく、銭瓶橋までの道

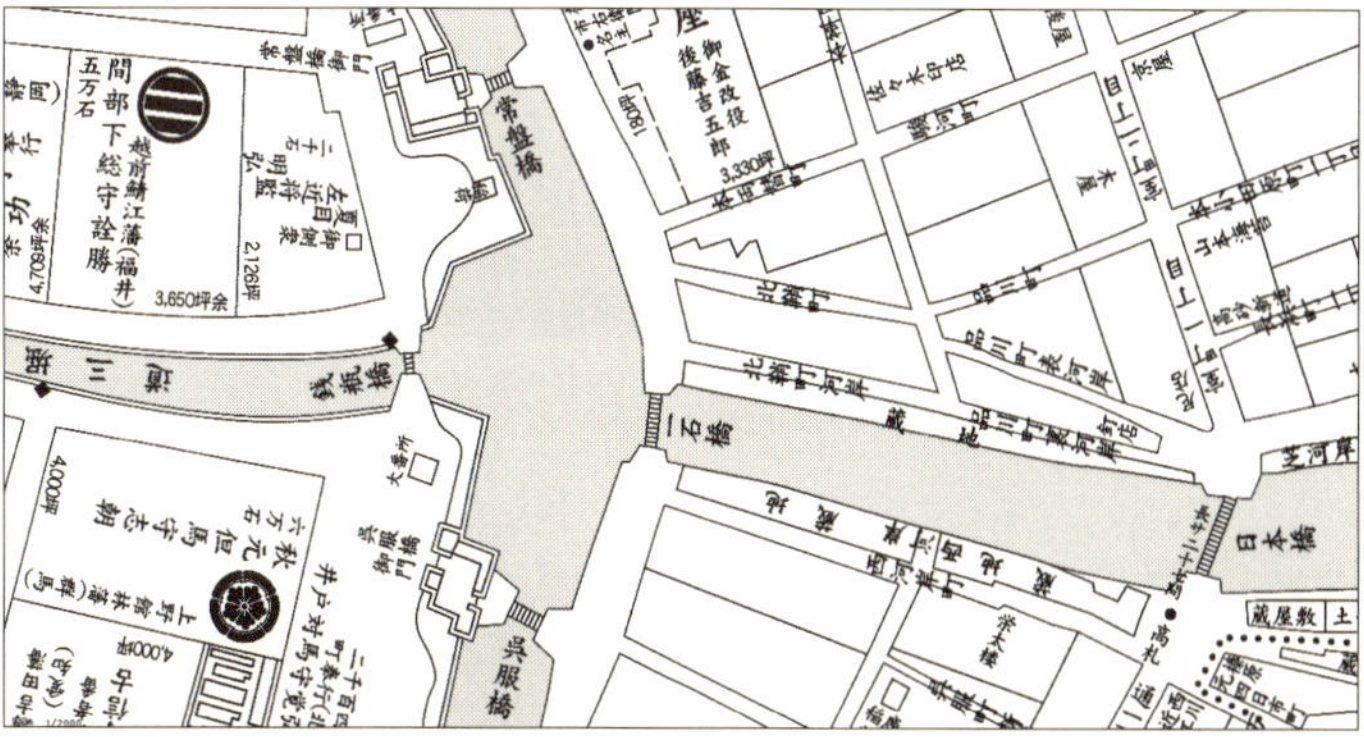

江戸切絵図の道三堀・一石橋部分

歌川広重筆「冨士三十六景」より
「東都一石橋」

三堀とは明らかに異質である。両部分の対比は、ここに挙げた切絵図と風景画の双方から確認される。広重の「冨士三十六景」の画には、人工開鑿の道三堀と自然流路である日本橋川との合流点のあたりの風景が描かれている。手前が日本橋川の入口をなす一石橋、前方の橋が道三堀の出口にあたる銭瓶橋である。一目瞭然であろうが、人工開鑿の前方の運河である道三堀と、手前の自然河川と思われるそれとは、流路の幅がまったく異なるのである。俯瞰図だと一層はっきりしている。それゆえに、一石橋以東の日本橋川を道三堀の開鑿延長上にある開鑿水路と見なすことは不可であろう。

そこで第二に、一石橋以東の日本橋川を平川の下流部とする考えである。しかし平川については、その河口部は日比谷入り江に向いており、同入り江に流れ出ているとするのが一般的な見解でもある。これは「別本慶長江戸図」（口絵参照）でも、平川は日比谷入り江に流入しているように描かれている。そこで、一石橋以東の日本橋川は、平川の付け替えによって形成されたことになる。だがその河道は新たに開鑿せねばならないことになり、やはり川幅七〇メートルという事実との関係で無理があり、道三堀の開鑿幅との関係からしても、平川の付け替え説は不可なのではないであろうか。

残る想定としては、これを平川の自然流路ととらえる他はないであろう。前掲『日本歴史地名体系13 東京都の地名』の「日本橋川」には、「江戸開府以前からの自然河川である平川の下流」にあたるとし、内藤昌氏も同様の見解を示されている（内藤昌『江戸と江戸城』）。すなわち、平川は江戸城付近まで南下し、常盤橋を越えた地点で東に向きを転じて、一石橋から日本橋を通って大川（隅田川）に合流するというコースを取っていたであろうということである。

しかしながらまた、平川が日比谷入り江に流れ込むという説も、前掲「別本慶長江戸図」によって裏付けられ、この矛盾をどのように整合的に理解するかという問題となる。軽々な判断は避けなければならないかもしれないが、考えられる可能性としては、平川の下流部で二つに分流していたか、あるいは放射状の流れをなしており、その主要部分を整序して大川（隅田川）の方面へとまとめていき、残された部分が日比谷入り江に流入するという形になったのではないであろうか。

これは江戸前島の砂洲の形成と関連して、興味の尽きない問題である。識者、諸賢の御高教を仰ぐとともに、後考に委ねたい。

日比谷入り江の埋塡の時期　商用の湊が前島の東側に設けられたということは、反対側の日比谷入り江の湊は軍港としての利用を主としたのであろう。江戸城の直下という位置関係からも首肯されるところである。江戸城が陸上の攻撃で包囲された場合にも、この入り江からの補給支援が可能となり、またこの入り江から船で出撃して、包囲する敵軍の背後に回って攻撃することも可能となる。前島と日比谷入り江のあることによって江戸城の軍事的機能は多彩となる。

さて、そのように重要な日比谷入り江について、天正一八（一五九〇）年八月の家康入部の直後に埋め立てられたように説明する向きもあるようだが、果たしてどうであろうか。家康や家臣団たちが引っ越してきた江戸城はこの入り江に面しており、潮気と湿気が強くて難渋した由であり、道三堀や城の堀を開鑿した土砂を運搬して、この入り江を埋め立てたという説明である。家康の家臣団が夜も明けやらぬ時刻から起き出して、江戸城の環境改善のための土木工事に狩り出されていたことは、

『家忠日記』等に記されており、大久保忠教の『三河物語』にも見える。

しかし日比谷入り江の広大さを見たとき、それが道三堀や江戸城の堀普請から出る土砂ぐらいでは埋めきれないことは一目瞭然ではないだろうか。それが埋め立てられるのは、関ヶ原合戦と家康の将軍任官ののち、江戸城の大拡張の必要から、神田山を切り崩して、その土砂を投入することによってのことと解すべきであろう。関ヶ原合戦のあとの時代でも、江戸城の前に海が広がっていたとする記事は少なからず残されている。前掲の慶長年間の江戸城図にも日比谷入り江は描かれている。やはり江戸の市街の大改造は、家康が征夷大将軍任官を果たした慶長八(一六〇三)年以降とすべきである。

関東平野と大河川による囲繞

江戸の地勢をながめた時、次に指摘しうる重要な点は、この地が関東平野を流れる大河川群によって囲まれているという状態である。関東随一にして坂東太郎の異名をもつ利根川は、この時代は銚子岬へではなく、江戸を大きく回り込む形をとりつつ江戸湾に流れ込んでいた。さらにこれに並行する形で、秩父方面から南下してきた荒川が現在の隅田川へ流入しており、江戸城の北面および東面に鉄壁の防備をなしていた。より直接に江戸城の防御をなしていたのは平川で、この川の流路をさまざまに付け替えるという工事を施すことによって、江戸城の外堀や内堀を構成するとともに、他方では道三堀とも結合させて日本橋川を形作っていったものと思われる。

江戸城の場合、北および東方面には大河川が幾重にも走っていて防御性に事欠かないのであるが、南方面が相対的に物足りなさを感じる。しかし、ただ一本とはいえ、甲斐、八王子方面に発して川崎

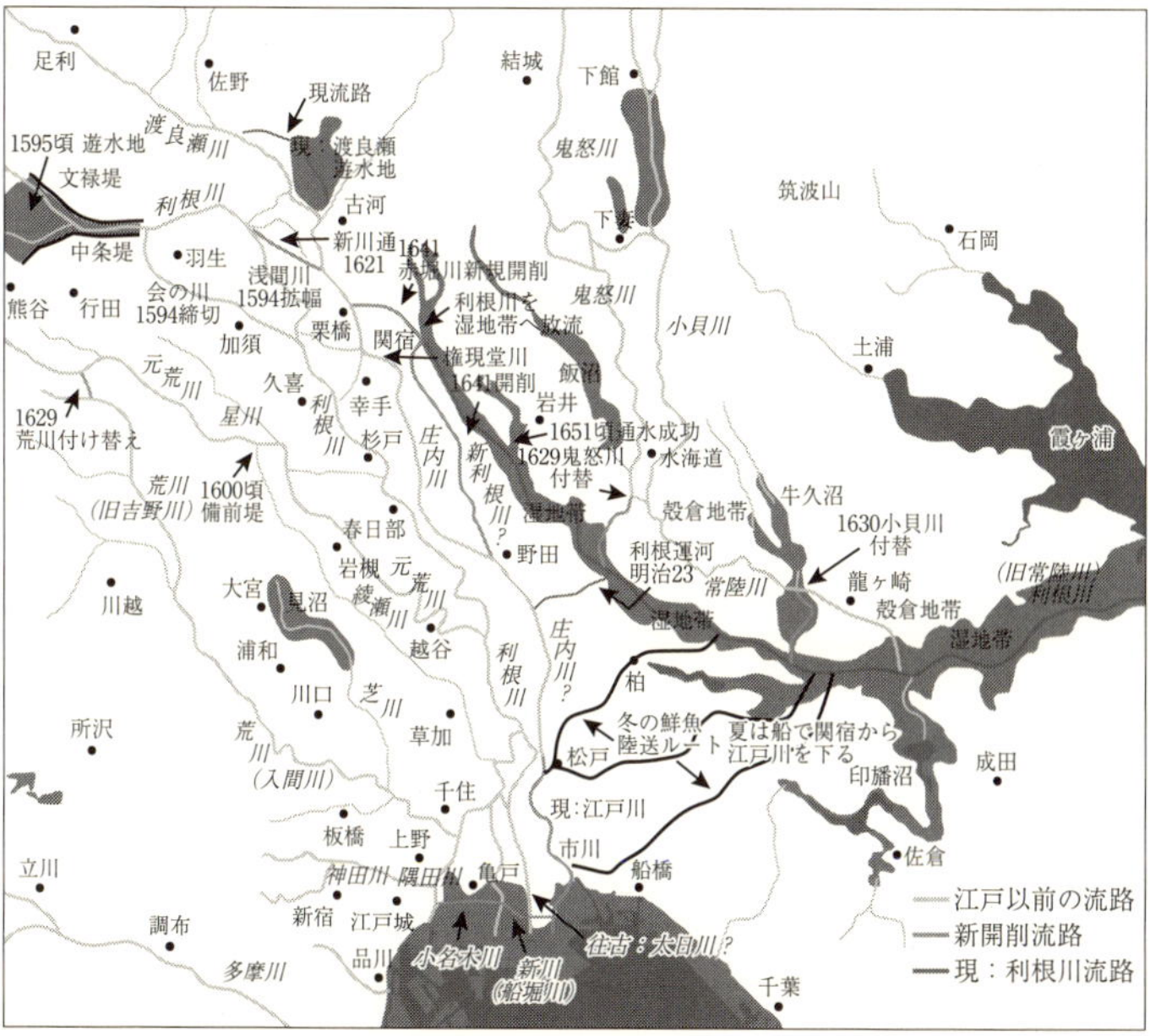

利根川治水（『洪水と治水の河川史』『江戸・水の生活史』より）

に至る長大な多摩川が外敵の江戸への侵入を阻止する長城の役割を果たしていた。

そして江戸城自身の地形であるが、複雑で凹凸の起伏に富んだ広大な武蔵野台地のうち、その一郭をなす麹町台地の先端に位置し、直近には平川が周囲を流れて、これが内堀の役割を果たしていた。江戸城の周辺には小石川台地、本郷台地、目白台地、小日向台地など武蔵野台地の部分台地が点在していたが、台地間の切れ込みである谷間との高低差はたいへんに大きく、これが江戸城にとって自然の要害をなしていた。

江戸の利点は、これらの多彩な自然要害に加えて、その背後に広大な関東平野を展開させていることであり、それは江戸の都市としての発展可能性を予想させていると同時に、江戸を取り囲む河川やその間を繋ぐ運河の開削などによって、船による物資運搬を円滑・迅速に行いうる条件を備えている。それはとりもなおさず、戦時には兵士と兵糧の運搬を中心とする軍事的展開のために、平時には商業的物資の流通という経済活動のために、様々な機能を発揮させる潜在力を秘めていた。

これらの諸条件を鑑みた場合、江戸に替わりうる利便の地を見出すことはほとんど不可であり、その意味において江戸が徳川領国の首府、主城に選ばれたのは必然的ですらあったと言いうるであろう。

3 家臣団の知行割り

家臣知行地・城地と蔵入地の設定

江戸に入部した家康が最初に着手しなければならない施策は、膨大な数の家臣たちに知行地《ちぎょうち》を割り当てることであった。しかしながら短時日のうちにそれを正確に割り当てることは不可能である。家康の取ったやり方は、関東各地に設けられていた後北条の支城群をそのまま活用することであった。すなわち家康家臣団の中の主だった者たちを、次頁の表の通り各地の城主として配置し、後北条時代からの城付きの領地を付属させるという方式で処理していった。

そして関東移封の翌天正一九年に入って、関東全域を対象とする検地を実施して各村ごとの村高を

支城駐屯制と知行

国名	城地名	石高	人名
上野国	箕輪	12万石	井伊直政
	館林	10万石	榊原康政
	厩橋	3.3万石	平岩親吉
	白井	3.3万石	本多康重
	小幡	3万石	奥平信昌
	藤岡	3万石	松平康貞
	大胡	2万石	牧野康成
	吉井	2万石	菅沼定利
	総社	1.2万石	諏訪頼水
	那波	1万石	松平家乗
	沼田	2.7万石	真田信幸
下野国	皆川	1万石	皆川広照
下総国	結城	10.1万石	結城秀康
	矢作	4万石	鳥居元忠
	臼井	3万石	酒井家次
	古河	3万石	小笠原秀政
	関宿	2万石	松平康元
	山崎	1.2万石	岡部長盛
	蘆戸	1万石	木曾義昌
	守谷	1万石	菅沼定政
	多古	1万石	保科正光
	佐倉	1万石	三浦義次
	岩富	1万石	北条氏勝

国名	城地名	石高	人名
武蔵国	岩槻	2万石	高力清長
	騎西	2万石	松平康重
	河越	1万石	酒井重忠
	小室	1万石	伊奈忠次
	松山	1万石	松平家広
	忍	1万石	松平家忠
	羽生	1万石	大久保忠隣
	深谷	1万石	松平康忠
	東方	1万石	戸田康長
	本庄	1万石	小笠原信嶺
	阿保	1万石	菅沼定盈
	八幡山	1万石	松平清宗
上総国	大多喜	10万石	本多忠勝
	久留里	3万石	大須賀忠政
	佐貫	2万石	内藤家長
	成東	2万石	石川康通
相模国	小田原	4.5万石	大久保忠世
	甘縄	1万石	本多正信
伊豆国	韮山	1万石	内藤信成

打ち出し、それに基づいて家臣各自の知行地と知行高を確定していった。後北条時代に構築されていた緻密な支城制度が、家康にとって新たな領国である広大な関東地域を短期間に有効に統治しえた背景をなしていたと言えよう。

　家臣の知行地の確定は、同時に家康の蔵入地の確定でもある。主要家臣の知行地がそれぞれの支城の城周りに設けられていることから、家康の蔵入地は江戸城の周辺に求められることとなる。江戸城の周辺は蔵入地と中小旗本の知行地の混在という形を取ることとなっている。天正一九年の総検地の結果、打ち出された蔵入地の総石高は一二〇万石であった。

蔵入地

中村孝也氏の集計によれば、入部当初の家康に配分された領地石高は、伊豆・相模・武蔵・上総・下総・上野の六カ国、合計石高二一九万一〇〇〇石余。これから大名クラスの家臣領地九四万九〇〇〇石、直属家臣知行地二万四四七六石、寺社領一万五四四七石を差し引いた一二〇万石余が蔵入地、すなわち直轄領であった（中村『徳川家康公伝』）。

この総石高の半分にあたる蔵入地であるが、その大半が江戸城の周辺に設定されていた。すなわち、葛飾郡はすべて蔵入地、荏原郡のうち六郷領、馬込領は蔵入地、世田谷領は蔵入地と家臣の領地との交錯、品川領は全一三村のうち蔵入地九村、麻布領は全五村のうち蔵入地四村というように、荏原郡の大半が蔵入地であった。このような分布から武蔵国の過半が蔵入地となっていた。

相模国についても同様の傾向が見られ、小田原藩領があるものの、同国の三分の一から半分が蔵入地であった。このように蔵入地が江戸周辺地域に集中配置されていたということは、蔵入地の年貢米を江戸へ納入するに便ならしめるためと、いったん事態が急変して戦争状態が発生した時も、兵糧米を江戸城に迅速に搬送できることを考慮したがゆえであった（北島『江戸幕府の権力構造』）。

軍制と職制

徳川軍団は、領国の防衛体制としては前記の支城が基本をなしており、他大名の領地との国境にその多くが設けられている。そしてこれら国境警備の支城と、より領内深く設けられ国境の支城に対する後方支援を担当するとともに、主城である江戸城との連絡の役割を帯びている中継的な支城との間で緊密なネットワークを形成していた。

軍団の編成としては、まず支城に配されたものはおおむね一万石以上の大名クラスの大身武将であり、これはそれぞれ独立の軍団をなした。これらは、家康や嫡子の秀忠が出陣するときには、「供奉《ぐぶ》」と称しそれぞれ独立の軍団として随従するのを常とした。

一万石以下の家臣は旗本の名で呼ばれ（さらに下級の家臣は御家人とも呼ばれた）、家康や秀忠に直属する形で編成された。のち徳川幕府が成立して、三代将軍家光の時代の頃になると旗本軍制も充実してきて前線を担当する攻撃的部隊としての大番、将軍の親衛隊としてその側近くに詰める書院番、小姓組番と呼ばれる主要な旗本三番が確定していくが、関ヶ原合戦以前では、それらは未分化のまま家康や秀忠の周囲に配備されるという状態であった。

ここでは一大名としての徳川家の軍制が最も発達した状態を、関ヶ原合戦時の軍団編成に見てみよう。表は、関ヶ原合戦の時、家康の周囲にあった旗本軍団の各組の長の名を挙げたものである。これによって、この時の旗本部隊の編制を知ることができるであろう。なお。この合戦時に西軍との直接戦闘を担当する前線に配備された井伊直政と松平忠吉《ただよし》の二部隊は除外している。

これで見るに、家康本隊の構成は、先鋒に大番頭の率いる大番組の部隊が展開し、次いで家康のいる本陣を守護すべく鉄砲部隊が三段の厚い層をなして配備されている。中でも渡辺守綱（半蔵）の率いる持筒組は総大将である家康に直属する鉄砲部隊であり、家康の信頼も篤く、常に家康を護衛して行動していた。「渡辺半蔵あるところ、家康あり」とまで言われるほどであった。

次いで、御馬前と称せられた旗本が配されている。これは家康本陣の直前にあって、これを守護す

家康旗本の軍事編成（関ヶ原合戦時）

職名	人名
旗奉行兼長柄奉行	村串（越）与三左衛門某　酒井作右衛門重勝
大番頭	松平忠右衛門重勝　松平善四郎康安　水野藤次郎重央　水野三左衛門分長
小姓組頭	石川宗十郎忠総
百人組頭	成瀬小吉正成　伊奈図書今成
鉄炮頭	安藤彦兵衛直次　加藤喜左衛門正次　水野太郎作清久　高山主水正盛聴　島田清左衛門直時　柘植三之丞清広　蜂屋七兵衛定頼　依田四郎左衛門信次
玉薬奉行	榊原小兵衛長貞
弓　頭	八田森右衛門某
鑓奉行	河野勝左衛門盛利
持筒頭	渡辺半蔵守綱
徒　頭	近藤登助秀用
使　番	米津清右衛門親勝　小栗又市忠政　牧助右衛門長勝　山本新五左衛門重成　横田甚右衛門平松　初鹿野伝右衛門昌久　犬塚右衛門忠次　他20名
御馬前	本多弥八郎正純　西郷孫九郎忠員　牧野九右衛門信成
【旗本備】	
旗本備	
	松平甲斐守忠良　永井弥右衛門白元　大嶋雲八光義　丹羽勘助氏次　加藤源太郎成堂之　曲淵勝右衛門正吉　水野権十郎忠清　永井右近大夫直勝　同伝八郎尚政　伴五兵衛重盛　内藤紀伊守信正　由良出羽守貞繁　松平下総守忠明　松平豊前守勝政　松平長四郎正久　本多縫殿助康俊　戸田采女正氏銕　鳥居久五郎成次　山口勘兵衛直友　西尾隠岐守吉次　北条美濃守氏盛　安部茂右衛門正次
書院番頭	松平（奥平）忠明　本多彦八郎康俊　西尾隠岐守吉次　本多三弥左衛門正重
【後備】	奥平美作守信昌　松平出羽守忠政　本多丹下成重　戸田土佐守尊次　同甚九郎重能　遠藤左馬助慶隆　金森出雲守可重

（出典）『朝野旧聞裒藁』第10巻，748頁以下。「東照宮御事蹟第三百八十九」「慶長五年九月十五日之三」（内閣文庫所蔵史籍叢刊，汲古書院）。

る旗本であろうが、いずれの旗本番組にも属さず、また配下に番士をもつものではない寄合旗本のような存在かと推測される。

それに続いて旗本備という名称があるが、これは文字通り家康本陣に詰めている旗本衆である。すなわち総大将家康の守護が主目的であり、本質的に防御部隊であって攻撃型の戦力ではない。永井直勝は小牧・長久手の戦いで敵将池田恒興を討ち取ったことで武名を挙げ、この関ヶ原合戦の折にも家康の本陣にあって親衛隊長のような役割を果たしていた。

関ヶ原合戦の後、二代将軍秀忠の慶長一〇年代になって旗本五〇人を一組として、本丸・西丸を合わせて各八組～一〇組からなる小姓組番と書院番の両番が形成され、将軍の親衛隊として整備されてくる。右の関ヶ原合戦時の編成には、そのような整備された姿は存在しないが、旗本軍事力の主力である大番は存在し、家康が守衛戦力として信頼を寄せている足軽鉄砲部隊は既に充実していることを知る。

江戸市街の整備

江戸が都市として発展するためには、日比谷入り江の東、隅田川河口の西にあたる江戸前島と呼ばれる砂州を除けば、城下町をつくるために十分な平地が存在しないことが大きな障害となる。そこで前述したように、まず江戸城の和田倉門から道三堀を穿ちその掘り出した土砂で海浜部を埋めたてて居住地の拡張をはかるとともに、道三堀は江戸湊に到着する船の荷物や、墨田川河口へ下される江戸城の建造に必要な材木を、城内へ搬入するために活用された。

さて、このようにして道三堀—日本橋川という大動脈が形成されて、江戸湊と江戸城とが繋がると、翌九月には町割に着手し、まず道三堀の北側に「本町」を造った。道三堀の両岸には、四日市町（定期市）、材木町、舟町、柳町（遊郭）などができて賑わった。

国役町の成立

家康は江戸本町およびその周辺を整備し、徳川家の御用を務める職人や伝馬業者を、旧領の駿河・遠江方面および上方や諸国から呼び寄せて、神田・日本橋周辺に屋敷地を与えて住まわせた。畳刺し、砥師、鋳物師、伝馬の者たちであった。彼らは徳川家の御用を務めることが義務であり、それが租税とされた。この奉仕は国役と呼ばれ、それぞれの職人頭に率いられて年間、一定日数の出勤が定められており、伝馬人足の場合には月一五日の出勤が義務づけられていた。そして彼らの居住する町は国役町と呼ばれていた。

建築関係では大工町、木挽町、大鋸町、白壁町、畳町など、運送関係では大伝馬町、小伝馬町などである（三浦俊明「江戸城下町の成立過程——国役負担関係を通してみた町の成立について」）。

＊畳町は現在の中央区京橋二〜三丁目にあたり、二本の東西の道に沿った両側町。北は鍛冶町、南は京橋北紺屋町、東は南伝馬町（西は外堀）。国役御用として畳刺し職人を毎年四三〇人ずつ差出す（『大系　東京都』「畳町」）。

この種の奉仕は職人国役と呼ばれ、中世・戦国時代以来の慣習で、いわゆる一国を支配する守護の立場にある者は、荘園・公領の錯綜する領地の支配関係から超越して、一国内に居住する職人から役奉仕を徴収する権限を有していた。農民に対しては段銭《たんせん》や労役を賦課していたが、職人については段銭が免除され、その代わり職人としての技能奉仕が求められたのである。これらの事情から、江戸に居住して徳川家に職人として役奉仕をすることが国役と称せられ、彼らの居住する町場が国役町とよばれたのであろう。後々の時代まで、一般の町人の負担する公役に対して、これら江戸初期から務めていた職人奉仕役は国役と呼ばれて、税制上で区別されていた。国役が銀納化されるようになって、表面的には一般公役との区別がつかなくなった時代においても、国役の名は残され、国役町の称も残された。

江戸の町はその後、神田山を切り崩してその土砂で日比谷入り江を埋め立て、築地方面での埋め立て拡張を繰り返すことによって大街区を形成していくことになるが、当初の道三堀周辺に居住した商人や国役町に居住した職人たちは、開府以来の根本町人として特別待遇を受け、例えば将軍代替わりに際して江戸城中で催される祝賀能に際しては、これに招かれて、大名・旗本らと共に見物することができた。もとより建物外の庭での見物であったが、ある時、雨模様になったことがあり、それからは晴雨にかかわらず、番傘一本が各自に支給される慣例となった由である。

農　政

秀吉の農政が、かの太閤検地に代表される苛烈な在地掌握であり、そしてそれに基づく厳格な年貢賦課であったのに比して、家康と徳川幕府の徴税は緩やかであった。

本質的に伝統主義者である家康の農村支配の仕法は、原則として在地の在来の慣行を尊重するという姿勢である。徴租法にもそれが見られ、五ヶ国領有時代においても武田領国などを編入したような場合、武田時代の各村ごとの租税実態をそのまま踏襲しており、関東移封後は後北条時代の税制をそのまま踏襲することを原則とした。

ただしその時、後北条時代の租税があまりに軽かったことを知って驚き、税法の変更も検討したけれども、安定した農村統治は政権の安定運営にとって必須の課題であることから、後北条時代の税制を踏襲することを決断している。実際、この低率税制こそが後北条百年の安定統治をもたらした基礎をなしていたのであり、それを踏襲した徳川幕府が二百年を大きく越える治世を享受しえたのも、一にかかってこの点にその秘密があった。こうして、後々徳川幕府の徴租法は低率に抑えられ、近隣の大名領に比して幕領の農民の優遇が際立っていた。

なお、家康の農政については、後述する慶長八（一六〇三）年の農村法令を扱う箇所で詳しく論じたい。

第六章　豊臣政権の分裂と秀吉の死

1　文禄・慶長の役

秀吉、朝鮮出兵へ

秀吉が国内平定ののちに大陸に出兵して明・朝鮮を征服することを考えだしたのは、天正一四（一五八六）年頃からのことと言われている。織田信長もすでに生前から大陸との関係に深い関心を抱き、天正七年には朝鮮に使僧を遣わして国交を求め、あわせて明国との通商の仲介を依頼していた。

秀吉の大陸に対する態度も、信長のそれを引き継ぐ形で、明との勘合貿易の再開を主とする通商関係の樹立が本来の目的であったが、しかしそれは国内の統一戦争がきわめて順調に進む中で、次第に危険な大陸征服の野望へと膨張していった。同一五年の秀吉奉行衆の諸大名宛の書状においては「唐国・南蛮国迄も仰付けらるべしと思召候」と、明国や南蛮国（ルソン・マカオ・ゴアなどのポルトガル、イスパニア領）までも支配下に編入するとの意思を明言するのであった。

秀吉は朝鮮に入貢を求め、また朝鮮に明国への出兵の先導を命じた（「仮道入明」）。朝鮮は日本に国王の使者を派遣して、秀吉の通交の要求にはある程度は応じたが、仮道入明の件についてはこれを拒否し、両者の間で天正一九年の中頃から急速に開戦の気運が高まっていった。

秀吉は全国諸大名に来春に明国出兵（「唐《から》入《い》り」）との決意を伝え、肥前国名護屋《なごや》を前線基地と定めて、ここに大がかりな築城を行った。秀吉はあわせて「唐入り」の作戦指揮に専念するために自らは関白を辞任して太閤《たいこう》と称し、関白の地位を姉の子で自分の養子に迎えた秀次に譲った。

明けて天正二〇（一五九二）年正月、秀吉は朝鮮出兵を号令し、東国の伊達政宗、徳川家康を含む全国諸大名は肥前名護屋に集結した（「文禄の役」）。

朝鮮渡海の軍勢は九番に編成された。一番は小西行長《こにしゆきなが》・宗義智《そうよしとし》らの軍勢、あわせて一万八千余で先陣を受け持つ。二番は加藤清正・鍋島直茂《なべしまなおしげ》ら計二万二千余、三番は黒田長政・大友義統《おおともよしむね》ら計一万一千余、四番は島津義弘《しまづよしひろ》と中小領主との混成で計一万四千余、五番は福島正則・蜂須賀家政《はちすかいえまさ》・長宗我部元親ら計二万五千余、六番は小早川隆景・毛利秀包《ひでかね》ら計一万五千余、七番は毛利輝元の三万余、八番は宇喜多秀家の一万余、九番は羽柴秀勝・細川忠興《ただおき》ら計一万一千余で、全軍あわせて一五万余の大軍を構成した。

また九鬼嘉隆・藤堂高虎《とうどうたかとら》・脇坂安治《わきざかやすはる》・加藤嘉明《よしあきら》の率いる計九千余の兵は水軍を組織し、兵員および軍事物資の海上輸送にあたるとともに、朝鮮沿岸部の攻撃を担当することとなった。

一方、徳川家康・前田利家・伊達政宗・上杉景勝といった東国、北陸地方の諸大名は、この渡海軍には加わらないが、その兵一〇万余とともに後詰めとして名護屋に在陣した。家康の軍勢がこの戦役の全体を通して渡航出兵しなかったことをもって、天下取りに備えて兵力を温存した深謀遠慮などと評する向きもあるようだが、これはまったくの的外れの見解と言わざるをえない。なぜなら、家康がこの文禄・慶長の役で渡海出兵しなかったのは、単に軍陣編成上の序列が後方であったという事情に基づくものだからである。

前述の渡海軍の編成を見れば明らかなことだが、一～四番は九州に領地をもつ大名で、しかも北から南へと並ぶ。五番は四国の諸大名、六番は毛利系の九州大名、七番は中国地方を領有する毛利、八番は備前の宇喜多、と九州から始まって四国、中国地方と見事に整然と配置されていることを知る。ゆえにこれに続くのは畿内方面の諸大名であり、それはおそらく秀吉自身が率いて渡海することになるのであろう。現に半島における戦況が膠着して思わしくなかったとき、秀吉が自ら兵を率いて出陣すると呼号していたという事実も、それを裏づけている。

家康の動向　つまり関東に領地をもった家康の出陣機会ははじめからなかったといってよいであろう。かの小田原陣では後北条と領地を接するという理由で、豊臣軍の先鋒を受け持って大いに軍功を挙げていたことから、今回の朝鮮出兵では留守部隊の扱いとなるのは、ある意味で当然であった。

その限りで不出兵は家康の意思によるものではなかったが、この朝鮮出兵は豊臣政権の内部に深刻な亀裂をもたらし、政権の弱体化に繋がったという事実に鑑みるならば、徳川軍の不出兵と兵力の温存が家康の天下取りに寄与したことは疑いのないところである。

さらに家康の意思という観点で同戦役を眺めた場合、家康が出兵に同調していなかったことは、前述の秀吉が自ら渡海すると呼号した時に、前田利家と連名の諫書を呈して強くこれに反対したという事実からも推し量られる。また後述のように秀吉没後の家康は、朝鮮半島からの撤兵を指揮し、さらに朝鮮から派遣された使僧・松雲《しょううん》大師との会見に応じ、その結果として日朝間の和議を実現し、そののち二百年余にわたって続くこととなる朝鮮通信使制度の端緒を切り拓くなどの重要な業績を残しているところからして、家康のスタンスが、出兵ではなく善隣友好外交の側にあったことは明らかであろう。

秀吉軍、平壌を攻略

同年三月一二日に一番隊の小西行長の軍勢は、兵船七百艘をもって対馬から釜山にわたり、同地の釜山城、慶尚道の東萊城など朝鮮各地の諸城を相次いで攻撃し、これを落としていった。秀吉軍の行軍経路では、一番隊の小西行長は中路をすすみ、二番隊の加藤清正は東路を北上し、黒田長政・大友義統らは西路を通って進撃した。三方面の軍は首都漢城(京城)を目指してすすみ、五月一日には朝鮮国王は漢城を脱して平壌に向かった。

漢城を占領した秀吉軍は各武将の進撃方面を定め、小西・宗の隊はさらに平壌へと兵をすすめ、六月一五日にはこれを陥落させた。朝鮮国王はさらに鴨緑江の方面に逃れ、明国に援軍を求めた。

継戦方針をめぐる豊臣政権の分裂

こうして明軍の来援によって平壌をめぐる攻防戦が繰り広げられ、さらに漢城（ソウル）郊外の碧蹄館《へきていかん》の地において日明両軍の主力同士による会戦がなされた。秀吉軍は立花宗茂、小早川隆景らの活躍によって、この碧蹄館の戦いを制して明軍を退けたのであるが、他方では、半島沿海方面において朝鮮の李舜臣の率いる水軍が秀吉軍の軍船を撃ち破って制海権を奪うとともに、秀吉軍の補給船を沈めるという状態となっていた。

これがために、半島奥深く進軍した秀吉軍には兵糧や武器・弾薬が届かず、さらに秀吉軍の兵糧倉庫がゲリラ攻撃によって焼き討ちにあったことから、秀吉軍は立ち往生の状態に追い込まれていく。堺の商人の出身であり、征服よりも交易を重視する小西行長や、朝鮮との友好を第一とする宗義智らは本来的に出兵に対して消極的であり、明側の使者である沈惟敬《しんいけい》との間で休戦講和の途をさぐっていた。これに対して、咸鏡道方面へ進撃していた主戦論者の加藤清正は、小西らの講和交渉に異を唱え、これを阻止しようとした。

小西らは、明と講和を進めることが勘合貿易の実現など秀吉の要望に応える所以であり、清正の行動はこれを妨害するものと秀吉に訴えたことから、清正は国内に召喚され、伏見屋敷での蟄居を命ぜられた。これが文禄の役における内部対立と政権の分裂の兆しであったのだが、これに続く慶長の役では、小西と加藤とは攻守立場を変えての対立と分裂の様相を呈することとなる。

半島の南岸沿いには日本式の城郭が数多く建設されていたが、慶長の役では慶尚道の蔚山《うるさん》に兵を進めた加藤清正と浅野幸長《よしなが》が、突貫工事で城郭の建設を行っていた。しかるに慶長二年一二月二二日、竣工なったばかりの同城が明・朝鮮軍五万余の大軍によって襲撃を受けたことから、加藤・浅野軍は急ぎ蔚山城に入って籠城戦を行うこととなった。

これが慶長の役で有名な蔚山の籠城戦と呼ばれるもので、この城が竣工なったばかりで兵粮の手当がなされていない蔚山城であったことから、明・朝鮮の大軍の包囲する中での籠城戦は凄惨な飢餓地獄の様相を呈することとなった。

結果的には翌三年正月に毛利秀元・鍋嶋直茂・蜂須賀家政・黒田長政らの兵が救出に赴いて囲みを解いたことから、城内の清正たちは九死に一生を得る思いをした。これらの出来事や経験は、秀吉軍の将士たちに異国の地で行う戦争の難しさと無意味さとを痛感させるものであった。

ここから現地武将たちは、彼らだけによる合意決定として戦線縮小の方針を明確にした。底意には、和平・撤兵をも視野に入れての方針決定であった。驚くべきことに、この方針には蔚山城を預かっていた加藤清正も同調していた。蔚山籠城戦の悲惨な経験が、加藤の心境改変に預かっていたことは想像に難くないであろう。

しかるに半島南端の西部に位置する順天城を守っていた小西行長は、秀吉の命令なくして現地武将たちだけによる戦線縮小策に同意はできないとして、対立する姿勢を見せていた。皮肉なことに、ここでは小西が継戦論で、加藤が和平論に与するという形での対立となっているわけである。

そしてこの現地武将たちによる戦線縮小の方針決定の動きは、石田三成の義弟（三成の妹の婿）である現地目付の福原長堯《ふくはらながたか》によって弾劾され、秀吉に告げられた。これを聞いた秀吉は激怒し、半島在陣の武将たちにこの戦線縮小策に決して同調することのないよう厳命し、併せて、戦線縮小策を主導した者の穿鑿を行った。そしてその結果、主導者は蜂須賀家政と黒田長政の二名とされ、この両名は蟄居のうえ領地の部分没収、彼らに同調した藤堂高虎、加藤清正らは譴責処分を蒙ることとなった。しかしながらこれらの苛烈処分が行われている最中、秀吉は倒れて病床に伏せる身となり、処分問題が曖昧なままに亡くなっていく。

この文禄の役と慶長の役の二度にわたる対立と分裂こそ、豊臣政権の内部分裂に繋がっていくものであり、一方に加藤清正、黒田長政、藤堂高虎ら、他方に小西行長と石田三成という人的配置は、とりもなおさず関ヶ原合戦の東西両陣営のそれに他ならないであろう。そしてこの人的配置による対立と分裂は、関ヶ原合戦の前哨戦ともいうべき、慶長四年閏三月に発生した豊臣七将による石田三成襲撃事件におけるそれとも通底している。秀吉の朝鮮出兵がもたらした政権の傷跡には、あまりにも深刻なものがあった。

2　関白秀次事件

秀頼の誕生

秀吉は子にめぐまれなかったが、天正一七（一五八九）年になって側室淀殿との間に初めての男子鶴丸（棄丸《すてまる》）が誕生し、秀吉の喜びはただならぬものがあったが、この男子はわずか三歳にして同一九年に夭折してしまった。秀吉の悲しみはひとかたならぬものがあり、その朝鮮出兵はその悲嘆を紛らわすことに発したものとも言われている。

先述のように秀吉は朝鮮出兵に際して関白職を甥の秀次に譲り、太閤として自由な立場で、肥前名護屋の前線基地で半島作戦の指揮をとった。秀吉はあわせて聚楽第の屋敷を関白秀次に譲り、自らは京都の伏見に小城を構えて隠居の屋敷とするつもりでいた。

そのような中、文禄二（一五九三）年八月、大坂城にあった淀殿に秀吉の第二子拾丸（秀頼）が誕生したとの報せが、名護屋の秀吉の下に届いた。秀吉は名護屋から急ぎ戻って完成なったこの新しい伏見城に入ったが、ほどなく同城の大規模な拡張工事に乗り出し、朝鮮出兵中の者を除いた諸大名から大動員して、同三年八月に伏見城を天下の巨城として完成させた。

そして秀吉はこの完成なった巨大な城郭に秀頼を移り住まわせる。このことは聚楽第にある関白秀次との関係を微妙なものとすることとなるであろう。秀吉の態度は、いったん関白職を秀次に譲ることで彼を豊臣家の後継者としておきながら、実子秀頼の誕生とともに心がわりしたものと受け取られて仕方のないものであった。

秀吉は幼い秀頼と、秀次の娘との婚約を取り結ぶことで、秀頼を秀次の婿養子として家督後継する形で相続問題の軋轢を解決しようと試みたものと思われる。だが、秀次には男子が四人もあった。秀吉が死んだ後、はたして秀次が自分の実子をさしおいて秀頼に豊臣の天下を譲り渡すであろうか。ほとんど夢物語と言わざるを得ないであろう。

「伏見桃山御殿御城ノ画図」
（神戸市立博物館蔵／Photo: Kobe City Museum/DNPartcom）

伏見城跡
（京都市伏見区桃山町）

一般論として言うならば、嫡子が幼い場合、武家の社会では被相続者の弟など一族の者が陣代（番代）に立って中継相続する慣行がある。幼少の当主では戦場に出て軍事指揮を執ることは不可だからである。

そしてその幼少嫡子が成人なった暁には、当主の地位は当然彼に戻されるはずなのだけれど、これが正常に戻されるケースはきわめて稀であると言われている。筋論はそれに違いないのだけれど、陣代（番代）に立った者にも男子がある場合には、何とか自分の子供にその当主の地位を譲りたいと思うのは、人の親としての抑えがたい人情というものであろう。

そしてそこから、幼少嫡子の生き死に関わる暗黒の御家騒動が繰り広げられることになる。陣代（番代）が中継相続している当主の地位と領地とを、成人なった嫡子に無事に継承させることがあったら、それはむしろ美談として称賛されるほどに難しい問題だったということである。

これを関白秀次の場合について見るに、これは陣代（番代）としての中継相続ではなく、完全なる家督相続である。秀頼はその後で誕生しているのであるから。陣代型の中継相続ですら、幼少嫡子への当主権の返還が難しいということは広く知られていることであるから、正式の相続を終えている関白秀次に、豊臣当主の地位と天下支配の権を秀頼に継承させたいとする願いが空しいものであることは、誰しも感得するところであったろう。秀次が秀吉にどのように固い約束をしようとも、何枚の起請文を書こうとも、秀吉が死去した後には、それらはすべてはかなく霧消するのみである。否、霧消ではすまない、秀頼が亡き者にされてしまう危険が忍び寄っているということである。

秀次、高野山で切腹

ようやくにして授かった愛子秀頼を前にした時、秀吉は、秀次とその一族を粛清せざるをえないという決断へと進む他はなかった。とはいえ秀次もまた血を分けた甥であることから、いったんは秀次の高野山入りで事を収めようとしたことであろう。しかし古代史のこととはいえ、出家して吉野山に入った大海人皇子が、再起して軍勢を催して近江朝を滅ぼし、天智天皇の子大友皇子を害した壬申の乱の故事が想起される。あまりにも酷似した状況ではなかったか。

秀次の切腹に続いて、その妻妾子女三十余人が三条河原においてことごとく処刑された。秀次の子孫を根絶やしにして、秀頼への家督継承を妨げる者を一掃しなければならぬとする一念から出たものである。おぞましい限りであり、常軌を逸したとしか見えない殺戮事件であったが、秀吉の立場からするならば、それはほとんど不可避の行動であり、秀頼を守るために取らざるを得ない唯一の方途であったということなのであろう。

3　豊臣政権の抱えた政治的矛盾

拡大する矛盾

このようにして天下統一を達成した豊臣政権ではあったが、その統一がきわめて短期間になされたことからも、そこには様々な政治的矛盾を抱え込まざるを得なかった。慶長三年の秀吉の死の前後より豊臣政権内部の矛盾は露呈していき、それぞれに確執を展開しながら政権の崩壊を進めていった。

関ヶ原合戦はこれら豊臣政権の抱えた諸矛盾、政治的葛藤の総決算と言うべきものであり、同時にその大規模な決着を踏まえて、新たな徳川幕藩体制の社会を形成していく画期をなすものであった。しかしながら関ヶ原合戦を単に、豊臣と徳川との政権交代の舞台と見なし、家康の率いる東軍の勝利をもって、家康と徳川幕府の覇権確立の出来事と捉えるのは、この事件の歴史的理解としては誤っていないとしても、充分に意を尽くしたものとは言いえないであろう。

ここでは、以上に見てきたような豊臣政権の抱えた政治的矛盾の性格についていま一度確認し、それが関ヶ原合戦に向けてどのように展開され、かつ集約されていったかについて検討しよう。それはとりも直さず関ヶ原合戦なるものの政治的意味を明かにし、またその合戦の帰結、その合戦が刻印した徳川幕藩体制の性格を解明していくことに繋がるであろう。

豊臣政権の孕んだ政治的諸矛盾として、次のようなものが挙示されうる。

豊臣家の「家」内部の対立

第一は、一個の家族としての豊臣家の内部における秀吉の跡目をめぐる相続上の争い。先述の関白秀次事件がその中心をなしており、これにさらに秀吉の北政所と秀頼生母の淀の方との対抗が絡む形で、豊臣家内部の分裂を深めていた。この豊臣家の跡目をめぐる問題は、幼少の後継者たる秀頼の実母淀殿の権勢を高めていくことで、秀吉の正妻の北政所との間の溝を深めていった。

このことは北政所に連なる加藤清正・福島正則・浅野幸長といった武将たちが、反淀の方の立場をとって、家康に与していく上で大きな役割を果たしていた。ただし近年の北政所をめぐる研究によるならば、彼女が子飼いの武将たちをそそのかして家康に味方するよう誘導したという事実は認められず、彼女は関ヶ原合戦の全体を通して、むしろ淀殿と歩調を合わせる形で西軍サイドの行動を取っていることが知られており、そこから淀殿と北政所との確執を関ヶ原合戦の要因とすることの誤りが指摘されている（田端泰子『北政所おね』）。

そしてそれは事実なのであるが、歴史の奥深さの面白さは、またそこに留まるものでもないということである。北政所自身は自己の境遇に不満を抱くこともなく、淀殿方面からの要請を受けると、言われるままに西軍側の有利になるよう立ち働いているというあり様であるが、彼女に連なり、また彼女に子供の頃から養育を受けた子飼いの武将たちにとっては、彼女が置かれている現在の境遇――京の三本木（現在の仙洞御所の南のあたり）の侘び住まい――は、大坂城の豪奢な御殿を独り占めして栄耀栄華の暮らしぶりいる淀殿との対比において、到底、容認できるものではなかった。

現状でも、見るに忍びないあり様。このうえ淀殿・三成方が東西決戦で勝利を収めようものなら、淀殿の権勢はいや増し、相対的に北政所のみじめさは言いようもなくなるであろう。それが北政所を取り巻く子飼い武将たちの共通の思いであったろう。

彼らが北政所のために、敵の敵である家康側につくのは必定であった。関ヶ原合戦の勝敗を決した運命の人、小早川秀秋《ひであき》こそ北政所の実の甥であった（北政所の実家の兄杉原家定の子にして、小早川隆景の養子となった）。北政所に縁の深い浅野幸長と黒田長政の連名で小早川秀秋に対して東軍への寝返りを促した書状の内容は、ただ北政所様のことを考えよと強調するのみであった（拙著『関ヶ原合戦『歴史の虚像を衝く』』）。

関ヶ原合戦の勝敗を決した小早川秀秋の裏切り行動は、実にこの一点にかかっていたといって過言ではないのである。北政所自身は自己の境遇に不満を抱くわけでもなく、まして子飼いの武将に家康につくよう教唆するなどはなかったのであるが、いわば当事者の意思を超えた構造的な対立が淀殿と北政所との間に存在し、しかもその対立は小早川の裏切りを引き起こし、関ヶ原合戦の勝敗を決してしまうほどに重要だったということである。

豊臣家臣団の内部対立

矛盾の第二は豊臣家臣団内部の対立であり、石田三成ら五奉行の吏僚派と、加藤清正・福島正則らの武功派との確執であった。行政官と軍人との対立はどの時代でも不可避であるが、前項に見たように豊臣政権下での朝鮮出兵における、作戦・補給・論功行賞そして講和問題とそれに伴う戦略の是非をめぐる対立は、豊臣家臣団内部の亀裂を決定的に深めていった。

中央集権的な豊臣政権

第三の政治的対立は、豊臣政権の全国統治における基本的姿勢に関わっていた。石田ら豊臣五奉行の施策は、行政優位であるとともに、中央集権的な性格を強く持っていた。

豊臣奉行の手による太閤検地は、豊臣蔵入地や豊臣系諸大名の領国を越えて、大身の外様大名の領国にまで施行されていた。そしてこれら大名領内への太閤検地の施行に際しては、同時に当該大名領国の中に一万石ほどからなる太閤蔵入地を設定し、大名および領内に対する軛とすると共に、当該地方での豊臣の政治・経済面での活動拠点としたのであった。

あるいはまた会津九〇万石蒲生家の蔵入地の年貢算用に介入して、その不正を暴いて蒲生家臣を処分し、蒲生家を減封するといったことも見られた。

秀吉はまた、しばしば外様大名の有力家臣に直接に関係して、知行を秀吉から給付したり、また大名への領地宛行に際して、有力家臣への知行宛行を具体的に指定するなどのことも行った。島津家の重臣伊集院忠棟《いじゅういんただむね》、龍造寺家の家老鍋嶋直茂などの事例がよく知られている。

右の一連の豊臣政権の施策は、内政干渉を嫌って独立的な領地支配を志向する諸大名との対立を引き起こさざるを得ないものであった。これは国家構想、国家統治の根本原則に関わるものであって、個人的な好悪の情を超えて優れて政治原則的な問題であった。

これは関ヶ原合戦の意義と、その後に形成される徳川幕藩体制というものの性格を考えるうえでの重要な論点をなしている。

政治的覇権をめぐる対立

第四の対立は、公儀としての豊臣政権内部での主導権闘争である。徳川家康・前田利家・毛利輝元・宇喜多秀家・上杉景勝の五大老および石田ら五奉行らの中で、秀吉亡き後の幼主秀頼の下で実権、ヘゲモニーを掌握するのは誰、どのような勢力かの権力闘争である。

豊臣政権は、狭くは豊臣秀吉個人の意思と、その意命に忠実な五奉行らの判断によって運営されているが、それはまた公儀として、全武家領主の利害を体現する公共的機構、意思決定機構としても存在している。そして実際にも五大老制が設けられ、徳川家康・毛利輝元らの外様国持大名が政権に参加することで、そのような公的意思決定機構としての公儀としての内実を整えていた。

それ自体は政権の安定性をもたらすものであったが、政権への直接参加者が増えたことは、彼らの間でヘゲモニーをめぐる争いが高まることは不可避であった。そして最高権力者の秀吉の死とともに、それが激化するであろうことも容易に想像された。

その実力からして、秀吉亡き後の第一人者が徳川家康であることは衆目の一致するところであったが、他方では、彼の力が過度に増大することを多くの者が恐れていた。秀吉は遺言して秀頼成人までの間、家康には伏見の屋敷にあって国家の政務を執ることを委ね、利家には大坂城にあって秀頼の後見をなすように託し、勢力の均衡を図ろうとした。しかしこの策も利家が直後に死去したことによってバランスは崩れ、家康の力が突出することとなる。毛利・上杉ら自余の大老が相次いで国許に引き上げてしまったことで、政権はきわめて不安定なものとなった。

豊臣家と徳川家の覇権抗争

そして最後に、第五の対立として豊臣家と徳川家との覇権抗争があった。これはもちろん第四の問題と関連しているのであるが、豊臣政権の下での家康の実権掌握と、豊臣政権に代わる新たな徳川政権を樹立することとでは根本的な違いがある。特に三成ら五奉行派と対立している豊臣武功派の加藤・福島らは家康に親近しているが、それはあくまで豊臣家の天下支配を前提にしたうえでのことであって、豊臣秀頼の地位をそこねない限りでの与同なのである。この第四と第五の問題とのデリケートな質的差異は、関ヶ原合戦の展開のあり方、および戦後処理のあり方に、様々な形で影響を及ぼしている。

これらの対抗図式の中で、その一方の側をなしている淀殿―吏僚派―中央集権派―反家康派―豊臣政権支持派は、石田三成ら五奉行を中心にして比較的、連携しやすい立場にあった。しかしこの五つの要素を総て満足する勢力は数が少なく、かつ軍事力の面でも劣弱であった。

他方、右の吏僚派主導の豊臣至上主義ともいうべき政治指導に不満・反感を抱く武将、大名は数多くいたが、しかしそれらの勢力は右の五つの要因に即して一致して連携することはできなかった。反淀殿・親北の政所、反吏僚、反中央集権までは一致しえたが、家康との関係、豊臣家への態度をどのように定めるかで、自らの進退を決断しかねるものが多かった。

4　秀吉死後の政治情勢

秀頼保護を懇願した秀吉

慶長三（一五九八）年八月一八日、秀吉は伏見城に六二年の生涯を終えたが、後継ぎとなる秀頼はいまだ六歳の幼児であり、右述のごとき矛盾対立を抱えて政権の前途はきわめて不安定なものであった。

これより先、秀吉はその死期の近いことを悟って五大老、五奉行から誓詞を徴して、秀頼への忠誠と私党による権力闘争の禁止とを誓約せしめた。さらに前田利家には秀頼の後見を託し、家康には公儀の政務を司ることを命じた。秀吉は家康に対して秀頼の保護を懇願し、その孫娘をもって秀頼に配偶して、豊臣と徳川の両家が末永く和親していくよう取り計らいくれるようにと遺言した。

秀吉はその死を秘匿すべきことを側近の者に命じて、八月一八日に亡くなった。しかし家康はその日のうちにこれを知り、ただちに嫡子秀忠を江戸に帰している。秀吉の死は遠からず内乱を引き起こし、家康自身にも危害が及ぶことであろう。そのようなとき父子ともに上方の地にあることは、徳川の将来のために得策にあらずと判断したためであろう。

朝鮮撤兵に尽力

秀吉死後の当面する最大の問題は、朝鮮半島にある多数の将士を日本に帰還させるという事業であった。同二五日、家康は前田利家と図って徳永寿昌《とくながながまさ》らを使いとして半島に送り、在陣の諸将に朝鮮側と講和せしめ撤兵のことを命じた。さらに石田三成・浅野長政を博多に派遣して、同地でこの撤兵事業を統轄させている。

この撤兵は難航をきわめたが、一二月に至ってようやく全員の帰還が完了した。こうして慶長三年は暮れ、翌四年の正月になると大老・奉行らは秀吉の遺命を奉じて秀頼を大坂城に移し、前田利家は後見としてこれに伴った。家康は伏見の屋敷に留まって政事を監督し、五奉行らは伏見、大坂の両府を往来してその執行にあたった。

家康、「私婚」糾問に反駁

だがその正月一九日、家康の周辺に突如あわただしい動きが起こって、伏見の街は事情が判然としないままに騒然たる空気につつまれていた。同二一日、大坂の大老・奉行たちは三中老（中村一氏《なかむらかずうじ》、生駒親正《いこまちかまさ》、堀尾吉晴《ほりおよしはる》）を使者として家康の下に派遣し、家康に秀吉の遺命に背くかどのあることを詰問した。

これよりさき家康が内々のうちに伊達、福島、蜂須賀の三家と婚約をなしていたことが表沙汰となり、この紛議に至った。すなわち家康の第六男の忠輝《ただてる》と伊達政宗の娘五六八《いろは》姫と、家康の姪で松平康元の娘を養女として福島正則の嫡子正之《まさゆき》と、小笠原秀政の娘を養女として蜂須賀家政の嫡子豊雄（のちの至鎮《よししげ》）と、それぞれ婚約していたのである。

婚姻はもとよりこの時代には同盟の締結を意味しており、それゆえに内々の婚約は「私婚」と呼ばれ、反逆行為に繋がるものとして、亡き秀吉に提出した誓詞においても固く禁止をされていた。大坂からの糾問使は家康にその事実関係を問い、弁明のかなわぬ時は、大老の列を除くことを申し入れた。

家康が三家と婚約を交わしていることは事実であった。しかし家康は糾問使に反駁して、自分が天下に対して異心を抱いておるがごときは誰の讒言であるか答えよと問い詰め、さらに自分を秀頼の補佐から除去するとの申しようは、それこそ太閤秀吉の遺命に背くものではないかと逆襲した。家康は言葉をつづけ、自分は政治に関与することを好むものではないので、今は隠退して嫡男の秀忠に政務を代行させるであろう、と返答した。

大坂から糾問使が派遣されるや、大坂、伏見ともに騒然とした状態となり、家康は伏見屋敷の防衛施設を増強して異変に備えていたところ、豊臣系武将で家康に心を寄せる者たちは集い来ってその屋敷の防衛にあたった。すなわち加藤清正・浅野幸長・福島正則・黒田如水・同長政・蜂須賀家政・細川忠興・池田輝政・森忠政・加藤嘉明・藤堂高虎・京極高次《たかつぐ》といった面々であり、大谷吉継もまたその中の一人であった。

こうして伏見の徳川屋敷には大軍勢が集結して大坂方と対決する姿勢を示したために、大坂の五奉行たちは逆にきわめて厳しい状況に追い込まれてしまった。大坂の五奉行、大老たちは家康の政治力と軍事力の前に屈服することとなり、家康の私婚一件は不問に付されて終わった。

家康暗殺の計画

大坂の前田利家を筆頭とする大老、奉行衆と伏見の家康との間には抜きがたい確執があった。そのような中で、利家の姻戚でもあった細川忠興（忠興の子の忠隆の室が利家の女子）は、両者の和睦の仲介を務め、利家に勧めて同年二月二九日、家康の伏見屋敷を訪問させた。

家康もまた答礼として三月一一日に大坂に赴いて前田屋敷に到り、すでに病床に臥せっていた利家を見舞った。利家と家康の和睦は実現したものの、その時には利家の余命はいくばくも無かった。

5　豊臣七将の石田三成襲撃事件

七将、石田三成襲撃へ

先の伏見における騒動に続く紛議の第二局面は慶長四（一五九九）年閏三月に生じることとなる。同月三日、その前田利家が亡くなった。利家の存在は大きく、右に述べたように秀吉没後の政権内部の闘争と紛議を、とにもかくにもその拡大を抑えてきたのには利家の存在が大きかった。

その利家が亡くなるや、その翌日になって豊臣系の七武将――加藤清正、福島正則、浅野幸長、蜂須賀家政、黒田長政、藤堂高虎、細川忠興――が大坂で軍事蹶起し、同地にあった石田三成を襲撃、殺害しようと企てた。前述のとおり、石田三成ら吏僚派と七将ら軍人派とは本質的に相入れないが、より直接には朝鮮出兵時における戦線縮小問題をめぐる現地武将たちと国内の秀吉との対立にあり、秀吉に対して現地武将たちの行動を報告し糾弾した三成に対して報復の矛先が向けられたものである。

すなわち前述した蔚山籠城戦後の、現地武将たちによる戦線縮小の動向をめぐって、石田三成の義弟（三成の妹の婿）である現地目付の福原長堯によって秀吉に向けて弾劾された。これを聞いた秀吉は激怒し、半島在陣の武将たちにこの戦線縮小策に決して同調することのないよう厳命し、併せて、戦線縮小策を主導した者の穿鑿を行った。そしてその結果、主導者は蜂須賀家政と黒田長政の二名とされ、この両名は蟄居のうえ領地の部分没収、彼らに同調した藤堂高虎、加藤清正らは譴責処分を蒙った。

この事件が、豊臣七将による三成襲撃事件の直接の原因であったことは、拙著『関ヶ原合戦と大坂の陣』（吉川弘文館）に述べたところである。そしてまた三成が伏見まで逃れてきて、身の安全を図るべく入った場所はこれまでいわれてきた家康の屋敷ではなく、伏見城内の治部少曲輪《じぶしょうぐるわ》にある自己の屋敷であったことも。

石田三成
（長浜市長浜城歴史博物館蔵）

家康の仲裁行動

三成は伏見城内の治部少曲輪という絶対安全な場所に避難した。だが、身の安全は確保されたものの、出るに出れない状態に追い込まれてしまった。七将の方はと言えば、三成を追い詰めたはいいが、伏見城内に入ることができず、ただ治部少曲輪を遠巻きに包囲するだけにとどまっている。つまり両者は、伏見城の堀をはさんで睨み合ったまま、デッドロックの状態に陥ってしまったということであった。

家康はこのような事態を受けて、どう行動したか。家康は、この時期、木幡山の伏見城からかなり離れた向島《むかいじま》廃城（一六一頁の伏見城図で宇治川対岸にある出城）の中に設けた自らの屋敷にあった。七将の側からは家康に対して、石田三成を討つべく大坂から軍勢を率いて伏見まで到着した旨の通告があり、家康はこれに対して、当面彼らを戒厳軍のように扱い、伏見城下の警備にあたるように指示した。

これは家康にとって、政敵石田三成を葬り去る良き機会には違いなかったが、他面、七将の勝手な軍事力行使を容認してしまえば、こののち家康の政治統御そのものが危うくされてしまいかねない。家康としては、ここは和議仲裁に入らなければならないところであったろう。

そうしたところ、窮地にある三成側からアプローチが見られた。窮地にある三成を助けるべく、その盟友である安国寺《あんこくじ》恵瓊《えけい》が、自己の主君である毛利輝元に懇願して、輝元から家康に対して今回の事件の和議仲裁を要請するという方向で動いた。

これを踏まえて、家康が正式に和議仲裁に乗り出し、七将は矛を収めて大坂に戻るべきこと、三成は政界を引退して居城の佐和山に謹慎すべきこと、三成の身柄については徳川の護衛兵をつけて佐和山城まで無事に送り届けること、これらが家康の裁定であった。

伏見城には、家康の次男・結城秀康が護衛隊長として差し向けられ、三成を七将による襲撃から護りつつ佐和山近辺まで無事に送り届けた。三成はこの時、秀康に護衛の謝意として秘蔵の正宗の太刀を与えており、これは「石田正宗」の名をもって越前松平家に長く伝えられ、現在は東京国立博物館に現存している。

これがこの豊臣七将の三成襲撃（未遂）事件の顚末である。最後の局面において、家康から差し向けられた結城秀康の保護の下に居城佐和山まで送り届けられたという経緯からして、事件当初より三成が家康屋敷に駆込んで庇護を求めたように誤解されたのである。

歴史書の誤り

誤解のもとをなしたのは、元禄・享保の頃に多くの歴史書を書き著した大道寺友山《だいどうじゆうざん》であり、彼が著した家康の伝記『岩淵夜話《いわぶちやわ》』の中に、三成は難を避けるべく家康の屋敷に駆込んで保護を求め、家康もこれを受け入れて追尾してきた七将を説得した旨の叙述が見られる。しかしながら友山はそののち誤りに気づき、『岩淵夜話』の改訂版とも言うべき『落穂集』という書において、三成は伏見城治部少曲輪にある自己の屋敷に入ったと訂正している。

しかしながら家康の伝記として『岩淵夜話』の名は高く、広く読まれたこともあって、本事件をめ

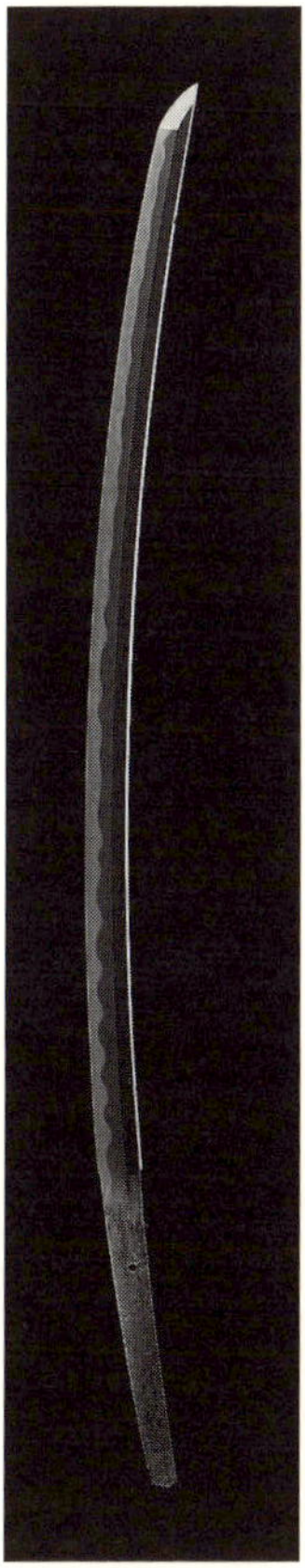

「刀　無銘　正宗」
（名物石田正宗）
（東京国立博物館蔵／Image：TNM Image Archives）

ぐる認識の誤りが次第に定着していく。そしてこの誤りは近代に入ると、まず陸軍参謀本部編『日本戦史・関原役』の叙述に引き継がれ（「(佐竹義宣は) 三成を家康に投ず」）、さらに大正・昭和時代の歴史家としてその名も高い徳富蘇峰《とくとみそほう》が大著『近世日本国民史』の関原役篇において、この事件の叙述箇所に「家康、三成を匿う」という節名を掲げ、三成が家康屋敷に駈込んで庇護を求め、家康は思惑をもってこれを匿ったとして、両者の虚々実々の駆け引きの妙を論じた。

全一〇〇巻からなる『近世日本国民史』は、蘇峰が収集した膨大な古文書、記録類を典拠として叙述されており、その意味において記述内容に対する信頼は厚く、論断や史観においては忌避される傾向が強いものの、個々の歴史事象をめぐる事実関係の認識という面においては、今日においてもなお近世史研究の強固な基礎をなしているといっても過言ではない。それゆえ、蘇峰の歴史解釈については否定する向きが少なくないけれども、彼が確定していった歴史上の事件、事象の事実関係をめぐる認識は、今日に至るも、ほぼ全面的に受け入れられているのが実情である。

ために、そのような事実認識において蘇峰が誤認を犯してしまうと、歴史研究者か歴史小説家かを問わず、アカデミズムか在野の区別もなく、右も左も一人残らず誤謬の陥穽につき落とされてしまう。この三成襲撃事件や、後述する大坂の陣の口実作りをなしたとされる有名な「国家安康」の鐘銘問題などは、その典型であろう。筆者もまた、当初はその誤謬の罠に陥っていたことは旧著で告白している通りである。

さて話を事件の流れの方に戻すならば、豊臣七将による三成襲撃未遂事件を無事に収めた結果、家康の威権はいや増して高まることとなり、この事件の解決を踏まえて家康は伏見城内に入り、そこに居を構えることとなる。これを指して、家康は「天下殿」(『多聞院日記』)になられたと世上で唱えられたほどであった。政権はこうして家康独裁の観を呈するに至る。

第七章　関ヶ原合戦——新しい歴史像

1　関ヶ原合戦の性格

通常の概説書において関ヶ原合戦は、「豊臣政権から徳川政権への転換の画期をなすものであり、徳川幕府二六〇年にわたる支配の盤石の基を築いた事件」といったような形で記されているのではないであろうか。

これに対して筆者は先に『関ヶ原合戦』を著わして、関ヶ原合戦はむしろ豊臣政権の内部分裂としての性格が濃厚で、ことに徳川秀忠の率いていた徳川主力軍三万が同合戦に遅れたことにより、東軍の主力は徳川勢であるよりも、むしろ家康に同盟した豊臣系武将たちの率いる軍勢であり、結果、彼ら豊臣系武将たちが合戦の果実を享受することとなり、西国方面を中心に二〇ヶ国以上にわたる領地領有を実現するに至ったことを明らかにした。

家康と徳川系勢力の領地も増加はしたものの二〇ヶ国ほどに止まっていて、日本全体の三分の一しか領有しえていなかったこと（残り二〇ヶ国は伊達・島津らの旧族系大名の領有）。したがって、家康の支配力は限定的なものにとどまり、豊臣家と秀頼の権威は依然として健在であり、両者による支配は、京都を境として、日本全体を東国と西国とを分有して統治するような二重国制として存在していたこと、そしてその二重国制の矛盾が大坂の陣へと帰結していったこと、これらを新しい歴史像として提示した。

それでは、関ヶ原合戦はなにゆえにそのような複雑な形をとることになったのであろうか。その展開のプロセスを以下に追っていきたい。

2　会津征討

伏見城に鳥居元忠を残す

慶長五（一六〇〇）年に入ると、五大老の一人にして会津一二〇万石の上杉景勝に謀叛の風聞が広まった。家康が景勝に上洛を求めたところ、景勝の執政直江兼続《なおえかねつぐ》が敢然とこれを拒否する回答を示したところから、家康は会津征討を呼号して上方を進発した。

同年六月一六日に家康は大坂から会津へ向けて出陣する。同日、家康は伏見へ赴き、伏見城を預かる鳥居彦右衛門元忠に同城の留守を託するとともに、一夜、元忠と酒を酌み交わして今川支配下にあった三河時代以来の苦楽の日々を回顧し、語り合った。家康が今川の人質として駿府にあった時、少し遅れて元忠も家康の側近として国元から送られてきて、ともに駿府で幼少期を過ごした仲である。そののち家康が今川から独立して三河の国大名として成長するに伴い、元忠もまた旗本先手大将として家康の厚い信頼を受けつつ、三方ヶ原や長篠の合戦といった重要な戦いを家康と共に経験していた。勝った時も、負けた時も、文字通り苦楽を共にした、主従であるとともに戦友でもあった二人であった。

家康が上方を離れるならば騒乱が沸き起こることは必至であり、それが石田三成によるものか否かは定かではないけれど、天下を二分する大戦が没発することは不可避の情勢であった。そしてその時、上方における家康の唯一の拠点とも言うべき伏見城が反家康派の軍勢によって攻撃されることは容易に想定された。そして家康が遠く関東へ離れてしまって孤立無援の状態に陥る伏見城にあって、城将の鳥居元忠をはじめとする同城内の徳川家臣たちが討ち死にへと突き進んでいくであろうことも明らかであった。

伏見城の一夜の酒盛りは、家康と元忠との今生の別れを意味していた。武士のならい、武士の定めとはいえ、今川支配の下にあった艱難の時代から、一途に家康を支え続けてくれた元忠を、いま捨て駒にせねばならない家康の思いは、いかばかりであったろうか。

豊臣系武将の従軍

伏見城で一夜を明かした家康は、翌一七日、同地を経って東海道を東へと進む。

この時に家康には、上方に詰めていた井伊直政・本多忠勝ら約三千の徳川の直臣団とともに、福島正則・藤堂高虎・細川忠興など多数の豊臣系の武将たちが従軍している。そしてこの豊臣系の武将の従軍というのが問題となる。

というのは、これら多数の豊臣系武将の従軍は、家康が大坂を離れたならば必ずや起こるであろう天下分け目の戦いを想定して、あらかじめ家康の側に味方するという意思表明をするためのそれであったというように捉えることが少なくないからである。これは半分正しいが、半分は間違っている。

すなわち、この家康の会津遠征軍に多くの豊臣系武将が従軍しているのは、この戦いが豊臣公儀の名前をもってする公の戦いだということである。つまり、これは家康と上杉との私的な戦いではなくて、「豊臣公儀の名前をもってする謀反人上杉景勝討伐のための公の戦い」として位置づけられている。家康は豊臣秀頼の名代であり、それゆえにその進軍する東海道の沿道諸国の大名は自動的に従軍が義務づけられるのであり、彼らの家康への随従は「義務的従軍」ということである。福島正則（尾張清洲）、田中吉政《たなかよしまさ》（三河岡崎）、池田輝政（三河吉田）、堀尾忠氏《ただうじ》（遠江浜松）、山内一豊《やまうちかずとよ》（遠江掛川）、中村一忠《かずただ》（駿河府中）たちの従軍がそれにあたる。彼らは、家康に対する好悪の感情と無関係に、家康に従軍しなくてはならないのである。

反面、これとは別に、思惑つきで従軍していると見なすべき武将たちの姿も存在している。黒田長政（豊前中津）、寺沢広高《てらざわひろたか》（肥前唐津）、加藤嘉明（伊予松前）、藤堂高虎（伊予板島）、生駒一正《かずまさ》（讃岐高松）、蜂須賀至鎮（阿波徳島）たちである。彼らは領地が会津には程遠い九州や四国というように離れていて「義務的従軍」の義務を負っていない。それにもかかわらず、家康に付き従っていったのであるから、「思惑つきの従軍」と言わなくてはならない。つまり、家康が大坂を離れたならば必ずや起こるであろう天下分け目の戦いを想定したうえで、あらかじめ家康の側に味方することを表明した行為であった。

3　石田三成の挙兵

二段階の西軍決起

七月一〇日頃、敦賀五万石の大谷吉継の軍勢が会津征討に参加するために中山道垂井の宿まで来たとき、佐和山城の三成から呼ばれて吉継は再三にわたって同城へ上り密議を行った。こうして上方における反家康の決起が定まっていったと一般に考えられている。

ところがそこに一つ腑に落ちない書状がある。（慶長五年）七月一二日付の増田長盛書状である。それは家康側近である永井直勝に当てた書状で、「今度樽井［垂井］に於いて、大刑少両日相煩、石治少出陣之申分、爰許雑説申候、猶追々申入るべく候」とあり、大谷吉継と石田三成が何やら不穏な動きをしている旨を家康に通報する内容である。増田長盛は後述の「内府ちがひの条々」を発布して家康糾弾の先頭に立つ西軍の主要メンバーであることから、右の書状は内股膏薬の謂なのか、あるいは何かの謀略を策したものかと、昔から難問とされてきた。

ところがこの書状だけではなく、別に同種の内容の書状があることも判明してきた。その書状自体は失われて存在しないが、他の書状の中に引用されていることでその存在が見える。同年の七月二七日付の榊原康政書状［秋田実季宛］がそれである。

「（前略）然は於上方に於いて、石治少・大刑少、別心仕ニ付て、大坂より御袋様《［淀殿］》幷三人之奉行衆、北国羽肥州《［前田利長］》など、早々内府上洛致され尤《もっとも》之由申し来り候間、右之別心仕る両人成敗のため、今度此方ぇ御下り候上方衆同道致し、上洛申され候、（後略）」

これによれば、淀殿も大坂の三人の奉行衆も家康に「早く上方に戻ってきて三成たちの不穏な動きを鎮定してほしい」旨の書状を送り届けていた由である。さすれば先述の増田長盛書状も符節を合しているわけで、淀殿も三人の奉行衆たちも三成たちが蹶起を決意した時点では、その企てには参加しておらず、不穏な情勢を前にして、ただおろおろと狼狽していたというのが実情だったということである。そして家康に帰還を求めていたのである。

つまり、上方における反家康行動は二段階に分かれていたということである。第一段階では奉行衆や淀殿はこれに関与しておらず、石田三成と大谷吉継らごく一部の人間だけで進められていた。それゆえ、奉行衆や淀殿は事情も分からぬままに狼狽し、家康に対して上方に戻り不穏な情勢を鎮めてほしい旨を要請していたというのが、その実情だった。

ところがその後、三成側が大坂三奉行と淀殿の説得に乗り出し、その結果、七月一七日になって「内府ちがひの条々」が出され、新たな第二段階を迎えることになる。これは大坂城の三奉行の名前で出された家康に対する糾弾状であり、「秀頼様への御忠節」のために結集すべきことを全国の諸大名に対して呼びかける内容であった。今まで家康サイドで行動していた三人の奉行衆（そして淀殿も）が、三成たちの側に豊臣公儀の正当性《レジティマシー》を付与したのがこの第二段階の姿であったということになる。

この点は、七月二九日になって発出された一連の家康書状によって分かる。家康が黒田長政や田中吉政に宛てた書状では「大坂奉行衆別心につき重て相談せしむべきところ、御上り故、その儀無く候」とあり、大坂奉行たちが自分に対して謀反を企てきたので、再度この問題を協議したいと思うけれども豊臣武将たちはみな東海道を西上してしまったのでそれが出来ない旨が記されている。他の書状もほぼ同趣旨の内容である。すなわちこの七月二九日という時点に至って、家康は初めて三人の奉行衆が石田方につき、自分を謀叛人扱いしているという認識を得たのである。

小山評定跡（栃木県小山市中央町）
（小山市提供）

小山評定の前提は有効かという問題

そして問題となるのは、小山《おやま》評定である。小山評定がちょうどこの複雑な情勢転変のさなかになされているというのは運命の悪戯と言うべく、関ヶ原合戦の最もスリリングな局面がここに認められる。結論から言うならば、小山評定において参加者たちが共有していた上方に関する情勢認識は第一段階のものであり、第二段階のそれは把握しえていなかったということである。小山評定は七月二五日であり、家康が第二段階の情勢を認識したのが同二九日であったからである。

そうした時、小山評定で福島正則以下豊臣武将たちは一致結束して家康に味方すると誓約したが、上方の情勢認識をめぐる議論前提の崩壊によって、誓約はもはや無効になってしまうのか、はたまた依然として有効とみるべきなのかという深刻な問題が沸き起こってくることとなる。

これは非常に難しい問題となる。初めから思惑付きで家康に従軍してきた武将たちにはどちらでもいいことかもしれないが、それであっても、ここまで大坂三奉行が「秀頼様」への忠節を唱えて家康糾弾の立場を鮮明にしてくることは意想外だったかもしれない。そして最も深刻な問題となるのが、義務的従軍としてここまで家康に同行してきたニュートラルな立場の武将たちであった。

彼らは、上方の反家康闘争は三成とその一派の起こしているものであり、淀殿や大坂三奉行たちは家康側に付いているという認識の下に家康への与同を誓約した。しかし今やその前提は覆り、三奉行（当然にも淀殿も）は三成の側に与し、秀頼への忠節を前面に立てて、謀反人家康を討てと呼号するという状況となった。彼らが去就に迷い、決断不能の混迷状態に陥っていくことは避けられなかったであろう。

そして家康である。家康は小山評定を受けて、上杉方への手当てを終え次第、ただちに同盟豊臣武将たちの後を追って西上するとしていた。だが、家康は上方における第二段階の状況を知るに及んで動かなくなる。当然であろう。家康はこののち江戸城に戻り、そのまま同所にとどまってしまう。空白の一カ月と呼ばれる事態である。

「小山評定」疑義論について

世に小山評定は後世に捏造されたフィクションにすぎないなどとする議論がある。しかしこれは不可である。七月二五日の前後に武将たちが小山に集まっていることについては、浅野幸長の書状によって確認される。次に、家康が上方の第二段階状況を知った七月二九日の時点で、すでに反転西上していった黒田長政や田中吉政に送った書状には、前述の通り「大坂奉行衆別心につき重て相談せしむべきところ、御上り故、その儀無く候」とあり、「重て」の文字から七月二九日以前に、諸将会同による戦略会議のあったことが確認されるのである。

さらに言うならば、この七月末から東海道筋の豊臣武将の居城がすべて明け渡されて、徳川の譜代武将たちが代わりにそれらへ配属されている。たとえば、駿府城は中村一忠から菅沼定仍《さだより》へ、掛川城は山内一豊から松平康重へ、浜松城は堀尾忠氏から保科正光へ、吉田城は池田輝政から松平家乗《いえのり》へ、岡崎城は田中吉政から松平忠頼《ただより》へというように、すべて徳川の譜代武将に入れ替わっている。このような重大な決定や措置が、小山評定がもし無かったとしたら、一体いつなされたのかという深刻な疑問が生じてしまう。このような大規模で統一的な処置を決定するためには、家康と豊臣諸将との合同会議を抜きにしては不可だということである。

そして山内一豊である。彼は小山評定の場で、自己の居城である掛川城を家康に進呈する旨を率先発言し、居並ぶ諸将もこれにならって自己の居城を家康に明け渡すことを約したというエピソードで知られている。

掛川六万石余にすぎなかった山内一豊は、関ヶ原合戦後に土佐一国二〇万石の大封を授与されて国持大名へ昇格する。一豊は関ヶ原合戦では南宮山の毛利勢への備えとして配備されており、この方面では交戦がなかったために鉄砲一発すら放たず終わっている。関ヶ原合戦の前哨戦であった岐阜城攻略戦には参加しているが、その方面の主将である池田輝政の軍勢の驥尾に付して行動していたにすぎない。そのような一豊が、関ヶ原合戦で奮戦した諸将を抑えて土佐一国の大封を授与されたことは、小山評定における発言の功績を抜きにして、いったいどのように説明できるのであろうか。

4 家康方東軍の軍事的展開

家康はなぜ江戸城に留まったか

家康は、八月五日に江戸城に致着し、そしてそのまま動かなくなってしまう。従前は、八月五日から九月一日の出陣までの一カ月間の江戸滞留について、その理由説明としては「各地の大名に対して手紙を書いていた」というのがそれであった。確かに、この間の家康の書状は一二〇通近く残っていて、それらは全国各地の諸大名に与同を勧誘するものである。しかしながら、それら書状のほとんどは右筆が作成するのであって、家康は自己の名前の下に花押を据えるだけである。花押を記すだけのために、なぜ一カ月間も江戸城にとどまる必要があるのか。旅宿でも、移動の乗り物においてでも出来る話であろう。まして尾張国清洲城に集結した同盟豊臣武将たちから、家康の一刻も早い西上を求めてきているという状況の中でのことなのだから。

すなわち小山評定の前提が覆ってしまった以上、義務的従軍で付き従ってきた連中がどう出るか分からない状況の下では、家康は動けないということである。もしも清洲に不用意に赴いて、小山評定の議論前提が崩れたと豊臣武将たちから宣告されたら、家康は袋の鼠の危地に陥ることになってしまう。行けるはずもないであろう。

家康は動かないのが正解である。そして嫡男の秀忠が率いている三万の徳川主力軍を上方に派遣する。そしてこの秀忠の率いる徳川主力軍と豊臣の武将たちが同盟をして石田三成と戦うという構図である。そこで、もし豊臣武将たちが裏切った場合、秀忠隊は相当な打撃を受けることであろうが、家康は江戸城にいて徳川本隊は無傷であるから負けはないということである。反面、豊臣武将たちが小山評定の約束通り動いてくれれば、秀忠隊との合同によって西軍を破って勝ちが取れるであろう。つまり、これが勝ちも取れて負けをなくすことができる最適な戦略であるがゆえに、家康は動かないということである。

岐阜合戦という契機

それでは、なぜ家康は動いたのか、逆にそれが問題となる。ここから関ヶ原合戦の前哨戦である岐阜合戦という局面になる。家康の到来のないことに対して、清洲城では福島正則ら豊臣諸将が憤激していたため、家康は、腹心の村越茂助《むらこしもすけ》を清洲に送り、有名な挑発の言葉を投げかける。「各々方、手出しなく候ゆえ御出馬なく候、手出しあるならば何時なりとも御出馬あるべく候」と。

家康の狙いとしては、この挑発的言辞に怒って、袂を分かつ者をあぶり出すことが目的だったので

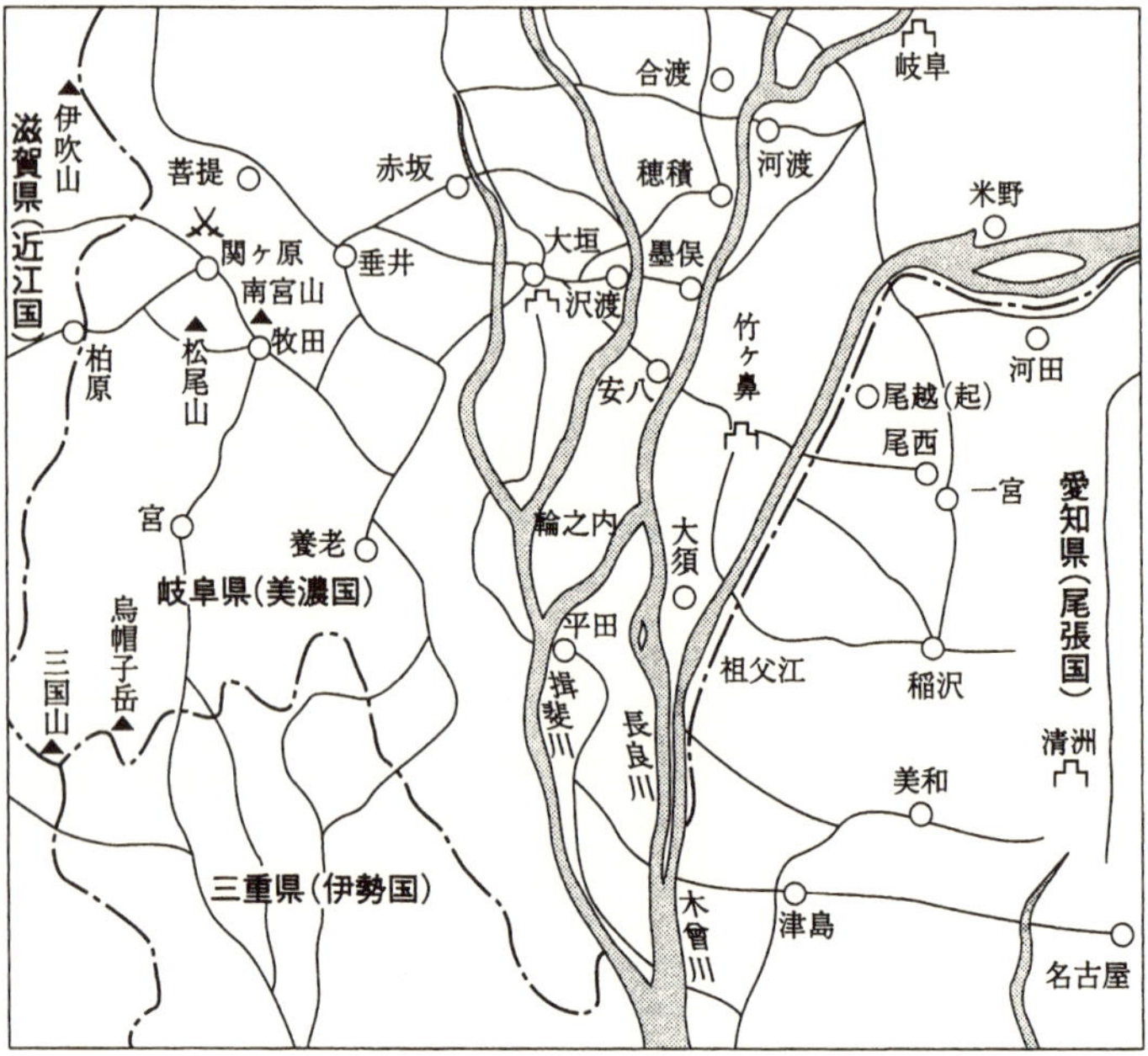

美濃国要図（笠谷和比古『関ヶ原合戦』より）

あろう。ここまで言われても家康の下につくという志操堅固な者だけを残したいという、家康一流の作戦である。

　しかしその効果は家康の思惑を超えたところに出てしまった。一本気の福島正則は村越の言に激昂するとともに、目にもの見せんとばかりに騎虎の勢いをもって、西軍の最前線をなす岐阜城に対して猛攻をかける。さらにこの出撃に際して池田輝政と福島正則との間で先陣争いの功名をめぐって諍いが生じ、戦いはいよいよヒートアップし岐阜城を半日で落としてしまう。

　他の藤堂や黒田ら諸将たちは、

岐阜城は福島と池田に任せ、長良、揖斐川に展開する西軍に襲いかかり、これらを相次いで撃破して美濃国赤坂へと一気に進出するに至った。三成ら西軍首脳たちが集まる大垣城まで一里という至近の地である。

そしてこれこそが、家康をして出馬を決意せしめた最大の理由であると言わねばならない。一つには彼らが間違いなく家康の味方であるという証明ができたという理由において、だがそれ以上に問題なのは、彼ら豊臣武将たちの破竹の進撃ぶりからして、この戦いが家康抜きで終わってしまいかねない情勢になってしまったということである。難攻不落と言われた峻険な岐阜城を半日で落とすわけであるから、平城の大垣城の攻略など容易いことであろう。

つまり、家康も秀忠も抜きで、豊臣武将らだけで石田三成の西軍を葬り去れる状況になってしまった。もし家康が江戸に留まったまま東西決戦の決着がついた場合、家康は戦後における立ち位置を失ってしまう。臆病風に吹かれた腰抜けと嘲りを蒙り、政治的発言権を失ってしまうことであろう。

それゆえに家康は出陣を決断する。家康は前線に相次いで書状を送って、自分と秀忠の到着を待つように、決して不用意に戦端を開かないようにと強く申し送っている。しかしながら、いくら自重していても、敵の挑発を受けると不規則に開戦に至ってしまうのが戦いの習いなのであるから、家康としても焦りを覚えざるを得ない。一旦は九月三日と決定された出陣日は繰り上げられて九月一日となり、同日に江戸を進発した家康は三万の大軍を動員しながら、わずか一一日で尾張清洲に到着するという急速展開を見せている。

しかしながら、皮肉なことにそれが中山道を西上していた秀忠率いる軍勢の遅れをもたらすことになってしまったのである。このような急戦という事態は想定されていなかったためである。

5 徳川秀忠隊の行動

徳川秀忠の率いる中山道を進行の徳川軍は、西軍に属した真田昌幸の信州上田城を攻略すべく兵を差し向けたが、昌幸の巧妙な反撃にあって時日を空費し、結句、関ヶ原合戦に遅れてしまうという事態を引き起こした。

秀忠隊の目標

これをもって秀忠の若気の至りといった形で難ずるのを常とするのであるが、実はそのような理解は誤っている。上田城の攻略作戦は、秀忠の独断的な行動ではなくて、東軍の間で諒解されていた基本任務であったからである。それは、この時期に発せられた秀忠の一連の文書を見れば分かることである。

秀忠が八月二四日付で美濃国方面にいる黒田長政に宛てた書状には、「信州真田表仕置申し付くべきため、去廿四日、彼地（宇都宮）罷立、今廿八日、上州松井田に至り、着陣せしめ候、近日彼地へ押詰、手置等申付、隙明次第、上洛を遂ぐべき覚悟候」とあり、同月二六日付で家康側近の本多正純らに宛てた書状でも、「真田表之儀、少も油断申す間敷候」とあり、真田攻略が秀忠の部隊の基本任務であったことが諒解される。おそらく、小山評定のおりに、家康と豊臣武将たちの協議の中で決定されたことであろう。

上田城の重要性

徳川秀忠（松平西福寺蔵）

しかし人は訝しく思うかもしれない。石田三成との決戦を控えている時、中山道の道筋からもはずれる上田の地へわざわざ攻略に向かう必要があるのか、と。しかしこれは、東西戦争の決着が同年九月一五日の関ヶ原合戦の一日でなされてしまったという、その結果から思考するからそのように見えるのである。日本全国を両陣営に二分して展開している大戦争である以上、両陣営はあたかも囲碁の陣地取りのように、粘り強く要所要所を押さえつつ中長期的な観点で兵を展開していくのが当然なのである。

そのような観点で真田の上田城を眺めた時、一つの重要性が浮かび上がってくる。それは西軍の利点であると同時に弱点となっていること、すなわちその勢力が上方と会津との二つに分断されていることである。それは家康率いる東軍を挟撃できるという利点を有するとともに、両地域間の連絡が阻害されているという不都合を生じている。そこに信州上田城の地政学的重要性が認められる。

すなわち西軍に属した真田の上田城は、この二地域に分断されている西軍の連絡中継基地としての意義を有している。現に、三成が真田昌幸に宛てた書状には、三成から会津の上杉方に送る使者を上田に差し向けたので、上田から道案内の者を付けて、これを会津へと送り届けてほしい旨が記されている。上田城の重要性が諒解されるであろう。

東軍としては、小なりとはいえ西軍にとって重要な結節点をなしている真田の上田城を攻略しておく必要があったということである。それゆえに、秀忠の部隊が遅れたのは秀忠側の落ち度ではなく、先述したように家康が、当初の方針を変更して急戦に転じたところにある。

しかも徳川方にとって不運であったことは、この急戦への方針転換を伝える家康の使者が、利根川の出水によって行く手を阻まれ、それが秀忠の下へ到着したのは、秀忠隊が第二次上田合戦を終えて兵を撤収し、上田城に対する再度の攻略を検討していた九月八日のことだったということである。

秀忠の部隊は、いわば出し抜かれたという形になる。家康としては、美濃国方面の情勢急変という事態を受けて、従来の中長期型の戦略を捨てて急戦の態勢をとらざるを得なくなった。そして戦略変更の使者が川止めで行く手を阻まれるという不運が重なることによって、結果的に秀忠率いる部隊の遅れをもたらしたという次第であった。

第二次上田合戦の実在性

この第二次上田合戦について、近年の研究によるとそのようなものは存在せず、城外において徳川方が敵方の兵糧を枯渇させるための苅田を行っていたのに対して、真田側が阻止行動に出たことによる小競り合いがあった程度にすぎないという説が語られているようであるが、これは正しくない。第二次上田合戦は派手ではないが、間違いなく行われていた。

その実相はというように、徳川方は上田城を囲んではいたものの、無理攻めは兵士の損消につながるので避けて、戦わずして降伏させる方針をとっていた。そこで各部隊に対して攻撃は控え、苅田行為や示威行動などをとりつつ、心理的に圧迫を加えるという作戦をとることになる。これに対して真田昌幸の側は、攻めてこないのならばと城門の外に出て、苅田を行っている徳川兵士を臆病者よばわりする挑発行動をとった。真田十八番の嘲弄・挑発行動である。

徳川の出先の兵士たちがこれを怒って追いかけたところ、上田城の城門のところまでおびき寄せられたところで、城内からの鉄砲の一斉射撃で多くの者が撃たれて倒れた。これを見た兵士たちの部隊長たちが攻撃に参加し、また武将クラスの者たちも相次いで参戦していった。城内からも真田勢が討って出て乱戦状態となる。これは完全な軍令無視による不測の開戦であった。

この第二次上田合戦の規模については、第一次のそれほどではないまでも、城門前の乱戦だけではなく、徳川方は上田城の搦め手へも軍を差し向け、外郭を陥として本城へと迫り、真田側も厳しく応戦したために死傷者も少なくなかった。徳川方では誇らしげに「上田の七本槍」と唱え、中山助六郎、戸田半平、小野次郎右衛門、鎮目市左衛門、山田十太夫、辻左次右衛門、太田甚四郎の七名の武功を讃えている。

これに対して本多正信ら徳川軍の首脳は、軍令無視の攻城戦を憤り、使番らを前線に派遣して戦いを停止させ、兵を撤収させせた。この戦いは、苅田をめぐる単なる小競り合いといったものではなく、大手・搦め手の両方向で展開された相当規模の合戦であり、そのことは撤兵後に徳川方で行われた軍令違反者に対する処刑を含むきびしい処分のあり方から明らかである。

牧野忠成は、軍令違反の抜け駆け攻撃をした家臣の贄掃部《にえかもん》が処刑されるのが忍びないと、これを連れて二人とも逐電してしまった。忠成の父、牧野康成は秀忠の供奉から放逐された。大久保忠常の場合も、家臣杉浦惣左衛門が処刑されそうになったので、同じく彼を連れて逐電しようとしたところ、杉浦はこれを謝絶して自尽してしまった。「上田の七本槍」と称賛された七名の者たちも、秀忠の供奉から放逐されている（『朝野旧聞裒藁』「東照宮御事蹟」別録百「庚子信濃国上田攻城始末之七」）。

このように上田城をめぐる乱戦は、第二次上田合戦と呼んでまったく差し支えない。そして軍令違反の開戦とはいえ徳川方も勇戦して、本城乗り込みまであと一歩のところまで迫っていた。真田方の応戦もまた激しく、寄せ来る徳川の大軍を鉄砲応射によって撃退していた。戦いの状況からするに、五分の展開であったかと見える。徳川方がその後、兵士の損耗を考えずに総攻撃をすれば上田城は陥落したであろう。

しかしながら秀忠部隊の任務は、上田城の仕置きを果たしたうえで西上し、東海道方面を進む家康の部隊と合流して石田方西軍と天下分け目の大戦をしなければならない。上田城のために兵力を劣化させるわけにはいかない。本多正信ら首脳がとった撤兵策を非難することはできないであろう。

そして撤兵をして、このあと上田城に対してどのような措置をほどこすべきかを協議していたところへ、家康の使者が到着したという次第であった。

秀忠隊こそが徳川軍主力

この遅れによる秀忠部隊の関ヶ原合戦への不参陣という事柄は、従前は関ヶ原合戦の付随的なエピソードとして片づけられてきたのであるが、その認識に根本的な誤りがあった。秀忠が率いていた中山道方面の徳川部隊三万は、一万石以上の譜代武将を多数含んだ攻撃型の戦力であり、徳川の主力軍と目すべきものであったのである。

関ヶ原合戦においては家康の周囲に、やはり三万に近い大兵力が存在していたのであるが、こちらは家康に直属する旗本部隊であり、もっぱら家康を護衛することを本務としており、最前線に出向いて敵兵力との厳しい戦いを遂行するような攻撃型の力量を備えてはいなかった。すなわち関ヶ原合戦においては、家康は徳川主力軍を欠落させたままに戦わざるを得なかったということである。

6　関ヶ原合戦

家康の赤坂着陣

九月一三日、家康は清洲を発って岐阜に到った。一四日早朝に岐阜を発ち、長良川に鵜船数十艘を集めて船橋を架けてこれを渡り、間道をぬけて池尻村に至り、ここで豊臣武将たちの出迎えを受けて正午に赤坂に入った。家康は麾下の兵とともに岡山頂上の陣所に入り、石田方の大垣城に向けていっせいに金扇馬標と旌旗を掲げた。旌旗は葵章旗七旒と源氏の正統を誇示する白旗二〇旒とであった。

家康軍の突然の到来にその城内将士は動揺し、あるいはこれは大軍の到来を見せかける戦略上の偽装工作ではないかとするものなど諸説が入り乱れて浮き足だった。

三成の武将島左近勝猛《しまさこんかつたけ》は三成に進言し、いま一戦を試みて勢力を示さなければ諸隊の動揺を鎮めることは困難として、敵を誘撃すべく島左近みずから威力偵察にのぞみ、関ヶ原合戦の緒戦である杭瀬《くいせ》川の戦いが始まる。

杭瀬川の戦い

大垣と赤坂の間を流れるのが杭瀬川であり、島左近らは兵五百余を率いて川をわたり、敵陣で稲を刈り取る苅田を行って敵を挑発した。目前で苅田の狼藉をなされた東軍中村一栄《かずしげ》の部隊では、その隊長野一色頼母《のいっしきたのも》・藪内匠《やぶたくみ》らが出撃して西軍と戦った。島左近はしばらくこれと戦ったのち、わざと敗れて引き退く形をとった。中村隊の兵は勝に乗じて川を越えて追撃したのであるが、西軍の伏兵がたちまち起こって背後を突き、野一色らは包囲されて三十余人の名の知れた武士が討たれた。

このとき中村隊の苦戦を見て、有馬隊から援軍が出されて島左近の部隊と合戦におよび、西軍側からは宇喜多隊より増援が繰り出されて中村隊を攻撃するなど、しばらく乱戦が続いたが、家康が東軍に撤兵を命じ、日も暮れたことから西軍もあえて追撃することはとどめた。

東軍の作戦

東軍は家康を中心に軍議を開いて当面の作戦を協議した。様々な作戦が考えられたが、ここで水攻めという作戦が登場する。これは家康の書状の中にも記されており、この地の地勢を考えたとき、西軍主力が終結している大垣城に対して水攻めの作戦をとることの有利さは明白であった。

水攻め作戦には、今一つの意味があった。それは進軍に手間取って、いまだこの方面に到着することのできない秀忠部隊の到達のための時間稼ぎができるという利点があった。

しかしまた水攻め作戦には決定的な弱点もあった。攻略に時間がかかるために、西軍は家康到来の情報を大坂城に伝える時間ができ、様々な対応が可能となる。家康にとって最も厄介なのが、西軍総帥の毛利輝元が豊臣秀頼を戴いてこの美濃の地へ出征してくることである。現実に秀頼の出馬がなくとも、秀頼出馬という風聞が流されるだけでも厄介であろう。この時、東軍を構成している豊臣系武将たちの間に動揺が生じ、脱落離散、ひいては家康に対する反逆が発生するかもしれない。いずれにしてもここまで維持されてきた、東軍内の結束に乱れが生じることは不可避であった。

水攻め作戦には、このような弱点のあることは否めなかった。この弱点をカバーする方途として、石田三成の居城、佐和山城を攻略するという手立てが浮かんでくる。佐和山城は西軍の実質総大将である石田三成の居城であり、これを攻略することは西軍に大打撃を与える効果がある。

そして同城はそもそも中山道を扼するという役割を担った城である。つまり同城を攻略することは西軍総体に打撃を与えるとともに、毛利輝元と秀頼の決戦場への進出を食い止めるという効果がある。しかも同城は城主（三成）が不在の留守城でもあって、攻略が容易であろうという利点もある。岐阜城攻略に比べるならば、まったく問題にならないと言ってよいであろう。東軍が佐和山城攻略を目指すのは必至であったと考えられる。

すなわち、家康の立場からするならば、大垣城水攻めと佐和山城攻略の複合作戦で進むのが最善であったのではないかと思われる。東軍主力は大垣城の包囲・水攻めを、東軍先鋒を務めている福島正則を中心とする別動隊で佐和山城攻略という構想である。

対する西軍であるが、東軍が進めようとするであろうこの二作戦は、いずれも放置するならば自軍必敗の形成であり、座視するわけにはいかない。殊に、三成の城であり、かつ留守城で防備の手薄な佐和山城が狙われるであろうことは、誰の目にも明らかであり、これの阻止が必須の課題となる。そこで西軍は密かに大垣城を抜け出して、かねて計画の、東軍を誘い込んで包囲殲滅することを目指す決戦場である関ヶ原へと移動していった。

夜半、西尾光教《にしおみつのり》の曾根砦より報告が家康のもとに届けられ、敵兵はすでに大垣城を出て野口より牧田路に向かっておる旨が伝えられた。家康はすでに床についていたが、三成陣替えの報を受けるやただちに立ち上がり、全軍に出動を命じた。

西軍の布陣

大垣城を出た西軍は九月一五日の午前一時、石田三成の隊は関ヶ原に到着し、三成は同地の北方の笹尾山に陣所を定めた。次いで織田信高《のぶたか》、伊藤盛正《いとうもりまさ》、岸田忠氏《きしだただうじ》および豊臣秀頼麾下の黄母衣衆がその右に備え、島左近・蒲生郷舎《さといえ》の両将が三成隊の前隊となって本隊の東南に備え、二重の柵を構えて弓・鉄砲隊を配した。

島津義弘隊は午前四時に到着し、三成隊から一町半ほど南の小池村を選んで陣地とした。島津豊久《とよひさ》はその前方に備えた。石田と島津の両隊で北国街道を扼する形をとった。

小西行長隊は島津隊に続いて到着し、島津隊の右に接し、寺谷川に面し、天満山北方の岡を控えて位置した。

宇喜多秀家の隊は最後に到着し、天満山の前を陣所と定め、その兵を前隊と本隊の二つに分かって東南の方角に配備し、川尻直次らの小部隊はこれに属して備え、全体として中山道を北側より臨む形をとった。

北陸から戻ってきた大谷吉継の隊は、大垣城とは別にそれまで山中村の高地にあったが、大垣城の軍勢が関ヶ原に進出してきて東軍を要撃する作戦が定まるや、大谷隊も兵を進めて藤川を前にして陣を構えた。その左には戸田重政の隊、大谷隊の右翼、中山道を挟んで、大谷に従って北陸経略を戦ってきた脇坂安治・朽木元綱《くつきもとつな》・小川祐忠《おがわすけただ》・赤座直保《あかざなおやす》の四将が連なった。

その南の松尾山には小早川秀秋の隊が八千の大軍を率いて蟠居していた。そこから東にまわって南宮山には毛利秀元、その東南端の栗原山に長宗我部盛親《もりちか》、岡ヶ鼻に長束正家・安国寺恵瓊の諸隊があった。

以上、西軍の布陣は北国街道沿いの笹尾山から南に延びて天満山に至り、中山道を挟んで松尾山に結び、さらに東にまわって南宮山および岡ヶ鼻へと展開する、鶴翼の陣として知られる包囲陣形をなすものであり、その兵数は約八万人にのぼった。

東軍の布陣

東軍は午前三時頃より順次行進を開始し、中山道を西に進んだ。夜明け方に先頭の福島正則の部隊などは関ヶ原に至ったが、前夜来の雨がいまだ止まず、あたり一面は濃霧が立ちこめて視界がまったく遮られる状態であった。

ときに前線に派遣の斥候からの連絡で、関ヶ原の西側一帯に西軍が展開して、東軍を要撃する構えであることを伝えてきた。ここに東軍は行進を停止し、それぞれ戦闘態勢についた。家康は前方からの報告を受け、近臣をして前線の状況を偵察させたうえで馬をとどめ、桃配山《ももくばりやま》をみずからの本陣と

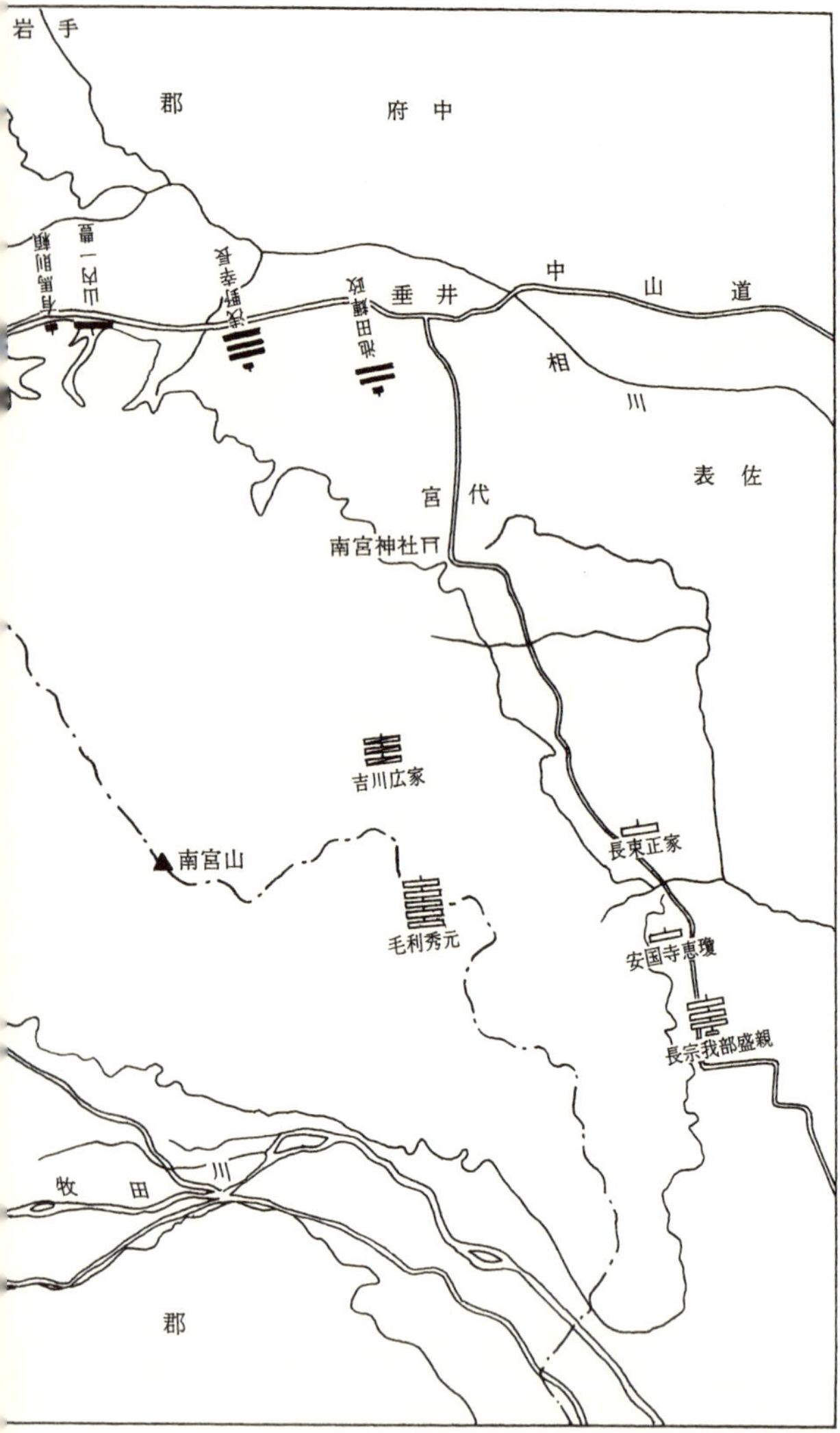

（笠谷和比古『関ヶ原合戦と大坂の陣』より）

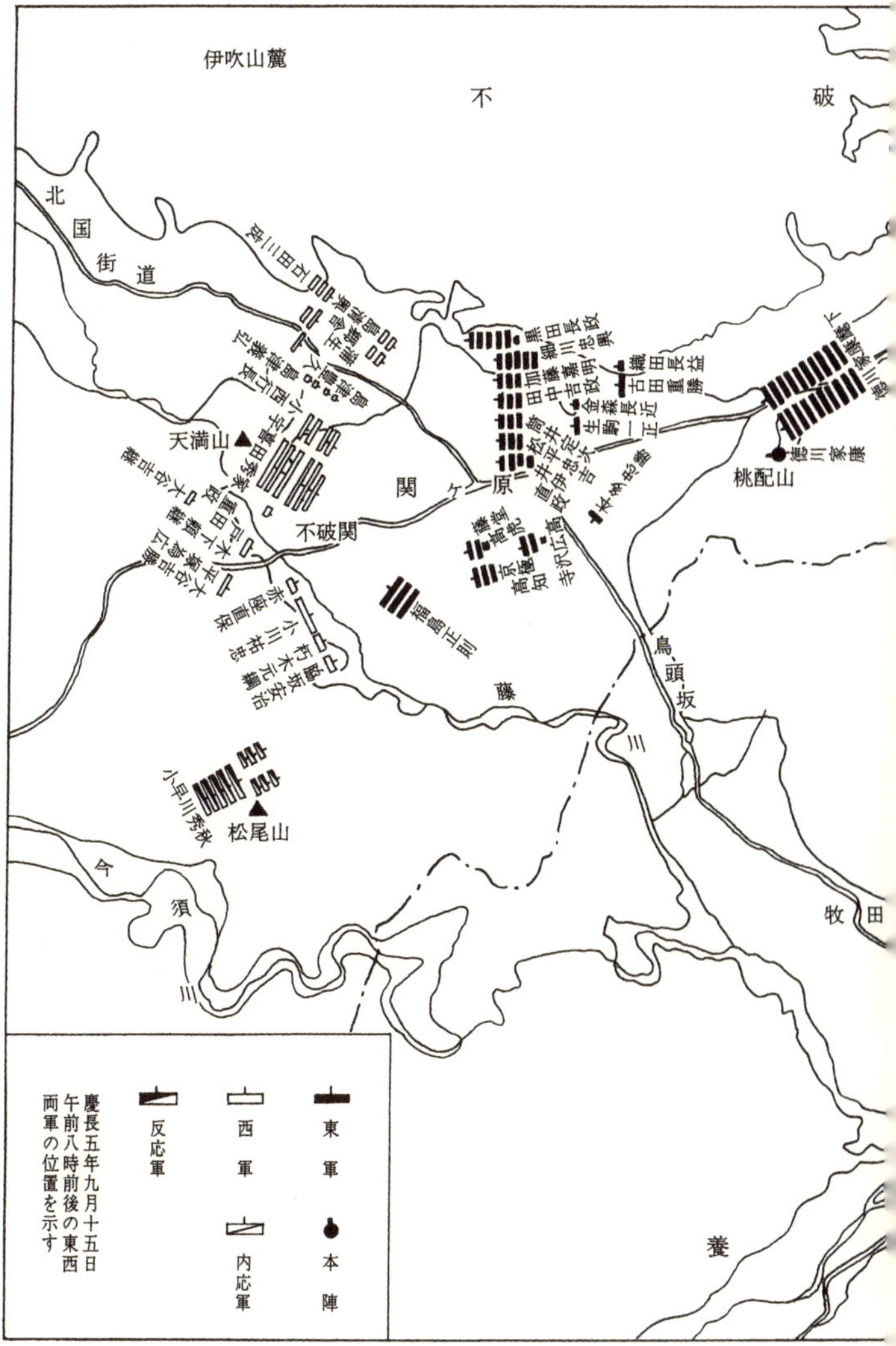
伊吹山麓
不
破
北国街道
石田三成
島津義弘
小西行長
宇喜多秀家
天満山
大谷吉継
戸田重政
木下頼継
平塚為広
不破関
関ヶ原
赤座直保
小川祐忠
朽木元綱
脇坂安治
福島正則
黒田長政
細川忠興
加藤嘉明
田中吉政
筒井定次
松平忠吉
井伊直政
織田長益
古田重勝
金森長近
生駒一正
藤堂高虎
京極高知
寺沢広高
徳川家康
桃配山
鳥頭坂
藤
川
小早川秀秋
松尾山
今
須
川
牧田
養
東軍
本陣
西軍
内応軍
反応軍
慶長五年九月十五日午前八時前後の東西両軍の位置を示す

関ヶ原東西両軍配置図

家康桃配山本陣跡
（岐阜県関ヶ原町関ヶ原野上）

定めた。

　東軍の正面布陣は中山道の南から順に、先鋒一番備の福島正則、藤堂高虎、京極高知《たかとも》、蜂須賀至鎮、中山道の北に徳川勢の松平忠吉、井伊直政の二隊、北の山手に田中吉政、生駒一正、加藤嘉明、細川忠興、金森長近、黒田長政、筒井《つつい》定次《さだつぐ》と並び、これらがそれぞれ先鋒の備を構成した。これに中小の将士が寄合勢として加わる。織田長益（有楽）・津田高勝・佐々《さっさ》行政《ゆきまさ》・古田《ふるた》重然《しげなり》・亀井《かめい》茲矩《これのり》・加藤光直らである。南宮山方面の毛利・長宗我部に対する布陣は、池田輝政、浅野幸長、山内一豊、有馬《ありま》則頼《のりより》の四隊であった。

徳川勢の構成

　これらの後ろに桃配山に本陣を置く家康の本隊がある。しかしながら、この関ヶ原にいた徳川武将で万石以上の者というのは、先鋒の松平忠吉・井伊直政・本多忠勝の他は、後備の奥平信昌・松平（大須賀）忠政の五名を数えるくらいなのであった。

　さらに注意すべきは本多忠勝の場合であって、彼は上総大多喜一〇万石を領有する大身武将であり、その兵力は約三千と見込まれるが、彼は東海道の西上に際しては豊臣諸将の軍監としての任務を与えられていたために、自らは小姓・雑兵の類「四百に足らざる人数」という小勢を引き連れての行軍となっている。

松平（大須賀）忠政も本来は館林城（忠政の実父榊原康政の居城）の留守を命じられたのであるが、家臣に同城を守らせて自身はおして家康に従軍したというのであるから、供の人数も充分ではないと思われる。つまり実質的には、家康随従の万石以上武将の数はさらに少ないのである。

だからその兵数が三万余に及ぶと言っても、戦力としては寄せ集めの脆弱なもの、攻撃戦力を欠いた防御的な性格のものでしかない。

関ヶ原合戦での東軍の前線部隊は四万強と言われたが、そのうち徳川の主な兵力は井伊直政と松平忠吉の軍勢あわせて六千余でしかなかった。残りはすべて豊臣系の将士であった。秀忠が到着しておれば、その兵力三万余が先鋒の中央軍を形成したであろう。しかし現実はそれを裏切っていたのである。

開戦

東西両軍一五万余が対峙したまま午前七時をまわったが、関ヶ原合戦の盆地一帯には昨夜来の雨の影響による朝霧が深く立ちこめて周囲の見通しがきかず、戦いの機をつかめないままに時刻が過ぎていった。

このとき東軍徳川隊先鋒の井伊直政が、松平忠吉とともに騎馬士三〇人ほどを率いて最前線に進み出て、そのまま西軍陣地に向かって吶喊攻撃をしかけた。抜け駆けである。

当日の東軍先鋒の第一番手を担当するのは福島正則であり、その先陣を犯して抜け駆けをなすというのは危険極まりないことであり、正則の怒りを買って同士討ちが発生しかねない。前述した岐阜合戦の時、岐阜城攻撃をめぐって先鋒一番手の福島正則に対して、二番手の池田輝政が抜け駆け行動をとったとき、福島は激怒して輝政をたたき斬ると息巻いたことがあった。これを仲裁して、福島をようやく宥めたのが、他ならぬ井伊直政（と本多忠勝）であった。このようなこともあって、抜け駆けの禁止は戦陣における絶対律とされ、家康が定めた今回の戦いの軍法にも「先手をさし越して、いかなる功名手柄を立てようとも曲事《くせごと》（厳罰）」と明記されているほどである。

そしてまた、福島の先陣を犯すことがいかに危険なことであるかを、身をもって知っている井伊直政であった。この事実を了解せずして、直政の抜け駆けを語ることは出来ないということである。

すなわち、関ヶ原合戦の折に井伊直政が行った抜け駆けの行動には、単なる功名心に止まることのない深い意味が蔵されていたこと、またその抜け駆けの仕方そのものにも細心の工夫が凝らされていたことに留意しなければならない。まず抜け駆けの形であるが、あくまで福島側に断りを入れたうえでの最前線への進出である。口実としては、家康の四男・松平忠吉はこのたびが初陣であり、忠吉に戦場の雰囲気を知ってもらうための前線視察とする。

そこで福島側の諒解を得たうえで前線に出るのであるが、当日は朝靄が立ち込めて敵味方の別も分からぬ状態であったことを利用して、密かに敵に近づき、思いがけず敵と接触してしまい、止むを得ず槍を入れざるをえなくなってしまったという形を作り、そして「井伊兵部少、一番槍」と大音声に呼ばわって、そのまま後方へと引いてしまうという仕儀である。

福島の側は、やられたという思いはあるけれども、これでは咎めだてもならず、くずぐずしていると他の武将たちが攻撃を開始する恐れがあるため、井伊の事はうちやってただちに鉄砲足軽部隊を動員して、西軍に対して一斉射撃を始めて開戦の合図とした。

井伊直政が、何ゆえに死刑をもって厳禁されている抜け駆けを、しかも怒って同士討ちが発生する可能性のきわめて高い福島正則の先陣を犯す形での抜け駆けを、あえてなすのか。それは東軍における徳川の存在が、きわめて薄いという事情の逆表現なのである。東軍にあって西軍との正面戦を担う先鋒武将は、豊臣系武将が圧倒的であり、徳川系は井伊直政と松平忠吉の率いる二隊しかない。

このまま漫然と福島正則を一番手として戦いに入った時、東軍が勝利してもそれは徳川の勝利にはならない。同盟の豊臣系武将たちを利するだけである。この戦いを徳川の戦いとし、東軍の勝利を徳川の勝利とする形作りをするために、先陣を取ることはどうあっても不可欠であった。それゆえに、無理と危険を覚悟のうえで敢行されたのが井伊直政の抜け駆けであった。

関ヶ原（笹尾山より望む）

戦闘の展開

この銃声を聞いて前線では各所で戦闘が開始された。福島隊と西軍主力の宇喜多隊の衝突では、はじめ福島隊が押し込んだのち、宇喜多側が猛反撃に転じて福島隊は大きく後退した。福島正則は、自ら前面に駆って出て将士を叱咤して反攻を命じ、かくて宇喜多対福島の戦線は一進一退をくりかえした。

東軍の藤堂・京極隊はそろって大谷隊を攻撃し、寺沢隊もこれに加わった。寄合組をなしていた織田・古田・猪子・佐久間・船越らは小西隊に向い、田中・細川・加藤・黒田・金森・竹中の諸隊は石田隊を目がけて突進した。霧の中で西軍に突撃を敢行した井伊・松平隊は、それより退いて向きを転じ、もっぱら島津隊を目標として攻撃した。

石田隊をめぐる攻防

前線における東西対決は、東軍が福島隊およびこれに与力する藤堂隊・京極隊、西軍の宇喜多隊との間で繰り広げられたが、東軍の自余の部隊は笹尾山に陣する石田隊に向かって一斉に攻撃を仕掛けた。この戦いにおいては、石田隊を撃破して三成の首をとる者が戦功第一となることは明らかだったからである。こうして石田隊は、東軍諸将による各方面からの相次ぐ猛攻撃にさらされ続けた。

石田隊は大軍の攻撃を受けて崩れるかに見えたが、三成はかねて大坂城より大砲（石火矢）数門を運び来っており、この大砲で応戦したために、さしもの東軍の軍勢もひるんで戦線は押し戻されるに至った。

小早川隊の出撃逡巡

時刻はすでに午前一〇時をまわり、この頃には明け方からの霧はすでに晴れ上がって関ヶ原一帯の見通しもきくようになり、山上に布陣する勢力にとって戦況は眼下に一望できる状態となった。三成はかねての打ち合せに従って天満山に狼煙《のろし》を挙げて、松尾山の小早川、南宮山の毛利の両隊の参戦をうながした。だがいずれも応じなかった。

小早川が三成の出撃要請に応じなかったのは、あらかじめ小早川に対して家康側から内通の工作がなされていたがゆえであった。小早川秀秋のもとには、家康から奥平藤兵衛、内通工作を担当した黒田長政からはその家臣大久保猪之助が送り込まれており、いわば秀秋の裏切り出動のためのお目付役としての役割を果たしていた。

そして戦いも酣《たけなわ》となったとき、奥平藤兵衛と大久保猪之助とは秀秋に対して叛撃に出るよう求めたのであるが、それにもかかわらず小早川の部隊は動かなかった。それは秀秋自身の優柔不断と言われる性格によるのではなく、この時の合戦の戦況がもたらした誤算によるものであった。

持ちこたえた西軍

事前の予想では、この東西決戦は東軍有利というのが大方の観方であった。東軍はここに至るまで、岐阜城を攻略し、木曽三川の西軍防衛ラインを撃ち破って美濃赤坂まで無傷で進撃してきた。そこへさらに、百戦錬磨の家康が率いる徳川軍が合流したわけであるから、東軍には死角なしという雰囲気があった。

東西両軍が激突した場合、東軍は短時間で西軍を撃滅するであろうという観測は、多くの人間が共有していたことであろう。家康率いる東軍が、あえて距離を取らず、西軍の鶴翼陣の懐深く入り込んで戦いを挑んだのも、同様の思いを抱いていたがゆえと考えられる。

しかしながらすべての予想を裏切って、関ヶ原西部に展開する西軍主力の防衛ラインは頑強に持ちこたえて、容易には崩れなかった。西軍最大兵力を有する宇喜多秀家隊に対しては福島正則・京極高知・藤堂高虎らの部隊が交戦したが、戦いは一進一退を繰り返して決着がつかなかった。

小西行長の部隊も目立った働きはなかったものの、最後まで持ちこたえていた。島津部隊は自陣に攻め寄せる敵は打ち払うという消極的抵抗を示すのみで、積極的に戦いに参加するわけではなかったが、それでもその陣地はなお不動の姿勢を示していた。

そして笹尾山に陣を張る石田三成の部隊である。三成の部隊が、予期に反して頑強な抵抗を示していた。東軍の武将たちは、その大半が三成の首級をあげることを目指して笹尾山へ押し寄せたのであるが、簡単に潰えるかに見えた石田陣地は、その東軍の大軍をくりかえし撃退して、落ちる気配がなかった。

事前のシナリオでは、開戦早々に西軍は押し込まれ、劣勢状態になるであろう。殊に石田三成の戦下手はよく知られたことであり、東軍が石田隊を集中攻撃することによって西軍の左翼が崩れ、そこから連鎖的に倒されていき、西軍全体が大きく動揺していくであろう。その時、松尾山の小早川隊が下山して裏切り攻撃することによって、戦いに決着をつける。――これが東軍側の描いていた合戦の予想図であった。

ところが、西軍の予想外の善戦と、それによる戦線膠着状態のために、小早川隊として出撃の機を見極めにくくなってしまったということである。裏切り出動が効果的であるためには、その出撃によって確実に戦いに決着がつけられうるような情勢が必要である。

しかし現況では、出撃しても戦いに決着をつけうるか否か、先鋒武将たちは確信がもてなくなってしまった。そしてそのような混迷した状況であればこそ、自軍と同じように戦いに参加せずに形勢を観望している南宮山に布陣する毛利隊一万余の大軍の動静がいよいよ気がかりとなってくる。小早川隊が叛撃出動したときに、もし毛利隊がその背後を突いて出撃してきたならばどうなるか。

小早川隊の形勢観望

小早川隊の形成観望は、家康と東軍にとってまったく意想外の背信行為であった。そもそも家康方東軍が同合戦の布陣において、西軍の構える鶴翼の陣形に対して、懐深く入りこむという危険な布陣をあえて取ったのも、一つには岐阜合戦以来の快進撃の実績から西軍の軍事力を過小評価していたことと、最後には小早川の寝返り出撃という手はずが整っていたがゆえのことであった。

家康方東軍はさして時間を要することもなく、一気に西軍防衛ラインを撃滅して、短時間で勝敗に決着がつけられることを、誰も疑っていなかったのである。ゆえに敵ふところ深く進攻して接近戦をあえて挑んだ。しかるに、現実の事態は戦前の展開予想を大きく裏切るものとなってしまった。石田隊をはじめとする西軍諸隊の予想外の頑強な抗戦にあって、短時間での決着という当初の目論見は崩れ去って、戦線は見通しのつかない膠着状態に陥ってしまったのである。

この予想外の展開こそ、小早川隊に叛撃出動をためらわせることとなった根本理由である。家康から付けられた奥平藤兵衛も、黒田から送り込まれた大久保猪之助も小早川秀秋に対して再三にわたって出撃を強要し、秀秋も出撃命令を下したのであるが、先鋒が動こうとしない。業を煮やした奥平藤兵衛は前線まで出向いて叱咤したのだが、小早川隊の先鋒武将である平岡頼勝は、戦いの状況を見極めようとしているところと言って出撃に同意しなかった（『黒田家譜』）。

南宮山毛利隊の動向

そしてそのような混迷した状況であればこそ、自軍と同じように戦いに参加せずに形勢を観望している南宮山に布陣する毛利隊一万余の大軍の動静がいよいよ気がかりとなってくる。毛利隊は、先鋒武将の吉川広家が家康に内通していたことから毛利隊の出撃を押さえ込んではいる。しかし戦いが長引いた時に、いつまでも毛利隊が動かないということがあろうか。

これまでの関ヶ原合戦研究においては、大軍を率いて戦場におりながら形勢観望するのみで、何らなすことなく敗退したとして、ほとんど顧みられることのなかった毛利隊であるが、掘り下げて分析するならば、この毛利隊の存在こそが、関ヶ原合戦全体を考察する上において決定的な意義を有していることを知る。その事情について見ていこう。

南宮山の毛利隊については、周知の通り毛利の一門家老にして南宮山毛利部隊の先鋒武将を務めていた吉川広家および福原広俊の両名が、黒田長政を仲介者として家康方に対して内通をしており、毛利隊は不参戦の態度をとること、その代わりに毛利に対する処分は見送る旨の密約が成立していた。

この密約に関して重要な問題は、南宮山毛利隊の総大将である毛利秀元がこの内通の事実を知っていたのか否かという点である。『関原軍記大成』の編者宮川尚古は、これだけ身近にいて秀元が広家等の内通の事実を知らぬわけがあるまいと断ずるのであるが、合戦後に広家から毛利輝元に宛てた書状では、内約は広家と広俊の二人のしたことで、秀元は関与していないと記されている。合戦時および合戦後の行動を見ても秀元の態度は、広家と一線を画しているように思われるので、秀元は内通には関与していなかったと判断しうる。

内通は吉川広家と福原広俊の両先鋒武将だけであって、総大将の毛利秀元がそれに関わっていなかった場合、なにゆえに毛利隊が関ヶ原合戦において最後まで出撃しなかったという点が疑問に思われるかもしれないが、これは以下に述べるところによって明らかとなるであろう。

先鋒武将の内通

関ヶ原西端において戦闘が開始されてより、南宮山に布陣する毛利隊、および同山に連なる栗原山に布陣する長宗我部盛親の部隊、長束正家の部隊は戦いの形勢を見守るばかりで、一向に下山して戦闘に参加する雰囲気になかった。毛利隊の先鋒武将である吉川・福原の両名が、家康方との密約に従って静観の態度をとっていたがゆえのことである。

この間、毛利隊の総大将である毛利秀元からも、そして栗原山の長宗我部・長束の部隊からも吉川広家に対して出撃すべき旨の申し入れがなされたが、広家は当然のことながら、これらをことごとく無視した。最後には出撃を見合わす口実もなくなってしまい、配下の兵士たちが腹ごしらえのための弁当の最中である旨を言いたてるハメになってしまったが、これすなわち、「毛利の空弁当」という不名誉な揶揄を被ることになった有名なエピソードに他ならない。

戦い酣のおりに弁当もないものだが、ここまでくれば広家らが東軍側に内通していることは誰の目にも明らかであろう。では何ゆえに、これら内通分子を踏み越えて毛利秀元らは攻撃に参加できないのかという点が問題となるが、これが当時の武家社会における軍制と作戦規律のやっかいなところである。

このように双方の決定的軍事力が竦《すく》み状態に陥って出動不可という情勢になった時、事態は東西両軍のいずれに有利に働くことになるであろうか。答えは明白である。かのドイツ陸軍参謀メッケルが一言の下に断定した通り西軍勝利の形勢である。家康方東軍は、西軍鶴翼の陣形にあまりに深く入り込みすぎていたということである。

南宮山・栗原山の西軍

ここで南宮山の毛利隊、栗原山の長宗我部隊、長束隊らの存在が、一挙にクローズアップされることとなる。たしかに、この方面の西軍に対しては吉川広家が「抜け駆けの禁」をタテにとって、その進撃を阻止していた。

しかし「抜け駆けの禁」というのは、あくまでも自軍の先手の攻撃行動を尊重するという思想からもたらされているのであって、先手が敵と内通しているということであればこれは別儀となる。本隊を含む後続部隊は、先手を踏み破って前進するか、あるいはより現実的な策として、先手の陣を迂回して最前線に進出し、そして敵に対して攻撃を開始するといった行動をとることになるであろう。そして南宮山方面では総大将毛利秀元によってそのような決断が下される時が近づきつつあった。

南宮山および栗原山に陣する西軍勢力がいっせいに下山、攻撃に入ったときには、関ヶ原合戦全体の戦況はどのようになるであろうか。

南宮山方面の西軍に対しては、東軍側は池田輝政・浅野幸長・山内一豊・有馬則頼の四隊、計一万五千名余の軍勢を配備しているので、東軍がただちに崩れるということはない。だが関ヶ原の東端において大規模の戦闘が開始されるということは否めない事実である。そして、実にこのような状況の推移こそが東軍を危地に追い込むことになるのである。

いま関ヶ原の西端において展開されている戦闘は勢力拮抗のままに膠着状態におちいってしまっている。そしてその反対の東端において大規模戦闘が開始されたとなると、家康方東軍は東西両端をふさがれて、この関ヶ原の盆地に封じ込められた状態になってしまうではないか。まさに鶴翼の陣形に包み込まれた姿である。このような状況の推移こそ、家康方東軍にとっては最悪のシナリオなのである。

包囲戦の危機

ゆらい武家の合戦というものを見たとき、双方が正面からぶつかり合った正面戦では、実際にはあまり戦死者を発生させるということはない。戦いの規模にもよることだが、せいぜい数十から数百ぐらいの数字に止まる。しかしこれに反して、一方が敗走を始めるやいなや戦果―戦死者はたちまちに千台にはねあがる。算を乱して逃げまどう敵を、馬でもって追いかけ、馬上から槍で仕留めていくぐらいたやすいことはないからである。昔から戦いにおいて最も難しいのは、退却戦の進退といわれる所以のものである。

しかしそのような退却戦よりも、さらに甚大な損害を発生させる状況がある。すなわち包囲戦である。前後に敵勢を受けて退路を断たれた状態がそれである。このとき味方の損害は千台をはるかに超えて、全滅に近い状態に追い込まれることを覚悟しなければならない。史上名高いのは、本書でも述べた、織田信長が朝倉義景を攻撃すべく越前を目指して進軍していたとき、浅井長政の違約によって背後から攻め立てられ、織田軍は前方の朝倉勢との双方から包囲される形となってしまった、いわゆる金ヶ崎の包囲陣である。

この時、浅井裏切りの急報を受けた信長は、自軍を置き去りにしてただちにその場を脱出し、わずかの供とともに京へ逃げ帰ったというのは、あまりに有名なエピソードである。信長をして、このような常軌を逸する行動をとらせたものこそ、挟撃包囲戦という状況に対する名状しがたい危機感であり、それがもたらすであろう殲滅への恐怖に他ならない。

包囲殲滅は洋の東西を問わず、時代の古今にかかわらず戦争の帰趨を決定する戦術の極致であり、攻撃する側は常に目指すべく、応戦する側は絶対に回避しなければならない形なのである。それゆえに、敵軍に挟撃包囲されることは自軍の全滅に繋がる危険を帯びてくるために、挟撃包囲されたというその状況だけで軍隊はパニック状態に陥ってしまうものである。そして関ヶ原合戦において家康方東軍に迫りつつあった危機こそ、このような情勢にほかならなかった。

関ヶ原合戦において現実的にはそのような情勢は到来していないので、それは見えないし、また論ぜられることもないのであるが、しかしながらこの情勢の到来を感得せずして関ヶ原合戦の理解はできない。なぜなら、他ならぬ家康がこの危地の到来を最も深く感得していた人物の一人であったからである。

家康の焦燥

家康の侍医板坂卜斎《いたさかぼくさい》の回顧記である『慶長年中卜斎記』に記された、この時の家康の振る舞いが右の事情を如実に示しているであろう。戦況の膠着に苛立っていた家康は、誤って家康にぶつかった騎馬士の背の旗指物を刀で斬りつけたりもしていたが、やがて「せがれめにはかられた」とつぶやきつつ、右手の指をしきりに噛む仕草を見せていたということである（『朝野旧聞裒藁』慶長五年九月一五日条）。指を噛むのは危地に追い込まれたときの家康の癖であり、「せがれ」とは小せがれの意であり、小早川秀秋を指している。いま家康方東軍が置かれている状況は小早川秀秋の計略にはめられたと言っているのである。小早川隊が裏切り出撃を開始しないことをもって、家康は自分が罠にはめられたと認識しているのである。

いま家康方東軍は、西軍の防衛ラインを突破できないままに手詰まり状態に陥ってはいるが、しかしながら負けているわけではない。西軍は宇喜多隊を別にすれば、笹尾山や天満山などの小丘に陣地を築いて防戦態勢をとっているのである。東軍は終始、攻勢の形をとって西軍を圧迫をしているわけである。それであるのに、何ゆえに家康は小早川秀秋の計略にはまったという認識を示しているのか。

余人はどうであれ家康には、このような膠着状態が続いていくならば、次に到来するであろう極めて危険な状況が見えていたということであろう。すなわち南宮山方面の西軍大勢力が下山して、関ヶ原東端において東軍との交戦状態に入ることであり、家康方東軍が西軍側が仕掛けた鶴翼の陣形にすっぽりと包み込まれていくという事態である。このような状況に追い込まれたとき東軍はどうなるか。東西両方向から挟撃包囲されたことにともなう恐慌が走るであろう、そしてそのような恐慌状態の中で東軍内部から裏切りが発生する危険を考慮しなければならない。

東軍の構成において豊臣系武将の数と軍事力は圧倒的である。その彼らの中から裏切りが発生したならば、家康の本陣は一挙に危険状態に陥ってしまう。これまでも繰り返し指摘しているように、小山評定における誓約の前提が崩れてしまっている現在、家康に同盟している東軍の豊臣系武将たちの向背については疑問を残したままにこの関ヶ原合戦に至っていたのである。

ここまでは東軍は岐阜合戦以来、破竹の進撃を続けていた。組織も集団も連戦連勝を続けている限り、その種の内部的な複雑な問題は封印されてしまうものである。複雑で微妙な問題をあげつらうよりも、目前の勝利を収める方が先決だからである。しかし勝利の進撃が停止状態に陥ると、敗北の責任問題とともに、これら封印されてきた複雑にして微妙な問題が頭をもたげてくるものである。

すなわち、東軍内にあって家康に同盟してきた豊臣系武将たちの、豊臣家に対する忠誠という問題は封印されたままにここまで突き進んできたのであるが、右のような恐慌状態の下で家康を討てる機会が見えてきたとき、それが一挙に裏切り行動として噴出していく危険度はかなり高い。家康にとって、まさに死地に陥っていくシナリオである。

西部戦線が膠着状態の中にあったとき、家康の脳裏をよぎっていたのは、まさにこの死地が背後からしのびよりつつあるという感覚ではなかったか。それを踏まえなければ、家康が小早川秀秋隊に向けて鉄砲を撃ちかけるという行動の真の意味は理解できないはずである。西部戦線は膠着しているといっても家康方東軍は負けているわけではない。むしろ一方的に攻勢をかけており、西軍は宇喜多隊を別にすれば、ほとんどが受け身の状態で踏ん張っているというあり様である。土俵際で辛うじて踏みとどまっている状態と言ってよいであろう。

そのような時に、形勢観望している小早川隊に向けて、旗幟鮮明を求める誘導の鉄砲を撃ちかけるというのは、そこだけをとるならば正気の沙汰ではあるまい。小早川の違約はいまいましいけれども、差し当たり小早川のことは打ち捨てて、当面の西軍を撃滅することに専念すべきではないのか。小早川に誘導の鉄砲を撃ちかけたとき、もし逆上して家康側に襲いかかってくるような事態となったら、東軍はたちまちに壊滅してしまうではないか。当面の戦局に即してのみ見るならば、小早川に挑発鉄砲を撃ちかけるというのは、あまりにリスクの高いことと言わねばならない。

すなわち家康が、そのようなリスクを犯してもなお小早川隊に向けて挑発の鉄砲射撃を敢行したということは、それを実行しなければ、それ以上のリスクが到来するであろうという状況認識を抜きにしては理解できないということである。すなわち、現状の拮抗状態を続けているならば、遠からず南宮山方面の西軍が下山攻撃してきて東軍が挟撃包囲されるであろうという判断である。

決着　小早川隊の叛撃出動がいつまでたっても見られないことは家康方東軍にとって大誤算であった。業を煮やした家康はついに意を決して、小早川隊に向けて誘導の銃を放たせた。

この誘導の鉄砲射撃のことであるが、松尾山の山麓でそのような射撃をしても、鉄砲音は山頂にいる小早川秀秋に聞こえるはずがないという議論がしばしばされ、そこから射撃は通常の鉄砲（「鳥銃」）ではなくて、山頂の秀秋本陣まで届くような大筒であったに違いないとか、あるいは、そもそもそのような誘導の射撃など存在せず、関ヶ原合戦は開戦早々に松尾山の小早川隊が裏切り下山して、戦いはあっけなく決着がついたとするような議論がなされてきた。しかし、これらの議論はともに誤りである。

まず、麓の射撃音は山頂まで届かないという議論であるが、このような議論の前提には、小早川の軍勢は松尾山頂に集結しているという思い込みがある。それが誤まりである。秀秋その人は山頂の本営にあるけれども、小早川軍は松尾山の全体に展開・布陣している。殊に平岡頼勝と稲葉正成の両家老を旗頭（司令官）とする先鋒部隊（「先備」）は、松尾山の中腹辺りに布陣していると見るのが妥当である。そしてその先鋒部隊の最前線を担当する先手鉄砲隊の位置は、さらに山麓近くということになる。

家康の命を受けた鉄砲隊が、誘導の鉄砲を小早川陣に向けて発射すれば、小早川側の前線がただちに異変を知覚することになる。最前線から司令官の家老の下に報告がなされ、そして家老から山頂本営の小早川秀秋の下に伝達されるという仕組みである。何の難しいことも、無理もない。当時の軍隊の布陣の形を理解しないことから、右のような鉄砲音が山頂まで届くはずがないという、的外れの議論に陥っていくことになる。

鉄砲音の問題については、そもそもそのような誘導の鉄砲射撃などはなかった。それは後から作られた話であって、そのような誘導の射撃など待つまでもなく、小早川部隊は早々に裏切り下山し、戦いはあっけなく決着がついたとするのがもう一つの議論。

しかしながら、小早川秀秋の軍が逡巡していて、裏切り出撃に時間を要していたという点は、徳川側の文献のみならず、この裏切り工作を行っていた黒田長政の関係史料にも克明に記されている。前述もしたが『黒田家譜』によるならば、小早川秀秋の裏切り出撃を監視するために、家康からは奥平藤兵衛が、長政からは大久保猪之介がこの時、秀秋の下に送り込まれていた。

そして戦いも酣となって裏切り出撃する段になり、秀秋は出撃命令を下したのであるが、先鋒家老の平岡頼勝が、「今は出撃の機にあらず」と言って命令を拒むという意想外の事態となった。これは簡単に崩れると思われていた石田三成ら西軍が予想外の善戦を展開しているために、小早川軍が裏切り出撃してもただちに西軍を撃滅できるかについて、平岡は確信が持てなくなったためであった。

家康から付けられていた奥平藤兵衛は前戦まで出向いて平岡を叱責したけれども、平岡は取り合わなかった。小早川の出撃のないことに苛立った家康は、使番（伝令）を黒田長政の下に遣わして、長政を詰問しているが、その使番が馬上から長政の名を呼び捨てにするような無礼な態度をとったために長政は怒り、「事が思惑通りに運ばないのは戦場のならい」と言い返した旨のやり取りが克明に記されている。

実は、この問題に解答を与えてくれる史料がある。それは『備前老人物語』という書物で、著者不肖ながら晩年は岡山方面に居住した人物の回顧談である。その書物に伝聞ながら、この関ヶ原合戦の時の興味深いエピソードが記されている。著者は、これを小早川秀秋の家臣から聞かされたとしている。

すなわち小早川軍が松尾山に布陣して東西両軍の戦いを観望していたときのこと、麓の方で自軍に向けた鉄砲の射撃音のするのが聞こえた。そこで小早川の使番は、秀秋の命を受け下山して事情を調べようとした。ところがその時、徳川方の武士が下から上がってきて、「これは誤射、御懸念無用に」

と述べて調査の必要はないと強く申し立てた(正確には、玉薬、すなわち鉄砲の火薬がしめっていたので撃ち捨ての射撃だったという説明であった由である)。

しかしその使番は、調査は主君からの命令であるとして、構わず現場の状況をあれこれ調べたところ、単なる誤射ではなくて、かなり複雑な事情のある行為であったようだ、という内容のことが記されている。

この記述から、松尾山の山麓付近で鉄砲を発射しても、山上までその情報がまちがいなく届いていることが裏付けられる。そして、家康から小早川陣営に向けてなされたという誘導の鉄砲はやはり発射されていたこと。そして小早川の軍勢は、その家康側から鉄砲射撃されるまでの間、裏切り出撃を行っていなかったこと、等々が同書の記述から裏付けられるのである。

小早川隊、大谷隊に突入

『備前老人物語』の記述によるならば、家康からの鉄砲射撃はずいぶんと慎重であり、配慮に満ちたものであったようだ。「誤射」という形をとった意図的発砲ということになる。これは小早川を怒らせないようにして、しかし裏切り出撃を督促する確かなメッセージを送りつけるというものであったようである。

いずれにしても、この家康からの鉄砲射撃が契機となるのであろう、小早川側では、これを焦慮に満ちた家康の裏切り督促と判断し、ここに至るまでの逡巡の態度を改めて下山出撃に踏み切る。事ここに至れば、今まで観望に終始していた先鋒家老の平岡も出撃命令に従わざるをえなかったことであろう。

かくて小早川隊は松尾山を下り、直下の大谷隊をめがけて突入した。しかしながら大谷吉継は秀秋に叛意あることを知っていたから驚くことなく、かねて用意の六〇〇の精兵をもってこれを防ぎ、戸田・平塚隊をもって小早川隊の側面を突いてこれを撃退した。小早川隊は大谷隊の反撃にあって、二度三度と松尾山に押し戻された。家康から付けられていた奥平藤兵衛は踏みとどまって戦ったが、あえなくその場に討ち死にするに至った。秀秋はこれを見て、自ら指揮して本隊を進めて大谷隊と激戦におよんだ。

このとき藤堂高虎の合図に従って、かねて内応の約をなした脇坂・朽木・小川・赤座の四隊がいっせいに離反して大谷隊に襲いかかった。こうして少兵力ながら勇猛果敢の戦いを繰り広げたさしもの大谷隊も潰え、吉継はその場に自尽した。

徳川家康床几場
（岐阜県関ヶ原町関ヶ原陣場野）

小早川の叛撃を見るや、家康は旗本勢に高らかに鬨の声を挙げさせ、全軍に進撃を命じた。崩れ始めた西軍に対して、立て直しの機会を与えることなく、一気に攻めつぶす策である。家康の旗本備の防備は顧慮することなく、その麾下の将士に一斉攻撃を命じた。ここに至るまで、家康は二万とも言われた旗本部隊は自己の周囲に置いて、戦闘には参加させないでいた。東軍の豊臣武将たちからの裏切りが発生することを慮ってのことであった。

しかし、ここが勝負どころと判断した家康は、自己の周囲をとりまく旗本部隊を、挙げて敵の最前線に投入して一気に西軍を衝き崩そうと勝負に出た。家康の周囲の兵士は西軍を目がけて出撃し、戦場は大乱戦の状態となった。そして小早川隊の裏切りと東軍総攻撃の前に、西軍の各部隊は次々潰え去っていった。大谷隊に続いて小西、宇喜多の隊が崩れた。宇喜多秀家は小早川の裏切りを怒り、秀秋を目指して突撃せんとしたけれども、老臣明石全登《あかしたけのり》の諫めによってその場を脱して、従者数人とともに遠く落ち延びていった。

石田隊はここに至るまで、つねに周囲に東軍の大兵を迎えて激戦数回に及んだが些かも屈することなく、午後に入ってもなお抗戦を続けていたけれども、事ここに及んで終に潰えた。三成は伊吹山を目指して落ち延びていった。

第八章　徳川幕府の成立

1　関ヶ原合戦後の地政学的状況

前章に見た通り、関ヶ原合戦においては徳川主力軍が欠落したままに戦われていた。そこから、関ヶ原合戦における東軍の主力は徳川軍ではなく、家康に同盟した豊臣系武将たちの兵力であり、この現実が戦後における論功行賞に反映されることとなる。

関ヶ原合戦の結果、西軍に属した諸大名の領地が没収され、また減封・転封が行われた。すなわち、石田三成（近江佐和山一九万石）・宇喜多秀家（備前岡山五七万石）・小西行長（肥後宇土二〇万石）・長宗我部盛親（土佐浦戸二二万石）ら八八の大名が改易され、その領地四一六万石余が没収された。

また毛利輝元（安芸広島一二〇万石）・上杉景勝（陸奥会津一二〇万石）・佐竹義宣《さたけよしのぶ》（常陸水戸五四万石）ら五大名は領地を削減され、二一六万石余が没収された。この戦いによる没収高は、総計六三二万石

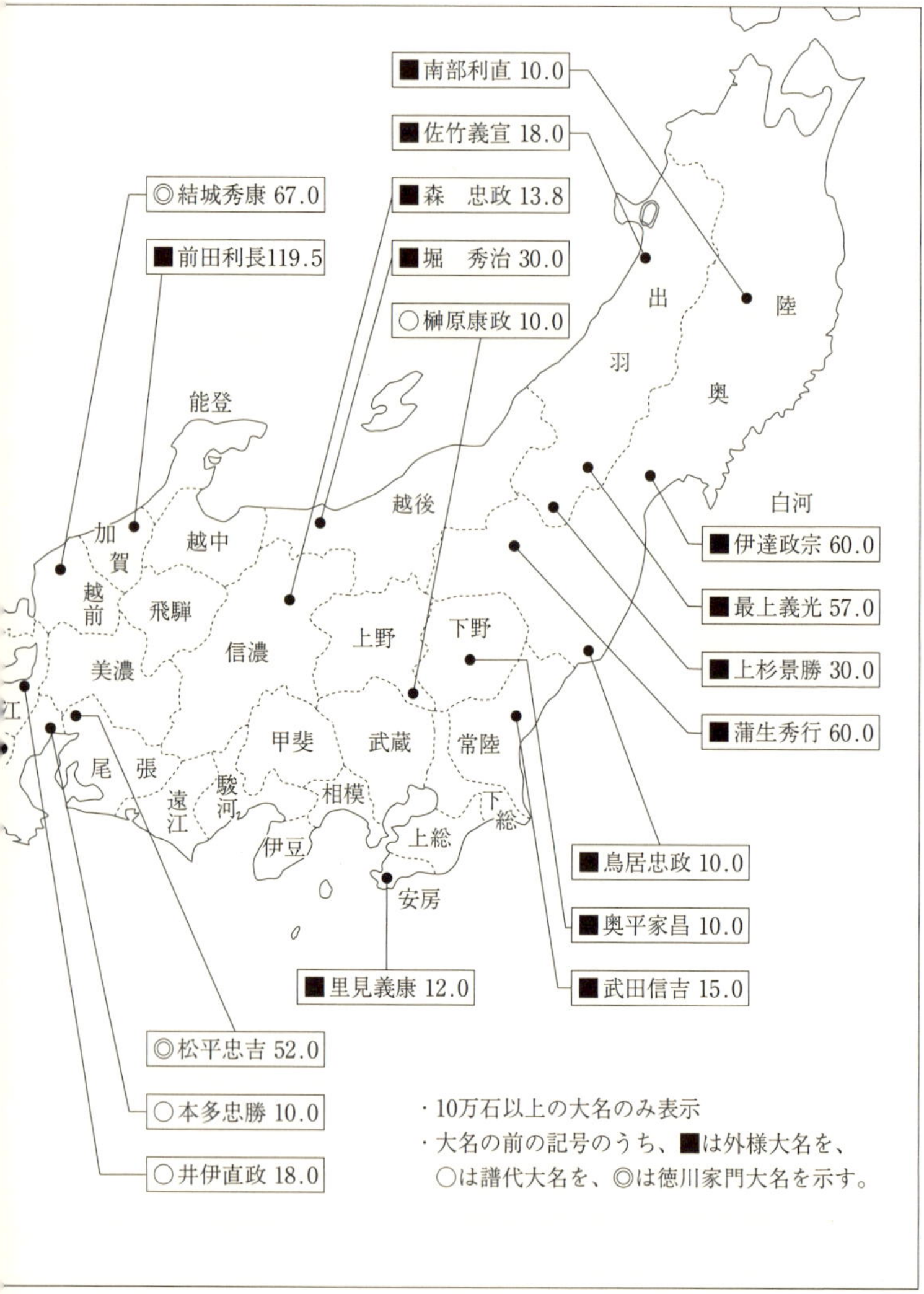
■南部利直 10.0
■佐竹義宣 18.0
◎結城秀康 67.0
■森　忠政 13.8
■前田利長119.5
■堀　秀治 30.0
○榊原康政 10.0
能登
加賀
越中
越前
飛騨
美濃
信濃
越後
上野
下野
出
羽
陸
奥
白河
■伊達政宗 60.0
■最上義光 57.0
■上杉景勝 30.0
■蒲生秀行 60.0
江
尾　張
遠江
駿河
甲斐
武蔵
相模
伊豆
常陸
下総
上総
安房
■鳥居忠政 10.0
■奥平家昌 10.0
■武田信吉 15.0
■里見義康 12.0
◎松平忠吉 52.0
○本多忠勝 10.0
○井伊直政 18.0
・10万石以上の大名のみ表示
・大名の前の記号のうち、■は外様大名を、○は譜代大名を、◎は徳川家門大名を示す。

配置と領地石高

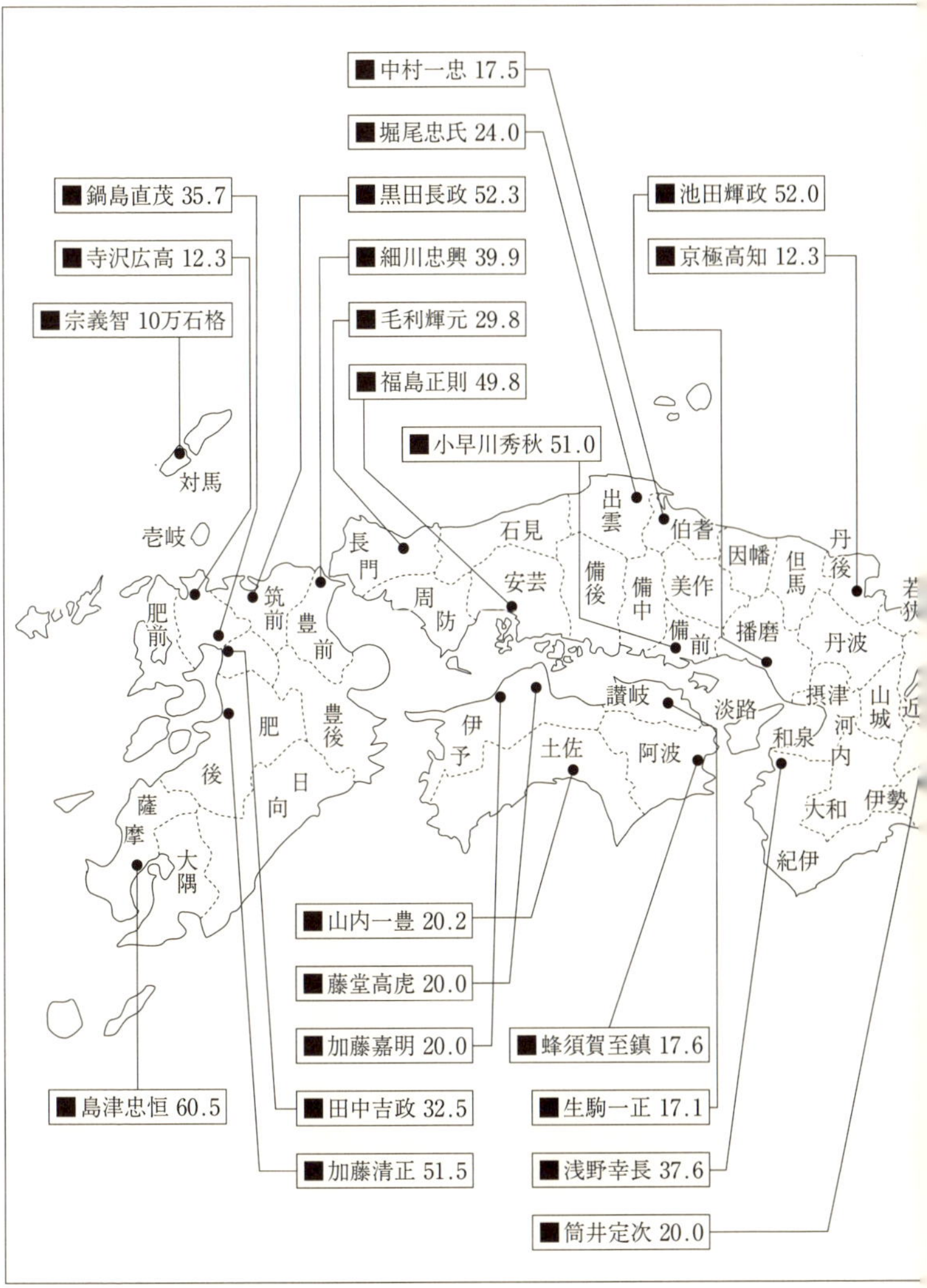
■中村一忠 17.5
■堀尾忠氏 24.0
■鍋島直茂 35.7
■黒田長政 52.3
■池田輝政 52.0
■寺沢広高 12.3
■細川忠興 39.9
■京極高知 12.3
■宗義智 10万石格
■毛利輝元 29.8
■福島正則 49.8
■小早川秀秋 51.0
対馬
壱岐
出雲
伯耆
石見
長門
丹後
因幡
但馬
肥前
筑前
豊前
周防
安芸
備後
備中
美作
備前
播磨
丹波
讃岐
淡路
摂津
山城
伊予
土佐
阿波
和泉
河内
肥後
豊後
日向
大和
伊勢
薩摩
大隅
紀伊
■山内一豊 20.2
■藤堂高虎 20.0
■加藤嘉明 20.0
■蜂須賀至鎮 17.6
■島津忠恒 60.5
■田中吉政 32.5
■生駒一正 17.1
■加藤清正 51.5
■浅野幸長 37.6
■筒井定次 20.0

関ヶ原合戦後の大名

余にのぼり、これは当時の日本全国総石高一八〇〇万石余の三分の一を超える数字であった。

そしてこの没収高六三〇万石余の八〇％にあたる五二〇万石余が豊臣系大名に加増として宛行われた。そしてこの領地配分はもっぱら国を単位として行われたことから、彼ら東軍豊臣系武将たちはそれぞれ国持大名に昇格していった。

この戦いの結果、豊臣系の国持大名は肥後（加藤［清正］）、豊前（細川）、筑後（田中）、筑前（黒田）、土佐（山内）、阿波（蜂須賀）、讃岐（生駒）、伊予（藤堂・加藤［嘉明］）、安芸・備後（福島）、備前・美作（小早川）、播磨（池田）、出雲・隠岐（堀尾）、伯耆（中村）、丹後（京極）、紀伊（浅野）、若狭（京極）、加賀・越中・能登（前田）、越後（堀）、陸奥会津（蒲生）などに及び、実に二〇ヶ国以上、日本の三分の一の地域に豊臣系国持大名の領地が分布することとなったのである。

彼らは一国単位で領地をもつ国持大名へと成長していき、京より西の西国方面は彼ら豊臣系大名が大半を占めるに至った。これが関ヶ原合戦の国制的な帰結であった。

2　豊臣家と秀頼の政治的位置

以上の点を踏まえて関ヶ原合戦以後の政治状況を眺めるならば、どのようになるだろうか。第一に問題となるのは、豊臣家と秀頼の地位についてであろう。従来の認識は、関ヶ原合戦ののち、家康は天下人としての不動の地位を確立するとともに、豊臣家と秀頼とは摂津・河内・和泉三ヶ国六五万石を領有する一大名に転落したとするものである。だが、この認識が根本的に誤っていた。その理由は以下の通りである。

慶長五年一〇月、大坂城中における和睦の盃事

関ヶ原合戦ののち家康は大坂城に入り、翌一〇月になると同城本丸御殿において淀殿との間で和睦の盃事を行っている。合戦中、淀殿は三成派によって自由を奪われていたものとして、あえて責任追及することを避け、和睦を取り結ぶこととしたのである。

大坂城中で行われた和睦の盃事であるが、この時の座配に注目したい。これは盃の廻る順番で、その上座・下座の関係が明らかとなる。

このとき盃の廻る順序は、淀殿→家康→秀頼という並びとなっており、最初の盃は淀殿であった。淀殿の飲み干した盃が家康に廻るという形をとっていることから、豊臣家側が依然として家康に対して上位にあることがわかる。

家康が盃を飲み干したあと、淀殿はそれを秀頼へ廻すように言ったのであるが、家康はこれを遠慮して固辞した。しかし、淀殿の強い勧めによって秀頼に廻されたとしている。このようなことから、この盃事の場においては、淀殿と秀頼が上座、家康が下座という座配であったことが判明する。これは徳川方の武将である戸田氏鉄《うじかね》の覚書に記されていることである。

領知朱印状の不在

関ヶ原合戦後における一連の処置の中で不思議なのは、あれだけ大規模な諸大名の領地配分が行われたにもかかわらず、それに随伴するはずの領地の領有を

保証する領知朱印状が見あたらないことである。

筆者はこの点を奇異に感じてあれこれ捜したけれども見つからない。そして探索を続けているうちに、この時には領知朱印状は発給されなかったということが判明した。それは次の史料によって知られる。

後の時代になるが、寛永九（一六三二）年に肥後熊本藩五〇万石に領地替えとなった細川忠利が、前領の豊前小倉藩三〇万石のときの領地給付に関する書付の有無を、その父で現在は隠居の身の細川忠興に問い合わせた。これは、新領地に対する領知朱印状を幕府から発給してもらうに際して、旧領の領知朱印状を返上しなければならないからである。それに対する忠興の回答は、関ヶ原合戦後の領地配分に際して領知朱印状は出なかったこと、それはどこの大名家も同様であった、というものであった（拙著『関ヶ原合戦と大坂の陣』）。

何ゆえに領知朱印状は出なかったか。それはその時点における家康には、領知朱印状を発給する権限は無かったこと。発給するとすれば、それは秀頼の名で出すしかなかったことを強く示唆しているわけである。

伊達政宗の秘密提案の書状

関ヶ原合戦の終了時点で八歳（数え年）であった秀頼は、成人した暁には全武士領主を統率して、天下の政治を主宰するべき存在であると、同合戦後もなお人々の間で認識されていた。これを裏づけるのが、次に掲げる、合戦翌年の慶長六年四月二一日付で、伊達政宗から家康側近の今井宗薫に送られた書状である。

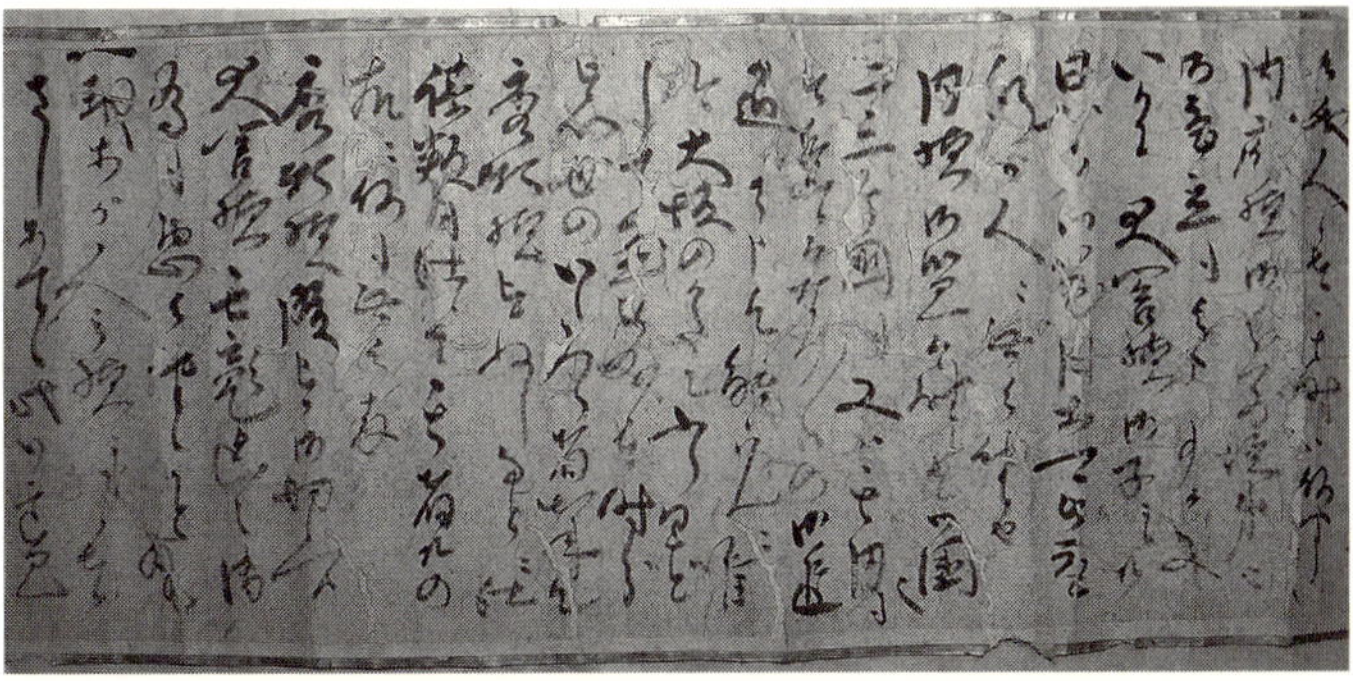

今井宗薫宛伊達政宗書状（慶長6年4月21日）部分
（観心寺蔵／河内長野市教育委員会提供）

いかに太閤様御子に候とも、日本の御置目など取り行はるべき御人に御座なく候由、内府様御覧御座候ば、御国の二三ヶ国も、またはその内も進せられ候て、なが々の御進退申され候て能候ん

すなわち、いかに秀吉公の御子であると言っても、日本国の統治を執り行っていけるような能力をもった人物ではないと、家康様が見極められたならば、秀頼様に領国として二、三ヶ国か、あるいはそれ以内でも差し上げて、末永く豊臣家を存続していかれるようにするのが望ましい、という内容である。すなわち、秀頼様には領国の二、三ヶ国ほどの一大名として穏やかに暮らされるのが、豊臣家の存続にとっても望ましいことではないだろうか、という秘密提案である。秘密提案であり、現状変更の提案である以上、現実がその逆であることについて贅言を要しないであろう。

秀頼と豊臣家が関ヶ原合戦の後、一大名に転落していたとするならば、このような文書が出る余地はないということである。

秀頼の関白任官は世上の諒解という事実

関ヶ原合戦後における豊臣家と秀頼の地位を考えるうえで、逸することのできないことは、当時の人たちが秀頼はいずれ関白に任官するであろうということを、当然のこととして受け止めていた事実である。

この問題について、豊臣秀頼は関ヶ原合戦ののち、関白に就くことはできなくなっていたとする誤解が広まっているので、それを正しておきたい。この説の元になったのは、関ヶ原合戦ののち公家の九条兼孝が関白に就任したことにある。関白職は秀吉が天正一四年に就任して以来、豊臣家が占有の状態にあったのであるが、約一五年ぶりに藤原摂関家の側に戻ったことになる。

これを指して、吉田神道の梵舜《ぼんしゅん》は「摂家に返さるる始め」と日記に記している。この記事を根拠として、関白職は豊臣家から藤原五摂家（近衛、鷹司、一条、二条、九条の藤原五家）に返還されたと解釈したことから、右のような誤解に繋がった。

しかしこれは、史料の誤読に基づく誤解である。右の梵舜の記事には「返さるる始め」とある。関白職が豊臣家から藤原五摂家側に完全返還されたのなら、ただ「返さる」とのみ記せばよいことである。「返さるる始め」とは、この後も関白職は五摂家側と豊臣家との間で往還するであろうという予想があるから、「返さるる始め」という表現になるということであろう。「始め」という二文字を読み落とすことから、右のような誤解に繋がったのである。史料は一字一句、おろそかにされてはならない。わずか二文字のことであるが、それによってまったく逆の意味になってしまうのである。

摂政・関白

関白職の往還ということについて、もう少し説明をしておこう。将軍職（征夷大将軍）というのは世襲の地位であり、特定の家において占有的に継承されていく。これに対して、摂政や関白という天皇を補佐する職は世襲のものではなく五摂家の回り持ちであり、ある程度の年限、摂政ないし関白の職を務めると他の家にそれが移っていくことになる。豊臣家は武家ながら家格が摂家であり、その面からも藤原の五摂家との間で摂政・関白の地位が往還するといった事態が想定されるのである。

現に、家康が幕府を開くことになる慶長八（一六〇三）年のこと、世上では、家康の将軍任官と同時に秀頼の関白任官が行われるであろうとの噂で持ち切りであった。醍醐寺三宝院門跡であった義演《ぎえん》の日記には、「秀頼卿関白宣下の事、仰せ出ださると云々、珍重々々」（『義演准后日記』慶長七年一二月晦日）と記されている。また大名の毛利輝元が国元の家臣に宛てた書状にも、「内府様将軍に成せられ、秀頼様関白に御成の由」（慶長八年正月一〇日付書状）とあって、家康は将軍に、秀頼は関白になられるとの情報を伝えている。

実際には、秀頼は関白ではなくて内大臣になるのであるが、その内大臣宣下の勅使が大坂へ派遣されたのを見て、相国寺鹿苑院主の西笑承兌《せいしょうじょうたい》は「予これを察するに、関白宣下のための勅使ト云々」（『鹿苑日録』慶長八年四月二二日条）と、この勅使を秀頼の関白宣下のそれであろうと推測していた。

すなわち、先述の伊達政宗書状が物語る通り、秀頼が成人した暁には天下の主になるというのは既定の路線であり、さらにそれは関白就任というかたちをとるであろうことを人々は、当然の諒解事項としていたということであった。

豊臣家と秀頼の領地は摂河泉和三ヶ国を越えて西国一帯に広域分布

関ヶ原合戦以後、豊臣家と秀頼の領地を摂河泉六五万石としてきた認識が誤りであった。摂河泉六五万石というのは秀頼の蔵入地（直轄領）を中心とするものであり、秀頼の直臣団（「大坂衆」）の知行地は備中や伊勢国など、西国方面各地に広く分布していたという事実が近年の研究によって明らかとなってきた。

家臣の知行地が主君の領国を越えて各地に広く分布するなどということは一般大名にはありえないことであって、それはただ徳川将軍の直臣である旗本の知行地が関八州を越えて広域分布していた形とのみ同型であり、秀頼と豊臣家の存在が一般大名を超越した存在であったことが、このような領地構造からも見てとれる。

これが関ヶ原合戦後の実態であり、豊臣家と秀頼の政治的位置であった。家康はもちろん実力第一人者ではあるが、その政治的位置は秀頼を凌ぐことはなく、あくまでも豊臣公儀体制の下における秀頼の名代、政務代行者でしかなかったということである。総じて関ヶ原合戦は豊臣公儀体制を解体してはおらず、合戦後もなお健在だったということである。

すなわち当時の人々が、このような関ヶ原合戦後の政治秩序について「太閤様御置目の如く」、すなわち豊臣秀吉が制定した掟の通りにと表現していた事実が、右の認識を裏付けているであろう。秀吉の構築した豊臣公儀体制は、関ヶ原合戦によって解体されることなく持続していたのである。

3　家康の将軍任官と徳川幕府の成立

将軍宣下を受ける

慶長八（一六〇三）年二月一二日、上洛中の徳川家康は伏見城に勅使を迎えて将軍宣下にともなう宣旨を受領した。この折の宣旨は、征夷大将軍、右大臣（従一位）、源氏長者、淳和奨学両院別当、牛車の礼遇、兵仗の礼遇という六種八通のものが一時に下されており、まことに前例を見ない盛り沢山なものであった。

次いで、家康は三月二一日には新築なった洛中の二条城に入り、そして同二五日、衣冠《いかん》の正装に身を包んだ家康は牛車を用い、綺羅を飾った供奉の群臣たちとともに東大手門を出て堀河通りを北上し、それより東行して天皇御所である禁裏へと向かった。通りには都の貴賤が群集して、王朝絵巻さながらの華麗な行列に耳目を驚かせていた（口絵参照）。

禁裏では常の御殿において後陽成天皇に拝謁し、将軍任官の御礼を述べて数々の礼物を捧げるとともに、天皇から三献の盃を受けるなど祝慶の所作を重ねつつ当日の賀儀を滞りなく終えている。

二条城（京都市中京区二条城町）

将軍になるとはこのような儀式を経てのことであった。すなわち、第一段として征夷大将軍の任官宣旨を勅使より伝授され、第二段として禁裏に参内して任官拝賀の礼を行う、この二段にわたる儀式を経て、初めて将軍は正式なものとして社会的に認知されることになる。幕府という名称も、この征夷大将軍の政府という意味で随伴して登場してくる。

従来の研究では、この第二段にあたる任官拝賀の儀式の重要性と不可欠性が見落とされており、将軍成りの儀式というのは前段の宣旨伝授の儀式のことだけであると思われてきたという経緯がある。これは近世における朝幕関係や、天皇の存在意義をめぐる歴史認識に深く関わる問題であることから、決して見落とされてはならない。

だが考えてみれば宣旨伝授にしても任官拝賀にしても、何ゆえにそのようなプロセスを経る必要があるのだろうか。宣旨はただの紙切れにすぎず、「征夷大将軍」も「幕府」もこの時代には、もはや単なる名称以外には何の実質も伴っていない。家康はこれに先立つ慶長五（一六〇〇）年の関ヶ原合戦において勝利を収め、天下人としてすでに社会的に認知されたのではなかったのか。その家康が何ゆえに天皇や朝廷を必要とするのであろうか。

その理由は、やはり関ヶ原合戦の中に求めなくてはならない。関ヶ原合戦において家康は東軍を率いて勝利を収めた。これは動かしようのない事実である。問題はその勝利した東軍の内実にあった。旧来の研究では、家康率いる東軍とは徳川軍に他ならないということが自明とされていた。ところが先述のように関ヶ原合戦の展開過程を分析するならば、東軍の主たる軍事力は徳川軍ではなくて、家康に同盟した豊臣系武将たちの軍事力であることが明らかになってくる。家康の周囲には二万を超す徳川兵士があることは事実であったが、彼らはもっぱら家康を護衛することを主務とする防御的戦力であり、敵と対峙して前線で戦う攻撃型戦力としての能力を欠落したものであった。

関ヶ原合戦における勝利した東軍の軍事的構成を見るならば、その攻撃型戦力は徳川軍ではなく、家康に同盟していた豊臣系武将たちのそれが八割方を占めており、徳川系のそれは松平忠吉と井伊直政の率いる二隊を数えるのみという状態であった。すなわち、攻撃型戦力としての能力を備えた徳川主力軍は、家康の周囲にではなく、その嫡子である徳川秀忠の率いる中山道方面軍の方であり、それが信州上田城の真田昌幸の巧妙な戦術に翻弄されて時日を空費し、結句、関ヶ原合戦に参加しえないという不測の事態を迎えることとなった。

こうして関ヶ原合戦において家康率いる東軍が勝利を収めたけれど、それは徳川の勝利にはなっていなかった。同合戦における勝利の果実は、家康に同盟した豊臣系武将たちが獲得することとなり、西軍から没収した総石高六〇〇万石の八割にあたる五〇〇万石が、彼らに対する恩賞として配分され、彼らは一国一円を領有する国持大名となって西国各地に蟠踞することとなった。結句、京以西の西国方面は豊臣系大名の領国の観を呈しており、徳川系大名の存在が皆無であるという状態であった。家康と徳川が覇権を確立したというには、ほど遠いあり様であった。

そして、より深刻な問題は先述した通り、同合戦後においても、家康はいまだ豊臣公儀体制下の一大老の地位を抜け出てはいなかったということである。豊臣家と秀頼の政治的権威は厳然としており、家康は幼少の秀頼を補佐する政務代理者でしかなかったのである。

家康の将軍任官の意義

すなわち、家康の征夷大将軍任官の核心はこの点にあった。家康にとってそれは単なる制度的なお飾りではなく、豊臣公儀体制下の大老としての地位を脱して、自らを頂点とする別の支配体制、徳川家の永続的な支配体制を構築することに正当性《レジティマシー》を付与してくれるものこそ征夷大将軍という名目に他ならなかった。このプロセスにおいて天皇と朝廷の果たした役割というのは、表面的には、天下人である家康と徳川家に対してなにがしかの装飾的な施しをしたぐらいにしか見えない。だが実際には、その政治的な役割には計り知れないほどに巨大なものがあったということである。

諸大名側、特に豊臣系の諸大名――加藤清正・福島正則・浅野幸長ら――の側にとっても、家康と徳川家の支配に服することを可能にした。すなわち将軍は「武家の棟梁」であるから全武家領主が、その軍事指揮権に服するのは当然であり、そしてそれは個々の主従関係を超えての軍事指揮権なのである。逆言するならば、加藤ら豊臣系大名は将軍家康の軍事指揮権には服するが、同時に秀頼と豊臣家に対する主従関係は依然として持続されているということである。

こうして豊臣系諸大名は豊臣秀頼に対する忠誠を維持したままで、かつ将軍家康の軍事指揮権に従うことが可能となった。これは一種の二重支配であるが、この二重の忠誠関係こそが関ヶ原合戦後の政治関係を律する基本原理となっているのである。

以下、家康が征夷大将軍に任官することによって新たに生起した政治関係、将軍政治の様態を眺めていきたい。

4　家康の将軍政治

⑴ 大名統制

徳川幕府による大名統制といっても、その内容はかなり限られている。大坂の陣ののちに発布される武家諸法度のような武家の基本法を発布することもなければ、そもそも全国の諸大名に対して日常的に法令を発布するということが無い。後の時代ならば、いくらでも見ることができる幕府の「触書」のような単行法令の存在を見ることがないのである。

これは秀頼と豊臣家の権威がそれを阻んでいたというに他ならないのであって、後述の通り（二八五頁）、慶長一六（一六一一）年の家康と秀頼による二条城会見において、秀頼が家康と徳川幕府の政治主導権を認めるという態度を示したことによって、初めて全国の諸大名に対する法令発布の途が開けたという事実によってそれが裏付けられる。徳川幕府の法令第一号は実に、二条城会見の直後の慶長一六年四月に発布されるのである。幕府が成立してから、八年の歳月を経てのちのことであった。

このように幕府は全国の諸大名に対して、一般的な法令というものが発布しえないため、個々の大名に対して個別に命令を発するという形の積み重ねという方式をとる他はなかった。したがって大名統制といっても、その効力に限りがあり、またその分野も限定されることになる。そのような中にあって、大名統制の名に値するものの一つが、城郭普請への全国諸大名の動員であり、いま一つが日本全国の領土の図面を調査する国絵図作成と、全国郷村の石高調査を実施した郷帳の調進事業であった。

征夷大将軍の権限の最たるものは軍事指揮権であり軍勢催促の動員権である。しかし関ヶ原合戦のあと暫く戦争の無い状態が続くので、この軍事指揮権が行使されることはなかった。そして代わりに、それに準じるものとして城郭の普請役を賦課する権限が頻繁に行使された。

城郭普請への動員

諸大名を戦争に動員する場合には、それぞれの大名の領有する石高に応じて軍役人数の供出を求める（たとえば関ヶ原合戦の場合では石高百石につき二人）。普請役の場合も、同様の方式で諸大名に対して普請従事者の供出を求めている。もっとも、城郭の普請役の場合には、それぞれの工事区分である持ち場が割り当てられ、その箇所の普請完成が求められた。

城の石垣工事はその基本的なものであり、割り当てられた持ち場の石積みがその負担の内容であった。より高度なレベルの普請としては城門の工事、殊に近世城郭の特徴である桝形門の築造は特に重視された。そして天守や隅櫓の台の構築があった。また城の内堀、外堀を形作る堀普請があった。

ちなみに、普請は作事とは区別されていて、天守台の石垣積みは普請であって武士の役目であるが、上に載る木造の天守の建設は作事と称して大工職人の担当として明確に区別されていた。城門における石組み部分が普請の対象で、上にかかっている渡り櫓の築造は作事であった。作事は大工職人の仕事であり、この時期の幕府関係の城郭作事は、もっぱら中井大和守とその配下の大工職人たちの手によってなされていた。

　さてこのような城郭普請への動員が、軍役に準じる武士の役務であることが諒解されるであろうが、家康はこれを全国の諸大名、特に西国の豊臣系大名に対して充て課す。城郭の普請は基本的に、その城主の義務であり権利である。しかし当該城郭の戦略的重要性から、幕府が諸大名を動員して行う「天下普請」と呼ばれる大規模な普請があった。二条城、伏見城、江戸城、彦根城、駿府城、篠山城、丹波亀山城などがその所産である。

　家康は関ヶ原合戦の翌慶長六年五月に、上洛時の宿所として堀川押小路の北西域に城郭風居館を建造することとした。これがその後、徳川の二条城として同八年三月に竣工するのであるが、この建造のために西国諸大名に造営費用および普請持ち場の割り当てがなされている。

　彦根城は佐和山城主であった井伊直政の死後、井伊家が慶長八年から琵琶湖に面した彦根山に移城することを幕府に求め、家康はこれを天下普請で行うことを決定し、尾張の松平忠吉、越前の松平秀康など七ヶ国一二大名に手伝いを命じた。彦根城が徳川の譜代大名の持ち城であることから、ここでは徳川の家門大名（親藩）が中心の大名構成になっている。

　関ヶ原合戦で焼け落ちた伏見城の再建があるが、これは城郭という観点では基本的に秀吉のそれを継承しており（秀吉時代の複雑な曲輪構成を簡略化している）、再建はもっぱら殿舎や天守といった大工の作事に関する部分であったから、天下普請は行われてはいない。

天下普請の代表は、慶長一一年から始まる江戸城のそれである。その工事分担は、次頁の表の通り西国方面に領地を有する西国大名たちが名を連ねており、必然的に豊臣系大名が大半を占めている。

江戸城普請に際して顕著なことは、西国の諸大名がほぼ網羅されているにもかかわらず豊臣秀頼の名は見えないという事実である。もう一人重要大名として島津家久の名が見えないが、島津の場合は徳川秀忠の将軍成りを祝う琉球王の使者である慶賀使を江戸まで無事に送り届けるという重大任務があり、それで普請役は免除されていたと考えられる。そうすると豊臣秀頼の名が見えないことが際立っていることが諒解されるであろう。

江戸城（東京都千代田区千代田）

さて江戸城普請については翌慶長一二（一六〇七）年に関東、奥羽、信越の諸大名に命じて天守台および石塁などを修築し、堀普請を行っている。関東諸大名は五手に分れて天守の石垣を築き、奥羽、信越の伊達政宗、上杉景勝、蒲生秀行、佐竹義宣、堀秀治、溝口秀勝、村上義明などは堀普請を行った。

次いで家康は大御所の隠居城として駿府城の改築を慶長一二年二月から始めた。工事は天下普請で行われ、遠江、三河、尾張、美濃、越前の諸大名が動員された。この普請役は豊臣秀頼の領地にも賦

慶長11年江戸城普請持ち場

外郭石壁普請	細川忠興，前田利常，池田輝政，加藤清正，福島正則，浅野幸長，黒田長政，田中吉政，鍋島勝茂，堀尾吉晴，山内忠義，毛利秀就，有馬豊氏，生駒一正，寺沢広高，蜂須賀至鎮，藤堂高虎，京極高知，中村一忠，加藤嘉明
天守台の築造	黒田長政
石垣普請	山内一豊，藤堂高虎，木下延俊
本丸の普請	吉川広正，毛利秀就

課されている点で注目すべきものであるが、ただし通例は普請役の賦課は個々の大名が動員されるという形をとってなされるのに対して、この秀頼領地への賦課は、秀頼領である摂津・河内・和泉を含む五畿内一円に対して一律に村高五〇〇石につき人足一人の割合での供出という形を取っている。

これは一国平均役（国役）という、中世以来しばしば発動されてきた領主支配の別を超えた一律課税の方式である。つまり幕府が豊臣秀頼に対して普請役の供出を求めようとすれば、大名動員の形ではなく、中世以来の一国平均役の賦課という形をとらざるを得なかったということである。ここにも秀頼と豊臣家が一般大名を超越した存在であることが示されており、またそのような特別な措置が施されているのは他ならぬ家康の配慮に拠るものであることを見落としてはならない。

慶長一三（一六〇八）年、家康は、松平康重を常陸国笠間城から丹波国八上城に移し、翌一四年になってさらに篠山に新城の築城を命じた。これは、山陰道の要衝である丹波篠山盆地に城を築くことによって、山陰道を扼するとともに、同地から山陽道方面への展開が容易なことから、大坂の豊臣氏をはじめとする西国諸大名のおさえとするのが目的であった。普請総奉行を家康の婿にして姫路城主である池田輝政が務め、一五ヶ国二〇の大名の助役による天下普請により六カ月で完成した。

さらに続いて同年に、丹波亀山城に譜代大名の岡部長盛を入封させるとともに、西国大名を動員した天下普請で亀山城の大改修を行っている。

それに続いては、名古屋城普請がある。関ヶ原合戦で活躍した功績で尾張国五〇万石に封ぜられていた家康の四男松平忠吉は、慶長一二年に若くして亡くなり、後嗣がなかったことから改易となった。代わって家康の九男徳川義直《よしなお》がその跡に配された。そしてその際、本城をそれまでの清洲から名古屋台地上に移すこととし、同地に天下普請をもって新城を築造することとした。慶長一五（一六一〇）年一月、西国二〇大名に普請役の賦課が発令されている。

名古屋城（名古屋市中区本丸）

このように家康は、将軍になるとともに城郭普請を頻繁に行い、かつそれが天下普請として全国の諸大名を動員してのそれであったことは、この時期の大きな特徴である。そしてそれはこれまでも指摘されてきたことであったが、これら城郭普請の場へ諸大名を頻繁に動員することは、家康の将軍としての軍事指揮権行使の具現としてであり、この権限の下に諸大名を反復して従わせることによって、家康と彼らとの間の関係は、次第に主従関係としてのそれに転成されていく効果をもたらしたであろうということである。

有名なエピソードであるが、名古屋城普請に動員された西国大名たちの間には、度重なる普請役への動員に耐え切れず不満を口にする者もあった。福島正則もその一人であり、彼は同僚の加藤清正に向かって、「将軍の居城とか、大御所の駿府城の普請ならば従事せねばなるまいが、名古屋城は将軍のせがれでしかない。連年にわたる普請役でみな疲弊しきっている時に、そんな者の居城の普請まで命ぜられるというのは迷惑である。清正は家康の覚えも目出度いことでもあるし、この苦情を伝えてほしい」と述べた。そうしたところ、清正の返答には「そのように不平不満があるなら国元に帰り、城を固めて叛乱の兵を起こすことだ。しかしそんな覚悟も無いのなら、黙って従うまで」とたしなめ、福島も引き下がった由である。

まことに城郭普請への諸大名の頻繁なる動員は、諸大名を馴致し、彼らとの間に主従関係を形成していく重要な手段だったということである。

国絵図・郷帳の調進

国絵図・郷帳の作成ということは、天正一九（一五九一）年豊臣秀吉が禁裏に献納するという名目で、日本全国の国絵図と御前帳（検地帳）を諸大名らに命じて作成・提出させたことに始まる。

これに倣って家康は、全国の大名に銘じて国絵図の作成・提出を求めている。これは慶長九（一六〇四）年から同一〇年にかけて提出されている。

宇部市立図書館保管にかかる慶長国絵図は、周防国・長門国の二鋪を存し、萩藩主毛利家の永代家

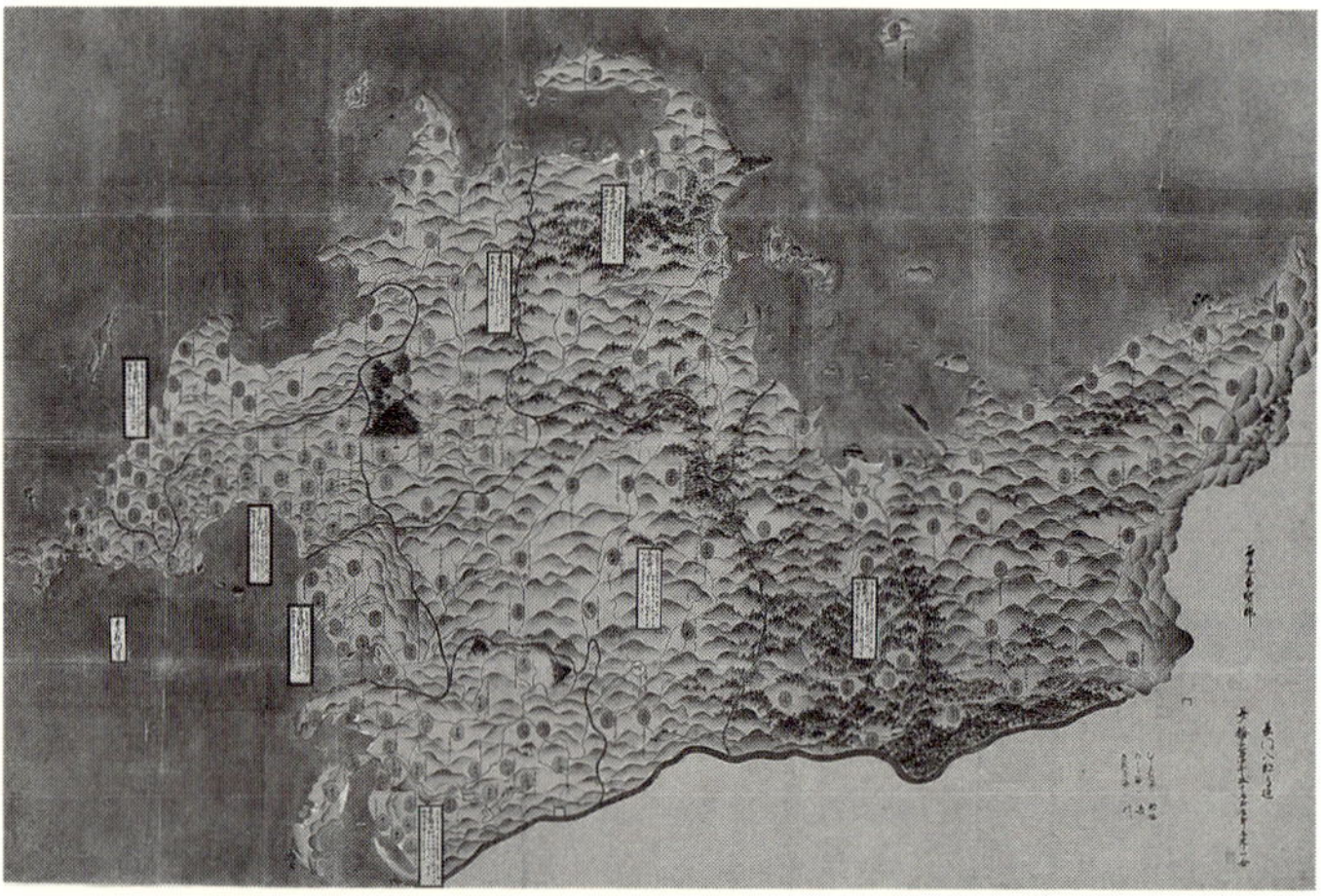

慶長国絵図より「長門国図」（宇部市蔵）

老福原家の旧蔵であった。両国絵図の体裁は、いずれも折仕立装で、共に瀬戸内を手前にした上下固定の位置に仕立てられ、方位表示はなく、縮尺はおよそ四万三二〇〇分の一で、著色をもって描かれている。

その内容は、国内の郡界を紫線にて示し、郡付枠は朱・墨の短冊型の二重枠で、枠内には郡名、石高、田畑数、物成高を記載している。村名は小判型内に記し、石高を枠外に注し、街道は朱色、水路・一里塚の記載はなく、山岳部は鳥瞰にて描かれ、樹木等は比較的詳細に示されている。城郭は景観描写で、海辺の砂洲や砂嘴等は白色で描かれている。

摂津国絵図については、大坂にいる豊臣秀頼の家臣（大坂衆）である御使番伏屋飛騨守・水原石見守を奉行として作られ、国奉行片桐且元がこれを改めて提出された。摂津最古の国絵図であり、村高を記す史料としても最も古い。国別・郡別の石高・田畑面積、村名・町名・村高・街道・一里塚等が記されている。村名は小判型に、町場は四角に枠取りされている。市域の町場は「尼ヶ崎」と「塚口」である。西摂では⑴大坂—尼ヶ崎—西宮町—兵庫津、⑵大坂—伊丹町—西宮町、⑶池田町—小浜—湯山と、町場を結ぶ三つの道筋が太く描かれ、主要街道であることを示している（八木哲浩執筆、尼崎地域史事典『apedia』）。

⑵　外交政策

家康の将軍政治が国内では豊臣家と秀頼の存在によって制約を受けていたのに対して、外国との国交および貿易関係といった対外関係の分野においては、その施策は全面開花の様相を呈していた。意外なことに思われるであろうが、家康の外交および対外政策は非の打ちどころが無いほどに、理想的であり完璧な姿を見せていた。

一般には、家康と徳川政権は内向きと見なされており、鎖国イメージで捉えられがちである。信長、秀吉は対外関係や国際貿易に積極的であり、家康と徳川政権はこれを否定して鎖国志向、農本主義であると理解されている。しかしこれが大きな誤解である。家康の統治した時代、すなわち慶長五（一六〇〇）年から元和二（一六一六）年にかけての時期は、幕末・明治以前の前近代時代において、最も華やかで多彩さに富んだ国際時代だったのである。

外交は家康の専権事項であった。天皇に対しても、また豊臣家と秀頼に対しても、まったく顧慮する必要もなかったし、また顧慮しようとすることもなかった。国内政治では、あれほどまでに豊臣家

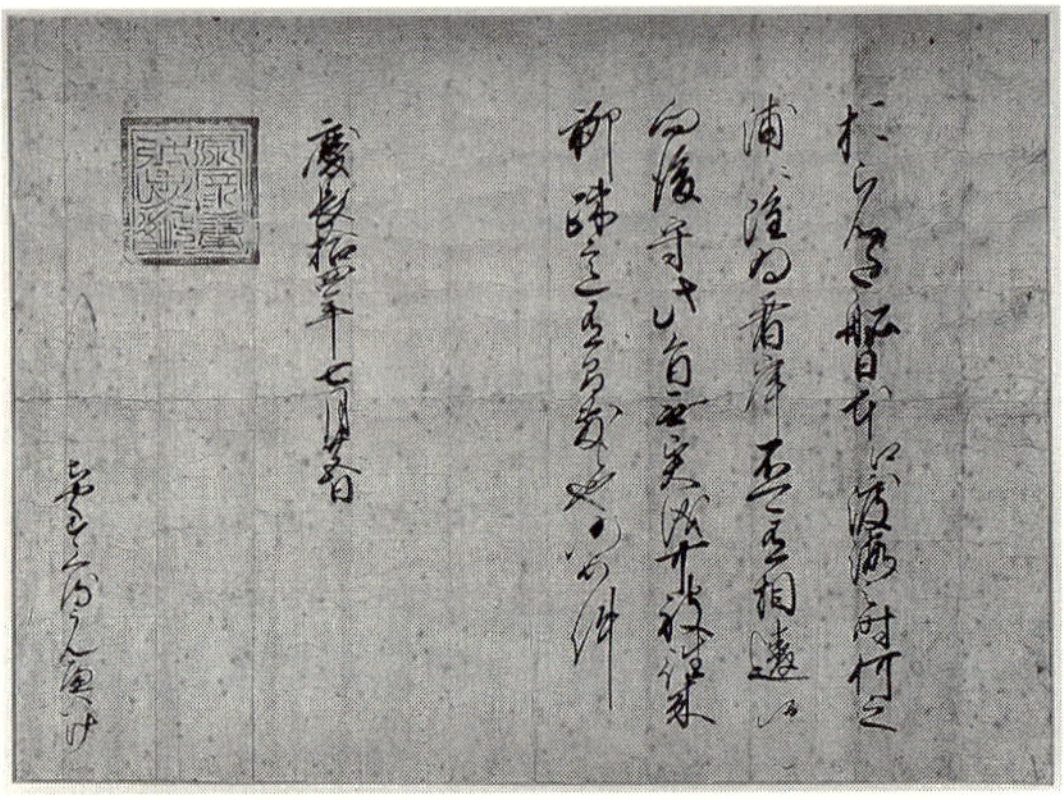

徳川家康朱印状（オランダ国立公文書館蔵）

と秀頼に気配りを尽くしていた家康も、こと外交に関しては完全な専権、独裁であった。

それが端的に表現されているのが、家康の朱印状の存在である。国内政治では関東の徳川領内ぐらいでしか見ることのない家康の朱印状であるが、こと外交貿易問題となると、あふれんばかりの通数の朱印状が発給されている。いわゆる朱印船貿易の朱印であり、それは対外分野では日本の最高権力者である家康が発給する貿易許可証であった。

朱印状は、いわゆる朱印船のそれとして、日本人の海外貿易を目的とする海外渡航の許可証としてあったが同時にスペイン、イギリスといった外国側の人間にも交付して、長崎入港と日本貿易の許可証としても用いられていた。

家康の下で展開された慶長年間の国際関係と外国貿易をめぐる多彩、多様なあり様は、以下に見られる通りである。

朝鮮

家康の外交は、朝鮮問題の解決から始まる。すなわち、秀吉の引き起こした文禄・慶長の役の事後処理である。家康は豊臣五大老の一人であった時代の慶長三（一五九八）年一〇月、秀吉が死ぬや、ただちに朝鮮半島に在陣している諸将の撤兵事業を指揮し、比較的軽微の損害の下に無事撤兵を終えた。

ただ撤兵を終えた後も朝鮮国と講和がなったわけではなく、冷戦状態が続いていた。そのような中、朝鮮国の側から動きがあり、関ヶ原合戦を経た慶長九（一六〇四）年、同国の高僧松雲大師（一五四四～一六一〇）が対馬の宗義智の下に来って、秀吉軍によって連行された捕虜の返還を求めた。この松雲大師は、実名を惟政《ユジョン》と言い、仏僧であるが軍人でもあり、いわゆる義兵を率いて秀吉軍とたびたび戦い、また加藤清正とは三度にわたって談判・講和交渉を行うという実績も有していた。

松雲大師（惟政）

はじめ主戦論者の代表格として半島で積極的に軍事展開をなしていた清正は、戦役の後半には和平撤兵論者に変貌していく。その契機となったのが慶長の役で名高い蔚山籠城戦であり、その餓死寸前にまで追いこまれた厳しい戦いを通して、異国の地で戦うことの空しさを感得して転向していくのであるが、その背景には松雲大師との数度にわたる交渉を通して、避戦への思いを募らせていたことがあったかと推測される。松雲大師にしてみれば、自分が数度にわたって交渉、説得を試みた主戦論者清正が和平撤兵論者に変容したという経験から、日本側との和平交渉に期するものがあったであろう。

宗義智は事が重大で、自己の判断でなしうるものでないこと、いま天下の実力者にして征夷大将軍に任官したばかりの家康が京にいるので、家康に会って嘆願すべきであると説き、案内人を添えて松雲大師を京まで送り届けた。もとより朝鮮国との講和と国交回復は望むところであった家康は、翌慶長一〇年二月、伏見城において松雲大師に面謁し、捕虜の返還問題に前向きに取り組む旨を伝えた。

この会見によって日朝関係は一気に改善の方向に転じ、松雲大師の復命を受けた朝鮮王朝側では、慶長一二年になって「回答兼刷還使」を日本に派遣し、使節は江戸まで赴いて江戸城で新将軍に就任した秀忠に面謁して、捕虜の返還を実現させた。

そしてこの時、両国の間で国書の交換が行われ、この後も国書の交換を続けることが合意された。これがその後、二百年以上にわたって続けられることになる朝鮮通信使外交の始まりであり、いわゆる「鎖国」体制の中で、唯一国交を有する国として存在することになる。ちなみに、「通信」とは書信、すなわち国書を通達するの意である。

日本

中世から日本人の海外渡航としては対馬の宗家による朝鮮外交・交易があり、足利幕府の遂行する勘合貿易としての日明朝貢貿易があった。さらにその他に倭寇と称せられる海賊の横行が東アジアの海を騒がせていた。

そして一五四〇年代、ポルトガルの日本来航と、その後の宣教師たちの来日が盛んになるにつれて、日本もまた世界の大航海時代の潮流を受けて、日本から積極的に東南アジア方面への進出が見られるようになってくる。秀吉の大陸征服の野望もまた、このような大航海時代がもたらした膨張志向の日本版であり、外国勢力の進出に対する反射的行動として位置づけられるであろう。

これに対して家康は、関ヶ原合戦後の慶長六（一六〇一）年以降、安南、スペイン領マニラ、カンボジア、シャム、パタニなどの東南アジア諸国に使者を派遣して外交関係を樹立し、慶長九（一六〇四）年に朱印船制度を施行した。これは家康の押捺した朱印（印文「源家康」）を持参する船主の身元を保証し、外国諸国における交易活動が安全に行われるように各国の統治者に要望するものであった。

家康はこの朱印状の発給によって、外交関係と貿易関係の全般を掌握することとなり、ヨーロッパ人からは家康が日本の皇帝であると見なされるようになる。家康は、この時期、国内向けには朱印状の発給は一部の例外を除いては皆無に近い。対外的な朱印状の発給の顕著さとの見事な対照をなしている。

前述したように、関ヶ原合戦後の全国的な所領配置に際して領知朱印状の発給が皆無であったことに示される通り、対内的には秀頼と豊臣家の存在と権威とが、家康の朱印状発給を阻んでいたからであった。それゆえに家康にとっての外交問題は、一面ではこの対内問題での桎梏を克服して、徳川主導の国制を確立するための方途であったと理解することができる。

朱印船は寛永一二（一六三五）年まで、三五〇隻以上が朱印状を得て海外に渡航した。朱印船は必

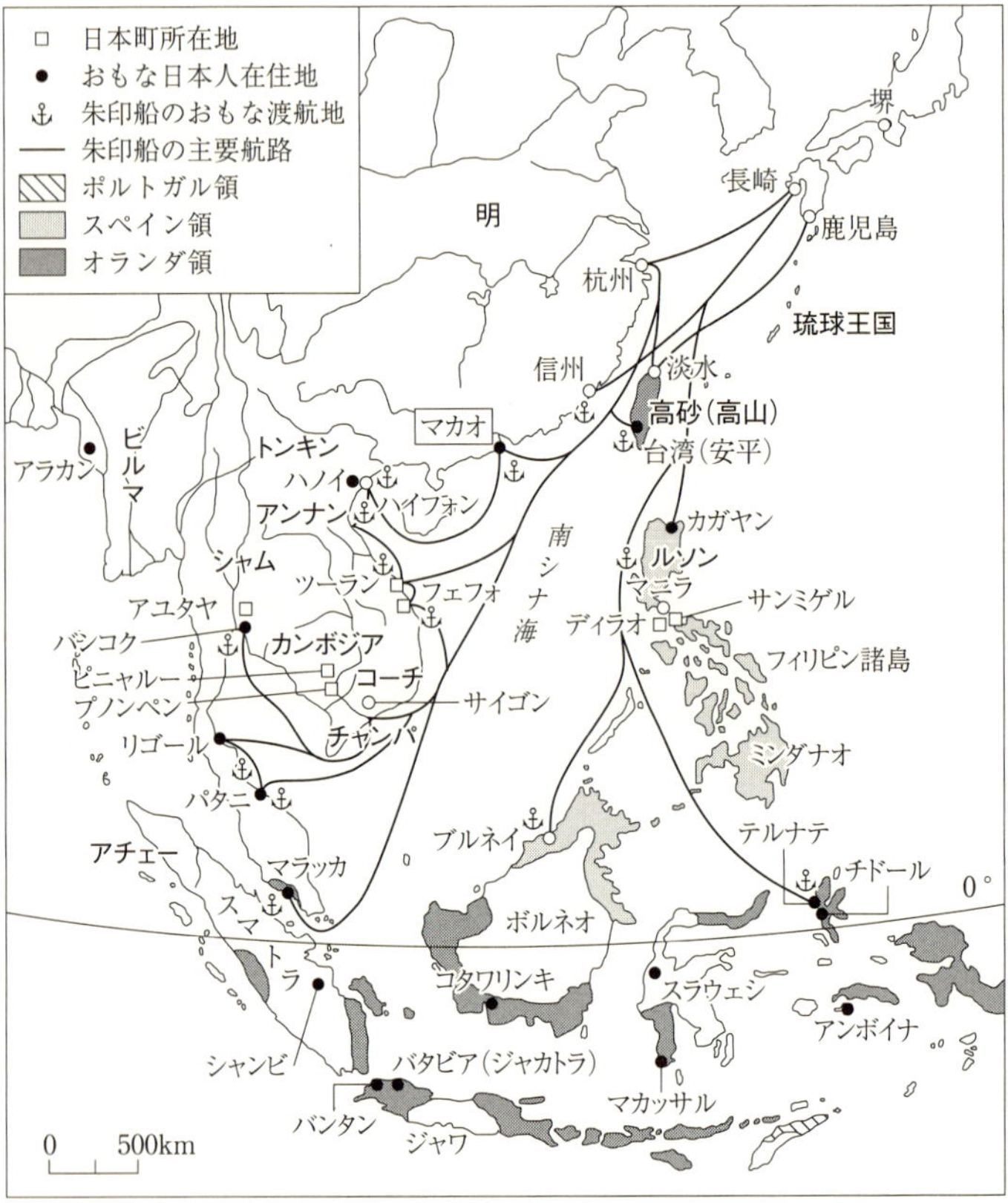

朱印船貿易の主要航路と日本町

ず長崎から出航し、帰港するのも長崎と定められていた。すなわち朱印船貿易は、徳川幕府が対外貿易を掌握し、統制する制度であったことを意味している。

というのは、ポルトガルの来航を契機として一挙に広がりを見せた日本の国際関係、外国貿易の世界は、その地理的関係から九州、西日本を先端とするものだったからである。ポルトガル船も日本の朱印船も瀬戸内海航路で泉州堺までは到達しえたけれども、そこから先の外洋となる太平洋沿海は海路が開発されていなかったために、これらの外国貿易船はこれらの方面に進出することがなかった。

江戸に本城を構え、関八州を主要な領国とする徳川幕府にとって、これは著しく不利な状況であった。九州・西国の諸大名や上方の信長、秀吉らの政権は、それら外国貿易を通して入ってくる、鉄砲をはじめとする新式で有力な文物をいち早く入手しうるのに対して、東国の太平洋沿岸方面に領地を有する徳川幕府や伊達政宗らの諸大名は、このような外国貿易の恩恵に与りにくいという地政学的な不利を抱えていた。

関ヶ原合戦の評価をめぐって、戦後の領地配置で数多くの豊臣系武将を西国方面の国持大名としたのは、彼らを「僻遠の地」に追いやった家康の深謀遠慮といったことが昔はよく言われたものであるが、それはまったくの誤りだということである。この時代においては、そして江戸時代を通して一貫してのことであるが、世界との接触機会の一番大きい九州が日本の最先端文明地帯であり、決して「僻遠の地」などではなかったということである。関ヶ原合戦に関する従来の評価は、この点からも批判を受けることになろう。

これらの事情を考慮するならば、家康が朱印船貿易制度を創設した意味が明らかとなる。莫大な富と最新式の軍事資源をもたらす外国貿易を幕府の下に管理するとともに、同時に朱印船に対して国家的保証を授与することによって対外関係、交易活動を円滑に発展させることを目指したものということができよう。

ポルトガル

大航海時代以後ポルトガルは、一六世紀初めには東南アジアへ進出し、一五四三年、種子島へポルトガル商人が漂着した。ポルトガルは当時、アジア地域へ植民地および貿易相手国を求め進出を行っており、貿易はキリスト教布教と一体の形で進められていた。一五四九年にはフランシスコ・ザビエルが日本を訪れてキリスト教布教活動を行っている。

織田信長は外国の文物の新奇さに惹かれ、特に新式の強力な武器である鉄砲に強い関心を示してその導入に努めるとともに、他方では旧来の仏教勢力の弱体化を図るという観点から、キリスト教の国内布教に寛容であった。

しかし豊臣秀吉の政権が成立すると、天正一五年にはバテレン追放令が出され、ポルトガルに対して宣教師の退去が命じられたが、貿易は自由とされた。

江戸時代に入っても徳川家康によってこの政策は踏襲されている（一六一四年のキリスト教禁止令）。家康の晩年には、ポルトガル人の寄港地は平戸と長崎に制限された。一六二〇年には平山常陳事件（朱印船主平山が宣教師二名をマニラから乗船させていた事件）が起き、幕府のキリスト教に対する不信感は決定的なものとなり、幕府は、当時ポルトガルと同君連合にあったスペインとの関係を断ち切り、マカオに対して宣教師を乗船させないように要求した。

スペイン　スペイン・ポルトガルと併称され、後の禁教令の対象となるカトリック国として一まとめにして語られることが多い。しかしながら、家康および徳川政権にとって、この二国は同じレベルの問題ではないことに注意を払う必要がある。

スペイン（イスパニア）は、ポルトガルより遅れて日本にやってくる。この両国は、いわゆるローマ教皇の承認による世界分割協定（デマルカシオン。一四九四年、トルデシリャス条約。一五二九年、サラゴサ条約）によって、インド洋からアジア方面に東回りで進出したポルトガルに対して、スペインの側は地球を西回りで領土を獲得しつつ、アメリカ大陸を経由して太平洋航路を開拓し、フィリピンのルソン島に到着した。フィリピン諸島への航路は、スペイン王カルロス一世の援助を受けたマゼラン艦隊によって一五二一年に開拓されていた。復路となるセブ島からメキシコへの航路は一五六〇年代に見出されていた。

この太平洋を往復する航路はマニラ・ガレオンと呼ばれており、貿易風と偏西風を利用して太平洋北半球を楕円状に回転する。メキシコのアカプルコから貿易風（偏東風）を使って赤道近くを沿うようにしてマニラに至り、帰路はマニラから黒潮に乗って北上し、日本近海まで至ったのち、そこから偏西風に乗って太平洋を横断してアカプルコに到達する航路であった。

この航路の特徴は、日本の太平洋沿岸の近くを北上する点にあり、実際、こののちスペイン船は日本の太平洋沿岸の港に寄港することもあれば、難破して同方面に漂着することもあった。

そして、このスペインの開拓した太平洋航路の存在こそ、家康を最も喜ばせたものと推測される。前述の通り、これまでのポルトガルを中心とする西洋世界との接触、交易は、その地理的関係から九州、西日本を先端としており、そこから瀬戸内海航路でもって泉州堺までは到達しえたけれども、そこから先の太平洋沿海は、海路が開発されていなかったためにポルトガル船は進出することがなかった。

これは京より東に領地をもつ大名にとっては決定的に不利な状況であった。九州・西国の諸大名や上方の信長、秀吉らの政権は、それら外国貿易を通して入ってくる鉄砲をはじめとする有力な文物をいち早く入手しうるのに対して、関八州に領土を有する家康や仙台に居城を構える伊達政宗など、東国の太平洋沿岸方面に領地を有する諸大名は、このような外国貿易の恩恵に与りにくいという地理的な不利を抱えていた。

これら太平洋沿岸方面に外国船を招来することは、家康や政宗たちにとって悲願であったろう。そのような時、スペイン船の登場はまさに彼らの欲求を充足するものであったことは推測に難くない。しかもスペインが開発した太平洋横断航路の存在は、太平洋沿岸諸国の将軍・大名にとって、九州・西国大名の後塵を拝することなく、率先して世界進出しうる機縁ともなりえた。関ヶ原合戦の翌年、家康が、ルソン総督ロドリゴ・ビベロに対する朱印船制度創設を告げた書状で、ノビスパン（ヌエバ・エスパニャ、現在のメキシコ）との修好の意向を伝え、関東のいずれの地に寄港してよい旨の朱印状も出しているのは、そのような狙いの端的な表れと言ってよいであろう。慶長七（一六〇二）年八月には漂着船の積荷を保証することを伝え、安心して浦賀湊に商船を派遣するようフィリピン総督に通告している。

家康とルソン総督との貿易に関する交渉は、家康が征夷大将軍となった後も継続的に行われていたが、慶長一五（一六一〇）年八月一日、その江戸入部を記念する目出度き日に家康は、史上初めてとなる日本人の太平洋横断の使節一行を江戸からスペイン領メキシコであるノビスパンに向けて派遣した。幕末の勝海舟ら咸臨丸一行によるそれの、ちょうど二五〇年前にあたるというのも奇しき縁であった。

この慶長の太平洋横断使節の代表は、京の貿易家田中勝介であった。彼はかねてよりノビスパン渡航を希望しており、家康の側近で金座の長である後藤庄三郎（光次）の口添えを得て、このハレの任を得た。家康の意向もまた、日本とノビスパンとの貿易関係の樹立にあり、田中の申し出は家康にとってまさに時宜にかなったものであった。

そしてこの壮挙のきっかけとなったのは、前年九月にルソン総督ロドリゴがノビスパンへの帰任に際し、台風のため乗船のサン・フランシスコ号が遭難、上総国岩和田村（現・御宿町）に漂着して乗組員三百人余が同村の人達に救助されたことであった。地元民に救助されたロドリゴ一行は、同地の領主本多忠朝（本多忠勝の次男）の歓待を受け、大多喜城から江戸城に立ち寄り、駿府城で家康と会見するなど日本滞在の後、家康からウィリアム・アダムス（三浦按針）の建造したガレオン船（日本名・安針丸）の提供を受けた。ちなみに、アダムスは航海士になる前は造船職人であった。

田中勝介は家康の命を受け、ロドリゴ一行の帰還に同行して太平洋を横断してノビスパンに向かい、三カ月の船旅を経た後に同年一一月一三日、ノビスパンのアカプルコに到着した。これは著名な、伊達政宗による支倉常長の遣欧使節に先立つこと三年前であった。

そして現地で交渉した勝介は、帰国に際して、ノビスパンの副王ルイス・デ・ベラスコにより派遣された答礼使セバスティアン・ビスカイノとともに翌年三月にアカプルコを発ち、六月一〇日に浦賀に無事到着した。ビスカイノは、スペイン国王フェリペ三世の親書を携えて答礼使と金銀島探索の使命を帯びて来日しており、現在の全権大使にあたる最高クラスの外交使節であった。田中勝介は家康の意向を受けた外交使節として、その任務を見事に果たしたと言わねばならないであろう。

しかしながら、スペインとの通商を試みての渡航であったが、スペイン使節ビスカイノと家康との間で行われた協議の結果、通商については具体的合意には至らなかった。ここまで家康が心血を注ぎ、周到に準備された日本・ノビスパン貿易問題が合意に至らなかったのは、間違いなくキリスト教の布教問題であったろう。スペイン側は貿易船を日本に送ることを約束するとともに、キリスト教の布教と宣教師の保護を求めてきたのであり、家康側がこの点に難色を示したものであろう。

そしてその背景には、カトリック教国スペインに弾圧をされ、残酷な異端審問と火刑に処せられ、フランドル（現、ベルギー）の故郷を追われて北へ逃れ、北海を干拓して国作りを余儀なくされたプロテスタント・オランダ人のスペインに対する積年の怨念が渦巻いていたことを知らなければならない。

カトリック・スペインはキリスト教の布教を通して民衆をローマ・カトリックの支配下に置き、そして国を奪い取る邪志を抱いていると、彼らは執拗に家康に説いていたことであろう。スペインとオランダとはまさに不倶戴天の間柄であり、宗教戦争で最も熾烈な対決を遂げている仇敵同士が、地球を半周したのち共に家康の前にパートナーたるべく現れ来たったというのは何とも皮肉な構図であった。共にパートナーとすることは不可、一方と手を結ぶならば、他方は追放を余儀なくされた。それが当時の世界史の峻厳な現実であった。

オランダ

一六〇〇年四月、オランダ船リーフデ号が豊後国の佐志生さしふ（現・大分県臼杵市）に漂着した。オランダ・ロッテルダムを一五九八年六月に出港し、西回り航路で極東を目指した同船（出発時には五艘の船団をなしていた）は、大西洋を渡って新大陸に至り、それより南下して南米大陸の先端マザラン海峡を経由したのち太平洋を横断して日本に到着したのである。二年を要する大航海であった。

日本は時あたかも天下分け目の関ヶ原合戦を目前に控えて軍事的緊張がみなぎっていた。家康は関ヶ原合戦の発端をなす、会津上杉景勝の征討問題への対応に忙殺されていたが、九州からもたらされた漂着オランダ船に興味を示し、さらに同船に大量の武器・弾薬が積載されていたという情報には一層の関心を抱いたことであろう。

リーフデ号と、船員オランダ人ヤン・ヨーステンとイギリス人ウィリアム・アダムスらは堺へと回航を命ぜられ、五月一二日（慶長五年三月二〇日）に大坂城内で家康の引見を受けた。家康は彼らを様々に尋問したが、彼らの返答は的確で、家康の求めるところによく応じたようである。彼らは世界地図や航海術、造船技術といった有用性の高い具体的な知識をもっていた。それは家康の嗜好とよく合致しており、さらには西洋世界ではローマ教皇の支配するカトリックに対抗してプロテスタント諸国が独自の世界を形成していることなどの情報を提供したが、それらは世界認識を深めたいという意欲に満ちていた家康には重視されたことであろう。

ポルトガル、スペインの側からは、彼らを海賊として処刑すべきことを要求してきたが、家康はこれを退け、折から会津征討に出陣する家康はヤン・ヨーステンやアダムスらを江戸に移し、屋敷をも与えて保護した。日本に残った乗組員のほとんどは、そののちインドネシアのバタヴィアに拠点を置くオランダ東インド会社（一六〇二年設立）の行う日蘭貿易に携わることになる。

そして彼らの日本に対する忠誠心の賜物が、慶長一四（一六〇九）年に幕府からオランダに発給された朱印状、つまり正式の貿易許可証であった。これによって九州平戸のオランダ商館を舞台とする日蘭貿易が本格的に始まる。

イギリス

この時代の日英交流の立役者となるのが、言うまでもなくかのウィリアム・アダムス、日本名・三浦按針である。彼については余りに有名で、特に付け加える必要もないが、強調しておかねばならないことは、彼のようなまったくの異邦人に対して、知行二五〇石のれっきとした幕府旗本としてこれを取り立て、帯刀も許して正規の侍として遇した家康の見識である。

このようなところに、家康の非凡さが表れている。その外見が、いかに和人と異なっていようとも、その人品が確たるものであり、日本の文化価値に対する尊重が見られ、家康に対する忠誠心の篤さが自余の幕臣と変わるところがないならば、それを旗本、侍として扱うことに躊躇する必要はないとする家康の態度であり、その国際人としての視野の広さである。それは前述したスペインとの直接貿易の実現を求めて、田中勝介を太平洋横断の旅に派遣した姿勢とも通底するものであり、国際人家康の面目躍如たるものがある。

さて、アダムスが家康の外交顧問として活躍することから、日英間の外交・貿易は順調に発展するものと思われた。実際一六一三（慶長一八）年には、英国使節ジョン・セーリスがイギリス国王ジェームズ一世の国書を徳川家康に奉呈し、日英間の正式な国交が始まり、イギリス東インド会社が平戸に商館を設置した。

しかし一六二三年、インドネシアのアンボイナ島でアンボイナ虐殺事件が発生する。モルッカ諸島はヨーロッパ人が求めてやまない香料の一大産地であり、ことにその中でも有数の産地として知られたアンボイナ島は、ポルトガル、イギリス、オランダら諸国の争奪の地であった。プロテスタント国である英蘭両国は協力してポルトガルの勢力を排除したが、その後は英蘭同士の対立となり、ついにこの年、オランダ側がイギリス商館員を虐殺してイギリス勢力を完全に同島から駆逐してしまった。

敗退したイギリスは、東南アジア交易から撤退し、拠点をインドに移してインド綿を主要な貿易品として扱うようになった。そしてこれらの東南アジア方面における英蘭関係の悪化の余波を受けて、イギリスは平戸の商館を閉鎖して日本から退去してしまい、日英関係は事実上断絶する。そののち一六七三（寛文一三）年になって、イギリスのリターン号が来航して日英貿易の再開を求めたけれども、イギリス側のかつての一方的な撤退を非難して、幕府はこれを拒絶した。日英関係はそののち幕末の安政条約に至るまで再開されることはなかった。

対外問題小括——国際関係の黄金時代

このように家康の手掛けた外交、対外貿易は目覚ましい発展を見せていた。対外政策は、家康一代の政治の中で最も優れ、果実多きものであった。信長と秀吉は対外積極で家康は内向きであり、鎖国政治家のような捉え方は、まったくの誤りであり虚像だということである。しかも家康外交の基調が善隣友好にあった点は、特筆されなければならない。これは疑いのないことであり、この時代の世界の外交なるものが征服と裏腹の関係にあったのと対照的に、家康の外交と貿易政策は積極的な世界展開を目指しながら、終始一貫、非戦・善隣友好の姿勢で貫かれていた。家康は国際政治の面において、世界的に見ても最高の評価が与えられてしかるべきであろう。

家康が国政の主導権をとった慶長年間は、日本の前近代において最も対外関係において多彩にして、意義深い時代であったということができる。日本人が朱印船を用いて東南アジア各地へと進出し、シャムやカンボジアには日本人町を形成するほどであったが、日本国内にやってくる外国人も、朝鮮、中国（明国）、東南アジア諸国、ポルトガル、スペイン、オランダ、イギリスなどの人々であった。これらの諸国の商人、キリスト教宣教師たちが九州や西国各地の港町に、そして大坂や京の街にあふれていた。家康が外交を主導した慶長年間が、いかに彩に満ちた国際交流の黄金時代であったかが理解されるであろう。

このような色彩豊かな時代状況がどのようなものであったか、それを目の当たりにしてくれる一つの文化形象がここから登場することになる。すなわち、歌舞伎の誕生である。我が国を代表する伝統芸能の一つである歌舞伎は、まさにこのような慶長年間の外国人と外来文化のみちあふれた色彩豊かな時代状況の中から生み出されてくるのである。出雲の阿国《おくに》が、京の鴨川河原（当初は五条河原と言われている）で歌舞伎踊りを初めて披露したのが、家康が将軍任官を果たした慶長八（一六〇三）年のことであったというのは、きわめて示唆に富んでいよう。

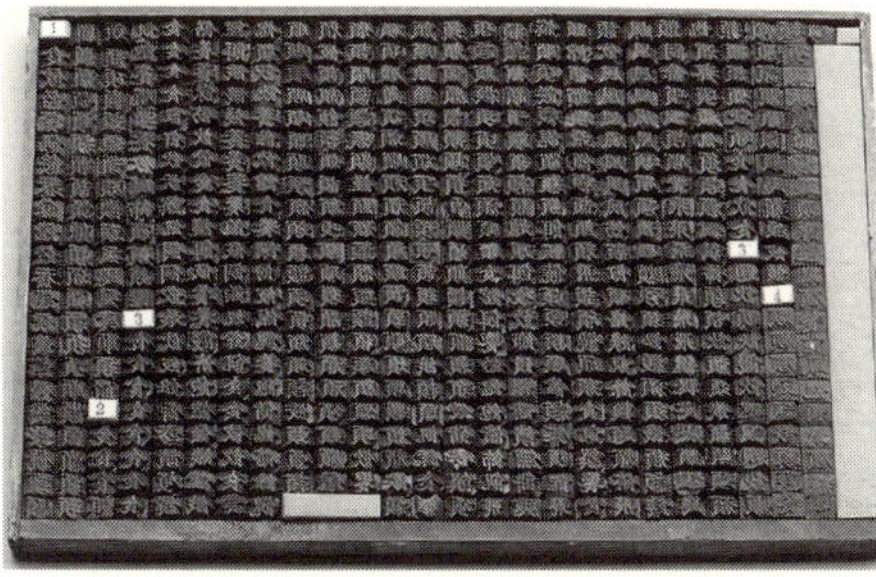

伏見版（伏見段木活字）（円光寺蔵）

(3) 文教政策

侍医の板坂卜斎が、家康の学問好きについて述べており、漢籍では『論語』『中庸』『史記』『漢書』『六韜』『三略』『貞観政要』、和本は『延喜式』『吾妻鏡』を愛読していた由である。

家康は、書物を収集するだけではなく、古活字本と呼ばれる伏見版と駿河版を刊行している。伏見版というのは、慶長四（一五九九）年から同一一（一六〇六）年にかけて、家康が伏見の地で出版させた書物の総称である。この出版事業を担当した三要元佶《さんようげんきつ》は、もと京都南禅寺で学んだ禅僧で、後に下野国足利学校の庠主《しょうしゅ》（学長）となり、家康の信任を得てこの事業に携わることになった。家康は慶長六年九月に伏見に学校を建て、円光寺を創建して三要元佶を住まわせ、出版事業を行なわせたとされる（『円光寺由緒書』〔『近世日本国民史』第13巻「家康時代下巻」所引〕）。

家康は三要元佶に木活字十万個を与えて活字印刷を始めさせたとされ、慶長四年の『孔子家語《こうしけご》』『三略』『六韜』三書の出版がその始まりである。以後、同五年に『貞観政要』、同一〇年に『東鑑』（吾妻鏡）『周易《しゅうえき》』、同一一年に『七書』（『七書』は『三略』『六韜』を含む。一般に「武教七書」と呼ばれている）が出版され、その間の同五年と同九年に『三略』『六韜』が再刊された。

伏見版として出版されたこれらの書物のうち『貞観政要』と『東鑑』は、政道に有用の書物として家康がかねてより愛読していたものであり、『三略』『六韜』『七書』は兵法書の古典である。『七書』に付された西笑承兌の跋文に、「前大将軍家康公、文を以て人を安んじ、武を以て衆を威し、天下万臣咸な帰服す」と記されるように、家康は治世のために文・武を使い分けた。これら文・武にわたる書物は、家康にとっては有用不可欠の書物であり、自ら出版を推進することで普及を図ろうとしたのである（揖斐高「徳川家康の学問・儒学と紅葉山文庫」）。

伏見版の出版が途絶えてから約一〇年後の元和元（一六一五）年、家康が大御所として退隠していた駿府城において、駿河版と称される書物が出版された。今日、駿河版と呼ばれるのは、慶長二〇年すなわち元和元年に出版された『大蔵一覧集《だいぞういちらんしゅう》』一一巻と、翌元和二（一六一六）年五月に出版された『群書治要』四七巻の二書のみであり、これらは伏見版とは違っていずれも銅活字を用いて出版された。

同年六月晦日、大坂夏の陣のため京都二条城に滞在していた家康のもとに、刊了した『大蔵一覧集』が駿府からもたらされた。『駿府記』に「御覧のところ、文字鮮明、諸人これを称美す。これ今度駿府に於いて銅字数十万を以て板行百廿五部、仰せ付けらるるところなり。仰せて曰く、一部毎に朱印を押し、諸寺に寄進すべしと云々」と記されている。

『群書治要』はその約一年後に出版された。『群書治要』は、唐の太宗の家臣魏徴らが勅命を受けて、経・史・子の典籍から治世に役立つ事項を摘抄して五〇巻に編集した書物である。中国では早く散逸したが、我が国の金沢文庫に写本が伝存していたのを、その内容が治世に有用であるとして家康が注目し、出版を金地院崇伝と林羅山《はやしらざん》に命じた。

慶長五（一六〇〇）年の関ヶ原の戦いの後、同年九月、家康は儒者の藤原惺窩《せいか》を京都において引見した。以後、家康は惺窩をしばしば召して講釈を聴き、江戸に惺窩を招聘しようとしたが、政治権力と密着することを厭った惺窩は、家康の招聘を辞退した。その惺窩に代わって家康に仕えることになったのが、惺窩を敬仰し新進の朱子学者として活躍し始めていた林羅山であった。

家康の文教政策や出版事業において重要な役割を演じることになる林羅山は、天正一一（一五八三）年京の四条新町に誕生した。名は信勝、号は羅山、のち出家・剃髪して道春と称する。二二歳の時、藤原惺窩に入門して儒学（朱子学）を修得した。慶長一〇（一六〇五）年二三歳の時徳川家康に京都二条城で初めて拝謁し、それ以降側近の学者として仕えた。家康は秀忠に将軍職を譲り駿府に移ってからも、羅山を重用し土地・資金・俸禄を与え、また駿府城外堀端（現・静岡市西深草町）に道春邸を建て住まわせ、慶長一三（一六〇八）年二六歳の時に駿府城内駿河文庫の図書の管理を任せた。家康の死後駿河文庫は将軍家と尾張、水戸、紀伊の御三家に「駿河御譲本」として分配された。

(4) 都市政策

江戸の街づくりは、家康の将軍任官の慶長八（一六〇三）年を境にして新たな出発をする。それまで江戸城の拡張を阻んできた、日比谷入り江を埋め立てて江戸城から前島の市街地とを陸続きとした。またこの埋め立てのための土砂を確保するために、神田山を切りくずし、そのことで神田・駿河台地域も居住地域として発展することとなった。

日比谷入り江の埋め立ては、家康の江戸入部直後の天正一八年の頃と説明する書物もあるようだが、先述したように、これは家康が将軍に任官した慶長八年以後のこととしなければならないだろう。日比谷入り江は関ヶ原合戦の後にも確認される。

家康が関ヶ原合戦に勝利し、そののち将軍に任官したことで全国の諸大名が江戸に訪れることも多くなったが、そのような大名たちが江戸に長期滞在できるよう、家康は彼らに屋敷地を分与するのを常とした。そのために江戸の土地が狭隘となり、これを拡張する必要に迫られたのである。

日比谷入り江は江戸城の舟入りとして重要であったが、市街地の確保のためには埋填を余儀なくされ、結句、神田山を切り崩し、その土砂を充当したということであろう。こうして江戸城から丸の内、八重洲を越えて江戸前島の東側（現・東銀座・築地地区）までの一帯がすべて平面の陸続きとなり、他方では神田山を切り崩したのちの神田・駿河台方面も市街地と化していった。

このような市街地拡張に伴い、また江戸城付近には武家屋敷地を確保しなければならない必要から、従来、道三堀（和田倉門から釣瓶橋まで）の両岸に立ち並んでいた店舗や町屋を、外堀の東、すなわち日本橋川（一石橋から大川に至る）の両岸に移転させる措置がとられている。

そしてこの流域の中央部に、両岸を繋ぐための長大な橋が架けられた。その橋の見事さに、誰言うともなく日本橋と名付けられたということである。そしてこの日本橋を基点にして南北両岸の市街地に店舗や民家が立ち並び江戸の一大商工業地域を形成していった。このようにして、今日の東京の原型が形成されることになる。

振り返ってみれば、大坂城の軍事要塞化の必要から郭内の町人居宅を排除し、城の西部一帯の湿地帯を埋め立てて広大な町人・商人の居住区である船場《せんば》を造成し、その中央を走る御堂筋をメイン・ストリートとする今日の大阪の街の形を作ったのが秀吉であったことを知る時、大阪と東京という日本の二大都市の基本構造が、秀吉と家康という二大英傑その手によって築造され、形成されていたという事実の前に、歴史を学ぶことの妙味を覚え、また感慨を深くするのである。

⑸農　政

家康の農民政策

家康の征夷大将軍任官と関連して、徳川幕府から興味深い内容をもつ次のような郷村掟が発布されている。発布の年月日は慶長八（一六〇三）年三月二七日である。家康の将軍成り、すなわち幕府の成立は同年二月一二日と記している書物が多いが、先述したように家康の将軍成りは、その任官拝賀の儀を終えた後とも解されるのであり、それは三月二五日である。

つまりこの法令が三月二七日付で発布されていることは、家康の征夷大将軍任官に合わせて発布された法令という意味をもち、農政分野における将軍政治の基本原則を示したものとして理解することができる。そして後述するように、法令の文言、趣旨にもそれが強く打ち出されているのである。

覚

一、御料ならびに私領百姓之事、その代官、領主非分あるにより、所を立退き候に付ては、たとひその領主より相届候とても猥りに返し付くべからざる事

一、年貢未進などこれ有らば、隣郷之取を以て、奉行所において互いの出入り勘定せしめ、相済候上、何方になりとも居住すべき事

一、地頭之儀申上ぐる事、その郷中を立退くべき覚悟にてこれを申上ぐべし、さもなくして地頭之身上、直《じき》目《め》安《やす》を以て申上ぐる儀、御停止事

一、免相《めんあい》之事、近隣之取を以て、これを相計ふべき事、附《つけたり》、年貢高下之儀、直に目安上げ候事、
曲事に思召し候事

一、惣別目安之事、直に指上ぐる儀、堅く御法度たり、但し人質をとられ、せんかたなきに付ては、是非に及ばず、先ず御代官を以て、これを申上ぐべし、ならびに奉行所ぇ参上、これを指上げ、承引なきに付いては、その上にて目安を以て申上ぐべし、相届けずして申上ぐるにおいては、
御成敗たるべき事

一、御代官衆之儀、非分これ有るにおいては、届なしに直目安申上ぐべき事

一、百姓むざと殺し候事、御停止たり、たとひ科《とが》ありと雖《いえど》も、これを搦め捕らえ、奉行所において対決之上、申付くべき事

右条々、依仰執達如件《おおせによりしったつくだんのごとし》

慶長八年三月廿七日

内藤修理亮
青山常陸介

（『徳川禁令考』前集第二七七五号）

この法令の差出者は内藤清成と青山忠成で、共に関八州の農政や庶政全般を担当する関東総奉行である。法令の最後の文言は「仰せにより執達《しったつ》、くだんの如し」と読む。家康の命令によって、自分たち二名がその命令内容を執り達することは以上の通りである、という中世風の表現である。

法文の内容は明確であり、その第一条は幕領、大名・旗本領を問わず、その地の代官や領主に不当な支配や年貢過重などの非分があって、農民たちがその地から退去（これを逃散《ちょうさん》という）することがあった場合、非分ある代官や領主から逃亡した地の領主に対して引き戻し要求があっても、軽率に返還してはならない、とする。

第二条は農民の側に年貢未納などがあった場合には、その領主が命令する年貢額ではなく（その過徴要求が問題の原因であることが多いので）、近村の標準的な年貢額をもって奉行所（内藤・青山の関東総奉行所）で両者立ち合いの上で清算させ、そして年貢納入を済ませたならば、農民はどこの場所に行って居住して構わないと明言している。

第三条以下は、代官、領主の非分を直訴する場合の条件などを規定し、最後の第七条は農民を代官や領主が粗雑に死刑にすることを禁止している。農民に罪科がある場合でも、捕縛したのち奉行所で両者の言い分を聞いたうえで刑罰を執行しなければならないとしている。

ここに「地頭」という表現が出てくるが、戦国・近世時代のその意味合いは、家臣のうちで蔵米取りではなく、実際に農村とその田地を知行所として給付されており、現地の農民を使役できる、中世の在地領主のような形態をもった者を指している。この幕府の法令が対象とする「地頭」とは具体的には、幕府の旗本および一〜三万石クラスの譜代大名あたりまでを指すと考えられる。

この法令は、農民に対する年貢賦課や使役に際して、慣例から大きく逸脱するような不当な扱いを行った場合には、それを訴える権利を認めたものである。代官は言うまでもなく、幕府の直轄領を管理する役職であり、同じく不当な年貢賦課や農民使役に対して、これを弾劾する権利を認めている。そして特筆すべきはその第二条であり、地頭の非分が甚だしい場合には、当該年の年貢さえ納入したならば、自由にその領地をはなれてもよいとする退去の権利を認めていることである。これはずいぶんと思い切った規定であり、前近代の農民は土地に緊縛されているイメージが強いのであるが、この法令はそれを完全に否定していることになる。

由来は貞永式目　なぜ、このような法令が出たかというと、この条文は鎌倉幕府の執権北条泰時の時に制定された、いわゆる貞永式目（関東御成敗式目）に由来しているということである。その第四二条は次のような文言である（原漢文、読み下し）。

一、百姓逃散の時、逃毀と称して損亡せしむる事

右、諸国の住民逃脱の時、その領主ら逃毀と称して、妻子を抑留し資財を奪ひ取る、所行の企て甚だ仁政に背く。もし召し決せらるゝのところ、年貢所当の未済有らば、その償ひを致すべし。然らざれば、早く損物を糺し返さるべし。但し、去留に於ては宜しく民意に任すべきなり。

これは農民が領主の悪政に抗議してその領地内から逃げ出した時、領主が逃亡農民の妻子を抑留し、その財産を没収することを戒めた規定であるが、その後半で、逃散した農民を幕府の法廷に召喚してその領主と対決させたとき、年貢などの未納分があるならばそれは弁済されなければならない。未納

がないならば、没収した財産は返還されなければならない。そして、その領地にとどまるか去っていくかは、その農民の意思に任せなければならない、の意である。

これを見るならば、「年貢さえ納めるならば退去することは自由」とする慶長八年の徳川家の郷村掟が、貞永式目の条文に影響を受けていることは明らかであろう。さすが家康と言うべきか、源頼朝を尊崇し、自己を鎌倉幕府以来の武家政治の伝統に則った、その正統な後継者と自認するだけのことはある。『吾妻鏡』を愛読していた家康には、鎌倉幕府の善政の結晶と目された貞永式目もまた諳んじるほどに身についていた。

征夷大将軍に任官して新たな幕府政治を開こうとしていた家康は、この画期的な郷村掟を発布することで自己の経綸を明らかにしようとしたのであろう。

後世への継承　この法令は、そののち三代将軍家光の時代、寛永二〇（一六四三）年三月の農村法令である土民仕置覚（『御触書集成』一三一〇号）に次のような文言をもって継承されている。

一、地頭代官仕置悪候て、百姓堪忍なり難しと存候ハは、年貢皆済致し、其上は近郷なりとも居住仕るべし、未進これ無く候ハは、地頭、代官構有間敷事

すなわち、領主や代官の政治が悪くて、百姓がこらえることが出来ないと思ったなら、年貢をすべ

て納入して、その上は、近隣の農村なりとに居住するように。年貢未納が無いのであれば、領主や代官は退去した農民に手出しをしてはならない、という内容。先の慶長八年令の第一条と第二条とを合わせた趣旨の条文である。

実は、この寛永二〇年法令の他の条文というのは、農民の衣服など生活全般の規制、作付の制限、田畑の永代売買禁止など農民統制の色調で覆われている。そこに、ただ一項、右の条文が記されているのである。異様の観すらある。他の統制条項の方こそ、われわれが通念として抱いている幕藩体制下の農村のイメージであろう。だがそこに、年貢さえ納めたなら退去は自由であるとする、まったく異質の風景が挿入されているのである。

「権現様（家康）」の定めた農村支配の基本法として、寛永末年に至るもなお明文をもって慶長八年令の精神は保持されていたということである。徳川二六〇年の治世を支えた根本法令であった。

しかしながら、この画期的な家康の良法は忘れ去られて（あるいは意図的に抹殺されて）いたのであるが、それが再び取り上げられることになったのは、一八世紀の半ば、八代将軍徳川吉宗の下で進められていた『公事方御定書』の編纂過程の中においてであった。これは吉宗の享保改革の一環をなすものであって、吉宗は裁判や司法問題を取り扱うにあたって、その時々の裁判官の裁量や資質によってそれらが左右されることは好ましくなく、安定的で制度化された裁判・司法の実現を目指すべく法典編纂に取り組んでいた。

吉宗が理想としたのは、日本古代の律令や中国の明・清の律のような、法理に則った論理的で体系的な法典であったが、日本近世の現状からは不適合であることが感得され、そこで過去の単行法令と判例を基準として法規定を確定していく判例法的な性格を帯びた法典として『公事方御定書』は纏められた。

その『公事方御定書』第二八条は「地頭ぇ対し強訴、その上、徒党致し逃散之百姓、御仕置之事」であり、これに対する刑罰は「頭取　死罪」「名主　重き追放」「組頭　所払」「総百姓　過料」とされた。ただし本条規定を検討している中で、前述の寛永二〇年の農村法令の存在が見出されたのである（家康の慶長八年の原法令は既に見失われていたようである）。

これは法文を検討している三奉行の側から提起されたことだが、それによると「年貢皆済之上、立退き候はゞ構いこれ無き趣、寛永之御定にこれ有る様に相見へ候、弥《いよいよ》其の通りに候は丶、年貢皆済之上、立退き候は丶咎に及ばざると、但書之内ぇ書き加うべきや」という伺いがなされている。そして検討を重ねた結果、最終的には、刑罰規定には変更はなかったが、但書が付されて、そこには「但し、地頭申しつけ非分これ有らば、其の品に応じ、一等も二等も軽く伺うべし、未進これ無きにおいては、重き咎に及ばざる事」と明記されたのであった（『科条類典』第二八条、『徳川禁令考』後集第二）。

もっとも、この見出された寛永二〇年の法令が再び公布されることはなかったけれども、右の但し書きを明記した『公事方御定書』は幕府役人の間でだけでなく、諸藩の法曹役人たちの間にも広く伝播していたことが知られており、家康の制定した農村統治の原則、精神は、法の運用という形をもって後々の世までも確実に継承されていたのであった。

(6) 財政・経済政策

関ヶ原の戦いに勝利した徳川家康は、日本国内の覇権を意識し、慶長六（一六〇一）年五月、京都伏見の伏見城下に貨幣鋳造所を設立し、堺の両替商、湯浅作兵衛に命じて取り仕切らせ、頭役には、摂津国住吉郡平野郷の豪商の末吉一族の末吉利方らが任ぜられた。銀貨幣は丁銀と呼ばれる棒状のもので、銀八、銅二の割合であった。諸国の銀山から産出される灰吹銀（灰吹き法とよばれる精錬を経た純銀に近い銀塊）を買い入れて、丁銀や豆板銀などの銀貨幣に鋳造する。

これら銀貨幣には品質を保証する極印が捺されるのであるが、この極印方の湯浅作兵衛は徳川家より大黒常是《だいこくじょうぜ》という姓名を与えられ、これ以降大黒常是家は鋳造された銀貨に、「宝」の字と大黒天の他に「常是」の略号を刻印し、品質保証する極印・包装を担当した。

幕府の中枢が移るに従い駿府にも銀座が設けられ、さらに慶長一三（一六〇八）年に伏見銀座は京両替町、続いて駿河銀座は慶長一七（一六一二）年に江戸新両替町に、銀座の貨幣鋳造機能はすべて移された。廃止までに総額一二〇万貫が鋳造された。

京都銀座　慶長一三（一六〇八）年、伏見銀座より移転し、京の室町と烏丸の中間、二条から三条までの四町にわたって拝領して設立され、この地を両替町と称するようになった。京都銀座では常是屋敷は両替町御池の北東側角にあり、銀座役所はその北側に隣接し、江戸銀座の町割りもこれに準じた。

駿府銀座　駿府城築城と同時進行に設立したとされる銀座であり、両替町六町のうち四町を拝領し、慶長一六（一六一一）年より京都銀座より座人および常是役人が勤番交代で詰めたという。主に駿府城の備蓄用の分銅銀、丁銀を鋳造することが目的であったとされる。翌一七年に駿府銀座の機能は江戸へ移転された。

江戸銀座　慶長一七（一六一二）年に駿府銀座より移転し、京橋より南へ四町までを拝領したが、既に江戸金座が両替町と呼ばれていたことからこの地を新両替町と称し、金座は本両替町と称するようになった。江戸銀座へは京都の銀座から座人が一年ごとに勤番交代を行った。

金　座　文禄四（一五九五）年、徳川家康が京都の金匠後藤庄三郎光次に命じ江戸で小判を鋳造させた時に始まる。江戸幕府成立後は留守居、次いで勘定奉行の支配下に置かれて、江戸本石町に役宅が設置された。

金座成立以後、後藤家は御金改役《ごきんあらためやく》として本石町の役宅において金貨の鑑定と検印のみを行い、実際の鋳造は小判師《こばんし》などと呼ばれる職人達が行っていた。小判師達は小判座《こばんざ》と総称され、後藤宗家が居住していた本石町の金座役宅の周辺に施設を構えてその支配下に置かれていた。このため、御金改役を世襲した後藤宗家を小判座（小判師職人）の元締という意味を込めて特に大判座《おおばんざ》とも呼んだ。

しかしこの幕府の金銀貨が全国に浸透して幣制を統一することはなかった。全国の諸大名はそれぞれ独自の通貨をもって当該領内で流通しており、これら領国貨幣とよばれる独自通貨は一七世紀の後半に至るまで駆逐されることなく流通していた（榎本宗次『近世領国貨幣研究序説』）。これら領国貨幣が消滅するのは元禄時代の頃になってのことであり、幕府の悪貨鋳造として名高い元禄金銀の大量発行によって、領国貨幣は地金として鋳つぶされて消滅していくのである。

この徳川幕府初期の財政運営にとって欠くべからざる人物が大久保長安《ながやす》であろう。彼を抜きにして、幕府初期の財政運営は語ることができぬほどである。

大久保長安

長安は天文一四（一五四五）年の生まれ、通称は藤十郎ないし十兵衛。もとは武田信玄お抱えの能楽師であり、大蔵を姓としていた。長安には算勘の才能があることを信玄に見出されてのことであろう、蔵前衆という下級武士として取り立てられ、武田領国における黒川金山などの鉱山開発や税務などに従事した（村上直『論集代官頭大久保長安の研究』）。

武田家が滅んだ後、長安は家康の家臣として仕えるようになる。長安の金山開発者としての能力が見こまれてのことであろう。長安は大久保忠隣の与力に任じられ、この時に姓を大久保に改めた。天正一〇（一五八二）年六月、本能寺の変で信長が死去して甲斐が家康の領地となると、家康は甲斐国の経営に本格的に乗り出し、この時に長安の能力が発揮された。長安は釜無川や笛吹川の堤防復旧や新田開発、金山採掘などに尽力し、わずか数年で甲斐国の内政を再建したと言われている。

天正一八（一五九〇）年、徳川家の関東移封にともない、長安は伊奈忠次《いなただつぐ》や青山忠成、彦坂元正《ひこさかもとまさ》らと共に奉行に任じられ、後北条家の支配下にあった広大な領地の農村田畑の調査を行って土地台帳を作成し、徳川家臣団の知行割りと徳川直轄地の配分作業のための基礎資料としている。

関東代官頭

この地方《じかた》調査の結果に基づいて、関東二五〇万石のうち、一〇〇万石が家康の直轄領となり、長安は彦坂元正、伊奈忠次と共に関東代官頭として直轄領の支配を委ねられている。翌一九年には家康から武蔵国八王子に八千石の所領を与えられた。長安は八王子宿に陣屋を置き、宿場の建設を進めた。

長安はまた、家康に対して江戸城防衛の観点から甲斐国との国境警備の重要さを進言し、八王子五百人同心の創設を具申して認められた。これが慶長四（一五九九）年に増加が認められて、かの八王子千人同心となる。

慶長五（一六〇〇）年の関ヶ原の戦いのあと、家康は佐渡金山や生野銀山など諸国の金銀鉱山に対する支配を進めるとともに、長安は同年九月に大和代官、一〇月に石見銀山検分役、一一月に佐渡金山接収役、慶長六（一六〇一）年春に甲斐奉行、八月に石見奉行、九月には美濃代官に任じられた。長安は幕府の金銀山に対する支配のほとんどを牛耳ってしまった感がある。初期の幕府財政が長安抜きには語りえないとする所以である。

家康の信認は絶大であり、慶長八（一六〇三）年に家康が征夷大将軍に任官すると、長安も従五位下石見守に叙任され、家康の六男・松平忠輝の附家老に任じられた。さらに同年七月には佐渡奉行、一二月には勘定頭（後の勘定奉行）となり、同時に年寄（後の老中）に列せられた。長安のような外様者で、しかも下級武士の身分の者が徳川家譜代の年寄と同列になるなど考えられないことであったが、長安の財政上の圧倒的な貢献の前には、何人もその昇進ぶりに異を唱えることができなかったのであろう。

これほどまでに財務系の奉行職を兼務独占していた長安の権勢は強大であり、その七人の息子を石川康長や池田輝政の娘と結婚させ、彼がその付家老となっている家康六男の松平忠輝と伊達政宗の長女・五郎八《いろは》姫の婚約のお膳立てをなし、この結果、大名の雄たる伊達政宗の後ろ盾も得ることとなった。くわえて、長安が与力として預けられていた大久保忠隣は徳川の譜代門閥の筆頭格でもあり、長安を取り巻く人脈と環境は万全であり、それゆえに人々から「天下の総代官」と称された。

しかし晩年に入ると、全国鉱山からの金銀採掘量の減少によって家康の寵愛を失い、美濃代官をはじめとする代官職を次々と罷免されていくようになる。さらに正室が早世するなどの不幸も相次ぐ中で、慶長一八（一六一三）年四月、中風のために死去した。享年六九。

大久保長安事件　長安の死後、生前に長安が金山の統轄権を隠れ蓑に不正蓄財をしていたという理由で、長安の七人の男児は全員処刑され、縁戚関係にあった諸大名も連座処分によって改易などの憂き目にあった。

(7)交通・運輸政策

家康の交通政策で著名なのが、いわゆる五街道の整備である。江戸日本橋を起点として太平洋に沿って京へ繋がる東海道、同じく京へ向かうコースであるが江戸から熊谷、高崎を経て信州に入り、日本列島の中央部を縦断する中山道、江戸の後背地として重要な甲斐国の甲府と江戸を結ぶ甲州街道、奥羽方面に伸びる奥州街道、家康の死後、新たに奥州街道から分岐する形で設けられた日光に向かう日光街道の五つである。

これらの街道では、宿駅が数多く設置されており、人足と駄馬が常備された。のちには東海道の五三宿では人馬百人百匹の定めとなった。これらの人馬でもって、大量の人員と荷物とを宿次の形で、次々と逓送していくシステムであった。宿次に寄らず荷物を直行運送することを「通し人馬」といい、これは原則禁止されていた。宿の逓送営業を阻害し、宿の機能の劣化に繋がることを防ぐためであったと思われる。

これらは軍事目的で整備されたものであるが、日常的には一般庶民の旅のために、また経済的な物資運輸のために利用された。この整備された運輸システムは徳川社会の発展に大きく貢献した。

慶長九(一六〇四)年に日本橋が五街道の起点として定められた。街道には一里ごとに一里塚を設けたほか、一定間隔ごとに宿場を用意した。

この街道制度において留意しなければならない点は、この街道群がカバーしている地域が京より以東の地域に限られているという事実である。江戸から西へ向かう幹線路である東海道も中山道も、共に京の三条大橋をもって終点となっている。

そこから先には九州まで伸びる西国街道や日本海側に出る山陰街道(丹波街道)が存在するにもかかわらず、これら京より以西の街道については、この家康の時代には、東海道に見られたような恒常的な管理制度が施されていないのである。

この点は、先述したような関ヶ原合戦以後の大名領地の配置において、徳川系大名の領地が京から以西には皆無であったという事実と軌を一にしているものと言うべく、家康の西国不介入の政治方針、東西分有の二重国制という国家構想の具現に他ならないということである。

第九章　大坂の陣と徳川幕藩体制の確立

1　豊臣秀頼の政治的地位と慶長年間の二重公儀体制

豊臣家と秀頼の権威

家康は征夷大将軍に任官し徳川幕府が成立した。それではこのような体制の下で、秀頼と豊臣家の地位はどのようなものとなるのであろうか。豊臣家と秀頼は一大名の地位に転落してしまうことになるのであろうか。

注意しなければならないことは、家康は秀頼の存在を否定ないし抹殺して征夷大将軍になったのではなく、秀頼の支配体制から離脱をして新たな政治体制を構築したということである。すなわち、秀頼と豊臣家を頂点とする従来の豊臣公儀体制は存続したままに、家康はそれと別個に新たな政治体制を設けたということであり、そこから二つの政治体制が併存することになっている。

そこで、いわば取り残された形となる、秀頼と豊臣家の政治的地位および権能がどのようなものであったかを観察する必要がある。その傘下にあった武士領主が将軍家康の支配下に置き換えられることは秀頼と豊臣家にとって痛手には違いなかったが、加藤清正、福島正則、浅野幸長らといった豊臣恩顧の武将たちは将軍家康の軍事指揮権には従ったけれども、それは豊臣家を見限って家康の家臣となったのではなく、豊臣家と秀頼に対する忠誠は保持したうえで家康の統率に従っているのである。

豊臣秀頼（養源院蔵）

秀頼と豊臣家とが一大名などではなく、幕府成立以前と変わらぬ権威を持続していることは、以下の諸事実によって裏付けられる。これらの諸点についての説明は、他の拙著において詳しく述べているところなので再述は避けたい。詳しくは拙著（『関ヶ原合戦と大坂の陣』『歴史の虚像を衝く』など）を参照されたい。

一、豊臣秀頼に対する諸大名の伺候の礼。幕府成立以後も島津、上杉といった旧族外様大名までが、大坂城の秀頼に伺候している。

二、朝廷から派遣される年頭慶賀の勅使は、徳川ではなく大坂城の秀頼の下へ赴いている。

三、慶長期の伊勢国絵図の控え図には村ごとに大名・旗本らの領主名が記入されているが、秀頼の領分においては豊臣秀頼の名ではなく、秀頼の家臣（「大坂衆」）の名が記載されている。

四、秀頼の直属家臣である大坂衆の知行地は、摂津・河内・和泉を越えて、伊勢・備中など西国全体にわたって広域分布している。
五、秀頼に対して大名普請役が賦課されることは皆無。
六、将軍の本城である江戸城普請に際して秀頼の家臣二名（水原石見守・伏屋飛騨守）が、家康の家臣二名と並んで普請奉行、すなわち工事監督官として臨んでいる。
七、慶長一六年の二条城会見における当初座配は、秀頼が上座、家康が下座であった。家康は普通の平間であるのに対して、秀頼は主君筋の人間を通す「御成りの間」であった。家康は、豊臣と徳川との相互対等の関係を提案したが、秀頼はこれを辞退し家康を上座に据えて拝礼した。秀頼は徳川による政治主導を認めたが、それは秀頼の自発的意思によるものであった。
八、この会見を踏まえて、家康は全国の諸大名から幕府の発する法令を遵守する旨の誓詞を徴するが、豊臣秀頼は含まれておらず、この段階においてもなお超然たる存在であった。

これらを見るならば豊臣家と秀頼の権威が、いかに高いものであったかということが知られる。豊臣公儀体制は関ヶ原合戦によって解体されることなく持続しており、徳川幕府が成立してもなお、それを凌ぐだけの権威をもって存続していたということである。

殊に右の第八の問題、すなわち徳川幕府による法令発布の体制は、この慶長一六年に至ってようやく整ったという。それは秀頼が家康と徳川幕府による政治主導を認めたことによって実現しているのであり、逆言するならば、この段階に至るまで秀頼と豊臣家の権威の高さのゆえに、徳川幕府は法令発布の権限を確立していなかったということになる。

さらに次のより深刻な問題が随伴することになる。二条城会見の場において、秀頼は家康の対等関係提案を辞退し、あえて下座にまわって家康に拝礼するという形を示すことで、家康と徳川幕府の政治主導性を認めた。これだけ明確な意思表示がなされたにもかかわらず、秀頼と豊臣家とは依然として徳川幕府の支配体制に包摂されることなく、超然たる存在としてあったという事実である。

二重公儀体制という国家像

大坂の陣というのは、右の状況を抜きにして理解することはできない。豊臣公儀体制と徳川将軍家を頂点とする徳川公儀体制との、矛盾と葛藤の所産として大坂の陣は理解される必要がある。

家康としては対立としてではなく、豊臣家とは共存の途を探り続けていた。家康が、関ヶ原合戦後の領地配分において、京から西にはいっさい徳川系の大名も領地も設けなかったのは、この意図から出たものであることに留意しなければならない。従来、この京から西の西国方面には徳川系大名の領地が皆無であるという重要な事実が見落とされてきたのである。ここには当然にも、家康の深い戦略的意図が伏在しているわけであり、それがこれまで見逃されてきたということになる。

京から西の西国方面に徳川の譜代大名を散りばめておくことは、家康と徳川幕府が全国統治を推し進める観点からは必須不可欠なことであろう。大身大名である必要はない。三〜五万石クラスの譜代大名をこの方面の各地に配置しておくことは、西国方面に蟠踞する外様大名の動向を監視し、幕府の威令をその方面に浸透させていくうえで重要な意義を有することは言を俟たない。この方面の外様大名が叛乱行動に出た時でも、いち早く情報を江戸に伝達しうるし、弱小ながらも城郭があれば籠城抵抗して、叛乱軍の動きを食い止めて、徳川方の鎮圧体制が整うまでの時間稼ぎをなすという観点からも、絶対に外すわけにいかないことであろう。

それにもかかわらず、家康は京から西の西国方面にまったく徳川系大名を配置していない。そこに伏在する家康の戦略的意図を考えたとき、京から西の西国方面に対する不介入主義、それ以外の何があろうか。京から西の西国は豊臣家と秀頼の管轄領域、京から東の東国は徳川家と将軍の直接支配領域とする二重国制を家康は構想していたということである。

豊臣と徳川と、両者の棲み分けによる共存共栄の途こそ、家康の望むところであり、徳川の女子である千姫《せんひめ》の秀頼の下への入輿は、そのシンボリックな所為であった。徳川女子を秀頼に配偶するというのは、いまわの時における秀吉の家康に対する懇願であった。武家の社会では、女子の配偶を通して舅（ここでは舅の父であるが）――婿の関係になることは、舅は婿に対して（実の父親同然の）保護義務を負う関係になることを意味する。当時の感覚では、両者の婚姻は、秀頼が家康の孫娘を娶るとしてよりも、秀頼が家康の婿になったととらえられるのである。そうなれば、家康は秀頼に対する保護責任を負うことになり、秀頼に対して敵対的態度や不利益行動はとりづらくなる。もちろん、女子を人質として相手方に預けるという効果も見逃せない。

それゆえに秀吉は懇請し、家康も応諾はしたが、関ヶ原合戦で勝利した家康にとって、そのような約束を反故にしたとて非難する者もいないであろう。しかし家康は、この約束を誠実に履行している。東は徳川が、西は豊臣が、長い地形をもつ日本列島を東西分有し、お互い棲み分けることによって共存共栄を図るような国制。それが家康の描いた永続平和の国家像であった。

二重公儀体制の破綻

それは一面では家康の善意と配慮の謂であるが、他方では軍事力学的な必然でもあった。関ヶ原合戦において加藤清正、福島正則、浅野幸長らが家康に与同して東軍陣営で戦ったのは、石田三成ら政権内部の敵と戦ったのであって、豊臣家を見限ってのことではない。いま家康が豊臣家に対する討伐を発令したとしても、彼らがそれに服従することを期待することはほとんど不可であろう。

それは加藤清正や浅野幸長の場合に顕著である。ことに清正は人後に落ちぬ親家康の武将として知られており、かつて石田三成派が家康襲撃を企てた時も、いち早く家康の下に駆けつけてその守護に努めるような人間であった。しかし同時に豊臣家と秀頼に対する忠誠心においても、人一倍篤い人間であった。かりに家康が秀頼に対する軍事討伐を発令してもこれに従うことなく、大坂城の防衛の側に馳せ参ずることであろう。浅野幸長もまた同様であり、この両者があれば福島正則もまた同一行動をとる可能性が高くなるであろうし、この三武将の態度が堅固であれば、それ以外の豊臣系武将にもこれに同調する者は少なからず現れることであろう。

あの大坂夏の陣の最終局面においてすら、彼らと同世代の豊臣系武将（黒田長政、加藤嘉明など）で、戦場に出て大坂城攻めに立ち働いている者は、藤堂高虎を除いては見当たらないというのが現実であった。黒田長政らは秀忠の帷幄にあって、大坂城の最期をただ見届けるばかりであった。清正らが存命の時に、彼らに大坂城攻めを求めるのが不可であることが諒解されるであろう。

それゆえに二重公儀体制という共存路線は、家康としても取らざるをえないという軍事力学的要請が働いていたということである。

その二重公儀体制であるが、それはその限りにおいて良好なバランスを保っており、家康としても充分に満足のいくものであったろう。しかも二条城会見で、秀頼は徳川の政治主導を認めるという明確な意思表示までしたというのであるから。まさに分別ある態度を秀頼は示したのである。同会見は、家康にとって十二分に満足のいくものであったと評して差し支えないであろう。

しかしながら、次の事情を考慮に入れたとき、これらが実は問題の解決にはなっていないことに思い至らざるをえなくなるであろう。それは他ならぬ家康が、自身の死ということを念慮した場合である。

そのとき、この両体制の頂点は豊臣が秀頼、徳川が秀忠となる。この形となったとき、二重公儀体制のバランスは維持できるであろうか。答えは端的に否となる。なぜならば家康が存命の時に、加藤、浅野、福島ら豊臣系の武将大名が家康の命に服従していたのは、豊臣家を見限って徳川家の家臣となったからのものではない。あくまでも豊臣家と秀頼の臣下であるという立場を保ちながら、征夷大将軍である家康の軍事指揮に服していたということである。そこには軍事カリスマとしての家康に対する敬意と畏怖の念が存在していた。

しかし家康亡きのちの秀忠に対して彼らが、家康時代と同様の服従の期待することは困難であろう。征夷大将軍という職権があろうとも、それを裏付ける実力や実績があってこそ、その権限も威力を発揮する。しかし秀忠にはこれが決定的に欠けていた。それが秀忠の責任ではないことは前述した通りであるが、関ヶ原合戦という天下分け目の一戦に遅参したということは拭い難い失点となっていた。そのような秀忠に、家康同様の服従を豊臣系大名たちに期待することは無理な話ではある。彼らが秀忠への服従よりも、成人なった秀頼との主従関係をより強める方向に進んでいくことは不可避であったであろう。

それはどこから見ても明らかであるし、家康とても甘受せざるを得なかった成り行きではあろう。しかし真の危機はそこにではなく、それ以上に危険な事態が想定された。それは豊臣系大名ではなく、毛利、上杉、佐竹といった関ヶ原合戦の負け組であった旧族系大名の動向である。彼らは改易こそ免れたものの、領地の四分の三ほどを没収される大減封を蒙っている。毛利は西国八ヶ国の領有を長門・周防二ヶ国とされた。上杉は一二〇万石を三〇万石とされた。佐竹家は上杉と気脈を通じて江戸城を狙っていたと見なされて常陸五〇万石を秋田一八万石に減転封されていた。

すなわち家康の死は、これら諸大名にとっては失地回復の絶好の機会の訪れを意味することとなる。そこから彼らが豊臣秀頼を戴いて徳川討伐の軍を起こし、関ヶ原合戦の復讐を果たすとともに、徳川領国を奪い解体して失われた領地の回復に充てるというシナリオが浮かび上がってくる。ここに想到したとき、家康はもはや安閑として過ごすことは出来なくなってしまったであろう。これは、可能性の低い危惧材料であろうか。否、決して優先順位の低い危険事項ではない。現在の上杉や毛利がいかに徳川に馴致されているかに見えても、家康が死ぬや否や不可避的に湧き起ってくる問題なのである。「一所懸命」、これは武士の社会の中で形成されてきた、武士の根本的なエートス（倫理的な情動）である。今日では「所」の意味が不明になってしまったので「一生懸命」という表現に変じてしまったが、本来的には「一所懸命」であった。「所」とは「所領」の意、いわゆる領地であるが中世社会では「所領」という表現が一般的である。

「一所懸命」とは父祖が血と汗でもって獲得した所領は、決して失われてはならず、命を賭して子々孫々へと守り伝えていかなければならないとする精神である。上杉、毛利、佐竹といった中世から連綿と続くこれら旧族系大名たちが、このような精神を保持していることは言うまでもないことである。

家康の死は、これまで半ば諦めていた領土の回復という問題を、彼ら旧族系大名たちの間に強い現実味を帯びて甦らせていくこととなる、不可避的に。

想定されるこのような事態に対して、家康と幕府は、どのような有効な対処が講じられるであろうか。

大名妻子を江戸に集めて人質とするというのは、まず以て常套的かつ効果的な措置ではある。しかしまた、人質というものが平時における抑止力としてはそれなりに効果のあることは首肯されるけれど、いったん戦争が始まり決定的な局面を迎えてしまうと無力であることも事実である。石田三成方が支配下に置いたはずの人質が何の役にも立たなかった関ヶ原合戦は、その良き例証ではなかったか。家康にとって右の状況は憂慮の極みであり、自己の存命のうちに何がしかの処置を下しておかねばならない枢要の課題であった。それは豊臣家と秀頼を討ち滅ぼすか、少なくとも完全なる制圧下に置くことでなければならなかったが、家康は何ら手出しができないままに煩悶を繰り返すしかなかった。

方広寺大仏殿鐘銘事件

しかも家康にとっての僥倖は、これまで不可であったはずの豊臣家と秀頼に対する軍事的討伐の機会が生じてきたということである。すなわち、この問題にとって最難関をなしており、あの二条城会見の時も秀頼の側を片時も離れることなく、身命を賭して秀頼を守り抜こうとしていた加藤清正が、会見から三カ月後の慶長一六年六月に突如没してしまった。

さらに二年後には、清正と並んで豊臣家の柱石と頼む浅野幸長が病没した。すなわち家康にとって、軍事発動しうる条件が整ったのである。しかしそれでも家康は動かなかった、否、動けなかったと言うべきであろう。旧主家に対して軍事発動をなすことの、倫理的障害が家康に決断をためらわせていたと考える他はない。

そもそも秀頼と豊臣家が、徳川を滅ぼすべく軍事動員を企てているというわけのものではない。危機の根源は、毛利、上杉、佐竹らの失地回復衝動であって、秀頼と豊臣家はただ彼らに担がれようとしているだけのことなのだ。

また危機は、徳川にとっての危機ではあるが、天下の大義が危殆に瀕しているわけではない。徳川にとっての存亡の危機であるが、しかしそれは、あくまで私益に属する話でしかない。そのような一私益を守らんがために、旧主家を軍事的に滅ぼしてしまうというのは、はたして許される行為であろうか。家康に逡巡を迫っていたのは、おそらくこの想念であったのではないかと思う。

浅野幸長が死没してから一年近くが経とうとしているのに、家康が行動を起こさなかった理由について、それを抜きにして他に求めることができようか。しかも家康自身にとって、残された時間は刻一刻と消え去りつつあるのに。

つまるところ、家康は行動を起こしえなかったということであろう。たとえ自分の死後に徳川家が滅亡することがあろうとも、それは天命として受け止めるしかない、という思いであったか。解決の方途が見出せないままに、ただ煩悶を重ねるしかない日々が過ぎていった。

そして事態は、ここから有名な方広寺大仏殿の釣り鐘の銘文に記された「国家安康」の文字をめぐる問題へと進んでいく。秀吉が京の東山の地に奈良のそれを上回る規模の大仏と大仏殿とを造立しようと計画したのは天正年間の末の頃であった。しかしながらその建設は度重なる災厄に見舞われて挫折し、秀吉の死後は秀頼がその遺志を継いで造営を進めたのであるが、ここでも難渋を重ねた末、慶長一九年に漸く完成を見た。そして豊臣家では家康と連絡を取り合いながら、家康の意向を汲んで同年八月一日に大仏殿の堂供養、秀吉の祥月命日である八月一八日に大仏の開眼供養という段取りで万端の手配を進めていた。

しかるに、七月二一日になって、方広寺の鐘銘に不吉の文字が記されている旨の報告が駿府の家康

方広寺鐘銘
（京都市東山区正面通大和大路東入茶屋町）

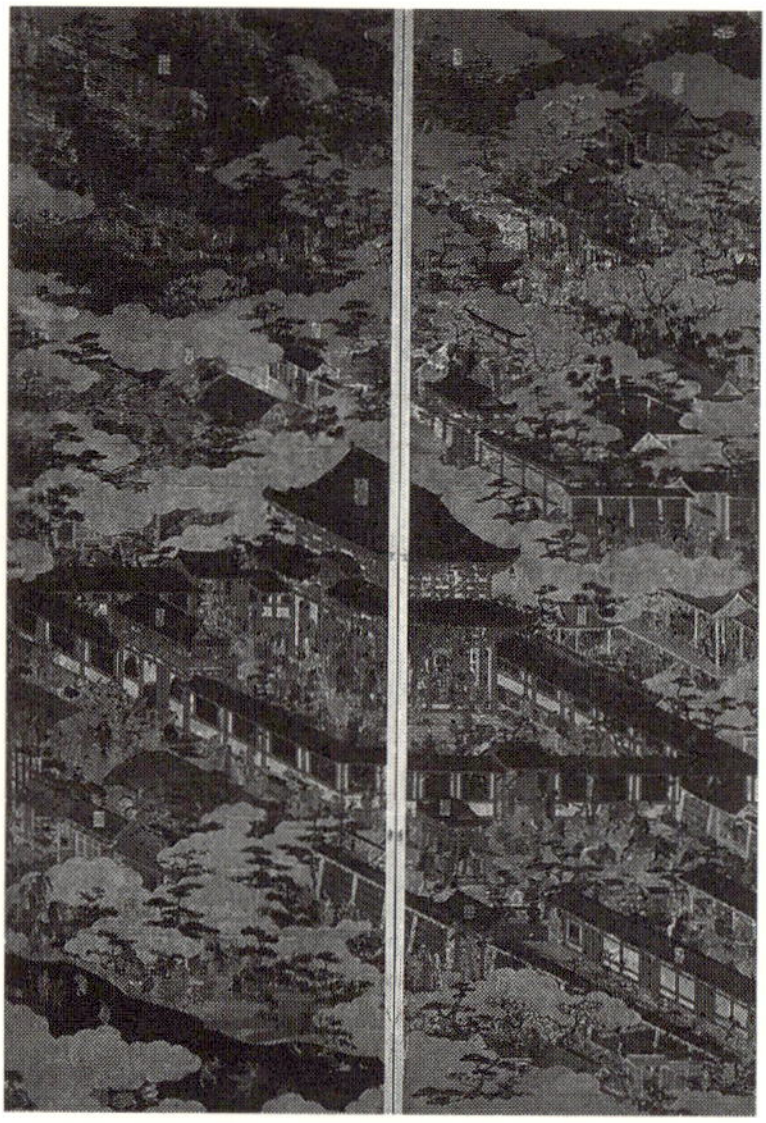

方広寺
岩佐又兵衛筆「洛中洛外図屏風（舟木本）」部分（東京国立博物館蔵／Image: TNM Image Archives）

の下に届けられ、家康が大いに怒りを露わにしたというところから事件は始まる。本事件については、方広寺の鐘銘文中に「国家安康」の文字があり、従来の議論では、これに対して徳川方が「家康」の名前を分断するものというこじつけをなし、豊臣討伐のための口実作りを行った謀略という形で捉えられてきた。このような狡智を家康に授けたのは、その宗教政策の顧問であり、のちに禁中幷公家諸法度《きんちゅうならびにくげしょはっと》など一連の幕府の法度を起草した南禅寺金地院住持の崇伝であったともされてきた。

　しかしながら、このような事件の構図は今日では否定されている。

この問題は、徳川方のこじつけとか言い掛かりによるものではなく、鐘銘に「家康」の文字があるのは、豊臣家から委嘱されて鐘銘文の撰述をなした東福寺僧清韓《せいかん》が意図して記したものであることが、清韓自身によって証言されているからである。

幕府側の取り調べに対して清韓が作成した弁明書が残されており、そこには次のように記されている。すなわち、「所所幾者、国家安康、四海施化、万歳伝芳」の句について、

鐘と申す物は奇特不思議のあるものなれば、この功徳によりて四海太平、万歳も長久にましませと云う心ぞ、国家安康と申し候は、御名乗りの字をかくし題にいれ、縁語をとりて申す也、(中略)とどき候はぬは不才のとがにて候、万事芳免をくだされば、生前死後の大幸也

(『摂戦実録』〔『大日本史料』第十二編之十四、慶長十九年八月十八日条〕)

すなわち、鐘の功徳をもって四海太平、万年も長久であれかしという願いを込めて、「国家安康」という表現をとったこと、そしてそこに「家康」の名乗り字(諱)を、漢詩や和歌などでよく用いる趣向である「かくし題」にして、国家長久の意を表そうとした旨が述べられている。清韓はまた「君臣豊楽」の語句もまた「豊臣」の文字を隠し題として用いていることを明言している。

このように「国家安康」「君臣豊楽」の八文字は、清韓によって入念に練られたうえで織り込まれているというのが事実であって、徳川方が鐘銘の多数の文字の中から、無理矢理こじつけて引き出し

てきたというような性格のものではないのである。

さて「国家安康」の四文字をめぐる問題が、徳川方のこじつけではなくて、撰文者清韓の意識的な撰文ということを認識したいま、争点となるのは、この「家康」という諱《いみな》を用いることの礼法上の是非ないし許容の程度であり、さらに徳川方として見逃しにできないのが、この「家康」の文字を鐘銘文中に織り込むという行為が、清韓が弁明しているように本当に家康に対する祝意に出ているのか、それとも祝賀にことよせて、実は呪詛・調伏の底意が隠されているのではないかという問題であった。

この問題については、当時の名前に対する考え方を知っておく必要がある。実名は顕わにしてはいけない、実名を顕わにすることはタブーであるというところから、諱という表現が出てくる。実名のことを諱と称する。忌む名、名を忌むという意味から諱という言葉で呼ばれていた。

この由来には中国的観念と日本的観念との両方がある。中国では無礼であるという礼の観点から、一方、日本では勝手に人の名前を呼ぶことは魂を奪うという言霊信仰の観点から、諱を使ってはいけないとされた。

そこで実名を避けるために称号が発達した。たとえば「五郎兵衛」「権平」、あるいは大岡越前守・浅野内匠頭というように朝廷官名も称号として使われたのである。

だから家康を指す場合に、「内府（内大臣）様」という呼び方をするのも全部称号上の表現であって、ドラマのように面と向かって「家康様」などと言ったら、無礼者といって即刻打ち首になるかもしれない問題である。

決して実名を呼んではいけない。諱を避けるために「上総介様」「筑前様」と呼ばなければならない。それが当時の価値観であったのである。このような認識の中で「家康」という実名の文字が書かれれば、それに対してクレームをつけるのは当然のことなのである。

清韓は、あくまでも祝賀の趣旨で「家康」の文字を用いたと弁明しているが、果たしてそうか。「国家安康」と対をなしている「君臣豊楽」には「豊臣」の文字が記されている。だが、「豊臣」は苗字であって実名ではない。家康の実名＝諱を用いたなら、こちらには「秀吉」「秀頼」などの実名＝諱がこなければならない。「秀」「吉」などの文字は祝慶の意を表現するにふさわしいではないか。しかし、「秀吉」も「秀頼」も使われず、苗字にあたる「豊臣」であった。これは、「秀吉」「秀頼」の実名＝諱を意図的に避けたのではないか、そして呪詛の意思をもって、あえて「家康」の実名＝諱を書き込んだのではないか。

家康側が、この問題をそのように捉えたとしても、こじつけとは言えない。実際、これは限りなく黒に近いという心証を得る。とはいえ証拠はないことであるから、それ以上の追及は難しかった。しかし家康にとって、これまで悶々と鬱屈していた心のわだかまりが、この事件によって一挙に噴出することとなった。家康にしてみればまさに天与の好機であり、本問題を通して積年の課題に決着をつけるべく突き進むこととなる。大坂の陣の勃発は、以上のような流れの中において理解されるべきものであろう。

2　大坂冬の陣

家康による軍事動員

家康は早晩、豊臣方との一戦は不可避と見て、九月七日には島津家久、細川忠興ら西国諸大名ら五〇名に命じて、家康・秀忠に対して二心なき旨の誓詞を提出させ、同一八日には江戸よりの帰途、家康に謁するため駿府に来た池田利隆《としたか》に対し、急ぎ兵を尼崎に出し、同地の城主建部《たけべ》政長《まさなが》とともに大坂に備えることを命じた。

そして一〇月一日には、江戸の秀忠に出陣の用意を通告し、また東海・北国・西国の諸大名に対しても出兵を求めた。すなわち遠江から伊勢にかけて領地をもつ諸大名たちは淀・瀬田に、北国の諸大名は大津・坂本・堅田に、中国筋の諸大名は池田に、九州方面の諸大名は西宮・兵庫に、四国の諸大名は和泉沿海に、それぞれ兵を派遣して駐屯することを命じた。

さらに同八日には、江戸から呼び寄せた藤堂高虎に先鋒を命じ、大和の諸大名を統率し、遠江から伊勢にかけた東海道筋の諸大名の兵とともに、大坂城に対する南西方面からの進行路となる天王寺口に向かわせた。

この頃、江戸に滞在していた浅野長晟《ながあきら》・鍋島勝茂《かつしげ》・山内忠義《ただよし》・蜂須賀至鎮・小出吉英《こいでよしひさ》らの諸大名は相次いで江戸を離れて駿府に来て家康に謁したが、家康は彼らに対して領地に戻り出陣の準備を整え、後命を待つべしと申し渡した。

そして一〇月一一日、家康は駿府城から麾下の兵五〇〇余を率いて進発した。江戸の秀忠は関東方面の処置を施したのち、同月二三日に五万余の大軍を率いて出陣した。家康は一〇月二三日に上洛して二条城に入り、秀忠は一一月一〇日に着陣して両軍が揃い、大坂攻撃の態勢を取った。

この時のこと、二条城に滞在中の家康は、僧天海《てんかい》に命じて『日本後紀』『弘仁格式』『貞観格式』『類聚国史《るいじゅうこくし》』『類聚三代格《るいじゅうさんだいきゃく》』などの国史関係の書物が仙洞にあるかどうかを問い合わさせ、翌一〇日には天海が後陽成上皇の院使の資格で、『類聚三代格』『年代略』『類聚国史』『古語拾遺』『名法要集』『神皇帝図』を二条城に持参し、それらを羅山が家康の御前において読んだという（『駿府記』慶長一九年一一月九日条）。

これから大坂城を相手に大戦争を行おうという時に、古典の調査とは！　これは、この後に見られる奈良、法隆寺の文化財参観とも併せて、家康の好学の精神、文化財尊重の姿勢を示すものであり、それが三〇万人規模の兵士を動員して展開される大戦争のさなかに行われているところに、余人を寄せ付けない家康の卓越した資質が現されている。

一一月一五日、二人に率いられた軍勢は京都を発し、そののち家康の部隊は大和路に沿って生駒山脈の東を南下し、木津、大和郡山、法隆寺、王子、國分と進み、生駒山脈を抜けて河内国の道明寺《どうみょうじ》に至る。他方、秀忠の率いる部隊は八幡から淀川左岸を南下して枚方に至り、それより大坂方の要撃を避けるべく東行して生駒山麓を南下する。この道を高野街道といい、南下して道明寺に至ることから、同地点において大和路を進んできた家康の率いる部隊と合流することになる。同月一七日に両者は合流し、それより両部隊は北西方面に進んで天王寺の周辺に軍を展開させた。

ところがこの時の家康の進軍路を仔細に眺めると、興味深い行動をとっていることが分かる。京を進発した一五日、その晩は木津に宿営をする予定であった。ところが同地に到着した家康は、急に思い立ったのか、湯漬けを立ちながら食して、軍を木津に置いたまま自らは三〇騎程の従者とともに奈良へと向かっていった。

木津から奈良まで二里余、進軍コースから外れていたが、家康はあえて奈良の街に入り奈良奉行の中坊秀政の屋敷で一泊している。翌一六日の朝、家康は一緒に連れてきた九男の義直とともに春日大社などの見物を楽しんでいる。家康はこのときまで奈良を訪れたことがなかったようで、またとない機会とばかりに古都奈良の情緒を味わっている。

それより軍を進めるのであるが、こんなあり様なのであまり距離をかせぐことができず、その晩は法隆寺に入り、家康は同寺の阿弥陀院で宿泊をしている。法隆寺の宿泊は、奈良に向かった時に家康は併せて考えていたのかもしれない。もっとも家康は、法隆寺では聖徳太子像の前で怨敵退治の弓矢祈願をなしているので、寺院拝観だけというわけではなかったようだが、やはり日本最古の寺院に身を置く喜びを満喫していたのであろう（『大日本史料』慶長一九年一一月一五日条、同一六日条）。

これらの行動にはただ賛嘆の念を捧げるばかりである。奈良も法隆寺も、家康にとって一期一会の地とはいえ、いま大戦争に向かっている最中の出来事であるという事実を想起するならば（陸軍参謀本部編『日本戦史・大坂役』。以下断りない限り、大坂の陣における戦闘経緯については同書に拠る）。

豊臣方の動向

これより先、大坂城に入った牢人衆の真田信繁・後藤基次《ごとうもとつぐ》らは城外出撃による迎撃論を唱えていた。援軍の到来を期待しえない情況下での籠城策は無意味であり、積極的に打って出て、敵が包囲網を形成する前に粉砕してしまうとする策である。具体的には一〜二万の兵を率いて宇治・瀬田に進出し、瀬田川を盾に、徳川軍を迎撃するとする作戦が検討された。

しかしこの出撃迎撃策は、限られた城内兵力を分散させることの不利もさることながら、何より源平合戦、承久の乱に明らかなように、宇治川・瀬田川を守って勝利を収めた例《ためし》無しという反対意見の前に、早々に見送られ、豊臣方の作戦は持久、籠城の堅陣を構築する方向でまとまっていった。

木津川の戦い

慶長一九年一一月中旬、徳川方は、上坂してきた各大名達を含めた約二〇万の兵で大坂城の廻りを固めた。参陣した大名と、その配置については、次頁の図に見られる通りである。

木津川口砦（江田ガ崎とも呼ばれる）は、豊臣方が軍備を整える中で城外の要所に築城した砦の一つで、「城」とも称される。かつての石山本願寺と織田信長との石山合戦において、本願寺への海からの補給をめぐって、毛利・村上水軍と織田・九鬼水軍とが激戦を展開したことでも知られる要地である。

豊臣方は大坂湾への出入り口を重視し、大坂城の西方にあたる木津川河口一帯に砦を数多く築いて堅陣を張っていた。砦は大野治房《おおのはるふさ》が築き、兄の治長《はるなが》の指揮で明石全登が八〇〇人をもって守備し、舟奉行の樋口雅兼が付けられた。

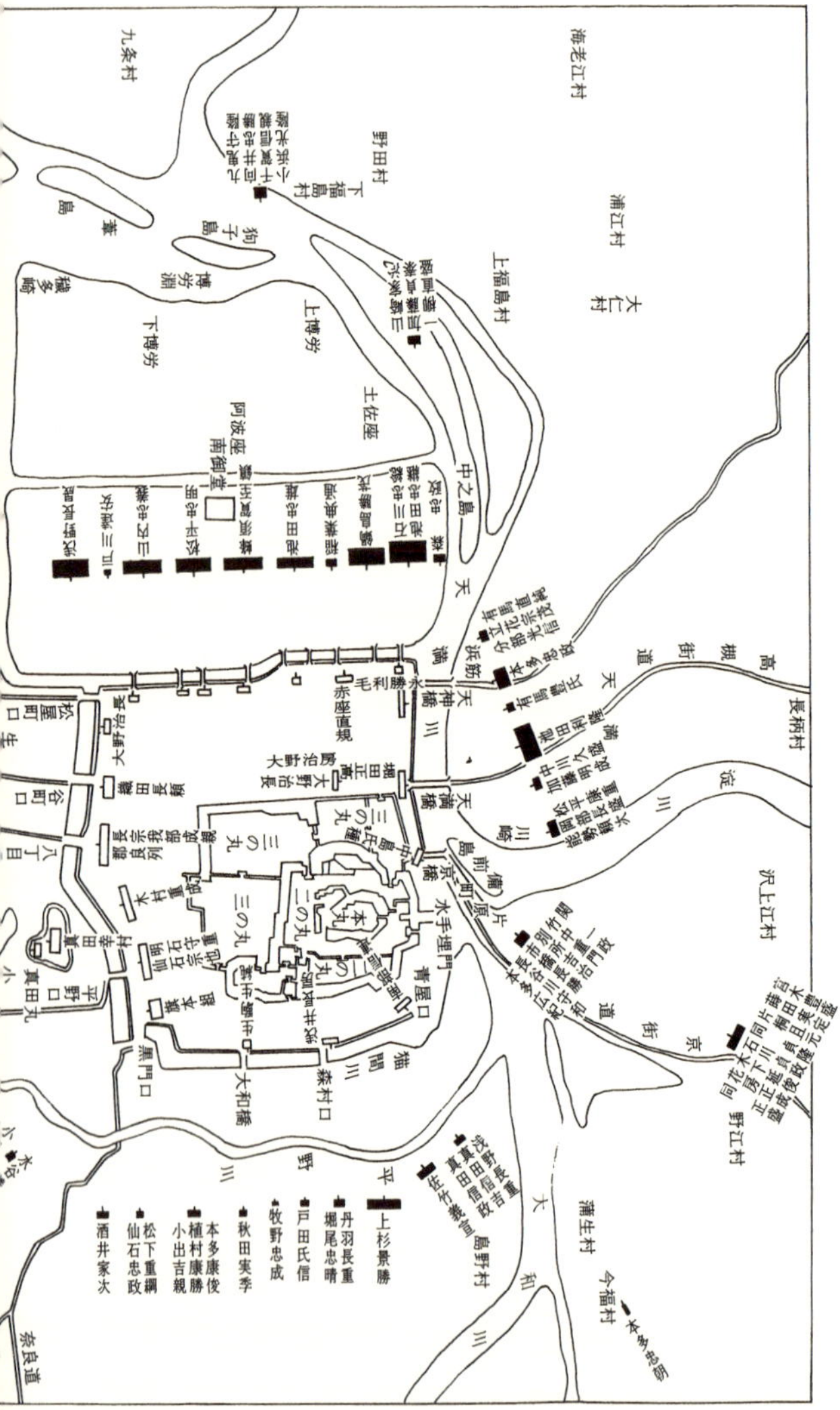

海老江村
九条村
野田村
下福島村
浦江村
上福島村
大仁村
狗子島
葦島
博労淵
穢多崎
上博労
下博労
土佐座
阿波座
南御堂
中之島
天満
高槻街道
長柄村
淀川
天神橋
天満橋
天満川
川崎
備前島
京橋
片原町
沢上江村
京街道
野江村
毛利勝永
赤座直規
堀田正高
大野治房
大野治長
松屋町口
谷町口
八丁目
本丸
二の丸
三の丸
水手埋門
青屋口
猫間川
森村口
大和橋
黒門口
平野口
真田丸
上杉景勝
丹羽長重
堀尾忠晴
戸田氏信
牧野忠成
秋田実季
本多康俊
植村康勝
小出吉親
松下重綱
仙石忠政
酒井家次
島野村
蒲生村
今福村
大和川
平野川
奈良道

(『国史大辞典』より)

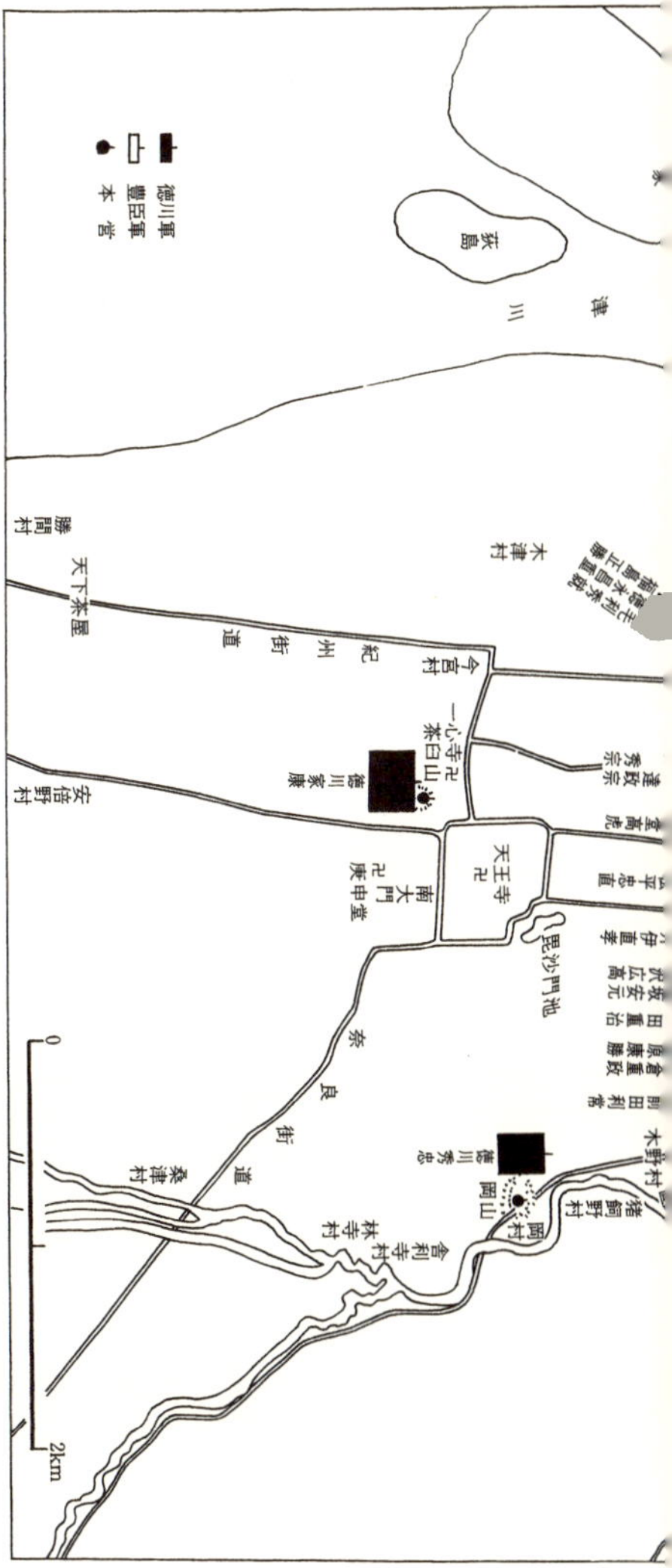
徳川軍
豊臣軍
本営
勝間村
天下茶屋
紀州街道
今宮村
木津村
一心寺
茶臼山
徳川家康
安倍野村
天王寺
南大門
庚申堂
毘沙門池
奈良街道
桑津村
林寺村
舎利寺村
岡山
徳川秀忠
猪飼野村
0
2km

大坂冬の陣合戦布陣図

大坂冬の陣の本格的な戦いは、これら木津川河口一帯の砦の攻防をめぐって開始された。その主役をなしたのは阿波一八万石の大名、蜂須賀至鎮によって率いられた蜂須賀隊であった。

一一月一八日、蜂須賀至鎮が木津川口の砦に対する攻撃を開始し、深夜三時に三〇〇〇の兵と船四〇隻をもって、水陸より砦を襲った。この時、豊臣方では砦の主将明石全登は本丸に伺候していて留守であり、弟全延が砦を守備していた。そのため夜襲を受けた守兵の指揮統制は乱れ、さらに蜂須賀勢にとって都合良く強い北風が吹いたので火攻めをかけるや、火はたちまちに延焼し砦はあっけなく陥落した。

博労淵砦の戦い

この木津川口の戦いに続けて、蜂須賀隊が目覚ましい戦果をあげたのが博労淵《ばくろうぶち》の戦いである。博労淵とは木津川の中州、狗子島の東にあたる沿岸一帯を指しており、右に述べた木津川口砦と西南の葦島・三軒家・萩島などと連絡していて、水路を扼する要地であった。

豊臣方はここに柵・櫓を築き、西北に濠を掘り、木津川に橋を架け、薄田兼相《すすきだかねすけ》・米村六兵衛・平子主膳を守将として守備させていた。

蜂須賀至鎮は砦の守備態勢が堅固でないという情報を得ていたので二九日未明、水陸二手に分けて砦への攻撃を開始した。

このとき豊臣方の砦の主将であった薄田兼相はたまたま神崎の遊女屋に赴いて不在であったことから砦の守兵は混乱に陥り、ついに砦を捨てて敗走した。

この一連の戦いにおける勝利の結果、徳川水軍の木津川方面における展開が容易となり、一方、豊臣方にとっては海上補給の途が断たれるとともに、水軍を展開して徳川方の腹背を突くといった自由な戦法が封じられてしまい、籠城一辺倒へと追いやられていくこととなる。

鴫野の戦い

大坂城の北東の守りとして鴫野《しぎの》と今福の地には柵が張りめぐらされ砦が築かれていた。大和川（現・寝屋川）を挟んで北岸が今福で、南岸が鴫野である。そしてこの方面においても戦いが始まった。

鴫野の砦は豊臣家の鉄砲頭井上頼次や大野治長の手の者が守衛し、徳川方は上杉景勝らがこれに対峙する形で配備され戦機をうかがっていた。一一月二六日未明、徳川軍の物見が敵を偵察するうちに鴫野の柵の豊臣軍と戦闘になった。そこへ上杉勢も来襲して激戦になった。豊臣方は支えきれず撤退し、砦の守将井上頼次はその場に討ち死した。

これを聞いて、大坂城内から大野治長・渡辺糺・竹田栄翁《たけだえいおう》らの部隊、天満方面からは秀頼の旗本七手組の諸将が援軍に駆け付け再び戦闘となった。上杉方も鉄砲数百挺を並べて防戦に努めたが、渡辺・竹田の猛攻を受けて一時間ほどで敗れ、柵は奪い返された。

上杉勢はなんとか豊臣軍をくい止めようと、さらに鉄砲部隊五百を繰り出して一斉射撃を浴びせかける。豊臣方がひるんで進撃がにぶったとき、上杉方の安田・須田隊が敵の側面を突いて攻勢に転じる。豊臣方も大いに奮戦したが兵力数の差はいかんともしがたく、ついに退却して鴫野の砦は徳川方の手に落ちた。

豊臣方は淀川や大和川の堤を切って溢水作戦を展開し、城の東一帯を沼湖のごとくに水没させて、枚方方面から大坂に迫ろうとしていた徳川部隊の進軍を阻止する戦術をとった。

今福の戦い

今福方面でも大和川の堤を分断して四重の柵を設け、大野治長の部将の矢野正倫《やのまさとも》と飯田家貞らがこれを守備していた。

徳川方の佐竹義宣は家康から今福の砦の攻略命令を受け、同月二六日の夜明けとともに進撃を開始した。佐竹の部将、渋江政光・梅津憲忠が堤を進んで柵へ取りかかり、戸村義国《とむらよしくに》の率いる別働隊も堤の下から柵へ迫った。

この動きを見た矢野正倫隊が仮橋を渡って応戦するが支えきれず柵へ退却した。このとき慌てて引きあげたため柵門を閉じず、仮橋も壊さないままであった。このため佐竹勢は一気に柵内に雪崩れ込み、すべての柵を占拠した。時に午後二時頃であった。

豊臣方の木村重成は今福の柵が占拠されたと聞くと、本丸から城外へ打って出て、今福を占拠している佐竹勢に猛攻をかけた。佐竹勢は柵を放棄して後退を余儀なくされたが、木村の部隊もまた鴫野方面を占領している上杉勢からの射撃を受けて前進を阻まれた。

豊臣方ではこの戦況の下、秀頼の命を受けた後藤基次が後詰に城から駆けつけ、豊臣方の気勢は大いにあがった。佐竹勢は後退を続けたが、渋江政光は態勢を立て直すべく自軍本陣の柵前に兵二〇〇で折り敷き（腰をおろし片膝立ての形）の鑓衾を作って防御の堅陣を構えて睨み合いの状態となった。

しかし、勝機と見た基次が突如三〇〇人を突撃させると渋江隊はもろくも崩れた。木村勢はこれを追撃し、狙撃して落馬させた渋江政光を討ち取った。これを見た後藤勢は柵を破って総攻撃に出たことから、佐竹方の梅津憲忠もまた深手を負った。大将の佐竹義宣はこのあり様を見て、自ら前線で陣頭指揮を執るが、兵の士気が上がらず旗本まで崩されるという事態となる。

義宣は対岸の上杉勢に救援を要請し、景勝はこれを受けて配下の水原親憲に佐竹勢の救援を命じた。また徳川方の堀尾忠晴《ただはる》・榊原康勝・丹羽長重の諸将もこれに続いて援護の兵を差し向けたことから、さすがの木村・後藤勢もそれ以上の攻勢は無理と判断し、各柵を修理して守りを固めたうえで城へ引き上げた。

真田丸の攻防

大坂城は大坂の北東に位置する上町台地の上に築かれ、西に大坂湾を控え、北は淀川（旧淀川）の本流、東には大和川および平野川とその湿地帯を控えており、自然の障害に恵まれていた。そのような天険に護られた大坂城であったが、その南方面は緩やかな斜面の他には特に自然の要害もなく、空堀をめぐらすのみであって、防御の弱点をなしていた。

大坂城の惣構のうち、この南方面には三つの門があり、西端を松屋町口、中央を谷町口、そしてその東を八町目口と称した。真田信繁は大坂城のこの弱点を補強するために、この八町目口の東で、惣構の東南端に出丸を設けた。世に「真田丸」と呼ばれる砦である。長さ一〇〇間、周囲に堀を構え、中は塀柵を四重にはりめぐらし、鉄砲部隊を配備して堅陣をなしていた。

一二月二日、家康は単騎で城近くを巡視したのち、先鋒前田隊の陣を訪れ、前田利常《としつね》に対して軽々

真田信繁（幸村）
（上田市立博物館蔵）

の城攻めをいましめ、仕寄せを付けてから攻撃に入ることを指示した。仕寄せを付けるとは、城攻めのための拠点形成を言い、竹柵をならべて敵の矢・鉄砲の攻撃を防ぎながら、塹壕を掘り、土塁を築くなどの工事を行うことを指していた。

利常はこの家康の命に従って塹壕を掘り始めさせたところ、真田信繁は出丸の南にある篠山に兵を増派し、側面から塹壕工事中の前田勢を射撃して多大の損害を与え、工事を妨害した。

この情勢を見ていた将軍秀忠は利常に対して、作戦の障害となっている篠山の攻略と陣の前進を命じ、これを受けて四日の午前二時、前田家の先鋒隊が篠山攻略に動き出した。まず、筆頭家老本多政重の率いる右先鋒部隊が篠山目がけて進撃。だが真田信繁は物見の報告によって本多部隊の動きを事前に察知しており、早々に篠山から兵を引き揚げさせていたために、本多部隊の攻撃は空振りに終わった。

この動きの中で、前田の諸隊は真田丸に迫る形勢を見せていた。本多政重はこれを無謀なこととして制しようとしたが、前田の部隊はこの指令を無視して前進し、また真田丸の側からも本多の及び腰を嘲弄する挑発があったため、本多政重の部将奥村栄顕が配下に進撃を命じ、自らも兵とともに城壁に取り付いた。

この挑発戦法こそ真田の得意技であり、かの上田城戦争において二度にわたって徳川方に苦汁を飲ませた戦法であった。こうして真田側の挑発に乗って、前田隊が一斉に城攻めに取りかかったのであるが、果たせるかな、待ち構えていた真田丸から鉄砲の猛射を浴びせかけられて死傷者が続出した。

前田の軍勢は第二陣、第三陣と攻撃を繰り出したが、いずれも真田丸を囲む塀柵に三〇センチ（一尺）間隔で設けられた鉄砲狭間から絶え間なく射撃される鉄砲の威力の前に、いたずらに死者の数を重ねるばかりであった。その頃、井伊直孝と松平忠直の部隊も真田丸の攻防を知ると先を競って進撃し、越前勢は惣構の八丁目口へ、井伊勢は真田丸へそれぞれ迫った。しかし真田丸へ向かった井伊勢は惣構と真田丸からそれぞれ放たれる鉄砲の猛攻に対抗できず、進撃を阻まれた。八丁目口へ向かった越前勢もまた外柵を破ったところで敵の猛射を浴びることとなり、空堀に身を潜めて、かろうじて敵の射撃をしのいでいるという有様であった。

一方、豊臣方では午前四時頃、夜中の暗闇ということもあって石川康勝隊が誤って火縄を二斗入の弾薬箱に落としてしまうという事故を引き起こしていた。箱は爆発して楼櫓は炎上し、康勝自身も火傷を負って退却するという大惨事となった。これを見た徳川軍の諸隊は、城内の内応者の裏切り行動と勘違いして城壁に急攻をかけた。

しかし豊臣方の守備は、徳川方の総攻撃近しと予測していた後藤基次の進言によって強化されていた。鉄砲の他に矢や石や木も投げ落とし、約一時間半の戦闘の末に井伊・松平勢は退却を余儀なくされた。この勝ちに乗じて、真田丸から真田幸昌《ゆきまさ》・伊木遠雄《いきとおかつ》が五〇〇の兵を率いて出撃し、前田隊の脇に構えていた松倉重政・寺沢広高の軍勢を打ち破った。追われた敗兵は越前勢に混入し、隊列が乱れた。そこを七手組をはじめとする豊臣側諸隊が射撃を加えると、越前勢にも戦死者が続出するありさまとなった。

戦況は正午近くになっても変化を見せず、徳川方は死傷者の数を増大させるばかりであった。午後三時頃になって井伊勢が撤退を始め、それに続いて諸将も順次撤退した。豊臣方も弾薬の消費量を考慮して、それ以上の戦闘を控えたために午後四時頃に、この真田丸をめぐる攻防戦は終わりを告げた。

砲撃

大坂城の真田丸および惣構南部方面において繰り広げられた攻防戦は、徳川方に甚大な被害を発生させて終わり、大坂城の堅固さを改めて認識させる結果となった。二〇万の軍勢で包囲しているとは言え、人海戦術の無理攻めでは大坂城を落とせぬと見た家康は、かねて用意の大砲群を繰り出して、砲撃戦でゆさぶりをかけようとした。

家康は、稲富宮内・正直・牧清兵衛らの砲術家数十人に約三〇〇挺の大筒（石火矢は五門）の指揮を執らせ、藤堂高虎・松平忠直・井伊直孝・佐竹義宣・菅沼定芳《さだよし》らの陣地と備前島から本格的に砲撃させた。先年の関ヶ原の役の大津城攻防の時には西軍が大筒をもって城を開城せしめている。

当時の大砲（石火矢）というのは鉄球を飛ばすだけのことであって、炸裂弾ではないのであるから平原で繰り広げられる会戦のような局面ではあまり威力を発揮することはなかった。しかしながら、そのターゲットが大きくて不動の状態にあることが前提となっている攻城戦においては、かなりの有効性が期待できた。敵城の城門を打ち破り、櫓・塀などの構造物を破壊するという目的のためには、この鈍重な武器も無意味ではなかった。

家康は難攻不落が予想される大坂城攻略に際して、国内の合戦ではあまり使われることのない大砲（石火矢）という武器の重要性に注目してこれを多数動員し、さらにはオランダ製の大砲までを調達して、この大坂の陣に臨んでいた。

当時の大砲では、その有効射程に難点があり、ことに幾重もの堀によって囲われた広大な領域をもつ大坂城に対しては大砲も無力であった。ただ大坂城の場合、その北側が淀川という大河に守られていたことから、外堀が充分には外へ張り出しておらず弱点となっており、攻城側がこの方面から大坂城の本丸に対して大砲による砲撃を加えることが可能であった。

家康はこの方面にある淀川の中洲である備前島に大砲を揃え、ここから大坂城本丸に対して連日のように砲撃を加えた。大砲の発射時に響きわたる轟音が守城側に与える威嚇効果と、城内構造物に対する現実の破壊効果とをもって城内の勢力を心理的に追いつめていった。ことに砲弾が天守の柱を直撃破壊して天守を傾かせ、さらに淀殿の居館をも打ち砕いたことは、淀殿をはじめとする城内勢力に大きな衝撃を与えた。

さらには表立って呼応する大名が現れないから、軍事的劣弱については言うまでもなく、武器・兵糧などの物資にも不安が生じてくる。食糧についてはかなりの量が備蓄されていたらしいが、鉄砲の不足は覆いがたく、小振りの鉄砲はおろか木製のものを使う事態にまでなっていた。弾薬も節約しながらの使用を余儀なくされていた。

何よりも城内を応援する勢力の出現が期待できない以上、この戦いを続けていても何らの展望も開きえないだろうという諦めの気持ちが蔓延し、城内の徹底抗戦派の間にも動揺の色が増していったことから、おのずから和議休戦の雰囲気が広まっていった。

和議交渉

一二月一八日に徳川方の京極忠高《ただたか》（常高院の長男）の陣中において、阿茶局《あちゃのつぼね》・本多正純と城中より招かれた常高院《じょうこういん》と大蔵卿《おおくらきょう》の局が対面して和議のことを議した。この日の会談では両家の間に主張の相違があったが、翌一九日に行われた二回目の会談で基本的に合意に達して和議は成立した。和議条件は次の通りである。

一、今度籠城諸牢人已下、異儀あるべからざる事
一、秀頼御知行、前々のごとく相違あるべからざる事
一、母儀在江戸の儀、これ有るべからざる事
一、大坂開城これ有らば、何国といへども望み次第、替え進らすべき事
一、秀頼に対し、御身上、表裏あるべからざる事

（林羅山撰『大坂冬陣記』／『大日本史料』第十二編、慶長十九年十二月二十一日条）

すなわち秀頼の身の安全と所領安堵を保証し、もし大坂城を明け渡すのであれば代わりの国を望み次第に進上すること、また淀殿を人質として江戸に送ることはせず、籠城の牢人衆の罪を問わないことなどを誓約する内容であった。

そして同書によれば、さらに和議の条件として大坂城の破却が挙げられ、「城中二丸石垣・矢倉・堀已下、秀頼より人数を以て、これを壊し埋むべし」（同前一二月二〇日条）としている。その工事の監督責任者には、京極忠高が家康によって指名された由である。

城堀破却条件をめぐる通念の誤り

これが有名な、惣堀の埋め立てとその範囲をめぐる和議条件の問題なのであるが、ここでもこれまでの通念には誤解があるように見える。

この大坂の陣における和議条件の城堀埋め立て問題については、外周の惣堀だけを埋める約束であったものを、徳川方は「惣」の文字を「すべて」の意味に曲解し、外堀埋め立て工事の余勢をかって、豊臣方の制止をも無視しつつ強硬的に内堀まで埋め立てるという卑劣な手を使って、大坂城を裸城にしてしまったという形で、昔から長く語り伝えられてきた。

巷間あまりにも有名なこのエピソードは、『大坂御陣覚書』『幸島若狭大坂物語』『元寛日記』『翁物語』などかなり多くの書物に記されているために、一概にしりぞけがたいところもあるが、これらはあくまでも後代に記された物語であり、この堀埋め立て工事に関する当時の第一次史料の中には見えないことなのである。

慶長一九年一二月二六日付で細川忠利が国元家臣に宛てた書状には、「大坂御城も二ノ丸、三ノ丸、総構をは御わりなされ、本丸までになされ、秀頼様御座候様にとの儀候、総構はこの方より御人数にて御こわしなされ候、二ノ丸、三ノ丸は城中人数にてわり申候、堀などやがて埋め申すべく候」（『大日本史料』慶長一九年一二月二二日条）とあって、本丸のみを残して、他はすべて破却・壊平するということが当初からの予定としている。

また『大坂御陣覚書』なる一書には、「二三ノ丸は御城方より仰せつけられ候はずに候へども、はかまいらず候につき、遠国の人数、そのうち在陣迷惑仕り候間、すけ申すべき由申し候間、人数を入れ申し候とて、惣人数を以て、二三の丸塀・矢倉まで、ことごとく打ち崩し、堀を埋め申し候」とある。二の丸・三の丸の破却については豊臣方の手で行うはずであったけれども、なかなかその工事が進捗しなかったので（当然のことだろうが）、遠国から来ている大名の家来たちが長期在陣にくたびれて、工事に助力しようと申し出て、諸大名の人夫を総動員して、二の丸・三の丸の塀・櫓まで打ち壊して堀を埋めたとしている。

土砂だけでは足りなくて、櫓も家屋も引き崩して堀の埋没工事を進めていることが知られる。

こうして堀埋め工事のようやく完了するのが、この正月二二、二三日頃のことであり、この間、約一カ月を要する大工事であった。豊臣側の虚をついて、一気に強行実施したという性格のものでないことが諒解されることであろう。

これらの状況から見るに、惣構の周囲をめぐる外堀のみならず、二の丸・三の丸の内堀を埋め立て、これらのエリアを壊平するというのは、豊臣方も諒解していた当初からの和議条件であったと解されなければならない。徳川方が惣堀という言葉にことよせて、だまし討ち的に内堀を強行的に埋め立てたとしてきた従来の通念は、根本的に改められなければならないであろう。

内堀までの埋め立てを受け入れ、二の丸・三の丸の壊平を行うというのは豊臣方にとって自殺行為ではないかと思われるけれども、結局、豊臣方にとって大坂冬の陣については、局面打開の展望が見えぬままに追いつめられていたということであろうし、何とか時をかせぎつつ、家康の死を待つことで状況の一変を計りたいという希望的空気が支配的になっていったことによるものであろうか。埋め立てられた堀は、ほとぼりの冷めた時点で掘り返せばよいという含みも当然にあったことであろう。

3　大坂夏の陣

再戦へ

慶長二〇（元和元、一六一五）年二月半ば、家康と秀忠はそれぞれ駿府と江戸に帰還した。

しかし家康にとって再戦は既定の路線であったろう。しかもその伏線は、かの和議条件の中に張り巡らされていた。

すなわち先述した和議条件五ヶ条の第四条目が問題となる。そこには、秀頼が大坂城を退去するならば、望みのままに他の領地を与えると規定されている。第二条には秀頼の知行には何らの変更はないと記されているにもかかわらずである。

四月五日、家康の下に大野治長の使者が来たって、秀頼母子は移封を謝絶する旨を伝えているので、それに先だって、家康から淀殿・秀頼に対して大坂城から別の地へ移封すべき旨の勧告があったことが推測される。家康は常高院を通してこれに回答し、いま移封の命令を拒むことは和平の破談に繋がることと警告している。

さらに同一〇日には、大坂から遣わされた使者である青木一重と四人の女使に対して、家康は大坂方が浪人をなお集めていることを難じ、秀頼は大坂城を去って大和郡山に移ることで再戦準備の疑惑を打ち消すべきこと、大坂城は修築して後日かならず復帰するよう取りはからうことを伝えている。

さすれば大坂の陣の再戦理由は、秀頼に対して大坂城を退去し郡山城へ移るべしとする徳川幕府の移封命令を拒絶したという点に求められることになる。家康にしても、もはや機の熟するのを待つといった慎重な態度は見られなかった。再戦は既定の路線であったごとくに、四月四日、家康は名古屋で執り行われる子、義直の浅野家との婚儀に臨席するという名目で、麾下の将士をひきつれて駿府を発し上洛の途につく。同六日には伊勢・美濃・尾張・三河の諸大名に伏見・鳥羽へ進軍するように命じた。七日、出陣令は西国の諸大名のもとにも発せられた。秀忠もまた京畿の警戒と称して、家康の名古屋到着と同じ一〇日に江戸を発して上洛の途についた。

大坂方では再戦必至の情勢のもと軍議が開かれ、大坂城がかつての堅牢な構えを失ってしまった以上、籠城は無意味であり外部へ打って出るほかはなかった。そこで冬の陣の時とひとしく瀬田・宇治川のラインでの防衛という作戦案も検討されたが、同ラインの攻防戦で西軍の勝ったためしが無いということと、劣弱な兵力の分散は望ましくないとされて、全軍は大坂城に拠りつつ、敵の動勢にあわせて随時出撃するという形で方針はまとまった。

そして迎撃作戦の基本は、七手組の主張にのっとって「城外南方での決戦」と定められた。城こそ手薄になったものの淀川水系によって城北方面の自然の要害は健在であるから、今回も城南方面に敵主力が回り込んでくることは予想できた。

一方の徳川方は、家康が一八日に京都二条城に入り、秀忠も二一日に伏見城へ到着した。伊達政宗・前田利常・上杉景勝・池田利隆・京極高知・同忠高・堀尾忠晴・森忠政・生駒正俊・有馬豊氏ら諸大名の参集も進み、和議も結局不調に終わったことで再戦はもはや不可避の情勢となった。

家康出撃

四月二二日、家康は京都二条城において、秀忠並びに本多正信・同正純・土井利勝・安藤重信・藤堂高虎ら参謀を招いて今次の戦いについての軍議を開いた。その結果、冬の陣の時と同様に、大坂に侵攻する徳川方全軍を二手に分け、一手は河内方面において生駒山脈に沿った高野街道を南下して大坂に向かい、もう一手は大和路を進んで大和郡山を迂回したのちに河内平野を目指し、両方面軍は道明寺あたりで合流。しかるのち大坂城の南方に主力を集結させるとした。

そして家康は冬の陣では大和口を進んだが、今回は秀忠とともに一二万余の兵を率いて河内口を進んだ。これに対して大和口には譜代武将である三河国刈谷城主・水野勝成を家康が指名して指揮官として充てた。

この刈谷水野家というのは、家康生母の於大の方の実家であり、家康にとって外戚家にあたる。その当主が水野勝成であるが、この人物は、若い頃から粗暴な振る舞いで知られており、親からも勘当同然の扱いを受けていたが、親の忠重が関ヶ原合戦の直前の時期に加賀井重望と口論のすえ、斬殺されるという椿事が発生し、勝成は急遽呼び戻されて水野家を嗣ぎ、刈谷城主となった。日向守を名乗っていたことから、その粗暴、勇猛な振舞ともあわせて「鬼日向」の異名をとっていた。家康は、勝成のこのような腕力の強さを見込んで、今回の戦いにおいて大和方面軍の指揮権を彼に委ねたのである。

この水野勝成の率いる大和方面軍の主力は、伊達政宗の率いる一万の軍勢。その他、松平忠輝隊一万二〇〇〇、松平忠明隊三八〇〇、本多忠政隊五〇〇〇らの軍勢、総数三万五〇〇〇であった。

豊臣方の迎撃作戦

大坂方は城の堀が埋められてしまった以上、籠城ではなく出撃して戦うしかなかった。しかし彼我の兵力差は圧倒的であり、まともに戦っても勝ち目はなく、勝機は奇襲か、ないしは狭隘な地形の場所を狙いを定めて決戦に及ぶほかなかった。

具体的には、徳川方の大和方面軍は、冬の陣と同様のコース、すなわち、郡山を経て法隆寺、王子、国分、道明寺と進む行路をとることが予想されることから、豊臣方は敵が生駒山系の狭隘な切通しを越えて河内に出てくる地点である国分、道明寺で待ち構えてこれを撃滅する。

他方、徳川方の河内方面軍に対しては、前回と同様に生駒山麓の高野街道を南下するであろうことから、豊臣方は河内の湿地帯に伏兵を展開し、縦列をなして南下する徳川隊の本陣を側撃急襲する、これが豊臣方の立てた基本作戦であった。

次に問題となるのが、この二つの予想される進軍コースのいずれに家康があるかであった。冬の陣

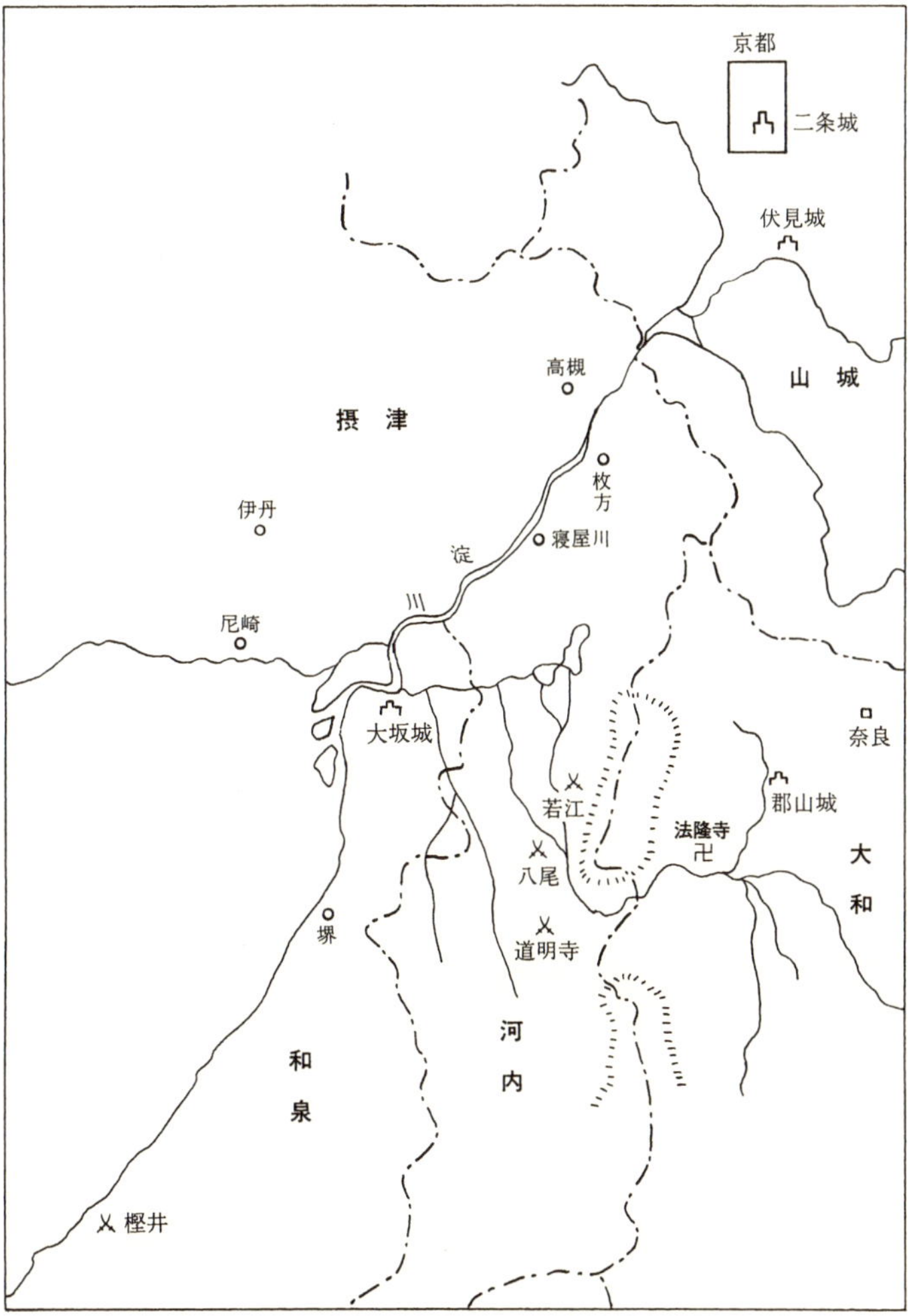

大坂城周辺図（笠谷和比古『関ヶ原合戦と大坂の陣』より）

では家康は大和方面軍を率いて進んだ。大和口のコースは日数は要するけれども、豊臣方の急襲を受ける危険が低く安全度が高いことから、このコースが家康のために選ばれた。さて今回の夏の陣ではどうであるかが議論となったが、豊臣方の軍議では家康は前回同様に大和口を用いると判断し、したがって迎撃の豊臣軍の主力を道明寺方面に差し向けるとした。そして河内口の徳川隊に対しては、木村重成と長宗我部盛親の二隊を充てることとした。

道明寺の戦い

五月一日、後藤基次の率いる先鋒隊が城から出撃して平野に宿営し、情報収集にあたった。六日深夜、基次は藤井寺に到着し、そこで後続部隊の到着を待ったが、濃霧にさえぎられたもようで一向に追いつく気配がない。やむなく基次は単独で出発して誉田を過ぎ、道明寺に到着。早速、斥候を出したところ、徳川軍二、三〇〇〇が既に大和の狭隘地を抜けて国分を中心に展開しているとの情報を得た。出遅れた基次が次善策として選んだのは、国分の西方に位置して好陣地の体をなしている小松山での迎撃戦であった。

後藤勢の小松山占領を見た勝成は、諸将を指揮して攻撃を開始させた。戦いは一進一退を繰り返したが、時が経つにつれて徳川方が徐々に勢いを増し、山を包囲する形となる。後藤勢は後続部隊から切り離されて先行したために、小松山に孤立する形で戦わざるをえなかった。

そこへ午前九時頃から伊達政宗の部隊が参戦し、さらに本多忠政・松平忠明らの部隊も東から迫って山上を目指し、ついに三方より包囲攻撃を受けることとなって後藤隊は崩れ、基次もまた伊達隊の放った鉄砲に被弾してその場に倒れた。

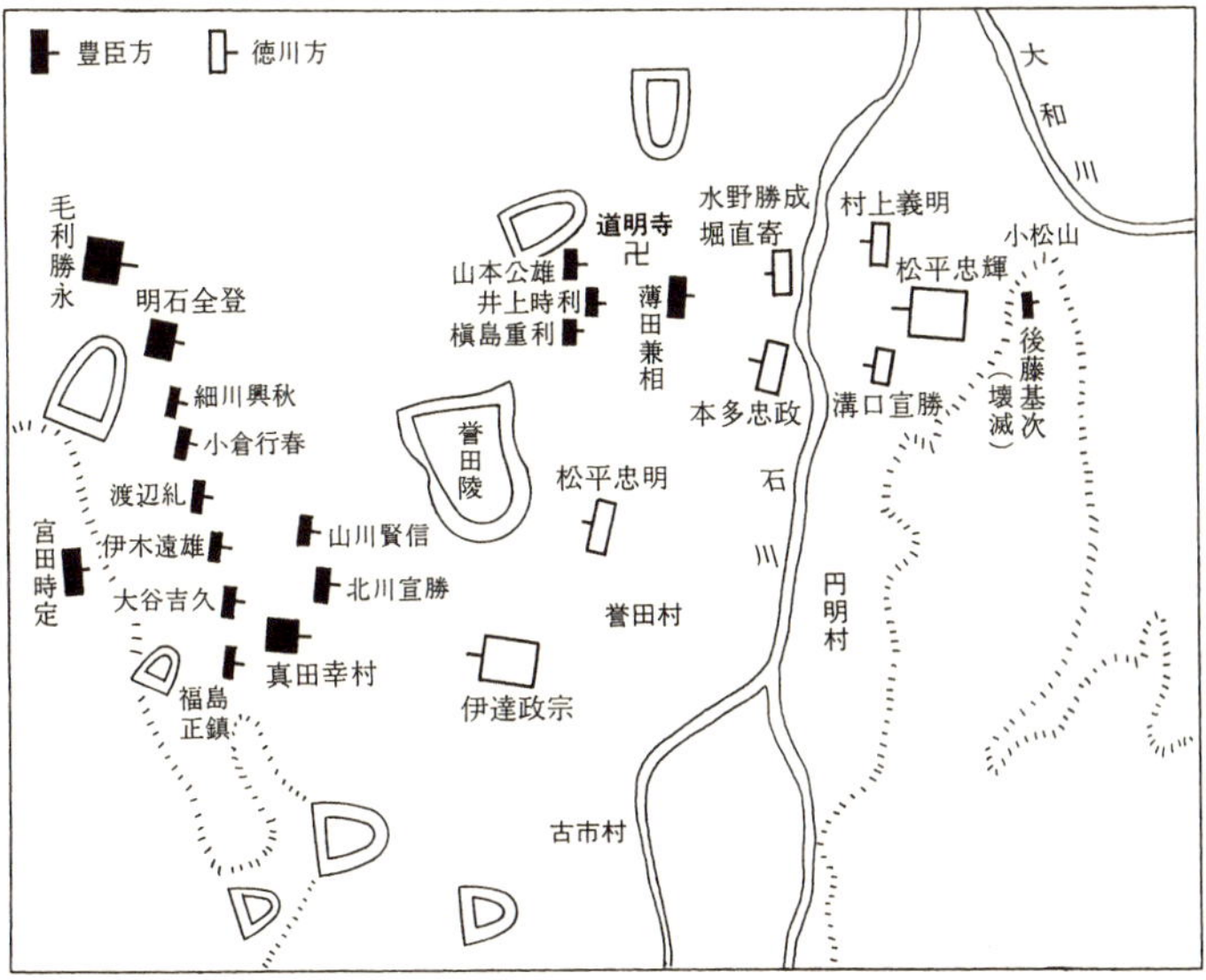

道明寺の戦い布陣図（笠谷和比古『関ヶ原合戦と大坂の陣』より）

後藤基次の部隊を死闘の末に破った徳川軍は残兵を追撃し、その先にある石川を越えて進撃する。豊臣方ではその頃、遅れていた薄田兼相らの部隊がようやくこの地に到着し、石川を挟んで戦いを展開したが、兵数差で圧倒する徳川軍の前に相次いで壊滅していった。

誉田の戦い

豊臣方では昼の頃になると、後続部隊が次々と道明寺方面に集結していた。毛利《もうり》勝永《かつなが》は夜明けに天王寺を発してこの地に至り、後藤や薄田の敗兵を収容した。さらに真田信繁やその他の諸将も順次到着して戦線が再構築された。

伊達政宗はこの情勢を眺めて、目前の巨大な誉田陵（応神天皇陵基）を迂回して敵の背後にまわり、前後挟撃の作戦を立て、伊達隊先鋒の片倉小十郎重長《しげなが》に進撃を命じた。しかしこれは真田信繁側の察知するところとなり、真田隊は誉田陵の陰に折り敷き（片膝立で敵を待ち構える形）の態勢で待ち受け、伊達隊が御陵を回り込もうとした時、突如、立ち上がり、伊達隊先鋒である片倉重長の部隊と戦闘に入った。

両隊ともに鉄砲の装備率が高かったことから射撃戦が繰り広げられていた。真田勢は機を見て槍を持って突撃し、片倉隊は押し込まれて誉田村まで後退した。伊達政宗は朝からの連戦で疲労している先鋒の片倉隊と二番手の奥山兼清隊とを入れ替えようと図るが、その隙を真田勢は見逃さず、再び攻撃をかけたことから伊達勢は八〇〇メートルも後退。政宗麾下までも迎撃に参加せざるを得ない混乱した状況であった。結局、伊達勢は道明寺付近まで後退し、真田勢もそこで攻撃をやめて引き揚げた。この一戦で豊臣方は渡辺糺が負傷したものの、未明より続いた徳川方の攻勢も収まることになる。

この後、徳川方には五番手の松平忠輝らが到着して兵力が増強される。両軍は態勢を立て直し、徳川方は道明寺から誉田にかけて展開し、豊臣方は誉田の西から藤井寺に連なって対峙した。豊臣軍にも大野治長が後方に現れ、総兵力は三万にも膨れ上がったともいう。徳川方では水野勝成や忠輝が進撃を主張したけれども、政宗が断わったために戦いは膠着状態となった。

午後二時半頃、豊臣方に治長の伝令が到着し、後述する河内方面における敗報と退却命令が伝えられた。若江・八尾方面が徳川方の手に落ちた以上、豊臣諸隊はこの誉田の地にとどまる限り孤立して、徳川方の包囲網に陥ってしまうこととなる。そこで順次、天王寺方面へ引き揚げていった。

同じ時、この道明寺方面と並行して北の河内方面、若江（現・東大阪市若江町）・八尾（現・八尾市八尾木）でも戦いが展開された。道明寺からは北に八〜一〇キロほど、大坂城の東八キロほどに位置する。ともに長瀬川と玉串川の間に位置し、両村の距たりは二キロ弱であった。

八尾・若江の戦い

五月二日、豊臣方の木村重成は山口弘定・内藤長秋らとともに城北方面の京街道に備えていたが、徳川方の主力（河内方面軍）が星田・砂・千塚を経て道明寺方面に進攻する噂を聞くと、いったん帰城して迎撃軍を編成した。

重成は長宗我部盛親らとともに道明寺に向かおうとしたが、そのとき既に大和口迎撃に向けて後藤・真田ら諸隊が進発していたために、方針を転じて、南下してくる家康・秀忠の徳川本隊を側面から急襲して討ち取る作戦に切り替えた。重成は側撃のために効果的な地点を求めて諸村を巡視した結果、若江村の東、玉串川の屈曲する流路にそった堤上を適地と認めた。

重成は兵四七〇〇を率いて六日の午前二時に出陣し、右の陣地を目指し桃燈《ちょうちん》一個のあかりを目印に夜間の行軍を続けた。大和橋を渡った頃、道明寺方面から銃声が聞こえ煙の上がるのが見えたけれども、木村勢はこれにかまわず進軍を続け、午前五時には若江に着陣する。そして、家康・秀忠のいる徳川本隊に狙いを定めた。

六日午前四時、遊軍の長宗我部盛親は増田盛次《もりつぐ》とともに手勢を率いて大坂城を発し、久宝寺を経て八尾に軍を進めた。長宗我部隊もまた木村隊に続いて北上し、家康・秀忠の本陣を攻撃せんとする構えであった。

徳川方では、井伊直孝とともに河内口の先鋒を任されていた藤堂高虎は、五日の夜の星田の軍議から千塚の本営に帰ると全軍に明朝の進撃を伝達した。しかるに六日未明、西の八尾・若江方面に豊臣方の動きがある旨が斥候から報告され、豊臣軍が久宝寺・八尾・萱振・西郡・若江一帯に展開していることを知った。敵が家康・秀忠の本営を急襲しようとしていることを悟った高虎は、猶予はならずとして、ただちにこれを攻撃すべく開戦を決断した。

ここから藤堂高虎の部隊と、豊臣方の長宗我部隊・木村隊との激闘が展開される。藤堂隊は果敢に攻めるも、豊臣方両部隊の前に壊滅的打撃を受ける。藤堂隊は、指揮官クラスの部将を相次いで失い、戦闘不能の状態に陥る。

木村隊は戦果をあげたので、弓隊長の飯島三郎右衛門は重成に対して、この戦果をもって城へ引き上げることを勧めたが、重成は「いまだ家康・秀忠両将軍を獲ず。区々たる勝利は言うに足りず」と述べて帰還論を一蹴した。

一方、藤堂高虎隊とともに河内口の先鋒を務める井伊直孝は、予定通りに道明寺方面へ進撃するつもりでいたが、高虎からの通告を受けて八尾・若江方面へ転進する。こうして井伊の部隊と木村隊との間で激戦が展開され、緒戦は木村隊が井伊隊先鋒を撃退したが、井伊直孝の本隊が参戦するに及んで、藤堂隊との早朝の戦いを経て疲労の色が濃い木村勢は次第に崩れていき、井伊勢が押し気味となる。木村重成は、部下の退却論を聞かず、自ら槍を執って最前線に突撃して討ち死にした。

長宗我部盛親は長瀬川の堤上に駐留して残る敵に備えたが、若江の戦いにおける豊臣方木村隊の敗北の報が伝わるや形勢の逆転を知る。孤立を恐れた盛親は撤退を図ろうとするが、藤堂隊の遊軍の渡辺了《さとる》が攻勢に出て久宝寺に進撃。退却する長宗我部隊に追撃をかけて多大な戦果を上げた。

こうして豊臣方は道明寺の戦いに後藤基次・薄田兼相を、若江の戦いに木村重成を失い、徳川方の藤堂隊に大きな打撃を与えたほかは、何ら得るところなく全軍を大坂城に撤収させていった。

大坂の陣、最終決戦

五月七日、大坂の陣の最終決戦の時を迎える。秀忠は午前二時に千塚の本営を発したのち黎明に若江・八尾の戦場を視察してから、平野方面に進んだ。家康は午前四時ころに枚岡を出て道明寺の戦場を巡視し、平野の地で秀忠と会談したのち、秀忠の部隊を岡山方面へ向かわせ、自らは天王寺方面へと本営を進めた。徳川方の他の諸将も午前中には予定された地に順次着陣した。

徳川方の布陣では、天王寺口の先鋒大将に本多忠朝、岡山口に前田利常という新たな態勢をもって臨んだ。天王寺口の先鋒を命ぜられた本多忠朝は、かの平八郎忠勝の二男で、関ヶ原合戦にも参加して活躍し、父の武名を辱めることのない剛勇の士として聞こえていた。この大坂の陣、最後の決戦に際して徳川軍の先鋒に配備されたのは、その故をもってであった。

岡山口の先鋒前田利常との釣り合いから言うならば、天王寺口の先鋒には越前六七万石の松平忠直あたりがふさわしかった。しかしながら、家康は昨日の若江・八尾の戦いにおいて藤堂隊の劣勢を目の当たりにしながら、傍観していたことを厳しく叱責して、越前隊を先鋒の地位から引き下げた。この時、越前隊を率いる松平忠直は、家康から腰抜け呼ばわりされたことに歯がみして悔しがり、その家臣らも大坂城攻めでは討ち死に覚悟で奮戦して見返してくれようと誓い合った。この家康の叱責は、そののち徳川軍総体の運命を決するほどに重大な役割を果たすこととなる。

後方に追いやられた越前隊は、汚名返上を目指してじりじりと前方へと軍を押し出し、七日の午前七時頃には、天王寺の西南、敵陣から一キロ先の前線に布陣した。

豊臣方の布陣と作戦計画

一方の豊臣方も当初の作戦にあった城外南方の決戦を試みるべく、この方面に防衛線を敷いた。真田信繁は茶臼山に陣し、真田幸綱・大谷吉久・渡辺糺・伊木遠雄・福島正守らがその前方を固めた。毛利勝永は天王寺の南門に備え、その前方には浅井長房・竹田永翁の隊があり、その東に大野治長の先手鉄砲隊がならび、その後方、毘沙門池の南に大野の本隊があった。

左方、岡山口の旗頭は大野治房にして、これに布施伝右衛門・新宮行朝《しんぐうゆきとも》・岡部則綱・御宿政友《みしゅくまさとも》・山《やま》川賢信《かわかねのぶ》・北川宣勝《きたがわのぶかつ》らが従った。秀頼直臣の七手組（組頭は伊東長次・堀田正高・速水守久・野々村吉安・中島氏種・真野頼包・青木信重）は遊軍として天王寺と惣構跡との間に展開した。

開戦、天王寺口

徳川方諸隊はすでに早朝時にそれぞれ部署について、攻撃態勢をとっていたが、家康からの開戦指令は下されなかった。当時の戦いは、敵味方が相対峙している状態の下では、早朝から戦端が開かれ、夕刻になると戦いを終えるのを常としていた。

それゆえ、このとき昼近くなっても攻撃開始の命令が下されなかったのは、異例に属する。おそらく、和議交渉が粘り強く進められていたことであろう。家康としては、軍事力の行使も、豊臣家の軍事的滅亡も望んでいなかったということであろう。圧倒的軍隊で包囲したという圧力の下に、豊臣方を屈服させ、秀頼の大坂城退去と淀殿の江戸人質を受諾させることが狙いであったろう。この開戦延引という事態が、そのことを雄弁に物語っている。

これに対する豊臣方の対応であるが、淀殿は豊臣家の存続を図る観点から、徳川方の要求を受け入れる意向を示したが、むしろ秀頼が強硬であったと伝えられている。淀殿は秀頼を説得しようとしたが、秀頼としては大坂城を退去した後に、だまし討ちによって軍事的滅亡に追い込まれる「二重の屈辱」の恐れを考慮せざるを得ない。このように、徳川方からの降伏勧告、淀殿の意向、秀頼の豊臣総帥としての矜持、大野治長らの避戦論、牢人衆の抗戦志向、それらが渦巻いて決着のつかぬままに時間だけがいたずらに過ぎつつあった。

大軍の布陣する現場では、開戦命令の出されないままに戦闘態勢を取り続けているが、五月七日（新暦六月一日）の炎天下で、待機を命じられている兵士たちも、次第にしびれを切らしてくる。正午頃になると、かねて単独で深入りしていた先鋒の本多忠朝の部隊から、毛利勝永隊の前衛に向けて挑発の発砲があり、毛利隊もまたこれに応射をする（「鉄砲せり合い」）。それらを重ねていくうち次第に本格的な射撃戦の様相を呈していき、戦機が熟したと見た本多忠朝は、自軍に総攻撃を指令した。

本多隊の突撃行動を見た毛利勝永は、自軍の足軽鉄砲隊を折り敷かせ、向かいくる本多隊を自軍鉄砲の射程距離まで充分に引き付けて一斉射撃を命じた。この砲撃をまともに受けた本多軍は七十人余の死傷者を出し、大きく動揺した。

それを見た勝永は、息子の毛利勝家・山本公雄など右の部隊を徳川方の秋田実季・浅野長重隊らに、浅井井頼《いより》・竹田永翁ら左の部隊を同じく徳川方の真田信吉《のぶよし》・信政《のぶまさ》兄弟隊（父の真田信幸〔信之〕は病気と称して参戦せず。二人の子を代理とする）に向かわせた。それと同時に本隊を左右に分けて本多隊の本隊に突入していった。

突撃された本多隊は防戦するが、名のある家臣を次々と討ち取られて壊乱状態となった。大将の忠朝は馬上で槍を振るって戦い、「踏みとどまって戦え」と味方を叱咤するが、本多隊の敗走は止まらない。忠朝は孤軍奮闘する中で鉄砲兵によって狙撃されて戦死し、本多隊は壊滅する。

その頃、毛利隊の右の部隊は秋田実季・浅野長重隊らを撃破し、左の部隊は本隊と共に徳川方の真田信吉・同信政の真田兄弟隊に猛攻撃をかけ、これを退けた。真田兄弟は奮戦したものの、毛利隊の勢いには勝てず敗走する。真田の家臣森佐野衛門が自ら敵の銃弾を身に受けて犠牲となり、その隙に主君信吉を退かせるという苦戦ぶりであった。

天王寺の東の方面では、徳川隊の小笠原秀政が竹田永翁隊を破って大野治長の部隊と戦っていたが、勢いに乗った毛利勢が来襲。混戦の中で秀政は重傷を負って退却した（この夜死去）。長男忠脩《ただなが》はこの戦いで討ち死にし、次男忠真《ただざね》もまた重傷を負った。指揮官を失った小笠原隊は壊滅した。このように毛利勝永隊の猛攻の前に、攻城軍の側はドミノ倒しの状態に陥っていった。

毛利の本隊は第二陣の残り、榊原康勝・仙石忠政・諏訪忠恒隊に攻撃をしかけていたが、これらの諸隊もまた毛利隊のあまりの猛攻に耐えられず、あっけなく敗走。残った兵は次々と討ち取られていった。

徳川本陣への攻撃

次に毛利隊はその後ろに控えていた酒井家次・相馬利胤《そうまとしたね》・松平忠良《ただよし》ら五千三百人余の隊に攻撃を開始した。これらは小大名の集まりで統制も取れていなかったため、毛利隊の相手ではなく次々と敗走していった。そして遂に毛利隊は徳川家康本陣に突入していった。

茶臼山に陣取っていた真田信繁はしばらく戦況を眺めていたが、毛利隊の善戦で徳川軍天王寺方面の第一陣、第二陣が敗走するのを見て好機と判断し、三五〇〇の手勢に総攻撃を指令し、眼前に展開する松平忠直の越前隊一万五〇〇〇に対して突撃を敢行し、たちまち大混戦となった。

茶臼山周辺

既述の通り越前隊もまた決死の覚悟でこの戦いに臨んでいたことから、両軍とも士気が高く、真田の赤備えと松平忠直率いる越前衆のツマ黒家紋の旗が交互に入り乱れた。

この時、後方にいた浅野長晟隊が今宮方面に移動するのを見て、「浅野隊が豊臣軍に寝返った」という虚報が流れ、裏崩れ（前線から崩れていくのではなく、後方から崩れていくこと）が起きて徳川軍は混乱し、兵が忠直の周りにまで雪崩れ込んできた。

この状況を打開するために家康は旗本衆を援護に向かわせたが混乱は収まらず、兵は次々と敗走、戦死していった。この猛攻にたまらず家康本陣の旗奉行たちが進退を誤り、旌旗が崩れ乱れたために、徳川部隊の混乱がいっそう増幅されることとなった。

この家康本陣の旌旗の乱れについては、合戦後に厳しい穿鑿が行われ、旗奉行保阪金右衛門・荘田安信らが戦いの中でうろたえて旗旗の扱いを取り乱し、ために麾下の士をまどわせた罪は重いとして、金右衛門・田野秀行・山上弥四郎らの所領は没収され、安信は閉門に処せられている。

この旌旗の乱れに関する詮議の模様については、かの大久保忠教の『三河物語』によって詳しく知ることができる。今次の合戦には鑓奉行として加わっていた大久保忠教であったが、旌旗の混乱の責任は鑓奉行大久保の上にもふりかかることとなり、旌旗の乱れの事実認識をめぐって家康と忠教、両者の間で激論が闘かわされているあり様を知ることができる。

茶臼山（大阪市天王寺区茶臼山町）

しかし結局は兵数の差がものを言った。豊臣方の猛攻も三度目の突撃で撃退され、越前勢や岡山口から救援部隊として派遣された井伊・藤堂隊が援護に回ったことによって徳川の旗本部隊も態勢を立て直した。

忠直と住吉から単独で駆け付けた水野勝成の攻撃で豊臣方の前線本営である茶臼山は陥落し、越前勢が山上に旗を立てた。信繁は、疲労困憊の中で山北の安居神社に休息していたとき、忠直の鉄砲頭、西尾宗次に槍で討たれ、さしもの真田勢も終わりの時を迎えたのであった。

毛利勝永はなお一人残って獅子奮迅の働きをなしていたが、真田勢が壊滅し、茶臼山が陥落したと知るや撤退を決意し、黒門口へと撤退した。

こうして豊臣方の猛攻をしのいだ天王寺口の徳川方諸隊は、大坂城へと迫っていった。

大坂落城

三時間にわたる激戦の末に勝敗は決し、将士の大半が戦没した豊臣方の残兵は城中へ退却し、勝ちに乗じた徳川方は三の丸へ迫り、かねて城の周辺に駐留していた池田利隆・京極忠高・同高知・石川忠総《ただふさ》・堀尾忠晴らの二万余の諸隊も城へ押し寄せた。

ただし時は夕景の午後四時にさしかかろうとしていた。当時の合戦では未明から戦闘を始め、夕方に及ぶと自ずから矛を収めて、その日の戦さは終了させるのが習わしであった。ゆえに豊臣軍を大坂城に追い詰めた徳川方であったが、その日の戦いはそれまでとし、総攻撃は翌朝を待ってという雰囲気が漂っていた折しも、城中に逆心する者が城に火をかけると、おりからの強風に乗って火炎は天を覆うばかりに猛り狂った。

これを見た徳川方の軍勢は、あたかも火勢にたきつけられるが如く突き進み、そのまま三の丸の木柵を越えて進撃し、城内各所に火を放った。もはや城中では防戦の指揮を執る者もおらず、五時頃に二の丸が陥落した。

秀頼は淀殿・千姫とともに天守に上って自害を図ろうとしたが、つき従う七手組の長の速水守久がこれを止め、その勧めで山里郭へと退き、同地にある土蔵に入って火を避けた。

守久と同じく戦場から帰還していた大野治長は、千姫とその侍女に使者と護衛を付けて城外へと脱出させた。最終手段として自分がこの戦役の一切の責任を負うものとし、千姫をもって家康・秀忠に淀殿母子の助命を嘆願させようとしたのである。

一行は本丸を出たところで火災のために立ち往生したが、偶然遭遇した徳川軍の坂崎直盛の誘導により、無事城を脱出した。そして本多正信が千姫を引き取り、この旨を茶臼山に陣を構える家康に報告した。

千姫による秀頼親子の助命嘆願を受けて、徳川陣営では秀頼に対する最終処分が議された。家康には、なおためらいの色が見られたが、秀忠は千姫が秀頼とともに自害しなかったことをはげしく怒るとともに、秀頼親子の助命を拒絶した。

翌八日、山里郭の土蔵の中で一縷の望みを抱いていた秀頼・淀殿に向けられた回答は、郭を警護する井伊直孝・安藤重信の兵たちから土蔵の壁に撃ちかけられた銃弾であった。それは助命嘆願が拒絶されたこと、そして残された道は自害のみであることを、無言のうちに伝えていた。

観念した秀頼・淀殿は自害。大野治長・毛利勝永・速水守久・荻野道喜《おぎのどうき》・真田幸昌・竹田永翁・大蔵卿ら約三〇人の男女が殉じ、蔵には火がかけられ炎上した。同日正午頃のことであった。

残党狩り　大坂の陣後、豊臣方の残党狩りが盛んに行われた。城を落とすためには、あえて退路を開いて城内の人間を脱出させるのが定石であり、この大坂落城に際しても城内の多くの将士、女性たちが脱出した。

城を脱出した者については、従来の慣例では、重要人物ではない単なる兵士については追及の手が及ぶことはなかったが、この豊臣方の将士に対しては執拗な残党狩りがなされた。

このように大坂籠城将士に対する執拗な残党狩りが行われている中で、市中に匿われ潜伏していた秀頼の男子（母は側室の）で八歳の国松と、その妹の女子が捕らえられた。そして国松はこの五月二三日、京の六条河原で斬首された。いたいけな男子を処刑せずとも、という思いは誰しも抱くところであろう。出家でもさせて、父秀頼と豊臣家の菩提を弔わせればよいものをという感懐である。

だが、この国松処刑をめぐっては、意味深い故事のあることを見落としてはならない。ほかならぬ、家康が敬愛して止まない源頼朝のそれである。平治の乱に敗れて、父源義朝は殺され、幼い頼朝は平家に囚われの身となった。時に平清盛の継母であった池禅尼は、清盛を諭して頼朝の助命を承知させた。だが、それから二五年後のこと、伊豆で挙兵した頼朝のために、平家一門は壇ノ浦合戦で滅亡に追いこまれた。家康の脳裏を去来していたのは、疑いもなくこの源平相克の悲劇のさまであったはずである。

男子は根絶やしにするが、女子には害をおよぼさないのが武家のならいであり、秀頼の女子は命を助けられた。彼女は天秀尼と名乗って鎌倉松ヶ岡の東慶寺に第二十世住職として入寺する。東慶寺は有名な縁切寺である。同寺はそれ以前から縁切寺としての性格を備えていたが、天秀尼が住職となってからは縁切り駈込み寺としての寺法を確立し、幕末に至るまでいささかもゆらぐことなく、守りつがれた。

4　徳川幕藩体制の確立

大坂の陣を終えて、徳川幕藩体制は一つの安定を見る。家康は大坂の陣ののち、「法度」と称する一連の基本法を発布している。そしてそれは大様三つの分野のものからなっており、徳川幕府による全国統治にとって、最も重要な分野をなしている。すなわち、全国の大名を対象とする「武家諸法度」、天皇と公家らを対象とする「禁中幷公家諸法度」、そして仏教諸宗諸寺院を対象とする「大徳寺法度」など多くの個別の法度が発布されている。

それゆえに、ここではこれら「法度」が対象とする三つの分野の問題に焦点を合わせて、家康の政治の意味を考えてみよう。

大名政策　元和元（慶長二〇、一六一五）年、大坂の陣によって豊臣氏を滅した直後の同年七月七日、諸大名は将軍秀忠の滞在する伏見城に御能見物の名目で召集され、そこで次のような一三条の漢文体の法令を伝達されている。これは家康の命によって金地院崇伝が起草したものであり、伏見城では崇伝が群参する諸大名の前で読み聞かせる形をとって、これを伝達している。

武家諸法度

一、文武弓馬の道、専ら相嗜むべき事。

文を左にし武を右にするは、古の法也。兼備せざるべからず、弓馬は是れ　武家の要枢也。兵を号んで凶器となす、已むを得ずして之を用ふ。治に乱を忘れず、何ぞ修錬を励まざらんや。

一、群飲佚遊を制すべき事

令条載するところ厳制殊に重し、好色に耽り、博奕を業となす、是れ亡国之基也

一、法度に背く之輩、国々に隠し置くべからざる事

法は是れ礼節之本也、法を以て理を破るとも、理を以て法を破るべからず、法に背く之類、其科軽ろからず

一、国々大名・小名幷諸給人、各相抱之士卒、叛逆殺害人たる告あらば、速に追出すべき事

（中略）

一、諸国諸侍、倹約を用いらるべき事

富者弥誇り、貧者恥ずるに及ばず、俗之凋弊これより甚しきは無し、厳制せしむるところ也

一、国主は政務之器用を撰ぶべき事

凡そ治国の道、人を得るにあり、明察功過、賞罰必当、国に善人あらば則ち其国弥殷し、国に善人無くば則ち其国必ず亡ぶ、是れ先哲之明誡也

右、此旨を相守るべき者也

慶長廿年卯七月　日

右の元和元年武家諸法度の内容は、文武奨励、遊楽禁止、叛逆人・殺害人の隠匿禁止、城郭修理許可制、徒党禁止、私婚の禁止、参勤作法、衣装の統制、乗輿の制限、倹約奨励、国主の資格などを規定するものである。

これらの条文は「鎌倉幕府の貞永式目」「室町幕府の建武式目」などの伝統的武家法や、「貞観政要」「群書治要」などの和漢の政道書の文言を踏襲している。またそのほかに戦国大名の家法や豊臣秀吉の文禄四（一五九五）年八月の「大坂城中壁書」（「御掟」および「御掟追加」）、そして慶長一六、一七年に諸大名より徴した三ヶ条誓詞の条文や趣旨が継承されている。これらの古典・先例の引用によって条文を権威づけつつ、他方ではまた法文が武家政治の伝統に則っていることを明示することでその正当性《レジティマシー》を認識させ、これをもって大名支配の基本法となすものであった。それ故に、これを指して、当時の人々の間でも、「むかしの公方之法度、御引き直しなされ、仰せ出さるべく候由」という風に受け止められていた。おそらく幕府の側からもそのような説明がなされていたのであろう。

これより先、大坂の陣に先立つ慶長一六（一六一一）年四月一二日付で、徳川幕府は下記の三ヶ条誓詞を発布し、諸大名から誓約を取り付けている。形式的には諸大名たちの誓約書の形を取っているが、幕府の発布した法令に紛れなく、しかも幕府の発布した法令の第一号である。第一号であるがゆえに、誓詞という形をとって、幕府の今後発する法令に対する包括的な誓約を取り付けているのである。

条々

一、右大将家以後代々公方之法式の如く、これを仰ぎ奉るべし、損益を考えられて、江戸より御目録を出さるにおいては、弥《いよいよ》堅く其の旨を守るべき事
一、或は御法度に背き、或は上意に違へる之輩《ともがら》、各《おのおの》国々隠し置くを停止すべき事
一、各《おのおの》拘置くの諸侍已下《いか》、若し叛逆・殺害人たる之由、其の届あるにおいては、互に相い拘ふるを停止すべき事
右條々、若し相背くにおいては、御糺明を遂げられ、厳重之法度に処せらるべき者也

これは先述した、豊臣秀頼と家康との二条城会見の直後に発布されているものであり、秀頼が同会見の場でへり下って、家康と徳川幕府による政治的主導を認めるという態度を示したことを受けてのことであった。

ともかくも、これによって徳川幕府の全国諸大名に対する包括的な支配権が確立された画期的な法令であったが、この法令によるならば、徳川幕府の法令や政治は、鎌倉幕府の源頼朝から始まり、足利幕府を経て連綿として続く武家政治の伝統を継承するものであり、その武家政治の伝統こそが徳川幕府政治の正当性を支えるものとする理念が鮮明に打ち出されている。

この三ヶ条誓詞の冒頭文言「右大将家以後、代々公方の方式の如く」の「右大将家」とは源頼朝を指している。すなわち徳川幕府が今後発布していく法令とは、源頼朝の鎌倉幕府およびそれ以後の足利幕府に至る歴代の将軍が発布してきた法令に準拠したものであること。ただし、時代が変わってき

ているので、その点の加除修正を加えて（「損益を考え」）発布するとしている。

また、その第三条に「叛逆・殺害人」の隠匿禁止を謳っているが、この「叛逆・殺害人」の追捕とは、まさに鎌倉幕府の「貞永式目」に載せる、諸国守護人の職掌である有名な大犯三ヶ条のそれに他ならない。

このように、この慶長一六年の三ヶ条誓詞は鎌倉幕府と頼朝による武家政治の伝統を全面に押し出したものであり、徳川幕府の法令は徳川将軍が恣意的に定めたものではなく、あくまでも歴代将軍の発布したものの踏襲であり、時代の変化を勘案したその修正版という論理をもって、その法令発布の正当性を定立していた。元和の武家諸法度が、「昔の公方の法度」を引き直して発布されたものと理解されていたという事実が、そのような状況をよく示しているであろう。

さらに注目すべきことであるが、武家諸法度の発布に際しては、家康も将軍秀忠も座を外すという形をとっていたと思われる。すなわち、家康も将軍秀忠も不在の中、法度の起草者である金地院崇伝が諸大名を前にして読み上げるという形式である。

これはこののちも、歴代の将軍が武家諸法度を発布するに際しては、将軍は諸大名に対して「武家諸法度を発布するので聴聞するように」と言ってその場を退席し、そののち儒者が諸大名を前にして武家諸法度を読み上げるという形をとっている。

たとえば、第四代将軍家綱のケースを見るに、寛文三（一六六三）年五月二三日、一万石以上の大名は総登城のうえ大広間に列座、さらに一万石以下の旗本も列参し群居五、六百人に及んだ。将軍家綱は中壇の茵《しとね》の上に着座し、「当家代々の吉令に任せ条目を出す、先製に替らずといへども追加有、聴聞有べし」と述べ、将軍は退出する。

次いで、老中より儒者の林春斎へ武家諸法度が渡され、春斎は将軍の茵の下段の位置でこれを朗読する。そして「読了て御朱印と高く唱る時、各平伏す」と当時の記録は伝えている。そして大名が退出した後、老中は将軍家綱の下に祇候してことの次第を言上し、こうして武家諸法度の伝達を完了するのである。

歴代の武家諸法度の発布に際して、同様の所作を将軍がとることから、元和の武家諸法度の発布の時も同様であったと思われる。元和元年の場合は、同年七月七日の朝、伏見城にて能楽を催すという趣旨で諸大名が参集したところ、執政の本多正信から武家諸法度を発布する旨が告げられ、崇伝が諸大名の前に出て法度を読み上げている。このような経緯からして、将軍秀忠はこの場には姿を見せていなかったと推測されるのである。寛永以降の将軍不在の中での武家諸法度の発布という形は、元和度の形を踏襲したものと解するのが妥当であろう。

このような武家諸法度の発布の形は非常に興味深い。すなわち、武家諸法度のような憲法たるものは、家康や徳川将軍が恣意的に作って強制するのではなく、将軍に先立って既に存在しており、将軍や幕府というのは、その正しい法を世に広めるための管理者なのだというロジックが働いている。

武家諸法度は、武家社会の長い伝統の中で形成されてきた慣習法の成文化であり、いわば武家社会の自然法としてあるという観念が表現されている。

朝廷政策

武家諸法度と並んで幕府の朝廷政策の憲法となるのが、著名な禁中并公家諸法度である。徳川幕府にとって天皇・朝廷政策は大名統制と並ぶ重要な課題であり、法令の面で前者に向けられた基本法が禁中并公家諸法度である。武家諸法度発布から一〇日後の元和元（一六一五）年七月一七日、大御所家康と将軍秀忠は、能見物の故をもって前関白二条昭実《にじょうあきざね》以下の公家衆を二条城に招請し、この場で後掲の一七ヶ条よりなる法度を発布した。これは大御所家康・将軍秀忠・前関白二条昭実（同月二八日関白再任）の三人の花押を据えた、きわめて異例の連判様式の法度である。

伝達手続きから同法度を見るに、これは公家に対して読み聞かせるという形を採っている。すなわち朝廷では同月晦日に諸公家・門跡を残らず参内せしめ、武家伝奏広橋兼勝が全員に読み聞かせる形でこの法度を披露している。公家・門跡らは、これを写し取ることで同法度を受容するのである。

禁中并公家諸法度

一、天子諸芸能之事、第一御学問也、学ばずんば則ち古道明らかならず、しかして能く太平を致す、貞観政要明文也、寛平遺誡、経史を窮めずば群書治要を誦習すべしと云々、和歌は光孝天皇より未だ絶へず、綺語たりといへども我国習俗也、棄置くべからずと云々、禁秘抄に載するところ御習学専要候事

一、三公之下親王、其の故は、右大臣不比等《藤原不比等》、舎人親王之上に着す（中略）前官大臣・関白職再任之時者、摂家之内、位次たるべき事

（中略）

一、武家之官位者、公家当官之外たるべき事

一、改元、漢朝年号之内、吉例を以て相定むべし、但し重て習礼相熟においては、本朝先規之作法たるべき事（中略）

一、紫衣之寺住持職、先規希有之事也、近年猥りに勅許之事、且つは臈次を乱し、且つは官寺を汚す、甚だ然るべからず、向後においては、其器用を撰び、戒臘相積み、智者聞者あらば、入院之儀申沙汰あるべき事

一、上人号之事、碩学之輩は本寺として正権之差別を撰び、申上においては勅許なさるべし（中略）猥りに競望之儀これ有るにおいては、流罪に行わるべき事

右、此旨を相守らるべき者也

慶長廿年乙卯七月　日

昭実判［前関白二条昭実］
御　判［大御所徳川家康］
御　判［将軍徳川秀忠］

これらの条文は天子の政治権能の限定、公家親王門跡の座順、武家官位、改元、衣服、昇進、廷臣刑罰、僧官、紫衣上人号等々の規定からなっている。特に天皇の政治権能の限定（第一条）、武家の官位を公家定員の枠外として、公家と武家の間での官位秩序の調整（第七条）、紫衣・上人号勅許の規制

（第一六、一七条）などは、幕府の対朝廷政策の基本を成文法化したものである。

しかしまた同法度では、大臣と皇族である親王との席次など座順問題が煩瑣なまでに規定されていることに示されるように、藤原摂関家優位の朝廷内秩序を確定していこうとする政策意図も顕著である。この法度の連署形態から明らかなように、徳川将軍家と藤原摂関家との提携による朝廷秩序の形成という方向性が見て取れる。

さて幕府はこれより先、慶長一一（一六〇六）年四月に上洛参内した家康が、「武家者共官位之事、御吹挙なくば、一円なし下され間敷」旨を、武家伝奏を通じて堅く申し入れている（『慶長日件録』）。家康は諸大名以下の武士の官位叙任を自己の管理下に置くことに意を払い、武士の官位奏請の権限は征夷大将軍である自己の専権事項とした。その根拠は鎌倉幕府の源頼朝の先蹤にならったものであり、『吾妻鏡』にも明記されているところである。

次いで同一五年四月には後陽成天皇の譲位の意向に対して、幕府は七ヶ条の回答をなし、この中で併せて公家の振る舞いの戒飾、公家官位叙任についての適切化などの問題を申入れている。これらを踏まえて、同一八年六月には「諸公家法度」および「勅許紫衣法度」の二つの成文法度を制定している。ここに至って幕府は、法度という形を以て天皇および朝廷の行為を規制しているが、これは前述の、全国諸大名に対する幕府の法による支配を制度化した慶長一六年四月の三ヶ条誓詞と軌を一にしていた。

「諸公家法度」は五ヶ条からなり、第一条は「家々の学問」を勤める事、第二条は行儀を慎む事、

第三条は昼夜の勤番である「禁裏小番」を怠りなく勤める事、第四条は町小路の徘徊禁止、第五条は勝負事や青侍（公家の従者としての侍）の召抱えの禁止などであった。そして公家たちの行動を五摂家（近衛・鷹司・一条・二条・九条の五家。藤原摂関家）や武家伝奏に監督させ、法度に背けば「武家之沙汰」として幕府が公家を流罪などに処することを明記した。なお「勅許紫衣法度」については次項の宗教政策のところで述べる。

禁中幷公家諸法度はこれらの流れを踏まえ、かつ集大成するものとして発布されている。これらの法度を様式論的に見た場合、次の点が指摘されうる。慶長一八年六月の「諸公家法度」「勅許紫衣法度」は共に家康の判物《はんもつ》の形式（署名の下に花押を記す）を有し、前者は所司代板倉勝重、後者は武家伝奏の広橋兼勝に宛てられた形式をとっている。すなわち法度の命令の形式は間接的である。

これに対して禁中幷公家諸法度は宛所を明記しないものの、二条城におけるその発布の形から見られる如く、天皇および公家に向けて直接に命じる形をとっており、それだけ薄礼、威圧的、厳格な性格をもつものと言えるであろう。ただし差出者の側に家康・秀忠と共に、公家の代表者として前関白（十日後に関白専任）二条昭実を据え三人連署の形式にしていることは、武家と公家、双方の最高責任者による共同意思の表明という姿を示そうとしたものであろう。

外戚戦略

法度政治が、幕府の朝廷政策の抑圧的側面を示すものであるならば、その外戚戦略は天皇権威の顕揚的側面を現す。家康は徳川将軍の支配体制を確固たるものとすべく、天皇権威と結びつくことを志向し、天皇家と婚姻関係を形成することで天皇家の外戚としての地位を確立することを、その将軍政治の重要な戦略とした。

慶長一六（一六一一）年四月、後陽成天皇の第三皇子である政仁《ことひと》親王が即位する。後水尾天皇である。前代の後陽成天皇が秀吉の擁立した豊臣政権のための天皇であったとするならば、後水尾天皇は家康によって擁立された、徳川幕府のための天皇であったと言ってよいであろう。そして家康が、後水尾天皇の即位を見るや、ただちに徳川女子の入内に関する交渉に着手していることは当時の公家の日記によって確認されるところである。

慶長一九（一六一四）年三月には駿府の家康の下に勅使が派遣され、徳川女子の入内に関する内々の宣旨がもたらされた。しかしながら、おりから勃発した大坂の陣のために入内は先送りを余儀なくされ、その後も元和二（一六一六）年には家康自身の死があり、その後も、朝廷側に葬儀が続くといったこともあって入内は延期を重ね、結句、元和六（一六二〇）年になってようやく実現の運びとなる。

同年五月八日に江戸を出発した将軍秀忠の五女である徳川和子《まさこ》の一行は、同二八日に上洛して二条城に入る。幕府の重鎮で将軍秀忠の信頼も厚い酒井忠世と土井利勝の両年寄（老中）が、これに随行した。六月一八日、行装の綺羅を尽くした和子の入内の行列は、二条城を出て後水尾天皇の御所へと向かい、ここに長年の懸案であった徳川の女子の入内は滞りなく成就するに至った。

このような華やかな入内の儀は、何を意味しているのであろうか。論者の中には、将軍権力に外戚の威を加えておくことは、何かと好都合のこともあろうからといった程度のものと、さりげなく説明

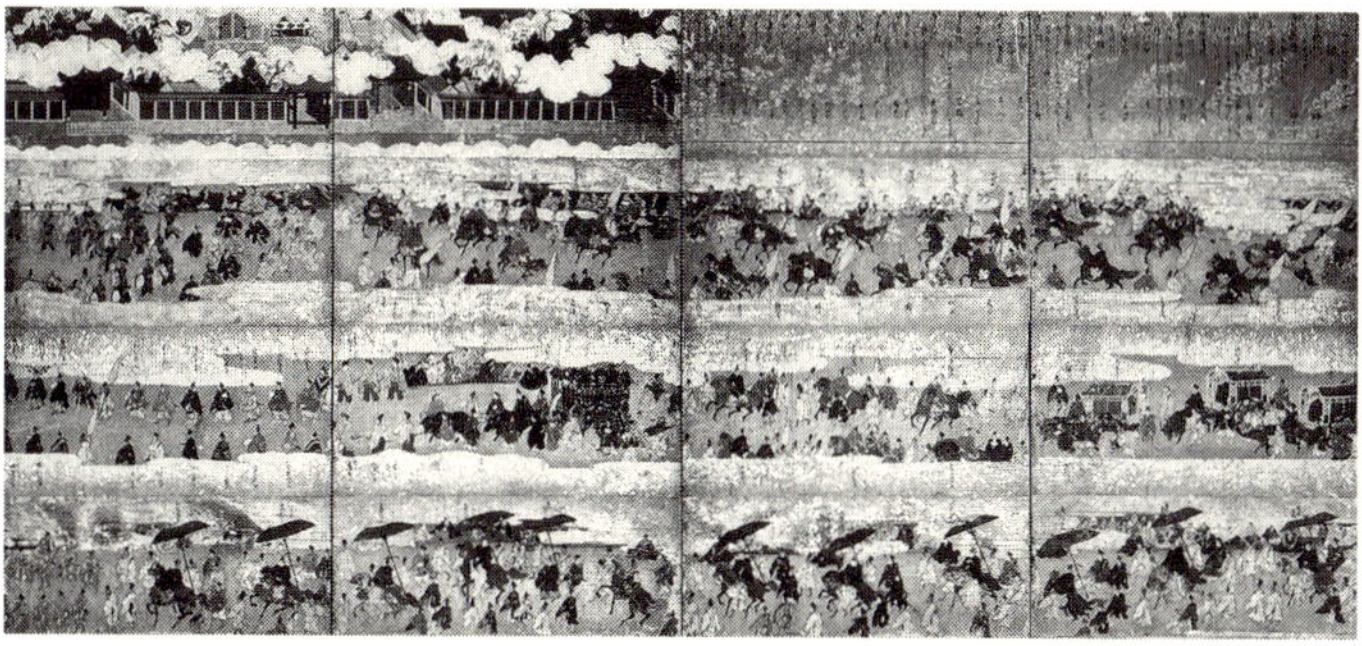

「東福門院入内図屛風」左隻（三井記念美術館蔵）

する向きもあるが、はたしてそうか。

そもそも武家の子女が天皇の后として入内することは、鎌倉将軍家からこの方、例のないことであった。そして武家の女子の入内先例はただ一つしかないということである。平清盛による、その女子徳子の高倉天皇への入内である。安徳天皇と平家の滅亡をもたらすことになった徳子の入内！　凶例中の凶例ではないか。誰知らぬ人の無い悲劇の歴史である。それをいま家康は、あえて踏襲しようとしているということになる。

もとより家康が、平家滅亡の歴史のあとを追い求めることはありえない。それゆえに、家康が計画し推進しようとしている徳川女子の入内という施策の意味するものは、軽々に捉えられてはならないほどに深刻かつ重要である。このような、極めつきの凶例の存在を充分に承知のうえで、にも拘わらずなされていたその推進自体が、家康と徳川幕府にとって必須不可欠であることを強く示唆していた。

その必須不可欠な事情とは何か。それは本書の中でも指摘してきた問題、すなわち関ヶ原合戦後の家康と徳川家をとりまく地政学的状況に他ならなかった。関ヶ原合戦における東軍の勝利は、家康と徳川家の勝利には必ずしもなっていなかった。家康と徳川家が同合戦によって獲得した領地は日本全体の三分の一にとどまり、残り三分の二に及ぶ広大な外様大名領域を支配せねばならない。ことに京都以西の「西国」方面については、外様大名領一色といった有様であった。

このような状況を前にして、かつ全国統治を遂行していこうとするならば、天皇カードは必須不可欠であるということであった。ことに西国問題への対応を考える時、京都のもつ地政学的な重要性は言を俟たないであろう。武家の天皇外戚志向が世に広く知られた凶例であるにもかかわらず、家康・秀忠がこれに精力を傾注していった所以である。

本問題の展開は家康没後の事柄となる。その展開の詳細については、拙著『関ヶ原合戦と近世の国制』を参照されたい。徳川幕府の推し進める外戚戦略が花開くのは秀忠政権の下においてであるが、外戚戦略の構想と着手とは、疑いもなく家康自身によるものであったということである。

宗教政策

家康の宗教政策が本格的に展開されるのは、大坂の陣が終結してのちの元和元（一六一五）年七月のことであった。この時に家康は前述の武家諸法度、禁中并公家諸法度の二大法度と並ぶ形で、仏教諸宗派に対して網羅的に法度を発布した。それらは各宗寺院にとって憲法としての役割をはたすものであった。起草者はやはり金地院崇伝であり、彼は各宗派の旧記を精査して、当該宗派において旧来から寺法や慣例などの規範とされてきたものを拾い上げて、これら一連の元和の法度を制定した。

家康の時代に発布された寺院法度は各宗派ごとに個別のものであり、武家諸法度のように寺家僧侶一般に対して統一的なものではない。これは各宗寺院が伝統的に保持してきた、それぞれの寺法を尊重したものと解せられる。

醍醐寺座主であった義演の日記によれば、慶長一九（一六一四）年二月頃より、法度制定のため諸門跡より崇伝の下に旧記類が録上されている。そして義演の場合には真言宗諸法度の件について崇伝とたびたびにわたって文書の往復を繰り返し、法度の草案を義演の側よりたびたび提出しているのである（『義演准后日記』慶長十九年二月二十五日、同二十年六月十七日条等）。

したがってこれら諸宗寺院法度の制定は幕府の強権によって一方的に強制されたものというよりは、各宗固有の伝統・寺法を尊重しつつ、そして各宗の門跡層の自宗把握の意向を汲み取りつつ、全体として幕藩制的秩序の下に編成していこうとするものであったと言いうるであろう。

ここでは諸宗寺院法度の中から一例として、浄土宗諸法度を取り上げよう。

浄土宗諸法度

一、知恩院之事、宮門跡を立置き、門領各別相定之間、寺家を混乱すべからず、引導仏事等は、脇住持を定め、先規の如く執行致すべし、十念においては、結縁のため門主自身授与あるべき事

一、京都門中おいて器量之仁六人を撰び、役者として諸沙汰を致すべし、曾《かつ》て贔屓偏頗あるべからざる事

（中略）

一、諸壇林所化之法度、悉く以て上より復すべき事

右三拾五箇之条々、永代此旨を相守るべし、若《も》し違背之仁においては、科之軽重に随い、或は流罪せしむべく、或は三衣を脱却すべき者也

元和元乙卯七月　日　（花押）

増上寺

この増上寺法度は全三五ヶ条からなる長大なものである。原文書は増上寺に残されているが、その寸法は立一尺五寸（四五センチ）、横一丈一寸四分（三メートル七センチ）で、檀紙竪紙を五枚継いだものを料紙としている。そして年号日下に差出者たる家康の花押のみが据えられている。いわゆる判物の様式をとっている。

他の宗派宛の法度は大体において五〜一〇ヶ条ぐらいで構成されており、差出者は元和元年七月発布のものは総て家康である。そしてそれらの法度の文書形式は家康の朱印を用いるところの、朱印状様式の法度ということができる。浄土宗諸法度のみが花押を用いた判物様式の法度であるが、これは朱印状に比して厚礼にして格式の高いことを示している。またその法度の条文数が他のものに比して断然多く、規定も委曲を尽くしているということも併せて、家康の帰衣の宗旨である浄土宗に対する特別の配慮を示したものとして解することができよう。

さてこれら朱印状（ないし判物）としての各宗寺院法度についてであるが、この朱印状（判物）法度の正文は総ての寺院に交付されるものではなく各宗派の本寺・本山たる少数の寺院に対してのみ交付されており、これらの寺院で写が作成されてその末寺へと触渡されていく。先述の醍醐寺座主の義演は自寺に受領した真言宗諸法度について、その写を作成して義演が裏判を据え、これを関東の真言宗各寺院に触渡している。

各宗派に対する寺院法度については家康制定のものが永代法式とされ、以後これが踏襲されていった。二代将軍の秀忠は元和三年前後にこれらの法度を自らの手で再確認すべく、同文の朱印状法度を各寺院に対して再交付しているが、しかしそれ以後は将軍の代替わりに際してこれらの法度が発布されることはなくなり、ただ宗派内部で紛争が生じて幕府の裁決にもちこまれた時、幕府はこれを裁許するに際して、将軍の朱印法度や老中の下知状を交付している。

家康の宗教政策についても、前二項に述べたのと同様の事情を認めることができる。すなわち、家康および幕府の名前をもって寺院に対する各種法規を頻発するのは、もっぱら慶長一六（一六一一）年より後のことという事実である。それ以前では、個別の寺院における紛争の解決が幕府に求められ、その裁定に際して当該寺院の法規を制定することはある。慶長六（一六〇一）年の高野山における学侶方と行人方との大掛かりな紛争の裁定に際して発布された高野山寺院掟は、その代表的なものである。

しかし、各宗派の寺院を対象とする法度は、やはり慶長一六年を境として頻出してくる。慶長一七年に発布された曹洞宗法度が初出であり、次いで同一八年の勅許紫衣法度が続く。後者は前述の公家諸法度と同時期に発布された包括的な寺院法度であり、禅宗の妙心寺、大徳寺、そして浄土宗の知恩院、金戒光明寺、西山光明寺などの諸寺院を対象として、住持職のシンボルである紫衣を勅許するに際して、幕府の事前承認を求めている。

これは明確に天皇の勅許の権限に規制をかけるものであり、のちに紫衣事件として顕現する問題であった。事柄の性格からして天皇、朝廷との間に軋轢を引き起こしかねない問題であったが、宗教政策を統治の根幹として捉えていた家康は、この点について聊かの妥協の余地なく、その施策は入念にして詳細を極めていた。

家康自身、熱心な浄土宗の帰依者であり日課念仏を怠らなかったこと、また浄土衆に限らず、各宗派の僧侶から法話を聴くことは、ほとんど日課にすらなっているほどの熱心な信仰者でもあった。天台僧である天海に帰依していたこともまた周知のところであろう。

かくも仏教に深く信心を寄せ、かつて三河の一向一揆という信仰ゆえに家臣団を分裂させるまでに深刻な状況を経験した家康なればこそ、宗教をめぐる人々の信仰心というものが政治支配の核心にあり、その取扱いこそが統治の要諦たると家康は考えたのであろう。

もとより論語・孟子など四書五経の儒書の出版事業にも熱心であった家康であるから、政治における儒学の重要性も認識していたことであろうが、それはあくまで副次的ないし付随的課題であり、天下統治の精神面における核心的課題が仏教にありとするのは家康の不動の信念であったと思う。

5　家康の死、徳川の平和

大坂の陣を終え、武家諸法度をはじめとする諸多の分野の法度を制定し終えた翌年、元和二（一六一六）年一月、家康は鷹狩に出た先で倒れた。食あたりと言われているが、高齢ゆえの病因も重なってのことであろう。

それより家康は駿府城内で病床に臥せったままの状態となり、病状も悪化して再起がむずかしくなってきた。そのような中、朝廷から家康に対して太政大臣任官の沙汰があった。これまでは固辞していた家康であったが、この度は受諾することとし、三月二七日、朝廷からの宣旨伝授の勅使を駿府城に迎えたのち、家康は病身を押して礼服を身にまとい、宣旨拝受の儀を執り行った。この時の模様は、「東照宮縁起絵巻」に描かれている。

この最後の盛事を経て一月ほどのちの四月一七日の巳の刻（午前一〇時頃）に家康は七五年の生涯を終えた。

病床の家康を大名たちが見舞うのであったが、そのうち福島正則が見舞ったとき、家康は正則を枕元に呼び寄せ、自分の死後、将軍秀忠に無道の政治があったならば、汝らがそれにとってかわるべしと告げた。正則が帰ったのち、執政の本多正純に正則の様子を問うたところ、「何とお情けなきお言葉」と泣いていた旨を答えると、家康は納得した様子だったと伝えられている。

これすなわち、諸大名の内心をさぐった家康一流の老獪さを示すエピソードとしてしばしば受け止められているようであるが、はたしてそうだろうか。筆者は、これは家康の本心を吐露した言葉として受け止めるべきではないかと思う。

それは、やはり豊臣家を滅ぼしてしまったところに、この言葉の重みがある。秀頼と豊臣家を討伐せざるを得なかったのは、家康晩年の政治情勢からして不可避であった。それは本書に述べた通りの政治力学に基づくものであった。その危うい情勢を放置したまま家康が没するならば、秀頼と豊臣家とを戴いた諸大名によって、徳川が討ち滅ぼされ、徳川領国が解体されるという危険性は限りなく高かった。

それゆえに、家康存命のうちにその芽を摘み取ってしまうことは、徳川存続の防衛上から不可避であった。しかしながらその所為は、かつては主君、主家と仰いだものを滅ぼすということを意味していた。徳川存続のために不可避とはいえ、徳川の存続はあくまでも徳川にとっての私益にすぎない。その私益擁護のために旧主、旧主家を打ち滅ぼすことは天下の大義に照らして許されることなのか。家康が、大坂の陣の前に逡巡し、煩悶したことは、実にこの点に関わっていた。

しかし家康は、鐘銘事件を天の与えた機会と受け止めて、豊臣討伐に踏み出し、これを滅ぼし去った。もしその行為が、徳川の私益護持の立場を超えて是認されるとするならば、徳川の執り行う政治が、天下の公益にかなうという点においてのみであろう。その統治が、天下公共の公益の実現という課題を充足することにおいて徳川の存在は是認され、徳川のための政治に堕するならば、それはその存在意義を失うということであろう。

大樹（将軍秀忠）の政策ひが事あらんには、各々代わりて天下の事はからふべし、天下は一人の天下にあらず、天下は天下の天下なれば、吾これをうらみず

外様の諸大名を枕元に召し寄せて語り伝えた家康最期の遺言として『徳川実紀』に記されている一文である。重篤の状態が続いている家康から、このような理路整然とした形での言葉づかいがなされることはなかったであろうが、しかしなおそれが病床の中での切れ切れの断片として発せられたものであれ、ここにこそ七五年の生涯を通して到達した武将家康の、治者としての境地が凝縮され表現された真言を聞く思いがする。

葬礼は浄土宗の増上寺で営まれ、遺骸は遺言に従って駿府の南東の久能山（現・久能山東照宮）に葬られた。遺言では、さらに日光山に小さい堂を建てて霊を勧請するようにとあったが、幕府は日光に東照社を建立して遺骸そのものを移してしまった。

神号は側近の天海と崇伝、梵舜の間で、権現と明神のいずれとするかが争われたが、天海の意見が通り、山王一実《さんのういちじつ》神道に則って権現とされ、元和三（一六一七）年二月二一日に東照大権現の神号が、三月九日には正一位の神階が朝廷から贈られた。東照社は正保二（一六四五）年になって宮号宣下があり、伊勢神宮や石清水八幡宮などと並ぶ形で、東照宮と改められた。

終章　家康の政治と文化

徳川家康の生涯については、以上に述べた通りである。この終章では、家康の政治と文化の特質をまとめることに努めたい。

家康の政治の特質を挙げるならば、(1)法による支配、(2)伝統主義に基づく政治、(3)大名領有権の尊重、(4)学問尊重の文教政策、(5)善隣友好の外交、などの諸点を指摘できるのではないかと思う。そしてそのいずれもの要素が、その時代においても、また今日の観点からしても重要であると考えられる。以下、これらについて検討していこう。

1　法による支配

家康の政治を特色づけるのは法による支配ということである。個別の法令を発布して政策を推し進めることは、信長や秀吉をはじめ、いずれの大名においても行われていることであるが、家康政治の特徴は、かの武家諸法度をはじめとして、様々な分野においてその基本法を制定していったところにある。

家康もその後の徳川幕府も、個別の単行法令としての触書などを発布することはもちろんであるが、しかしその前提として「法度」や「高札」という様式をもった基本法が定められていて、それが各分野における人々の間の秩序や権限、あるいは行動のルール（禁止規定が大半だが）を規定することによって、幕府の統治はもっぱら、これら基本法からの逸脱を防止することに注力されることになる。これは支配される側から見たときには、それら基本法によって行動は強く規制されることになるけれども、逆に基本法を守る限りではそれ以上の恣意的な支配を受ける機会は減じるという面がある。

いずれにしても、このような基本法を広く制定することによって進められる政治というものは、支配の安定度は高まることになる。それは支配する側に対しても、恣意的な支配を抑制するというという規律が課されてのことであるが、それが守られる限りは安定的で永続性をもった統治が期待できるということであり、徳川幕府の二百年余にわたる持続性はこの点に由来するところが大きいであろう。

2　伝統主義に基づく統治

法の正当性

家康の政治は法による支配を踏まえてのことと述べたが、その法、特に「法度」と呼ばれるような基本法はどのようにして定められるのであろうか。どのような内容が採用されることになるのであろうか。一般的に言えば、法の内容はそれを制定発布する政権にとって都合のよいことであろうし、徳川幕府の場合も基本的には変わるところはない。

しかし支配にとって好都合だからとて、無軌道な内容を法に盛り込んで強制し続けるならば、当該社会からの反発を蒙り、大規模な反乱を引き起こして政権は打倒されていくことであろう。それゆえに、法の内容は無軌道であってはならず、当該社会の人々にとってその受容が納得されるような基準が求められることになる。これが法の正当性《レジティマシー》と呼ばれるものであり、法による支配が安定性と持続性を実現するために不可欠の要素となる。

この点について、家康の立脚点は明確であった。それは伝統主義の観念に基づくもので、鎌倉幕府と源頼朝の政治、およびそこから連綿と続く武家社会の法と政治の伝統に則るとするスタンスである。次の幕府の法令は、この点を余すところなく鮮明にしている。

慶長一六年の三ヶ条誓詞

徳川幕府は本文（三三七頁）でも述べたように、慶長一六（一六一一）年四月一二日付で三ヶ条誓詞を発布し、諸大名から誓約を取り付けている。形式的には諸大名たちの誓約書の形を取っているが、紛れもなく幕府の発布した法令であり、しかもその第一号であるがゆえに、誓詞という形をとって、幕府の今後発する法令に対する包括的な遵守誓約を取り付けているのである。

この三ヶ条誓詞の冒頭文言「右大将家以後、代々公方の方式の如く」の「右大将家」とは源頼朝を指している。すなわち徳川幕府の今後に発布していく法令とは、源頼朝の鎌倉幕府およびそれ以後の足利幕府に至る歴代の将軍が発布してきた法令に準拠したものであること。ただし時代が変わって来ているので、その点の加除修正を加えて（「損益を考え」）発布するとしている。

また、その第三条に「叛逆・殺害人」の隠匿禁止を謳っているが、この「叛逆・殺害人」の追捕とは、まさに鎌倉幕府の「貞永式目」に載せる、諸国守護人の職掌である有名な大犯三ヶ条のそれに他ならない。

このように、この慶長一六年の三ヶ条誓詞は鎌倉幕府と頼朝による武家政治の伝統を全面に押し出しており、徳川幕府の法令は徳川将軍が恣意的に定めるものではなく、あくまでも歴代将軍の発布したものの踏襲であり、時代の変化を勘案したその修正版という擬制をもって、その正当性を定立していたということである。

元和元年の武家諸法度

右に述べた問題は、徳川幕府の対大名政策の憲法とされた周知の「武家諸法度」においても同様に指摘される。

元和元（一六一五）年七月、大坂夏の陣に豊臣家を滅ぼした徳川幕府は、京都伏見城に諸大名を召集して、無断の城郭修復の禁、群飲佚遊の禁、など一三ヶ条を記した「武家諸法度」を伝達した。この元和の武家諸法度は室町幕府の「建武式目」の条文などに典拠を求めていたのであるが、これを指して当時の人々の間でも、「むかしの公方之法度、御引き直しなされ、仰せ出されるべく候由」という風に受け止められていた。おそらく幕府の側からもそのような説明がなされていたのであろう。

慶長八年の郷村掟

家康が征夷大将軍に任官した慶長八（一六〇三）年三月に発布された、農村支配の基本法である郷村掟については本書二六八頁で詳述した通りであるが、それには画期的な内容が盛り込まれていた。農村支配者である領主や幕府領代官に不正不当があったときには、これらの非違を告発する権利を農民に認めるとともに、非違に対する抵抗行為としての逃散をした時も、これを強制的に引き戻すことを禁止し、総じて農民の退去の権利を明文をもって規定するなど、従来の農村支配のあり方と大きく異なるものであった。

しかしこの農村支配をめぐる方針は、本文に述べた通り、鎌倉幕府の貞永式目の第四二条に依拠することは明らかである。徳川幕府の法度や全国法令、および法令を制定しうる権限なるものは、このように伝統的な権威によって根拠づけられ、正当化されて当該社会に受容されていったのである。征夷大将軍という官職には、鎌倉将軍より伝統的に蓄積されてきた社会的地位、法令制定権を含む諸々の権限といったものが随伴しているのであって、家康がこの官職に補任された時には、これらの拡大された社会的地位や特権までも同時に獲得したのである。

これら当該官職に随伴する様々な政治的意味内容を踏まえ、前提として、徳川将軍（幕府）の政治支配、その全国統治なるものは展開されるのである。

さらに注目すべきことであるが、前述したように武家諸法度の発布に際しては、家康も将軍秀忠も座を外すという形をとっていたという点である。

このような武家諸法度の発布の形は興味深い。すなわち、武家諸法度というものは家康や徳川将軍が恣意的に作って強制するものではなく、将軍に先立って既に存在しており、将軍や幕府というのは、その正しい法を世に広めるための管理者なのだというロジックが働いている。「武家諸法度」は武家社会の長い伝統の中で形成されてきた慣習法を成文化したものであり、いわば武家社会の自然法としてあるという観念が表現されている。

3　融和政治、自治分権尊重

信長・秀吉との違い

信長、秀吉のそれと対比したとき、家康の政治に際立っているのは、その融和を重んじる姿勢である。戦いにおいては性急で、気短な性格も見せる家康であるが（持久戦においては秀吉の悠遠さの方が勝っている）、こと政治においては何人も及ばない、粘り強い重厚さを備えている。

信長という人物が、天才的にして創造性に富んだ資質の持ち主であることは否定できないが、しかしその無軌道にして専制的な政治と権力行使の前には恐怖と猜疑が渦巻くばかりであり、佐久間信盛の改易処断に続く、林佐渡守、丹羽、安藤らの相次ぐ放逐という事態を目の当たりにして、家臣団の側からの抵抗、叛逆が勃発しないわけはなかったであろう。

豊臣政権と徳川政権とを比較したとき、徳川政権の方が中央集権的であるという印象がもたれているが、これは江戸参勤体制を確立し、武威の政治を全面に打ち出してきた、三代将軍家光の寛永一〇（一六三三）年以降の性格に他ならない。家康の政治は大名の領有権を尊重するという姿勢で一貫している。

秀吉政権の全国統治策に比した場合、家康の大名政策は融和的であり、自治分権の尊重、不介入主義をとっている。豊臣政権の太閤検地政策を見るならば、大名領内への立ち入り測量を強行するのみならず、その大名領内に一万石規模の太閤蔵入地、すなわち秀吉の直轄地を設定するのである。

次に大名家臣の問題を見たとき、秀吉の一本釣りは有名で、大名家臣の特定人物との直接交渉を行い、その実力者を通して大名家の行動を秀吉の求める方向にコントロールしようとした。島津の伊集院忠棟、龍造寺の鍋島直茂らが有名であろう。

これらに対して、関ヶ原合戦後における家康の全国諸大名への領地給付を見るならば、大身大名に対しては一国一円の完全領有方式をとっており、幕府直轄領は必ず大名領の外に設けるという原則である。領地給付も各大名に一括授与するものであり、秀吉政権に見られた実力家臣に対する「内分」指定の明示は、家康の下では大名側が望まない限り行わないという立場をとっている。

転封の実態

とはいえ、徳川幕府においては大名の転封、すなわち「鉢植え大名」のように領地移動が頻繁であり、大名の領有権は無きに等しいとする議論もある。

しかしながら、このイメージは誤りである。頻繁な転封は、主として譜代大名の場合であり、幕閣などへの就任に際して関東方面への領地移動がなされ、さらにそれが「三方領地替」という三角人事の方式をとることから、転封が頻繁というイメージが形成されたのである。これに対して、外様国持大名の存在形態を見るならば、近世初頭に見られた移動は石高の増加を伴う「加増転封」が原則となっており、寛永一〇年頃以降は領地固定となり、幕末まで完全固定というのが実態であった（拙著『歴史の虚像を衝く』）。

幕府の大名領有権に対する不介入、尊重の姿勢が一貫していたことが理解されるであろう。

4 学問尊重の精神

家康が生涯を通して学問好きであったことは紛れもなく、既述の通り大坂の陣のさなかにおいても、和漢の典籍の出版事業についての段取りを検討していたほどであった。家康の侍医を務めた板坂卜斎の覚書には、家康の学問の傾向が次のように記されている。

家康公、書籍を好せられ、南禅寺三長老・東福寺哲長老・外記局郎・水無瀬中納言・妙寿院（藤

> 原惺窩）・学校（足利学校庠主《ようしゅ》三要元佶《さんようげんきつ》）・兌長老（西笑承兌《せいしょうじょうたい》）など常々御咄なされ候故、学問御好、殊之外文字御鍛錬と心得、不案内にて詩歌の会の儀式有と承り候。
> 根本、詩作・歌・連歌は御嫌ひにて、論語・中庸・史記・漢書・六韜・三略・貞観政要和本は延喜式・東鑑（吾妻鏡）也。其外色々、大明にては高祖寛仁大度を御褒め、唐の太宗・魏徴を御褒、張良・韓信・太公望・文王・武王・周公、日本にては頼朝を常々御咄なされ候。

すなわち、家康は和漢の古典籍を愛好し、南禅寺や東福寺の長老、大外記の押小路師廉、能書家の水無瀬兼成、朱子学者の藤原惺窩、足利学校の三要元佶、相国寺の西笑承兌といった人々とよく学問上の談話をしていたこと。詩作・和歌・連歌といった風雅の遊びは好きではなく、中国の儒書・史書・兵学書、日本の延喜式・吾妻鏡などの書物を愛読していた。人物としては、漢の高祖（劉備）の寛仁にして度量の大きいことを褒め、その他に唐の太宗、魏徴らを挙げて称賛し、日本では源頼朝をすぐれた人物として人々に話していた由であった。

右の板坂卜斎の覚書では、儒学や兵学の書、歴史書、政治論書などが挙げられているが、家康の学問関心はそれ以外にも及んでおり、特に仏教に強い関心をいだいていて、承兌や天海らの法話、宗教論議を聴くことは日常の習慣にすらなっていたほどであった。

神道についても同様であり、吉田神道系の人々から神道を伝授されていた。その他にも、『古今和歌集』『源氏物語』『伊勢物語』といった日本の古典に対しても深い関心を寄せ、これらを研究する和学をも尊重していた。家康の個人的な好みとしては、前述の中国古典の修学と仏教法話の聴聞にあったと思われるが、家康は同時に自己の興味の有無を超えて、天下公共の観点から伝統文化、古典文化一般は尊重されねばならないとして有形、無形の文化財保存の姿勢を示していたのであろう。家康の学問観、文教政策の高い見識を示すものであり、家康政治がその後の日本社会の形成と発展に及ぼした影響として、最も高く評価される分野であろう。

5　善隣友好の外交

家康の外交と対外政策については第八章第四節で詳述した通りである。信長と秀吉は積極的対外志向であったのに対して、家康は内向きの農本主義、鎖国志向であるとする通念が定着している観があるが、それらの歴史像は誤っている。家康が対外問題の実権を掌握していた慶長年間というのは、前近代の日本において最も国際色の豊かな時代であった。

日本から積極的に海外に進出する朱印船貿易の制度は、家康によって始められたものであった。これは後述するように、家康の個人的な嗜好、すなわち東南アジア諸国に産する香木である伽羅《きゃら》を入手したいという強い願望が動機として働いていたようであるが。

初発の動機はともあれ、こうして日本人商人が朱印船制度という幕府公認の制度に守られつつ、ヴェトナム、タイ、カンボジアという東南アジア奥地へと渡航し、積極的な貿易活動を展開することとなった。日本側が、このように東南アジア遠隔地まで進出して活動するようになると、自ずから相手国の商人が逆に日本に来航するようになる。これら東南アジア方面の貿易船は、後の元禄時代の頃になっても変わることなく長崎に来航していた（この方面の貿易船は「奥船」と呼ばれていた）。家康の開拓した日本—東南アジア貿易関係はいわゆる「鎖国」の時代に入った後々まで栄えていたのである。

中国本土の貿易船の来航は、一七世紀の初頭は低調であった。文禄・慶長の役の影響で日本と中国（明）とは戦争状態が持続していると見なされていたとともに、折しも満州族が勃興して明国にかわり清国を建てるという騒乱状態のただ中にあり、中国船の日本渡航が禁止されていた（「遷海令」）。ところがこの禁令が同世紀半ばに解除されると（「展海令」）、雪崩を打ったように中国船が大量に日本に来航することとなった。

李氏王朝の朝鮮国については、文禄・慶長の役によって深く傷つけられた両国関係が家康の手によって修復され、正式の国交が取り結ばれるとともに朝鮮通信使の制度の確立をみた。

西洋との関係では、前代以来のポルトガルとの関係は引き続き承認し、新たに登場したスペインとの関係を重視した。ポルトガルと違って、フィリピンとメキシコ（ノヴァ・イスパニア）を結ぶ太平洋航路を往復するスペイン貿易船の存在は、家康にとって大きな期待を抱かせるものであった。それまで関東の太平洋岸の江戸に本拠を置く徳川家にとって、九州から畿内の堺までに交易が限定されているポルトカルとの関係は、あまり恩恵をもたらすものではなかった。いわば指をくわえて眺めているしかなかった。

これに対して太平洋航路（マニラ・ガレオン）を使うスペインとは、江戸およびその周辺地域において直接に交易を行うことが可能となり、家康の対スペイン交易には大きな関心を寄せることとなった。こうして、旧来のポルトガル人に加え、スペイン人も日本国内を行き来することとなった。

そしてさらに、慶長五（一六〇〇）年以降は、プロテスタント国であるオランダとイギリスもこれに加わることとなる。当時の表現であるが、ポルトガル・スペイン人は南蛮人と呼ばれていたのに対して、北方のゲルマン系のオランダ・イギリス人は紅毛人と称された。両者は身につけている衣服の外観もずいぶんと異なっていた。

これら実に多彩な国々、文化圏の人々が日本にやって来て、長崎や堺といった港町のみならず、京や大坂といった日本の中心的な街を自由に歩き、道で行き合っていたのである。国際都市という名にふさわしいような賑わいであった。このような国際的な賑わいが近世日本にもたらされた功績は、一にかかって家康に帰せられるであろう。

そしてウィリアム・アダムスのようなまったくの異国人に対して、三浦按針の日本名を与えたうえで、知行二五〇石のれっきとした幕府旗本としてこれを取り立て、帯刀も許して正規の侍として遇した家康の見識にはただただ敬服させられるばかりである。

外見がいかに和人と異なっていようとも、その人品が確たるものであり、日本の文化価値に対する尊重が見られ、家康に対する忠誠心の篤さが自余の幕臣と変わるところがないならば、それを旗本、侍として扱うことに躊躇する必要はないとする家康の度量と、その国際人としての視野の広さである。

家康は、朝鮮国との講和と国交回復を実現し、ヨーロッパ諸国を中心に広く各国に門戸を開き、朱印船貿易制度を整備して遠く東南アジア諸国へと日本商人を派遣して国際貿易を展開し、さらにはスペインとの直接貿易の実現を求めて、京の貿易家・田中勝介の望みを受け入れて日本人初となる太平洋横断の旅を実現させた。

そして特筆すべきは、家康はこれだけ多種多様にわたるスケールの大きな事業を展開していたにもかかわらず、それが非戦、善隣友好の理念をもって貫かれていたという事実である。家康の貿易活動と国際政治のあり方は、当時のレベルではいうまでもなく、今日の観点からしてさえも、完全無欠と評して差し支えないのではないだろうか。家康をもって第一級の国際政治家と顕揚する次第である。

6　家康の趣味と嗜好

文事・遊芸

家康の学問愛好の性格については、これまで関係論著において語りつくされてきた。本書においても、随所でそれについては触れてきた。

それでは、それ以外の文化・芸術面においての趣味、嗜好はどうなのであろうか。これについて、家康の侍医であった板坂卜斎の覚書には前述のように記されている。

この「学問御好（中略）根本、詩作・歌・連歌は御嫌ひにて、論語・中庸・史記・漢書・六韜《りくとう》・三略・貞観政要《じょうがんせいよう》、和本は延喜式・東鑑《あずまかがみ》也。」という板坂卜斎の観察は正鵠を射ていると言うべく、大局において正しい家康像を描き出しているであろう。すなわち、武将でありながら和漢の学識に通じている反面、雅な情感を貴ぶ遊芸の分野は嫌っていたという、堅物のイメージである。堅牢な作りではあるが、飾り気がなく面白味にかける建築物のような。

家康のそば近く侍って、その起居言動を間近にしていた人物の証言なだけに信憑性は高い。実際、家康の人物像をそのようなものとして大過ないと思われるが、近年の研究成果を踏まえて考えるならば、単に堅物イメージだけでは終わらない、家康の別の側面が見えてくる。

まず、嫌いとされた連歌についてであるが、次のような点が指摘されている（揖斐高「家康の学問・儒学と梳山文庫」）。すなわち、慶長九年三月のこと、江戸から上洛の途次、家康は熱海温泉に七日間逗留し、その間に独吟による百韻連歌を詠んだというのである。

春の夜の夢さへ波の枕かな。あけぼの近くかすむ江の船。一村の雲にわかるゝ鴈啼て

このような詠風で、ひとりで連歌百韻を詠んでいるのである。

そして『東照宮御実紀』附録巻二二には、家康が「折にふれ時によりて、御吟詠ありしを、後々よりくり返し諷詠し奉れば、さながら御文思の一端をしるに足れり。よてふるくより書にもしるし、口碑にも伝へしものどもをかきあつめて、御文事のすゑに附し奉ることになん」として、家康の和歌・狂歌・連歌が三〇首ほど収録されていることからも分かるように、家康は詩歌の詠作にまったく無関

心だったというわけではなかった。

自己の感情表現としての詩作・吟詠については、慰み事としてほどほどのところに止めていたが、同じ和歌や日本の古典についても、それを学問的観点からとらえる「和学」ということでは、家康はむしろ積極的な関心を示していた。例えば、慶長一九年三月、家康は古典文学の世界における最高の秘伝とされている「古今伝授《こきんでんじゅ》」（『古今和歌集』の解釈に関する秘伝）を受けるために、公家の冷泉為満《れいぜいためみつ》に駿府来訪を求めている。また、飛鳥井雅庸から『源氏物語』の解釈に関わる秘伝である「源氏三箇大事」の相伝を受けており、その他、京から公家衆を駿府に招いて、『源氏物語』『伊勢物語』『古今和歌集』などの講釈を聴聞することは頻りであった。

家康はこのように、文事・遊芸の問題にあっても、どこまでも学問的にアプローチしていくところにその本領があった。それは茶の湯や生け花といった領域においても同様であった。家康の茶事というのは、あまり聞かないことである。しかし慶長一六年一二月一〇日に織田有楽が駿府に着くと、翌日には「今朝、有楽御数寄屋において御茶を賜う。（中略）楢柴肩衝の御茶入、朱衣肩衝　薄茶入、虚堂の御掛物、古銅御花入これらを飾らしめ給う。大御所花ヲ入れ給う。御茶これを立つ」とあり、家康自ら花を生け、茶と点てるという最高のもてなしの形を示している。

家康は幼年、若年時代を今川の駿府ですごした。当時の駿府は今川家の本拠であったことから、京の文化が同地の端々に至るまで満ち溢れており、また今川義元は家康の教育において、教師に太原雪斎をあてるなど理想的な教育環境の中で家康は成長期を過ごすことができた。これは信長や秀吉と異なる教養人としての家康の人格を形成する上で大きな影響を及ぼしていると見ることが出来よう。

家康の学問好きの性向は、このような環境の中で育まれたものであることは言を俟たないであろう。そしてまた詩作、詠歌はもとより茶道、連歌、香道、生け花に至る和漢の教養事の万般は、義元の駿府には整えられており、家康はこれらの嗜みをその時代に身につけていたことから、後年、やろうと思えば、一通りの技芸はこなすことが出来たのであろう。

実際、家康が亡くなった後、その遺物が御三家に分与されており、そのうち尾張家への遺産の受け渡し分を記した『駿府御分物御道具帳』には、金銀・刀剣・茶の湯道具・薬・衣類など様々な品が記されており、茶の湯道具では、茶壺、墨蹟・絵画の掛物、歌書、茶碗・花生・茶入・茶杓など合計三二九点が見られる。

能楽

このように、文事・遊芸の分野の事柄は有形・無形の文化財として尊重し、また武家典礼として位置づけていくという姿勢は見られるものの、家康個人の趣味として、感興に惑溺して打ち込むといった性格のものではなかった。そのような態度を持していた家康が、ただ一つだけ積極的に取り組んでいた遊芸事があった。それが能楽（申楽《さるがく》）であった。

『駿府記』には、「駿城にては月ごと度々興行ありしことも、御みづからの娯観にのみにし給はず、公達を饗せらるゝか、さらずば諸大名御家人等を、慰労せらるるために催されしゆへ、いつも諸人に陪観せしめられしなり」とあり、大御所として駿府にあった時代には、公家や大名たちを歓待する祝宴に際して頻繁に能の上演がなされていた由である。

しかしこの文章は、他者の饗応のためにというのは言い訳に近く、その背後に家康自身の個人的な楽しみによる演能が日常的に行われていたことを証言しているようである。つまりは、家康は能が好きで、かなり没入するほどであったという情景が見えてくる。このような遊芸に対する家康の接し方は、明らかに異例に属する。そしてこれは晩年のことではなく、若い時期から一貫してのことであった。しかも若い時期では、単に鑑賞するだけでなく、自ら演能をし、舞を舞うということもあった（天野文雄「徳川家康と能」）。

例えば『家忠日記』には元亀二（一五七一）年八月、浜松城内で観世宗節・元尚が能を演じた時、家康も舞ったとされ、翌三年八月一二日には、浜松城で観世十郎と宗節とともに家康が能（演目不明）を演じたと記されている。さらに時期が飛ぶが、文禄二（一五九三）年一〇月、秀吉が後陽成天皇の御所で催した禁中能で、家康は初日に『野宮《ののみや》』を演能し、三日目には『雲林院』を演じている。

この禁中能で演じた『野宮』は、「源氏物語」に登場する六条御息所《みやすんどころ》を主人公として、光源氏との恋の葛藤を高雅に描いた作品。『雲林院』は「伊勢物語」を題材として、シテである在原業平が二条の后との道ならぬ恋のあり様を描いた能。二つは、ともに男女の恋を主題としており、さらには叶わぬ恋を描いた作品である。能には源平武士の勇姿を描いた修羅物と称する一群の能がある。家康には、そのような武張ったタイプの能の方が向いているように思われるのであるが、彼が禁中能で選択した演目は、二つともに叶わぬ恋をテーマとした能であったとは。

このようなところに、家康の意外な一面を垣間見ることが出来る。もとより、禁中能として天皇の上覧に供することから、これらこそがその最も得意とし、自信のある曲目であったろう。

天野文雄氏によるならば、家康の能楽修練は、今川の人質として駿府にあった若き日にまで遡るとされる。当時、駿府には世阿弥の直系とされる越智観世家の観世十郎太夫をはじめとする観世座の有力座衆が滞在しており、十代であった家康は、彼らの一流の芸を日々鑑賞し、彼らの手ほどきをうけつつ能楽修行に励んでいた由である。そののち、家康が今川の羈軛を脱して独立大名として発展していく中においても、能はつねに身のまわりにあり、晩年の駿府時代に至るまでその能楽愛好の姿勢は変わることがなかった。

これは家康にとって、自余の芸道と異なる特色である。他の諸芸道も、駿府の若き日に、よき師匠たちに囲まれて修練を積んだことであろうから、家康はどの分野の事柄であれ、一通りの技芸はこなすことができたであろうし、豊かな教養にも満ちていた。しかし、それらの殆どは一通りの技芸・教養にとどまっており、またとどめていた。それらは、あくまでも古典文化であるが故に文化保存の観点において尊重され、また将軍家・幕府の典礼を構成するものとして丁重に位置づけられていた。連歌、雅楽、囲碁・将棋、等々。

能楽もまた「中楽四座（観世・宝生・金春・金剛、の四流）」として将軍家の典礼制度の中に位置づけられていく点においては、他の芸道と変わるところはない。しかし、家康の能に対する愛好と傾倒ぶりは、他の諸分野における文化尊重一般とは明らかに一線を画していた。能楽という芸道は、家康にとって唯一といってよい芸術的自己表現の手段であり、娯楽であった。

これも興味深いことであるが、家康は能に付随する笑劇である、狂言にも通達していたというのである。先の禁中能の第二日目、家康は狂言『耳引』を演じている。前後の日に幽玄の極みとも言うべき典雅な複式夢幻能を演じながら、他方では狂言をも得意としていたという。能を玄人はだしの技量で演じて幽玄の世界に遊ぶ家康の姿も、多くの人にとっては新鮮にして意外な感があろうけれども、それ以上に、あの謹厳なイメージの家康がコメディーを演じて人々の笑いをとっているという図は、何とも名状しがたい戸惑いを覚えることであろう。もちろん、重厚な演能の合間の座興であるにしても。

家康は実に狂言の新作まで手掛けており、狂言師と相談しながら新作のアイディアを熱心に練り上げるといった次第である。これら家康の能や狂言の世界への傾倒ぶりは、他の文化・芸術事とは明らかに異なっており、それゆえに、家康の人となりを考えるうえで、家康の日頃はお目にかかれない別の一面をのぞかせてくれるという点で貴重である。

薬と香木

家康が能・狂言とは別の意味で没入したものとして、これは周知のところだが薬と健康法の分野がある。家康の健康マニアぶりは昔からよく知られている。薬草の学問である本草学に通じ、また自ら薬研《やげん》を引いて薬を調合していた。その当時の高齢者がよく罹っていた中風《ちゅうぶ》（脳溢血などの脳損傷にともなう身体麻痺の病）に効くとされていた烏犀円《うさいえん》の調合を得意としていて、懇意の大名たちにも分け与えていた。家康調合の薬を拝領した細川忠興は、後年それが他の医師たちが調合したものよりも優れた由を語っていたということであった（宮本義己「徳川家康と本草学」）。

これに関連して家康には香木の収集癖があった。特に香木の王者といわれる伽羅《きゃら》に対する愛着にはなみなみならぬものがあった。家康の遺品には多数の香道具が残されているので、香道として香りを楽しむ文化的所為としても伽羅を求めたのであろうが、他方では健康法の一環として、すなわち伽羅の香りがもたらすリラックス効果、いわゆる癒しによる健康維持を目的とするものでもあったろう。

伽羅は国内では採れず、タイ・カンボジア・ヴェトナムといった東南アジア諸国で産した。家康は多くの日本人貿易家をそれら諸国へ派遣した。その地の国王宛の朱印状では、持参の日本人商人に商売上の安全と、伽羅をはじめとする香木の購入に便宜を図ってほしい旨が記されていた。家康の香木嗜好には、なみなみならぬものがあり、それには惜しげもなく万金を投じて止まなかった。万事質素にして、派手好みを嫌い、質実剛健を旨とする家康にあって、その香木趣味、伽羅蒐集狂いは破格の域に達していた（宮本前掲論文）。

茶の湯もそうであろうが、香というものの精神作用は奥深いもので、人をのめりこませてしまう不思議なパワーを潜めているようである。茶の湯にはさして関心を抱かなかった家康であるが、香木嗜好には異常なものがあった。もとより物事に淫することを避ける家康にしてみれば、香木への愛好もあくまで健康重視という面において正当化されるもので、伽羅の香りの癒し効果が重視されたのであろう。

その他に家康の愛好事と言えば、鷹狩を中心とする狩猟がある。また愛好事といえば語弊もあろうが、家康は剣術を得意としていた。また相撲も強かったと言われている。家康はその意味において、文武の両道に秀でた達人であったと言えよう。

その政治のあり方も柔軟にして多彩である。農民に対して、領主・代官の非分を弾劾する権利を認め、抵抗としての逃散を許容する姿勢を示し、法文をもってこれを公示したことは特筆に値するであろう。

同様に君臣関係においても、主君に非違や不当な行いがあったとき、家臣の諫言を尊重したのも家康政治の優れた面を示している。その他にも、家康の人となり、政治の特質について取り上げなければならない問題を数多く残してしまったが、それらは今後の課題とすることとして、本書は以上を以て擱筆することとしたい。

付論　家康の親族と女縁

家康の母

○於大《おだい》の方　享禄元（一五二八）年〜慶長七（一六〇二）年八月二八日

於大の「於」は尊称ゆえ、実名は「大（たい、だい）」。のち伝通院と称する。

於大の松平広忠との婚姻から離婚に至る過程は本文参照。実家の水野家に戻った於大は、天文一七（一五四八）年には兄水野信元の意向で知多郡阿古居《あぐい》城（阿久比）の城主・久松俊勝に再嫁した。俊勝との間には三男三女をもうける。また、この間にも織田方に囚われ人質として尾張の熱田に置かれていた幼い家康には、阿古居から家臣を派遣して差し入れをしばしば行い、また駿府へ移ってからも音信を絶えず取り続けていた。永禄三（一五六〇）年の桶狭間の戦い後、今川から自立して織田信長と同盟した家康は、俊勝と於大の三人の息子に松平姓を与えて親族の扱いとし、於大を母として迎えた。於大は、俊勝が天正一五（一五八七）年に亡くなったのち、俊勝菩提寺の安楽寺で剃髪して伝通院と号した。慶長七（一六〇二）年には上洛して、家康のいる伏見城に滞在する。翌年に控えた征夷大将軍任官のハレの舞台を見せたいという家康の思いからの上洛ではなかったであろうか。於大は、高台院や後陽成天皇にも拝謁し、豊国神社に詣でて徳川と豊臣との融和繁栄を祈願した。だが於大は、家康のハレの姿を見ることなく、同年八月、伏見城で亡くなる。家康に見守られての最期は、於大にとってもはや今生に思い残すことがないものであったろう。享年七五。遺骨は江戸小石川の伝通院に埋葬された。

家康の弟妹

(1) 松平広忠の子女

家康の父広忠は、於大の方と離別したのち、三河田原城主戸田康光の女子真喜姫(田原御前)を娶ったが、子はなかったらしい。広忠の側室からは一男三女が生まれたとされているが、男子については実在が疑われている。三女子は多劫姫・市場殿・矢田姫と称した。

(2) 久松俊勝の三男子——家康の異父弟

家康の生母・於大は前述の通り、広忠の下を去って実家の水野家へ戻ったのち、久松佐渡守俊勝に再嫁して康元、康俊、定勝という三人の男子を儲けた。

○松平康元《やすもと》　天文二一（一五五二）年〜慶長八（一六〇三）年

俊勝の嫡長子・康元は、三河国上ノ郷城主を継ぎ、家康の関東移封にあたって下総国関宿城に二万石を与えられた(関宿藩。のち四万石に加増)。その子孫は美濃大垣藩五万石を経て、信濃小諸藩五万石となったが、無嗣廃絶。のちに一万石の無城大名として家名再興が許されている。

○松平康俊《やすとし》　天文二一（一五五二）年～天正一四（一五八六）年

名は勝俊とも。八〇〇〇石の旗本として下総国多胡に領地を与えられる。その子孫は加増され多胡藩一万二〇〇〇石の無城大名となっている。

○松平定勝《さだかつ》　永禄三（一五六〇）年～寛永元（一六二四）年

定勝は、小南三〇〇〇石を振り出しに遠江掛川藩三万石、伏見城代五万石、伊勢桑名藩一一万七〇〇〇石と栄進している。定勝は長命で家康死後も存命して、二代将軍秀忠の叔父にあたることもあって、幕政にも助言をなすような実力者であった。領地の増大も、これによってである。

定勝のあとを継承した定行は、三代将軍家光の信頼も厚く、寛永一二年に四万石の加増をもって伊予松山藩一五万石に移封となった。四国に家門大名としての初入部であった。

三男の定綱は、美濃大垣藩六万石から伊勢桑名藩一一万石の祖となる。子孫は、越後高田藩・陸奥白河藩などの転封を経験し、幕末には桑名藩主となっている。なお、松平定信は田安徳川家からこの家系に養子に入っている。

家康の妻妾

○築山殿《つきやまどの》　生年不詳～天正七（一五七九）年八月二九日

家康の正室。長男信康、長女亀姫の母。婚姻前後の事情は本文に記したので省略。

永禄五（一五六二）年、築山殿は、駿府の今川館から子供たちと家康のいる岡崎に移った。しかし、築山殿を嫌う家康の生母・於大の方が岡崎城に入ることを許さず、岡崎城の外れの尼寺で、幽閉同然の生活を強いられていた由である。この幽閉の場所を築山と呼んだところから築山殿の名があるという。

元亀元（一五七〇）年の四月、ようやく築山殿は岡崎城に移ることが出来た。同年、家康は遠江浜松城を主城として移り住み、嫡男の信康に岡崎城を委ね、築山殿も岡崎にとどまった。

信康は織田信長の娘徳姫を妻として迎えていたが、徳姫には男子が誕生しなかったこともあって、築山殿との関係は険悪で、ついに天正七（一五七九）年、徳姫は、築山殿の自分に対する仕打ち、築山殿の密通の醜聞、そして何よりも武田方との内通があったことなどを記した弾劾の書状を信長に送り、これにより信長が家康に、信康と築山殿の処刑を要求したとされる。これに基づき家康の命で、築山殿は八月二九日に小藪村で野中重政らによって殺害され、信康は九月一五日に二俣城で切腹した。

○朝日姫《あさひひめ》　天文一二（一五四三）年～天正一八（一五九〇）年

豊臣秀吉の異父妹。徳川家康の正室（継室）。母は大政所。名は、旭、末津とも。家康との結婚後は駿河御前と呼ばれる。法名は南明院殿。尾張国の農夫のもとに嫁ぐが、秀吉の出世とともに夫が武士に取り立てられたとされている。天正一四（一五八六）年、兄秀吉が家康を懐柔するために強制的に夫と離縁、家康の継室として嫁がされた。その後、天正一六（一五八八）年に母大政所の病気の見舞いを理由に上洛し、そのまま京都の聚楽第に住む。晩年は病気がちで、母に先立って死去した。

○お万《まん》の方、小督局《こごうのつぼね》、長勝院《ちょうしょういん》　天文一七（一五四八）年～元和五（一六二〇）年

結城秀康の生母。三河国知鯉鮒明神の社人・永見吉英の女子、名は万。家康の正室・築山殿の奥女中だったが、家康の手付となり、於義丸（のちの秀康）を産んだ。しかし於義丸は家康に疎まれ、二歳（または三歳）の時に初めて家康と対面した。「於義」の「於」は家康生母の「於大」のそれと同じ美称で、「ギ」が名の実体であるが、それは「ギギ」（オコゼ）という魚の名に由来している。天正一二（一五八四）年には小牧・長久手の戦いの表面的講話の証として秀吉の下へ人質として送られ、秀吉の養子となる。元服し秀康と改名。秀康は結城晴朝の養女と結婚し、婿養子として結城家を継いだ。関ヶ原合戦の後は秀康が北ノ庄城の城主となったため、万もこれに同行する。慶長一二（一六〇七）年に秀康が北ノ庄にて急逝すると出家した。

○西郷局《さいごうのつぼね》、お愛《あい》の方　天文二一（一五五二）年～天正一七（一五八九）年

戸塚忠春の娘。徳川家康の最愛の側室とも言われている。院号は竜泉院、宝台院。西郷清員の養女として徳川家康の側室となり、家康の第三男徳川秀忠、第四男松平忠吉の生母となる。天正一七（一五八九）年に三八歳で死去。死後の寛永五（一六二八）年、正一位が贈られた。西郷局は美人の誉高く、また温和誠実な人柄として知られている。家康の信頼も厚く、周囲の家臣や侍女達にも好かれていた由である。西郷一族は紀伊藩主徳川頼宣付の家臣となるなど将軍秀忠の治世で優遇される。しかし、秀忠が家康ほど長命でなかったため、その栄華は短かった。叔父・清員の家系が、安房国東条藩の大

名に取り立てられたのが最高位であった。

○**阿茶局《あちゃのつぼね》、雲光院《うんこういん》　弘治元**（一五五五）**年〜寛永一四**（一六三七）**年**

名は須和。号は阿茶局、民部卿、神尾一位、一位尼。父は飯田直政。はじめ神尾忠重に嫁いで一男をもうけるが、夫の死後は家康に召された。戦場においても幾度となく家康に供奉し、小牧・長久手の戦いの陣中で一度懐妊するも流産し、家康との間に子供はなかった。しかし、西郷局没後に徳川秀忠、松平忠吉を養育している。また、才知に長け、奥向きの諸事一切を家康より任されており、大坂の役の際には和議の使者を務める。家康の死後には他の側室とは異なり、彼女のみはその才を惜しまれ、遺命により剃髪をしなかった。徳川和子入内の際に守役を務めた功により、後水尾天皇より従一位民部卿を賜る。秀忠の没後に出家して雲光院と号する。寛永一四（一六三七）年に八三歳で死去。

○**お亀《かめ》の方　天正元**（一五七三）**年〜寛永一九**（一六四二）**年**

石清水八幡宮の祀官家・田中氏の分家である京都正法寺・志水宗清の娘。初めは竹腰正時に嫁ぎ、竹腰正信を産む。夫と死別後、奥勤めに入る。文禄三（一五九四）年、二二歳の時、家康に見初められて側室に入り、慶長五（一六〇〇）年、尾張徳川家の祖である五郎太（後の徳川義直）を産む。家康の死後、相応院と名乗り、義直のいる名古屋城で暮らした。

○万《まん》、養珠院《ようじゅいん》　天正八（一五八〇）年～承応二（一六五三）年

徳川頼宣・徳川頼房の母。実父は勝浦城主正木頼忠。義父は蔭山長門守氏広。実兄は紀州藩（紀州徳川家）家老の三浦為春。伊豆で成長した万は一六、七歳の頃、家康に迎えられ側室となった。慶長七（一六〇二）年に長福丸（後の徳川頼宣）を、さらに翌年には鶴千代（後の徳川頼房）を産む。慶長八（一六〇三）年には、長福丸には常陸国水戸二〇万石が与えられた。慶長一一（一六〇六）年には、鶴千代に下総国下妻一〇万石が与えられた。慶長一四（一六〇九）年には、長福丸は駿河国・遠江国五〇万石に、鶴千代は水戸二五万石に移封された。後に頼宣は紀州徳川家初代藩主に、頼房は水戸徳川家初代藩主になった。

家康の子女

○信康《のぶやす》　永禄二（一五五九）年三月六日～天正七（一五七九）年九月一五日

家康の嫡男。幼名は竹千代、駿府で生まれる。母は正妻の築山殿。今川の人質として幼少期を駿府で過ごしたが、桶狭間の戦いの後に、家康が捕虜とした今川方の武将・鵜殿氏長との人質交換により岡崎城に移る。

家康と信長との同盟が成立したのちの永禄一〇（一五六七）年五月、信長の娘である徳姫と結婚する。元亀元（一五七〇）年六月に家康は浜松城に移り、岡崎城を譲られる。七月に元服して信長より偏諱の「信」の字を、父・家康から「康」の字をそれぞれ与えられて信康と名乗る。

信康は荒々しい気性で、一面粗暴ではあったが、武将としては勇猛にして将来を嘱望されていた。天正三（一五七五）年五月の長篠・設楽ヶ原の戦いでは徳川軍の一手の大将として参加するなど、武田氏との戦いにおいて目覚ましい働きをしていた。しかし本文に述べた通り、天正七（一五七九）年八月、信長の譴責を受け、信康は岡崎城を出て二俣城に移され、家康の命により切腹させられている。

○亀姫《かめひめ》　永禄三（一五六〇）年六月四日～寛永二（一六二五）年五月二七日

家康の長女。駿府に生まれる。母は築山殿で、信康は同母兄。奥平信昌の正妻。天正元（一五七三）年、甲斐の武田勢と対峙していた家康は、武田方に属していた三河国作手《つくで》の国人領主であった奥平一族を味方につけるべく、娘の亀姫を信昌の嫁として送ることを約諾し、これによって奥平一族は家康方に寝返った。これに怒った武田勝頼が、奥平信昌の守る長篠城を攻めたことから始まったのが、同三年の長篠・設楽ヶ原の合戦である。

亀姫は嫁いだのち、信昌との間に四人の男子（家昌・家治・忠政・忠明）と一女（大久保忠常室）を儲けた。慶長五（一六〇〇）年の関ヶ原合戦の戦勝により、同六（一六〇一）年夫・信昌が美濃加納藩一〇万石の藩主に任じられて、三男・忠政ともども加納に移ったことから、加納御前・加納の方と呼ばれるようになった。

亀姫の子のうち長男の家昌は、家康の外孫ということもあって、父とは別に宇都宮藩一〇万石に封ぜられている。次男の家治は早世したが、四男の忠明は家康の養子となって松平を名乗り、伊勢亀山藩五万石を授けられていた。このように奥平一族は繁栄していたが、大坂の陣の直前に加納藩で信昌隠居のあと新藩主となっていた忠政が急死し、宇都宮藩主の家昌もまた急死をするという不幸に見舞われた。そこで松平忠明が奥平一族を代表して参陣する形となり、本文でも述べた通り、夏の陣の局地戦である道明寺合戦において、豊臣方の後藤基次・薄田兼相らの部隊と激戦をくりひろげていた。忠明は、その戦功により戦後、大坂藩一〇万石の藩主に任ぜられ、大坂の街の復興に取り組んでいる。忠明はその後、大和郡山藩一二万石、姫路藩一八万石へと加増転封するとともに、幕政への参与も求められ、元老として大きな力をもった。

亀姫は、忠政や家昌らの相次ぐ死去を受けて、剃髪して盛徳院と号し、幼くして藩主となった孫たちの後見役として存在感を示した。寛永二（一六二五）年、加納において六六歳で死去した。

○督姫《ごうひめ》　永禄八（一五六五）年一一月一一日～慶長二〇（一六一五）年二月四日

家康の次女。母は家康の側室西郡局。岡崎城内で誕生。別名、播磨御前、良正院。

本能寺の変により織田信長が死去して甲斐や信濃が無主状態となると、家康と北条氏直による甲信地方の争奪が始まる（天正壬午の乱）。両者は、旧織田領の甲斐・信濃を徳川が、上野を北条が治めることを相互承認して和睦。この時の和睦条件に基づいて、督姫が氏直の正室として入嫁した。督姫は氏直のもとで二女を産む。天正一八年、豊臣秀吉の小田原征伐で戦国大名としての北条家は滅亡。氏直は、舅・家康から秀吉への嘆願で助命されて高野山に流された。のち、赦免された氏直のもとに赴くも、氏直の死去により父のもとへ戻る。氏直との間に生まれた二人の女子のうち一人は、家康の養女となって池田輝政の嫡子池田利隆（母は先妻・中川清秀娘）の正妻となっている。

文禄三（一五九四）年、督姫は秀吉の計らい（仲人）で池田輝政に再嫁した。輝政の父、池田恒興は長久手の戦いにおいて家康軍に敗れ、首級を奪われている。輝政にとって家康は親の仇となる。この険悪な関係を和解させるための、秀吉の配慮による縁組であった。こうして輝政は家康の婿という親密な関係となった。輝政との夫婦仲は良く、忠継、忠雄、輝澄、政綱、輝興、振姫など五男二女に恵まれた。輝政の死後、大坂の陣の最中の慶長二〇年に、姫路城で死去。享年五一。元和二年、輝政の長男・池田利隆もまた継母督姫の後を追うように死去した。利隆の遺児・池田光政はのちに岡山藩主となり、本多忠刻と千姫（秀忠娘、督姫の姪）の長女・勝姫を正室に迎えている。

○秀康《ひでやす》　天正二（一五七四）年二月八日〜慶長一二（一六〇七）年閏四月八日

家康の次男として遠州浜松で生まれた。ただし浜松城内ではなく城下の農村においてである。母は三河国池鯉鮒明神の社人・永見吉英の娘で、家康の側室の於万の方（長勝院）。於万は家康の正室・築山殿の奥女中であり、築山殿をはばかって、家康は家臣の本多重次（作左衛門）に母子ともに預けた。そして家康が父子の対面を果たしたのは三歳（または三歳）になってからで、於義丸《おぎ》と名付けられた。

兄の信康が天正七（一五七九）年に、武田勝頼との内通疑惑から、織田信長の命で切腹させられると、次男である秀康が徳川家の後継者となるはずであった。しかし同一二（一五八四）年には小牧・長久手の戦いの当面の講和の証として秀吉の下へ人質として送られ、養子となる。この結果、家康の後継者は異母弟の長松（後の徳川秀忠）とされた。これは家康が秀忠の母である西郷局を寵愛していたがゆえとされている。

於義丸は元服し、秀吉の一字と家康の一字を合わせもらって秀康と名乗り、羽柴の名字を名乗る。秀康は天正一五（一五八七）年の九州征伐で初陣を果たし、そののち同一八（一五九〇）年の小田原征伐、同二〇（一五九二）年からの文禄・慶長の役にも参加した。そして家康が関東へ移封するにともなって、秀康は関東の名族である結城晴朝の養女と結婚し、婿養子として結城家を継いだ。

慶長五（一六〇〇）年の関ヶ原合戦では、それに先立つ会津の上杉景勝を討伐する家康の会津征討軍に参加する。石田三成挙兵の報が入ると、家康は小山評定を開いて反転西上を決定する。これに伴い、上杉軍およびこれと気脈を通じている常陸の佐竹勢の関東進出を阻止するための防衛総督の役割が秀康に委ねられた。秀康はよく任をまっとうし、戦後の論功行賞で越前一国六七万石の大封が授けられた。これは徳川系武将の中では最高の恩賞であり、家康は関ヶ原で戦闘に参加した井伊直政や松平忠吉らよりも、秀康の防衛の功績の方を高く評価している点で興味深い。

慶長一〇（一六〇五）年、官位が中納言に昇任。同一二年には伏見城番に任じられるも、病を発症させて越前北ノ庄へ帰国し、閏四月八日に没する。享年三四。跡目は嫡男忠直が相続した。

○秀忠《ひでただ》　天正七（一五七九）年四月七日～寛永九（一六三二）年一月二四日

徳川家康の三男として遠江国浜松に誕生する。幼名は長丸、母は側室の西郷局。長兄信康が亡くなり、次兄秀康が結城家を相続したことから、秀忠が嫡男としての立場を強めていった。

天正一八（一五九〇）年、小田原征伐に際して実質的な人質として上洛して元服し、秀吉の一字をもらって秀忠と名乗る。秀吉から、豊臣姓と羽柴の名字（家名）を与えられる。その後、中納言に任官し、「江戸中納言」と呼ばれる。文禄四（一五九五）年には秀吉の養女・江と結婚する。

慶長五（一六〇〇）年の関ヶ原合戦では、信州上田城攻めなどによって本戦に遅参することになった事情については、本文に述べた通りである。慶長八（一六〇三）年、征夷大将軍に任官した家康は、秀忠を右近衛大将にするよう朝廷に奏上し、同年四月に認可された。右大将という地位は源頼朝（「前《さきの》右大将家」）を指示しており、これにより、秀忠の徳川宗家相続と将軍の地位の継承が確定される。

慶長一〇（一六〇五）年、秀忠は関東・東北・甲信などの東国の諸大名あわせて一六万人の上洛軍を率い出立した。これは建久元年の源頼朝の上洛の例にならったと言われている。伏見城に入った秀忠は、四月一六日、朝廷の将軍宣下の勅使を迎えて第二代将軍に任じられた。

大坂の陣を経て、元和二（一六一六）年に家康が死去した後は将軍親政を開始し、前代の執政本多正純に加えて酒井忠世・土井利勝らを年寄として、複数年寄による政務運営（老中合議）の体制を整える。福島正則らの外様大名を改易するとともに、弟・松平忠輝、甥で娘婿でもある松平忠直を改易・配流にし、また子の駿河大納言忠長も蟄居に処し、将軍体制の安定化に努めた。

また女子の和子《まさこ》（後の東福門院）を後水尾天皇に入内させ、対朝廷政策も活発に行い、寛永三年には後水尾天皇を迎えて二条城行幸を盛大に行うものの、同時期に発生した紫衣事件がこじれて対朝廷政策が挫折し、失意の中で病没した。

○忠吉《ただよし》　天正八（一五八〇）年〜慶長一二（一六〇七）年

家康の四男として浜松城下に生まれる。幼名は福松丸、母は兄秀忠と同じ西郷局。天正九（一五八一）年東条松平家の家忠が病死すると、その家督を継いで三河国東条城一万石を領し、名を松平忠康と改める。同一〇（一五八二）年、駿河国沼津城四万石に移封。家康の関東移封にともない、武蔵国忍城主となり一〇万石を与えられ、名を忠吉と改める。慶長五（一六〇〇）年の関ヶ原合戦では、舅の井伊直政とともに西軍の島津勢と相対し、島津勢が戦場離脱を決行すると、井伊直政とともにこれを追撃し、島津の名のある武士と槍を合わせ、これを討ち取るという武勲をあげた。このため戦後、尾張国および美濃国で清洲五二万石を与えられ、左近衛中将にも任官した。称号は薩摩守を用いる。

慶長一二（一六〇七）年、関ヶ原合戦の島津追撃戦で受けた傷がもとで江戸において死去、享年二八。忠吉には嗣子がなく、清洲城五〇万石は弟の五郎太（徳川義直）が継いだ。

○振姫《ふりひめ》　天正八（一五八〇）年〜元和三（一六一七）年八月二八日

家康の三女、浜松城内で誕生。別名、正清院《しょうせいいん》。母は側室・お竹の方。文禄四（一五九五）年、豊臣秀吉の命により蒲生秀行と婚約、慶長三（一五九八）年に入輿。蒲生忠郷、蒲生忠知の二男と一女崇法院（加藤忠広正室）を儲ける。関ヶ原合戦では、振姫の縁と、会津から宇都宮への大幅減転封によって石田三成らへの遺恨のため秀行は東軍に付き、その功績で会津六〇万石に返り咲く。慶長一七（一六一二）年、蒲生秀行は三〇歳の若さで急逝する。長男・忠郷が跡を継ぐも後見・振姫と家老・岡重政との間で藩政を巡って対立が激しくなり、結果、父・徳川家康の命により岡重政は切腹となる。元和元（一六一五）年、家康の命により、未亡人である振姫は、蒲生家から引き離されて紀州和歌山藩主の浅野長晟《ながあきら》と再婚。長晟の次男・浅野光晟を産むも、その一六日後に死去した。享年三八。和歌山吹上寺で火葬され、金戒光明寺に葬られた。後、浅野家の広島藩への転封により広島正清寺に回葬される。

○信吉《のぶよし》　天正一一（一五八三）年九月三日〜慶長八（一六〇三）年九月一一日

家康の五男として浜松で生まれる。幼名は万千代丸。母は甲斐武田家の家臣・秋山虎泰の娘・下山殿（妙真院）。万千代は、武田信玄の次女で穴山信君（梅雪）の正妻であった見性院が後見人となり、武田氏の名跡を継承させ、元服して武田七郎信義と名乗らせた。

家康の関東移封に従って下総国小金城三万石へ移る。文禄二（一五九三）年に下総国佐倉城一〇万石を与えられる。慶長五（一六〇〇）年の関ヶ原合戦では、江戸城西ノ丸にあって留守居役を務めた。同七年には、秋田に移封された佐竹に替わり、その領地であった常陸国水戸二五万石に封ぜられ、旧穴山家臣を中心とする武田遺臣を付けられて武田家を再興した。

慶長八（一六〇三）年、生来病弱であったらしく二一歳で死去。子女なく無嗣断絶となる。水戸二五万石は異母弟頼宣に給せられ、さらにその弟頼房が受け継いで水戸徳川家が成立する。

○忠輝《ただてる》　**天正二〇（一五九二）年一月四日～天和三（一六八三）年七月三日**

家康の六男として江戸城で誕生。幼名は辰千代。生母は茶阿局。家康は忠輝の養育先を探させ、下野栃木（皆川）城主で三万五〇〇〇石の大名である皆川広照に預けられ養育されることとなった。慶長四（一五九九）年一月、家康の七男で同母弟の松千代が早世したため、弟の名跡を継ぐ形で長沢松平氏の家督を相続し、武蔵国深谷一万石を与えられた。慶長七（一六〇二）年に下総国佐倉五万石に加増移封され、元服して上総介忠輝を名乗る。

慶長八（一六〇三）年二月、信濃国川中島藩一二万石に加増移封され、松代城主となる。家康の腹心で出頭人の大久保長安が附家老となる。同一〇（一六〇五）年、秀忠の将軍任官の際、家康の使者として大坂城に派遣され豊臣秀頼の右大臣昇進に慶賀の挨拶をしている。同一一（一六〇六）年、大久保長安の仲介により、伊達政宗の長女・五郎八《いろは》姫と結婚。

慶長一四（一六〇九）年、この頃から忠輝の粗暴な振る舞いが顕著となり、幼き日の忠輝を養育し、この頃は幕府からの附家老であった皆川広照らが、忠輝の不行状を幕府に訴えたが、幕府から逆に家老に不適格であるとされ、広照らは失脚している。

慶長一五（一六一〇）年、堀家の改易後の越後国の太守に任じられ、川中島一二万石と併せて合計七五万石を領有した。同一九（一六一四）年に高田城を築城し、これに移る。高田城は幕命により、伊達政宗をはじめとする一三家の大名による天下普請として築造された。

同年に勃発した大坂冬の陣では留守居役を命じられる。翌二〇（一六一五）年の大坂夏の陣では大坂に出陣し、道明寺の合戦では舅の伊達政宗と共に後藤基次・薄田兼相らの豊臣軍と戦っている。

しかし忠輝は軍陣でも粗暴な振る舞いや、軍令違反の行為が著しかったようで、家康の怒りを買い、元和二（一六一六）年四月に家康が死去した時も、面会が許されなかった。同年七月、忠輝は兄・秀忠から改易を命じられ、伊勢国朝熊に流罪とされた。同四（一六一八）年には飛驒国高山に、寛永三（一六二六）年には信濃国諏訪に移された。そして五代将軍綱吉の天和三（一六八三）年七月三日、幽閉先である諏訪高島城にて死去した。九二歳という異例の長命であった。

○松千代《まつちよ》　文禄三（一五九四）年～慶長四（一五九九）年一月一二日
家康の七男。母は茶阿局で松平忠輝の同母弟。文禄二（一五九三）年に長沢松平家の当主で深谷藩主でもある松平康直が嗣子なくして没したため、その翌年、生後間もなく長沢松平家を継ぎ、深谷藩主となった。しかし、慶長四（一五九九）年一月にわずか六歳で没。長沢松平家の名跡を同母兄の忠輝が継いでいる。

○仙千代《せんちよ》　文禄四（一五九五）年三月一三日～慶長五（一六〇〇）年二月七日
家康の八男。母は側室の相応院（亀）で、徳川義直の同母兄。伏見で生まれ、四歳まで同地で暮らす。長兄信康の傅役でもあった家康股肱の臣、平岩親吉に嗣子がいないことを憂えた家康の配慮で、親吉の養嗣子とされた。養父親吉の移封に従い甲斐国府中に住まう。そののち慶長四（一五九九）年大坂に移ったけれども翌年に歿した。享年六。

○松姫《まつひめ》　文禄四（一五九五）年～慶長三（一五九八）年

家康の四女、伏見城内で誕生。母は間宮康俊の娘。幼くして病没した。

○義直《よしなお》　慶長五（一六〇〇）年一一月二八日～慶安三（一六五〇）年五月七日

家康の九男として大坂城西の丸で生まれる。幼名は五郎太丸、母は松平仙千代に同じ。慶長八（一六〇三）年、甲斐国二五万石を拝領し甲府藩主となる。五郎太は家康や生母お亀の方とともに駿府に在城し、平岩親吉が五郎太の家老・守役となり、甲斐国の国務を取り仕切っていた。

慶長一一（一六〇六）年に元服。翌一二（一六〇七）年四月、死去した兄の松平忠吉の遺跡を継いで尾張国五〇万石の太守となり、清洲城に居した。同一四年、家康は東海道の要衝であるこの地を軍事的に強化すべく、清洲城を廃して、新たに名古屋の地に天下普請をもって強大な名古屋城を築造した。同一六年、家康と豊臣秀頼が京都二条城で会見を行った際は弟頼宣と共に鳥羽まで出迎え、また頼宣と共に返礼の名代として大坂城の秀頼を訪問している。

同一九（一六一四）年の大坂冬の陣が初陣となり、天王寺付近に布陣した。翌年の大坂夏の陣では徳川軍の後詰として働く。太平の世となってからは、自ら藩政を主導して農政や税制の確立に努めた。義直は家康の影響を強く受けて学問を尊重し、儒教を奨励した。また、家康の形見分けで受け継いだ

「駿河御譲り本」に自身で収集した典籍を合わせて蓬左文庫を創設し、図書の公開、閲覧に配慮した。慶安三（一六五〇）年、江戸藩邸で死去。享年五一。

○頼宣《よりのぶ》　慶長七（一六〇二）年三月七日～寛文一一（一六七一）年一月一〇日

家康の十男で、伏見城で誕生。幼名は長福丸。母は側室の養珠院（お万の方）。諱《いみな》ははじめ頼将、のち頼宣と改める。慶長八（一六〇三）年、二歳にして常陸水戸藩二〇万石を与えられる。水戸には入らず、父家康の許で育てられた。同一四年、肥後熊本藩主加藤清正の五女・八十《やそ》姫と婚約。同一五年、駿府藩五〇万石に転封。同一六年、家康と豊臣秀頼が京都二条城で会見を行った際は、兄義直と共に鳥羽まで出迎え、また義直と共に返礼の名代として大坂城の秀頼を訪問している。同一九年、大坂冬の陣で初陣を飾り、天王寺付近に布陣。翌年大坂夏の陣では徳川軍の後詰として働く。この時、頼宣は先鋒を担当したいと強く申し立て、家臣が「殿はまだ年若なれば先鋒を務める機会は、この後いくらでも」と宥めたところ、頼宣は「一四歳が二度あると言うのか」という名言を発した。家康はこれを聞いて大いに喜んだ。

元和五（一六一九）年、紀伊国和歌山五五万五千石に転封、紀州徳川家の家祖となる。慶安四（一六五一）年の慶安の変において、由井正雪らの反乱との関係を疑われた。同時期、明の遺臣・鄭成功（国姓爺）から日本に援軍要請があったが、頼宣はこれに応じることに積極的であったともいわれ、戦国武将的な性格からも幕政を司る幕閣には煙たい存在であった。寛文七（一六六七）年、嫡男光貞に家督を譲って隠居した。

○頼房《よりふさ》　慶長八（一六〇三）年八月一〇日～寛文元（一六六一）年七月二九日

家康が将軍に任官した年、その十一男として伏見城で誕生。幼名は鶴千代丸、母は兄頼宣と同じ万の方。慶長一一（一六〇六）年、三歳にして常陸下妻城一〇万石を、次いで同一四年には兄頼宣の駿河転封によって新たに常陸水戸城二五万石を領する。自身は幼少のため、駿府城の家康の許で育てられた。同一五年、家康の命により英勝院（お梶の方）の養子となる。同一六年には元服、頼房と名乗った。同一九年、大坂の陣では駿府城を守備した。

家康の死後、駿府から江戸に移ったのちもしばらく水戸藩領には赴かず、元和五（一六一九）年一〇月、一七歳のとき初めて就藩した。しかしその後も、在江戸の状態が長く続き、江戸と領地を往復している兄の義直や頼宣と大きく異なっている。これは秀忠が、頼房を一歳下の次期将軍・家光にとって身近な話し相手として配慮したようである。さらに将軍となった家光も、頼房を幕政の相談役として期待していたとのことである。それゆえに頼房は在江戸の状態が続き、これが先例となって水戸藩主は定府が常態となった。

ただ、頼房は数少ない水戸就藩中の寛文元（一六六一）年、病にかかり水戸城で死去した。

○**市姫《いちひめ》　慶長一二（一六〇七）年一月一日〜慶長一五（一六一〇）年二月一二日**

家康の五女にして最後の子。伏見城内で誕生。時に家康六六歳。母は側室のお梶の方（英勝院）。生まれて間もなく、伊達政宗の嫡男（のちの忠宗）と婚約。しかし三歳にして夭折。

家康は市姫の夭折に嘆き悲しむと同時に、忠宗に対して孫娘の振姫（実父は池田輝政、生母は家康の次女・督姫）を徳川秀忠の養女として婚約させている。

参考文献

史料・編纂物

中村孝也『新訂徳川家康文書の研究』全五巻（日本学術振興会、一九八〇年）
徳川義宣『新修徳川家康文書の研究』（吉川弘文館、一九八三年）
徳川義宣『新修　徳川家康文書の研究　第2輯』（吉川弘文館、二〇〇六年）
石井良助編『御当家令条』（『近世法制史料叢書』1、創文社）
石井良助編『武家厳制録』（『近世法制史料叢書』1、創文社）
東京大学史料編纂所編『大日本史料』（東京大学出版会）
東京大学史料編纂所編『大日本古文書・吉川家文書』（東京大学出版会）
東京大学史料編纂所編『大日本古文書・毛利家文書』（東京大学出版会）
東京大学史料編纂所編『大日本古文書・島津家文書』（東京大学出版会）
東京大学史料編纂所編『大日本古文書・伊達家文書』（東京大学出版会）
西笑承兌『西笑和尚文案』（京都相国寺蔵、東京大学史料編纂所写本）
神龍院梵舜『舜旧記』（『史料纂集』続群書類従完成会、一九七〇年）
金地院崇伝『本光国師日記』全七冊（続群書類従完成会、一九六六年）
松平家忠『家忠日記』全二冊（竹内理三編、臨川書店、一九六八年）

駒井重勝『駒井日記』（『改定史籍集覧』第二五冊。藤田恒春編増補版、文献出版、一九九二年）
伊地知季安編『薩藩旧記雑録』（『鹿児島県史料』黎明館、一九八一年）
米山一政編『真田家文書』（長野市、一九八一年）
大久保忠教『三河物語』（斎木一馬・岡山泰四校注『日本思想大系』二六、岩波書店、一九七四年）
戸田氏銕『戸田左門覚書』（国立公文書館内閣文庫蔵）
松平忠明撰『当代記』（『史籍雑纂』二、続群書類従完成会、一九九五年）
著者不詳『駿府記』（『史籍雑纂』二、続群書類従完成会、一九九五年）
石川正西『石川正西聞見集』（埼玉県立図書館、一九六八年）
板坂卜斎『慶長年中卜斎記』（『改定史籍集覧』第二六冊）
姜沆『看羊録』（東洋文庫、平凡社、一九八四年）
『公卿補任』（黒板勝美編『新訂増補国史大系』第五三～五七巻、吉川弘文館、二〇〇七年）
太田資宗ほか編『寛永諸家系図伝』全一五冊（斎木一馬・林亮勝・橋本政宣校訂、続群書類従完成会、一九八〇～九七年）
林述斎原編『寛政重修諸家譜』全二二冊（高柳光寿・岡山泰四・斎木一馬編、続群書類従完成会、一九六四年）
林述斎編『朝野旧聞裒藁』（『内閣文庫所蔵史籍叢刊』特巻、汲古書院、一九八三年）
江戸幕府編『譜牒余録』（『内閣文庫影印叢刊』一九七三年）
成島司直編『徳川実紀』（『新訂増補国史大系』第三八～五二巻、吉川弘文館）
成島司直編『改正三河後風土記』（桑田忠親校注、秋田書店、一九七七年）
宮川尚古『関原軍記大成』（黒川真道編『国史叢書』国史研究会、一九一六年）
新井白石『藩翰譜』（『新井白石全集』第一巻、国書刊行会、一九〇五年）

木村高敦『武徳編年集成』（名著出版、一九七六年）
編者不詳『古今消息集』（国立公文書館内閣文庫蔵）
菊池彌門『柳営秘鑑』（『内閣文庫所蔵史籍叢刊』五一、汲古書院、一九八一年）
司法省編、石井良助校訂『徳川禁令考』全一一巻（創文社、一九五九〜六一年）
陸軍参謀本部編『日本戦史・「関原役」「大阪役」「小田原役」「桶狭間役」「三方原役」「長篠役」「小牧役」』（陸軍参謀本部、一八九三年。村田書店、一九七七〜八〇年）
内藤耻叟『徳川十五代史』一〈慶長八〜十九〉（博文館、一八九七年。人物往来社、一九六八年）
徳富蘇峰『近世日本国民史』全一〇〇冊（時事通信社、一九六〇〜六六年）
徳富蘇峰『近世日本国民史・徳川家康（一）〜（三）』（講談社学術文庫、一九八一年）
藤井治左衛門『関ヶ原合戦史料集』（新人物往来社、一九七九年）
東京市編『東京市史稿・市街篇第一〜第四、皇城篇第一〜第三』（復刻版、臨川書店、一九七三年）
柴田顕正『岡崎市史別巻　徳川家康と其周囲』全三巻（岡崎市役所、一九三四年）
新行紀一『新編岡崎市史　中世　二』（新編岡崎市史編さん委員会、一九八八年）
下村信博『新修　名古屋市史』第二巻（一九九八年）

著　書

栗田元次『江戸時代史・上巻』（『綜合日本史大系』一七巻、内外書籍、一九二七年。復刊、近藤出版社、一九七六年）
森潤三郎『紅葉山文庫と書物奉行』（昭和書房、一九三三年）
能勢朝次『能楽源流考』（岩波書店、一九三八年）
徳川公継宗七十年祝賀記念会編『近世日本の儒学』（岩波書店、一九三九年）

三上参次『江戸時代史』（冨山房、一九四三年。講談社学術文庫、一九七六年。新装版一九九二年）
辻善之助『日本文化史』V江戸時代（上）（春秋社、一九五〇年）
岩生成一『朱印船貿易史の研究』（弘文堂、一九五八年）
小林清治『伊達政宗』（人物叢書、吉川弘文館、一九五九年）
今井林太郎『石田三成』（吉川弘文館、一九六一年）
藤野保『幕藩体制史の研究』（吉川弘文館、一九六一年、一九七五年新訂版）
田谷博吃『近世吟佐座の研究』（吉川弘文館、一九六三年）
藩政史研究会編『藩制成立史の綜合研究――米沢藩』（吉川弘文館、一九六三年）
北島正元『江戸幕府の権力構造』（岩波書店、一九六四年）
松平太郎『江戸時代制度の研究』（柏書房、一九六四年）
山脇悌二郎『長崎の唐人貿易』（吉川弘文館、一九六四年）
中村孝也『徳川家康公伝』（日光東照宮社務所、一九六五年）
中村孝也『家康伝』（講談社、一九六五年）
中村孝也『家康の族葉』（講談社、一九六五年）
辻達也『江戸開府』（『日本の歴史』一三、中央公論社、一九六六年）
内藤昌『江戸と江戸城』（鹿島研究所出版会、一九六六年）
川瀬一馬『増補　古活字版の研究』（日本古書籍商協会、一九六七年）
脇田修『戦国時代から江戸中期まで』（社会思想社、一九六七年）
中村孝也『家康の臣僚　武将篇』（人物往来社、一九六八年）
圭室文雄『江戸幕府の宗教統制』（日本人の行動と思想、評論社、一九七一年）

山口啓二『幕藩制成立史の研究』（校倉書房、一九七四年）
近藤斉『近世以降武家家訓の研究』（風間書房、一九七五年）
新行紀一『一向一揆の基礎構造』（吉川弘文館、一九七五年）
鈴木理生『江戸と江戸城』（新人物往来社、一九七五年）
米原正義『戦国武士と文芸の研究』（桜楓社、一九七六年）
水江漣子『江戸市中形成史の研究』（弘文堂、一九七七年）
榎本宗次『近世領国貨幣研究序説』（東洋書院、一九七七年）
中村孝也『家康の政治経済臣僚』（雄山閣出版、一九七八年）
北島正元『幕藩制国家成立過程の研究』（吉川弘文館、一九七八年）
煎本増夫『幕藩体制成立史の研究』（雄山閣、一九七九年）
桑田忠親『徳川家康』（秋田書店、一九七九年）
服藤弘司『幕藩体制国家の法と権力一　幕府法と藩法』（創文社、一九八〇年）
森末義彰『能の保護者』（『綜合新訂版能楽全書』第二巻、東京創元社、一九八一年）
二木謙一『関ヶ原合戦』（中公新書、一九八二年）
五野井隆史『徳川初期キリシタン史研究』（吉川弘文館、一九八二年）
北島正元編『徳川家康のすべて』（新人物往来社、一九八三年）
小和田哲男『駿河　今川一族』（新人物往来社、一九八三年）
小和田哲男編『徳川氏の研究』（戦国大名論集12、吉川弘文館、一九八三年）
所理喜夫『徳川将軍権力の構造』（吉川弘文館、一九八四年）
小和田哲男編『関ヶ原合戦のすべて』（新人物往来社、一九八四年）

藤木久志『豊臣平和令と戦国社会』（東京大学出版会、一九八五年）
児玉幸多『近世交通史の研究』（筑摩書房、一九八六年）
藤岡通夫『京都御所』（中央公論美術出版、一九八六年）
真野恵澂『徳川の母と子』（中日新聞本社、一九八七年）
朝尾直弘『天下一統』（『大系・日本の歴史』8、小学館、一九八八年）
五野井隆史『日本キリスト教史』（吉川弘文館、一九九〇年）
高木昭作『日本近世国家史の研究』（岩波書店、一九九〇年）
永積洋子『近世初期の外交』（創文社、一九九〇年）
トビ・ドナルド『近世日本の国家形成と外交』（創文社、一九九〇年）
鈴木理生『幻の江戸百年』（筑摩書房、一九九一年）
小川恭一『江戸幕藩大名家事典』全三巻（原書房、一九九二年）
笠谷和比古『近世武家社会の政治構造』（吉川弘文館、一九九三年）
今谷明『武家と天皇』（岩波新書、一九九三年）
朝尾直弘『将軍権力の創出』（岩波書店、一九九四年）
笠谷和比古『関ヶ原合戦』（講談社選書メチエ、一九九四年。講談社学術文庫、二〇〇八年）
曽根原理『徳川家康神格化への道——中世天台思想の展開』（吉川弘文館、一九九六年）
天野文雄『能に憑かれた権力者——秀吉能楽愛好記』（講談社選書メチエ、一九九七年）
川勝平太『文明の海洋史観』（中公叢書、一九九七年、中公文庫、二〇一六年）
煎本増夫『戦国時代の徳川氏』（新人物往来社、一九九八年）
白峰旬『日本近世城郭史の研究』（校倉書房、一九九八年）

岡野友彦『家康はなぜ江戸を選んだか』（教育出版、一九九九年）
根崎光男『将軍の鷹狩』（同成社、一九九九年）
盛本昌広『松平家忠日記』（角川選書、一九九九年）
山本博文『徳川将軍と天皇』（中央公論新社、一九九九年）
笠谷和比古『関ヶ原合戦と近世の国制』（思文閣出版、二〇〇〇年）
黒羽町教育委員会編『図録　関ヶ原合戦と大関氏』（黒羽町教育委員会、二〇〇〇年）
橋本政宣『近世公家社会の研究』（吉川弘文館、二〇〇二年）
平野明夫『三河松平一族』（新人物往来社、二〇〇二年）
高木昭作『将軍権力と天皇――秀吉・家康の神国観』（シリーズ民族を問う、青木書店、二〇〇三年）
白峰旬『豊臣の城・徳川の城――戦争・政治と城郭』（校倉書房、二〇〇三年）
小和田哲男『今川義元』（ミネルヴァ日本評伝選、ミネルヴァ書房、二〇〇四年）
久保田昌希『戦国大名今川氏と領国支配』（吉川弘文館、二〇〇五年）
小林正信『織田・徳川同盟と王権』（岩田書院、二〇〇五年）
平野明夫『徳川権力の形成と発展』（岩田書院、二〇〇六年）
本多隆成『初期徳川氏の農村支配』（吉川弘文館、二〇〇六年）
小和田哲男『戦国武将を育てた禅僧たち』（新潮選書、二〇〇七年）
笠谷和比古『関ヶ原合戦と大坂の陣』（シリーズ戦争の日本史17、吉川弘文館、二〇〇七年）
田端泰子『北政所おね』（ミネルヴァ日本評伝選、ミネルヴァ書房、二〇〇七年）
小林善帆『「花」の成立と展開』（和泉書院、二〇〇七年）
平野寿則・大桑斉編著『近世仏教治国論の史料と研究』（清文堂、二〇〇七年）

表章『観世流史参究』（檜書店、二〇〇八年）
曽根原理『神君家康の誕生――東照宮と権現様』（歴史文化ライブラリー、吉川弘文館、二〇〇八年）
藤井讓治『徳川将軍家領知宛行制の研究』（思文閣出版、二〇〇八年）
中野等『文禄・慶長の役』（シリーズ戦争の日本史16、吉川弘文館、二〇〇八年）
岡崎寛徳『鷹と将軍――徳川社会の贈答システム』（講談社選書メチエ、二〇〇九年）
安城市歴史博物館編『徳川家康の源流　安城松平一族』（安城市歴史博物館、二〇〇九年）
山澤学『日光東照宮の成立――近世日光山の「荘厳」と祭祀・組織』（思文閣出版、二〇〇九年）
本多隆成『定本徳川家康』（吉川弘文館、二〇一〇年）
宮本義己『戦国武将の養生法』（新人物文庫、二〇一〇年）
鈴木かほる『徳川家康のスペイン外交』（新人物往来社、二〇一〇年）
藤井讓治『天皇と天下人』（シリーズ天皇の歴史05、講談社、二〇一一年）
藤井讓治『天下人の時代　日本近世の歴史1』（吉川弘文館、二〇一一年）
和泉清司『徳川幕府領の形成と展開』（協友社、二〇一一年）
松島仁『徳川将軍権力と狩野派絵画――徳川王権の樹立と王朝絵画の創生』（ブリュッケ、二〇一一年）
三鬼清一郎『鉄砲とその時代』（吉川弘文館、二〇一二年）
入口敦志『武家権力と文学――柳営連歌、『帝鑑図説』』（ぺりかん社、二〇一三年）
村上直『論集代官頭大久保長安の研究』（揺籃社、二〇一三年）
揖斐高『江戸幕府と儒学者――林羅山・鵞峰・鳳岡三代の闘い』（中央公論新社、二〇一四年）
小和田哲男『戦国大名と読書』（柏書房、二〇一四年）
柴裕之『戦国・織豊期大名徳川氏の領国支配』（岩田書院、二〇一四年）

福田千鶴『豊臣秀頼』（吉川弘文館、二〇一四年）
クレインス・フレデリック『十七世紀のオランダ人が見た日本』（臨川書店、二〇一〇年）
笠谷和比古・黒田慶一『豊臣大坂城』（新潮選書、二〇一四年）
江戸遺跡研究会編『江戸の開府と土木技術』（吉川弘文館、二〇一四年）
笠谷和比古『歴史の虚像を衝く』（教育出版、二〇一五年）
小宮山敏和『譜代大名の創出と幕藩体制』（吉川弘文館、二〇一五年）
平山優『天正壬午の乱――本能寺の変と東国戦国史』（戎光祥出版、二〇一五年）
野村玄『天下人の神格化と天皇』（思文閣出版、二〇一五年）
笠谷和比古編『徳川家康』（宮帯出版社、二〇一六年）

論　文

林董一「「御三家」の格式とその成立」（『史学雑誌』第六九編第一二号、一九六〇年）
三浦俊明「江戸城下町の成立過程――国役負担関係を通してみた町の成立について」（『日本歴史』一七二号、一九六二年）
朝尾直弘「豊臣政権論」（『岩波講座・日本歴史』近世1、岩波書店、一九六三年）
朝尾直弘「幕藩制と天皇」（『大系・日本国家史　近世』東京大学出版会、一九七五年）
高木昭作「江戸幕府の成立」（『岩波講座・日本歴史』近世1、岩波書店、一九七五年）
中野和之「戦国期三河本願寺門徒団における『一向一揆』」（『仏教史研究』一九・二〇号、一九八四年）
高木昭作「江戸幕府の成立」（『日本歴史大系3　近世』山川出版社、一九八八年）
白根孝胤「幕藩制下における御三家付家老の機能と意義」（『中央史学』一八、一九九五年）

徳川義宣「徳川家康の遺産」(『家康の遺産―駿府御分物―展図録』徳川美術館、一九九三年再版)
藤井讓治「「法度」の支配」(藤井讓治編『日本の近世3 支配のしくみ』中央公論社、一九九一年)
新行紀一「徳川家康の異母兄弟」(『岡崎市史研究』第一一号、一九八九年)
山田哲好「常陸国における太閤検地の実態」(『史料館研究紀要』一〇号)
速水佐恵子「太閤検地の実施過程」(『地方史研究』六五号)
笠谷和比古「家康の戦略――検証・関ヶ原の合戦」(『創造の世界』八三号、一九九二年)
笠谷和比古「関ヶ原合戦の政治史的意義」(宮川秀一編『日本史における国家と社会』思文閣出版、一九九二年)
下村効「豊臣氏官位制度の成立と発展――公家成・諸大夫成・豊臣授姓」(『日本史研究』三七七号、一九九四年)
米田雄介「徳川家康・秀忠の叙位任官の文書について」(『栃木史学』八号、一九九四年)
村上直「徳川氏の関東入国に関する一考察」(『法政史学』四七号、一九九五年)
揖斐高「『東照宮御遺訓』と『井上主計頭覚書』について」(ヘルマン・オームス、大桑斉編『シンポジウム 徳川イデオロギー』ぺりかん社、一九九六年)
笠谷和比古「徳川家康の源氏改姓問題」(『日本研究』第一六号、一九九七年)
大桑斉「徳川王権始祖神話の論理と性格――『松平崇宗開運録』の論理」(伊藤唯真編『日本仏教の形成と展開』法蔵館、二〇〇二年)
徳川義宣「御三家の成立と駿府御分物」(香川歴史博物館『徳川御三家展』図録、二〇〇二年)
永井博「『御三家』の家格形成過程」(『茨城県立歴史館報』二九、二〇〇二年)
徳川義宣「御三家の成立と駿府御分物」(『徳川御三家展図録』香川県歴史博物館、二〇〇〇年)
白根孝胤「御三家の官位叙任と幕藩権力――尾張家を中心に」(徳川林政史研究所『研究紀要』三九、二〇〇五

年）
僞田洋子「豊臣秀頼と朝廷」（『ヒストリア』第一九六号、二〇〇五年九月）
武内恵美子「紅葉山楽所をめぐる一考察――幕府の法会と礼楽思想の関係性を中心として」（笠谷和比古編『公家と武家――王権と儀礼の比較文明史的考察』思文閣出版、二〇〇六年）
斎藤夏来「家康の神格化と画像」（『日本史研究』第五四五号、二〇〇八年一月）
天野文雄「いわゆる「越智観世」の三世十郎大夫のこと」（『おもて』一一四、大槻能楽堂、二〇一二年）
高橋明「小山の『評定』の真実」（『福島史学研究』九一号、二〇一三年）
白根孝胤「大坂の陣をめぐる豊臣家と徳川家」（山本博文・堀新・曽根勇二編『偽りの秀吉像を打ち壊す』柏書房、二〇一三年）
松島仁「豊臣、その失われた風景を求めて――「洛中洛外図屛風」と「豊国大明神像」をめぐる試論」（『聚美』第一一号、二〇一四年四月）
横山輝樹「徳川吉宗の小金原鹿狩――勢子運用の観点から」（『日本研究』五〇、二〇一四年）
本多隆成「「小山評定」再考」（『織豊期研究』第一七号、二〇一五年）
小宮山敏和「三河大名としての徳川氏」（笠谷和比古編論集『徳川家康』宮帯出版社、二〇一六年）
野村玄「徳川家康と朝廷」（前掲、論集『徳川家康』所収）
白根孝胤「「御三家」の成立と家康の戦略」（前掲、論集『徳川家康』所収）
門脇朋裕「徳川家康の兄弟姉妹とその血縁関係―家康の姉妹を中心に」（前掲、論集『徳川家康』所収）
クレインス・フレデリック「徳川家康の外交――外国の史料に見る家康像」（前掲、論集『徳川家康』所収）
揖斐高「徳川家康の学問・儒学と紅葉山文庫」（前掲、論集『徳川家康』所収）
平野寿則「徳川体制の神聖化と『井上主計頭覚書』の家康阿弥陀論」（前掲、論集『徳川家康』所収）

入口敦志「徳川家康と連歌」（前掲、論集『徳川家康』所収）
宮本義己「徳川家康と本草学」（前掲、論集『徳川家康』所収）
宮崎隆旨「徳川家康の武具」（前掲、論集『徳川家康』所収）
横山輝樹「徳川家康と狩猟」（前掲、論集『徳川家康』所収）
松島仁「徳川家康の肖像画——神として、人として」（前掲、論集『徳川家康』所収）
天野文雄「徳川家康と能」（前掲、論集『徳川家康』所収）
武内美恵子「徳川家康と雅楽——元和元年二条城舞楽上覧の意味するもの」（前掲、論集『徳川家康』所収）
佐藤豊三「徳川家康と茶の湯」（前掲、論集『徳川家康』所収）
小林善帆「徳川家康が生きた時代のいけ花——たて花、抛入、立花」（前掲、論集『徳川家康』所収）
増川宏一「徳川家康と囲碁・将棋」（前掲、論集『徳川家康』所収）

あとがき

家康について、今更ながら驚かされるのは、その関係した合戦の数々である。かの桶狭間の合戦は、家康も今川方の最前線部将として参加していたという点においても、また今川義元の敗死によって家康と松平家が独立する機縁をなしていたという点においても重要な意義を有していた。織田信長と同盟をむすんでからは、姉川の戦い、三方ヶ原の戦い、長篠の戦い、武田攻め、本能寺の変と絶え間なく続き、豊臣秀吉と関わってからは小牧・長久手の戦い、小田原征伐、奥羽平定、関ヶ原合戦そして大坂の陣へと進んでいく。戦国末・近世初頭の主要合戦のほとんどに参加し、主役ないし準主役を演じていた。比類ないことであろう。

これらの合戦はいずれも日本史の方向を決定づける戦争であり、それぞれに一冊の研究書が著わされるほどに重要なものばかりである。本能寺の変のような事件にあっても、家康は単に巻き添えをくったという筋合いのものではなく、相当に重要な原因をなしていたということを本書では述べている。世に満ち溢れている陰謀論といったストーリーとは全く別の形において。

本書はあくまで家康という人物の伝記である。それゆえ、日頃の研究では政治構造のようなマクロな局面を扱うのを常としており、あまり人物の心情的な面に立ち入ることを避けてきたが、本書ではかなりこれに踏み込んで検討してみた。

そこで見えてきたことの一つは、家康の行動を考えるにあたって、母於大の方（伝通院）との母子関係の重要さを逸してはならないということである。於大の方は実に長命な人で、慶長七（一六〇二）年まで七五歳を数えるほどであった。奇しくも家康と享年を同じくしている。家康の長命は彼女の生命力に拠っているのかもしれない。その彼女の最期は京都の伏見城内であり、家康はその死に目に会っていることになる。普段は江戸に居るはずの於大の方が、なぜ京の伏見城にいるのであろうか。関ヶ原合戦を終えて平安を取り戻した京の街を、年老いた母に見物してもらいたいという家康の孝心から出たものであろうし、さらには翌年に控えた征夷大将軍任官のハレ姿を見せたいという思いからであったろう。

家康のこのような側面は、これまで語られることがなかったように思う。人間家康を考えるにあたって逸することのできない要素かと思う。

人間家康という点では、本書は少し変わった家康の一面を紹介している。謹厳実直にして学問好きで知られ、遊芸事にのめりこんでハメをはずすといったことが見られず、固い殻で自己を覆ってなかなかその本心を見せようとしない家康であるが、例外的に、一つだけ遊芸ごとで没入していた分野があった。それは能と狂言の世界であった。

この分野の第一人者である天野文雄氏の研究に導かれつつ、能と狂言の世界に没入する家康の知られざる側面について触れてみた。一つは能の世界で見せる、「叶わぬ恋」をテーマとする作品（『野宮』『松風』『雲林院』など）を最も得手としていたという家康像である。あの謹厳実直で、合戦と学問の他には関心なしと受け止められている家康が、悲恋の物語の世界にたゆたっていたとは！　さらにおどろくべきは、能・狂言と一口に言うものの、シリアスな能とはまったく対照的なコメディーである狂言も自ら演じ、狂言師と相談して新作をてがけるほどに打ち込んでいたとは。これらは面白いほどに、われわれのステロ化された家康イメージを混乱させてくれるのであり、家康の奥深さを、あらためて実感した次第である。

本書ではまた、家康の国際政治家としての側面を高く評価している。これも世の紋切り型の理解であるが、信長と秀吉は国際的であるが、家康と徳川は内向きで鎖国志向であるとする捉え方の誤りを強調している。家康が政治主導した慶長年間というのは、前近代では最も国際色の豊かな時代であったという事実が見落とされてはならない。しかもその豊かさは、他ならぬ家康その人の施策として強力に推し進められてもいたのである。

朱印船貿易は秀吉によって行われていたと思われがちであるが、それを制度として確立し、また多数の朱印状を発行して日本人の東南アジア方面への進出と、これら東南アジア諸国との国交を相次いで樹立していったのは家康であった。家康はさらに、朝鮮国とも国交を回復し、さらにはポルトガル、スペイン、オランダ、イギリスとも相次いで国際関係を取り結び、外国貿易を盛んにしていた。そして特筆すべきは、これら国際関係および外国貿易の施策において、非戦・善隣友好の立場が堅持されていたということである。

この大航海時代の国際関係が軍事侵略と植民地の形成という基調に支配されていた時、家康の推進する海外発展や国際関係には、その要素がまったく見られなかった。秀吉の失敗に鑑みてのこととはいえ、道義を重んじる家康の外交には一点非の打ちどころがなかった（キリスト教の布教だけは疑念をもって容認しえなかったけれども）。その国際関係の多彩さといい、非戦・善隣友好の原則堅持といい、家康をもって第一級の国際政治家と評していささかも憚る必要がないであろう。

本書で紙幅を割いて論述しているものの一つに、家康が制定した慶長八（一六〇三）年の農村法令がある。国際関係論は、そのほとんどを既往の研究によっているが、この農村法令をめぐる分析は筆者の独自研究である。この法令で規定していることは、領主・代官が不当な支配を行っている場合、農民は当該年の年貢さえ納入するならば、どこへでも移住できるということである。

農民が領主の支配を逃れて自由に退去できる！　農民は土地に縛り付けられていたのではないのか、何かの間違いなのではないのか。多くの人は思うであろうし、専門の研究者にとってすら信じがたい規定である。しかし事実なのである。本書では、これもまた家康政治の特筆すべき問題として詳述している。

このような法令が何故に発布されたのか、それは家康以後の幕府政治の中でどのような運命を辿ることになったのか、その原由と展開にわたる長い歴史の視野の下に、同法令の意義を考察している。家康政治の本質を示す問題として、また幕府政治の長期にわたる農村政策上の問題として、ぜひ読者に一読をお勧めしたい箇所である。

そして家康の人物像にとって、最後にして最大の難関となるのが大坂の陣であろう。家康の人物像をこれほどまでに貶めた事件はない。非難する側の悪口は数を知らない。他面、家康を弁護する側はといえば、豊臣家が時代の趨勢を理解せずして高望みをしたからとか、牢人衆を不法に集めて謀叛を企てていたから、といったことを理由とする不可避的な討伐といった言説が述べられているが、いずれも誤りである。秀頼は、かの二条城の会見で家康の下風に立ち、徳川の政治主導権を認める態度を明確に示していた。秀頼と豊臣家は、時代の趨勢を見極めて充分に分別ある態度をとっていたのである。それでは何故?

大坂の陣の難しさは、その理由の説明が一筋縄ではいかないところにある。関ヶ原合戦が、その発生構造が複雑であっても、合理的な分析によって余すところなく解明しうるのに対して、大坂の陣の発生理由は多分に心理的、内面的な要素、その限りで非合理的な要素が強い。人間の邪念と妄執である。それゆえに筆者は、大坂の陣の発生理由として、秀吉による秀次一族の殺戮をもたらした秀次事件に、その類似を見た。

家康の場合には、自己の子孫・一族が滅ぼされるかもしれないという想念と、他方ではかつて主君、主家と仰いだものを軍事的に討伐するという道義上の罪観念、それらの葛藤にさいなまれていたであろう家康の姿に焦点を合わせ、家康がいかなる決断の下に開戦に踏み切り、そしてその帰結を受け止め、そしてそこからどのような境地へ到達していったかを見た。

本書において施した、人間家康に対する筆者の観察が果たして妥当であったか否か。その判断は読者・諸賢に委ねる他はないであろう。

＊　＊　＊　＊　＊

家康没後四〇〇年の歳に本書を上梓できて、いまは安堵の思いでいる。ミネルヴァ書房および同社編集部の田引勝二氏にはひとかたならぬお世話になった。家康関係では史料、論著もそうであるが、本書作成にとって必要な写真、図版もまた膨大な点数にのぼり、その所在も全国にわたっている。その取り揃えといい、また粘り強く、筆者の調査と執筆を支えていただいたことといい、その労苦の程に、この場を借りて御礼申し上げる次第である。

平成二八（二〇一六）年極月

著　者　識

徳川家康略年譜

＊主語のないものは家康の動向。＊西暦は和暦一月に対応のもの。月日は和暦、年齢は数え年。

和暦	西暦	齢	政治・一族の動向	文化・芸能
天文一一	一五四二	1	12・26三河国岡崎城主松平広忠と刈谷城主水野忠元の娘於大の長子として岡崎城で誕生。	
一二	一五四三	2	母於大の父水野忠政死去、伯父信元が今川家から離れ織田家に従い、母於大は父と離縁する。	
一六	一五四七	6	異母妹矢田姫誕生。織田信秀が安城城を攻略する。今川義元へ人質として送られる途中、戸田康光に奪われ織田信秀のもとへ送られる。	
一七	一五四八	7	織田と松平・今川との間で小豆坂の戦い。	
一八	一五四九	8	3・6父広忠死去。12月今川氏の捕虜織田信広と交換で駿府に送られる。	
二〇	一五五一	10	3月尾張の織田信秀没、信長が当主となる。	
二一	一五五二	11	異父弟康元、母於大と久松俊勝の第一子として誕生。	
二二	一五五三	12	異父弟勝俊、異父妹多却姫誕生。	

二四 弘治 元	一五五五	14	**3月**元服し、松平元信と名のる。	
二	一五五六	15	**6月**松平元信署名の文書初見。	
三	一五五七	16	今川の一族関口義広の娘（築山殿）を娶る。	**正月**家康が預けられていた駿府に観世十郎大夫滞在。
永禄 二	一五五九	18	**この頃**松平元康を名のる。第一子長男信康誕生。	
三	一五六〇	19	**5月**桶狭間の戦いの前哨戦で大高城へ兵糧入れを行う。桶狭間の戦いで今川義元が織田信長に討たれる。岡崎城主となる。**この年**第二子長女亀姫誕生、異父弟定勝誕生。家康と康元・勝俊・定勝対面、松平姓を贈る。	
四	一五六一	20	**2月**頃水野信元の勧めで織田信長と和睦。	
五	一五六二	21	東三河西郡上之郷城主今川氏真の従兄弟鵜殿長照を討つ。	源家相伝の軍書四八冊を書籍奉行阿部正勝に書写させる。
六	一五六三	22	今川義元の偏諱である元の字を捨て、元康から家康に改名。このころ三河の徳川領国で一向一揆が勃発。	
七	一五六四	23	**2月**三河一向一揆を鎮める。	
八	一五六五	24	**3月頃**吉田城と田原城を攻略、吉田城に酒井忠次を、田原城に本多広孝を置く。**この年**次女督姫誕生。	
九	一五六六	25	この頃までに今川の勢力を一掃し、三河の統一を終	

			える。12・29松平から徳川に改姓し、朝廷より従五位下三河守に叙任される。	
一〇	一五六七	26	5月嫡子信康が織田信長の娘徳姫を娶る。	
一一	一五六八	27	正・11朝廷官位が左京大夫（従五位下）に叙任。	
一二	一五六九	28	正月今川氏真の掛川城を攻め、5月攻略。5月遠江の引馬に浜松城を築城。	この年信長が京都の町衆から初花肩衝茶入や富士茄子茶入などの名物を評価額より高く強制的に購入する。
一三 元亀元	一五七〇	29	2月信長に従い上洛。4月信長の朝倉征伐に出陣。6月岡崎城を信康に譲り、浜松城に移る。6・28姉川の戦いで浅井長政・朝倉義景を破る。	3月信長が堺の町衆から名物を強制的に購入する。
二	一五七一	30	4月武田信玄の吉田城を攻略。9月信長が比叡山延暦寺を焼き討つ。	8月観世宗節・元尚が浜松の家康のもとで演能し、家康も舞う。 この年長子信康が演能する。
三	一五七二	31	12・22三方ヶ原の戦いで武田信玄に大敗。	8・12浜松城で観世十郎と宗節とともに演能する。
四 天正元	一五七三	32	4・12武田信玄死去。7月将軍足利義昭、信長によって京を追われる。8月信長が越前朝倉氏と近江浅井氏を滅ぼす。	
二	一五七四	33	2月第四子次男秀康生まれる。5月武田勝頼が高天	

			神城を囲み、六月頃攻略。	
三	一五七五	34	5月長篠の戦いで織田・徳川連合軍が武田勝頼を破る。	
六	一五七八	37	3月上杉謙信急死。5月駿河に出馬し武田氏の田中城を攻める。	
七	一五七九	38	4月第五子三男秀忠誕生。8～9月頃信長の命令で築山殿を殺害、嫡子信康を切腹させる。	
八	一五八〇	39	この年、第六子四男忠吉、第七子三女振姫誕生。	
九	一五八一	40	3月武田勝頼の高天神城を攻略。	
一〇	一五八二	41	3月甲斐の武田氏滅亡。5・15武田討伐の恩賞として駿河国を信長より拝領、安土城に参向。5・29信長の家臣長谷川秀一の案内で堺に旅行し、松井友閑らの歓待を受ける。6・2本能寺の変で織田信長死去、家康堺より伊賀越えで帰国する。6・13秀吉が山崎の戦いで明智光秀を破る。7月甲斐・信濃の平定に向かう。天正壬午の乱。10月北条氏直と講和。	6・1今井宗久の朝会、昼には津田宗及の茶会、夜には幸若舞が舞われる酒宴に出席する。
一一	一五八三	42	4月秀吉が賤ヶ岳の戦いで柴田勝家を破る。8月次女督姫が北条氏直に嫁す。9月第八子五男信吉誕生。	5月秀吉に茶入「初花」を贈り、賤ヶ岳の戦いの戦勝を祝う。9・18秀吉が大坂城で「道具そろえ」の茶会を催す。

一二	一五八四	43	3～11月小牧・長久手の戦いで織田信雄に組し、秀吉と対立。11～12月秀吉と講和、次男秀康を秀吉の養子に出す。異父妹多却姫信濃国高遠城主保科正直に嫁す。	4月長久手の戦い出陣に際し、連歌の興行を行う。
一三	一五八五	44	7月羽柴秀吉が関白に任官。8月第一次上田合戦。11月石川数正ら秀吉の下へ出奔。駿府城を修築。	9・18三州田原で、10月三州吉良で鹿狩をする。9月秀吉が禁中茶会を催す。
一四	一五八六	45	5月秀吉の妹朝日姫を娶る。10・27大坂城で秀吉に謁見。12月豊臣秀吉が太政大臣に任官。年末駿府城に移る。	正月秀吉が禁中で黄金茶室の茶会を開催し、正親町天皇に献茶する。
一五	一五八七	46	8月上洛し秀吉の九州平定を祝す。8・8従二位権大納言に叙任。11月駿府城修築完成。12・28左近衛大将に任官。	9・18三州田原で、9・23三州で鹿狩をする。10・1秀吉が北野大茶会を催し、家康も出席する。この年駿府城で演能する。
一六	一五八八	47	正月毛利庇護下の足利義昭、上洛して落飾、足利将軍家の終焉。3月上洛。4月後陽成天皇の聚楽第行幸。6月大政所見舞いに朝日姫と上洛。7月秀吉による刀狩令。9月駿府へ帰国。	4月秀吉が後陽成天皇の聚楽第への行幸に際し、三方楽所（京都・南都・天王寺）の楽人を招集して舞楽を上演させる
一七	一五八九	48	2月五ヶ国（三河・遠江・駿河・甲斐・信濃）総検地（～翌年正月）。7月駿府において貢租夫役に関	2・8連歌師たちを招集し、一一日から一三日の三日にわたっ

			する七箇条定書を下す。11月秀吉が北条氏直に宣戦布告、家康上洛。	て三百韻を興行する。
一八	一五九〇	49	正月朝日姫が聚楽第で死去、秀忠が秀吉に謁見、元服する。諸将が駿府城で軍議。4月秀吉が小田原攻撃、7月小田原城開城。6月秀吉から関東移封を命じられる。8・1江戸入城。この年次男秀康が結城晴朝の養子となり結城秀康と改名する。	9・23秀吉が聚楽第における茶会で北条氏から奪った「遠帆帰帆図」を用いる（のちに、家康に遺贈）。
一九	一五九一	50	閏正月上洛。3月江戸に帰着。7～10月秀吉の命令で奥州平定に出陣。10月秀吉が肥前名護屋城の普請を始める。11月相模・武蔵・上総・下総の社寺に社寺領を寄進。	正・24利休の朝会に一人招かれる。
文禄 二〇 元	一五九二	51	正月第九子六男忠輝誕生。2月上洛、3月京を発ち、4月肥前名護屋に出陣。6月秀吉の朝鮮渡海を諫める。7・20大政所が大坂城で死去。8月秀吉が伏見指月城の普請を始める。	3・15神屋宗湛の茶会に出席する。この年朝鮮出兵の本陣名護屋城で藤原惺窩を引見する。
二	一五九三	52	7月明との講和。8月秀吉・家康大坂へ帰陣、淀君がのちの秀頼を産む。10月江戸へ帰着。11月秀吉が伏見に諸大名屋敷の普請を命じる。	正・20宗湛の昼会で、点前する。8・6宗湛の夜会を催す。10月秀吉が催した禁中能で初日に『野宮』を演能し、二日目に狂言『耳引』、三日目に『雲竹院』

				を演じる。12月藤原惺窩を江戸に招き、『貞観政要』を講義させる。
三	一五九四	53	2月上洛、秀吉の吉野花見に同行。12月次女督姫が北条氏直と離縁し、池田輝政に嫁す。この年第十子七男松千代誕生。	4月禁中で能一番、聚楽第で『松風』を演じる（下間少進と共演）。6月京都で秀吉を茶会に招く。
四	一五九五	54	3月伏見の自邸に秀吉を招く。5月江戸へ帰着。7月秀吉の命で秀次切腹、家康上洛し、秀吉・秀頼に忠誠を誓う。8月秀吉が聚楽第を破却する。9月秀忠が故浅井長政の三女於江与の方を娶る。この年第十一子八男仙千代、第十二子四女松姫誕生。	3・28聚楽第で四座の能を見る。4月頃聚楽第で能『三輪』『熊野』を、伏見城で『東北』『仏原』を演じる。12・13山名伊与入道禅高と将棋を指す。この年足利学校伝来の聖像画・宋版五経註疏を帰納させる。
五 慶長元	一五九六	55	5・8正二位内大臣に叙任。閏7・13文禄（慶長）の大地震で伏見城と城下町が被災。9月秀吉再び朝鮮出兵を決める、家康江戸へ帰着。12月伏見に帰着。	5月禁中で演能する。
二	一五九七	56	正月秀吉が朝鮮出兵を命じる。3月秀吉の醍醐寺花見に同行。4月秀吉の参内に供奉。11月江戸へ帰着。	10・5浅野霜台と囲碁を打つ。この年〜秀吉が猿楽保護政策をとる。

三	一五九八	57	3月伏見に帰着。7月秀吉が諸大名に秀頼への忠誠を誓わせる。8・18秀吉没。8・22家康・利家朝鮮出陣の諸大名に帰陣を命じる。9月秀忠が江戸へ帰着。12月方広寺大仏殿竣工。この年、四女松姫死去。	3・15秀吉が醍醐の花見の席で雅楽を盛大に演奏させる。
四	一五九九	58	正月秀頼が伏見城から大坂城へ移る。閏3月豊臣七将が三成襲撃を企てた際、家康の仲裁で佐和山城に引退させる。閏3・13伏見城に入る。9月大坂城西丸に入る。この年家康の七男松千代死去、六男松平忠輝を後継とする。	5月三要元佶に伏見円光寺において『孔子家語』『三略』『六韜』を印行させる。この年聚楽第跡地で三日にわたり勧進能を催す。
五	一六〇〇	59	3月オランダ商船リーフデ号豊後に漂着、英国人ウィリアム・アダムスらに大坂城で引見。5月家康、会津の上杉景勝征討を呼号し、6・16会津へ出陣、多くの豊臣系武将が従軍。7・2江戸城に入る。7・17三成が家康を弾劾する「内府ちがひの条々」を出す。7・19秀忠が江戸城より出兵、7・21家康が江戸城を発つ。7・25小山評定。東海道筋の豊臣武将の持ち城が家康に明け渡される。7・29大坂三奉行から謀反人扱いされていることを認識する。8・5～9・1江戸城に留まる。9・1出陣、9・11に清洲に到着。9・15関ヶ原合戦。10・1石田三	2月三要元佶に伏見版『貞観政要』を印行させる（～慶長十一年）。7・29鶴岡八幡宮において連歌の興行を行う。この年京都で藤原惺窩を引見する。

			成・小西行長・安国寺恵瓊を六条河原で処刑する。10月大坂城本丸において淀殿と和睦の盃事。11月第十三子九男のちの義直が大坂城西の丸で誕生。	
六	一六〇一	60	正～3月大坂城において関ヶ原合戦の論功行賞。3・23伏見城に移る。10月安南国の商船に朱印状を出す、宣教師に引見し呂宋との修好を求める、江戸へ帰着。	この年中野笑雲を茶道頭とする。
七	一六〇二	61	正・6従一位に叙位。3月お万の方（養珠院）との間に第十四子十男のちの頼宣誕生。5月諸大名に二条城の建設を命じる。8月大泥国に復書を送る、生母於大の方が伏見城で死去。9月呂宋国に書を送る。10月江戸へ帰着。12月伏見城へ入る。この年顕如の長子教如に寺地を与え、東本願寺を創建させる。	6月東大寺の蘭麝体を調べさせる。7月江戸城内に富士見亭文庫を建設する。
八	一六〇三	62	正月柬埔寨国に復書を送る。2・12勅使を伏見城に迎え、右大臣ならびに征夷大将軍に任官。3・25伏見より二条城に入り、任官拝賀のために参内。3月諸大名に江戸市街の経営を割り当てる。神田山切り崩し、日比谷入り江の埋め立て。4月伏見城に帰着。7月孫千姫が大坂城の秀頼に嫁す。8・10お万の方との間に第十五子十一男のちの頼房誕生、十一月に	4月本因坊算砂らを黒戸御所に召し、囲碁を見る。5・2二条城で家康将軍宣下能（演者は金春大夫安照、脇能は観世身愛）、三日後日能で金春安照の能十番を見る。7・7二条城で金春安照の能九番を、7・8安照・氏

			常陸国下妻に配置。9月五男武田信吉死去、十男頼宣を水戸に配置。10月安南国に復書を送る。11月大納言徳川秀忠が右近衛大将に任官。	勝親子の能七番を見る。
九	一六〇四	63	3月伏見城に入る。4月西野に占城渡海朱印状を与える。6月二条城に入り、参内する。7月伏見城に帰着、江戸城で秀忠の次子のちの家光誕生。8月豊国社臨時祭を催行、安南に復書を送る。閏8月江戸へ帰国、舟本・安当・島津らに安南・呂宋・暹邏・大泥への渡海朱印状を与える。11～12月皮屋・桧皮屋に東京・大泥への渡海朱印状を与える。この年朝鮮から非公式の使者、惟政・松雲大師来日、翌年家康が伏見城で面会和平交渉。	
一〇	一六〇五	64	正月上洛。2月秀忠が上洛。3月朝鮮国使を伏見城に引見し講和を議す。4・15秀忠が伏見城で将軍任官宣旨を受領する。5月豊臣秀頼に上洛を促すが、淀殿が承諾せず。六男松平忠輝を名代として大坂城に送り、秀頼の右大臣任官を賀する。7月島津忠恒・鍋島直茂に安南・西洋への渡海朱印状を与える。9月角倉らに東京・西洋への渡海朱印状を与える、呂宋国に復書を送る。10月江戸城へ入る、東埔寨国	3月相国寺の円光寺元佶に『東鑑』『周易注』を印行させる。4月京都二条城で林羅山を引見する。5月秀忠が池田輝政邸に御成を行い、茶事に織部が関わる。5・5浅間神社の流鏑馬を上覧。9・21濃州稲葉山で鹿狩。12・24江戸城本丸で算砂と宗桂

			に復書を送る。この年呂宋国ドン・ペドロ・デ・アクニアに貿易を承諾し布教を禁じる書を送る。リーフデ号の乗組員に朱印状を与え大泥へ渡航させ、東インド会社のマテリーフ提督に朱印状を渡す。	を対局させる（慶長一六年まで七十番戦う）。この年、伏見版『東鑑』『周易』印行、伏見城で秀忠将軍任官祝賀能（脇能は観世身愛）を催す。
一一	一六〇六	65	3月江戸城、大拡張工事。天下普請。駿府城に入り、隠居地と決める。7月二条城に入る。8月御所に参内する。8・15奇楠香を求め、占城国王宛に朱印状を発給する。9・19奇楠香を求め、柬埔寨国主宛に朱印状を発給する。9・21奇楠香を求め、暹邏国王宛に朱印状を発給する。11月江戸城に帰着。	5・29日野輝資に寸白の治療薬を指南する。11月葛飾・川越・戸田で鷹狩をする。12・2家康の命により秀忠が領内巡視を兼ねた鷹狩を行う。この年伏見版『七書』印行。
一二	一六〇七	66	2月江戸を発ち、駿府に移住、大御所時代が始まる。10月駿府を発ち江戸城に入る。12月駿府に帰着、駿府城火災に遭う。この年朝鮮使節「回答兼刷還使」（正使　呂祐吉）五〇四人が来日、江戸城で秀忠に、駿府で家康に謁見し、国交回復する。四男松平忠吉二八歳で病死、九男義直を尾張に配置。第十六子五女市姫誕生、次男秀康死去。	正月江戸城で三日の町入り能、2月四日の勧進能（共に金春安照立合い）、この頃観世身愛は徳川幕府筆頭大夫としての地位を獲得。2月細川幽斎が家康に「室町将軍家礼式三巻」を献上する。3月駿府城に林羅山を引見し剃髪を命じ、道春と号させる。10月江戸城で秀忠と互いに

				茶会で饗する。**11月**浦和・川越・忍で鷹狩をする。**この年**林羅山が二条城で秀忠に謁見進講し、幕府への出仕が決まり、駿府で家康に近侍する。**この年**家康の隠居所駿府城の文庫に『本草綱目』が納められる。
一三	一六〇八	67	**2月**駿府城本丸上棟式、**3月**駿府城に入る。**7月**検地。**8月**駿府で初めて存応と仏法法談。秀忠発給の領知判物により義直が尾張一国を領有、このころ義直・頼宣・頼房徳川姓を名乗る。**8月**呂宋国・柬埔寨国に武器武具を贈る。**9月**常陸笠間城主松平康重を丹波八上城に移す。	**正月**駿河田中で鷹狩をする。**春**本因坊算砂・大橋宗桂を召して囲碁・将棋を見る。**9月**関東各地で鷹狩をする。**12月**江戸を発ち鷹狩をしながら駿府に帰着する。**この年**林羅山が駿府城の書庫の管理に任じられる。
一四	一六〇九	68	**正月**駿府城を発ち、鷹狩をしつつ清洲城に入る。角倉・平野・小西・加藤清正・島津家久に東京・呂宋・暹羅・柬埔寨・交趾への渡海朱印状を与える。**2月**名古屋城の造営を命じる。伊勢大神宮遷宮に際し、米六万俵を寄進。**7月**オランダ東インド会社職員ポイクが来航、駿府で家康に謁見、平戸に商館を	**3月**大坂詰めの四座の能役者に駿府詰めを命じる。**10月**秀頼からの四座役者への配当米を廃止させ、駿府の家康からのものとする。駿府城内で茶会を催し、織田有楽・藤堂高虎・西尾光教

開く、オランダ国王に復書を送る。9月ドン・ロドリゴ・デ・ビベロ、メキシコへの帰還中上総国に漂着、江戸で秀忠に、駿府で家康に謁見。八上城主松平康重に篠山に築城を命じ、西国諸大名による天下普請をもって完成。12月頼宣を駿河、頼房を水戸に移封。宮中における密通事件への処遇に関して後陽成天皇と家康とが対立。

らを招く。12・26秀忠が小笠原秀政邸へ御成を行い、茶事に織部が関わる。

一五　一六一〇　69

正月豊臣恩顧の大名二〇家に名古屋築城を命じる。駿河・遠江で鷹狩、角倉・平野・長谷川・角田・江島らに安南・呂宋・交趾・暹邏・東埔寨への渡海朱印状を与える。6月ドン・ロドリゴにウィリアム・アダムズ建造の洋式帆船を与え、田中勝助と浦賀よりメキシコへ向わせる。8月広東商船に来航朱印状、亀井・荒木らに暹邏・交趾への渡海朱印状を与える。この年前年琉球を征服した島津家久が琉球王尚寧を駿府に護衛し、家康に謁見させ、江戸城で秀忠に謁見させる。

閏2・14、16、17、19〜23家康の命により秀忠が三河国田原において鷹狩を行う。4月上旬家康が薬餌のため松前（蠣崎）慶広に膃肭臍の進上を命じる。5・23十男頼宣が駿府で伊達政宗・上杉景勝饗応のために催した能で、家康から『翁』を演じるよう命じられていた観世身愛が出奔して高野山に籠もる。9月古田織部が家康の許可の下、江戸で秀忠に点茶式を授ける。鎌倉五山、駿河清見寺、臨済寺らの僧に命じて『群書治要』を写させる。10・16秀忠が伊達政宗邸へ御成を行い、茶事に織部が関わる。11月駿府を発ち、鷹狩をしながら江戸城に入る。12・25秀忠が上杉景勝邸へ御成を行い、茶事に織部が関わる。

一六	一六一一	70	正月角倉・平野・松浦鎮信・細川忠興らに安南・呂宋・交趾・暹邏への渡海朱印状を与える。3月後水尾天皇即位礼のために上洛、3・6二条城に入る。3・28二条城で秀頼と会見（秀頼が家康を上座に勧める）。4・2秀頼来訪の返礼のため、幼い義直・頼宣を名代として大坂城に遣わす。4・12御水尾天皇即位、在京の諸大名に江戸幕府の法度を守ることを誓約させる。4・28駿府に帰着。5月ノビスパン総督の使節ビスカイノが来航、家康と秀忠に謁見し、測量・貿易の許可、オランダ貿易の禁止を求める。6・24加藤清正、京よりの帰途発病、熊本にて没。7月オランダ商船来航の許可朱印状を与える。9月呂宋人を引見、書を呂宋・占城に送る、ノビスパン	4月二条城で下間少進・金春安照・金剛三郎の能を見る。9・19和歌山城主浅野幸長が父長政の遺物として刀剣と鎮西葉茶壺を家康に献上する。9・27藤堂高虎邸へ御成を行う（下間少進・金春安照の演能を見る）。10・2京都の公家僧侶を労う宴で茶を振舞う。10月江戸近郊で、11月忍で鷹狩をする。11・11南部信濃守利直に茶を振舞う。12・14織田有楽を迎えた駿府の茶室でみずから古銅花入に花を

			の巡視を許す、南蛮世界図屏風を見る、ゴア使節に来航許可朱印状を与える。10・24江戸に赴き秀忠御台所（崇源院）の前で家光・忠長の長幼の序を正す。11・9新田義重征夷大将軍追贈のため、存応に上野国新田の遺跡調査を命じる。
一七	一六一二	71	正月駿府より鷹狩をしながら名古屋に入り、名古屋城を視察。津田・角倉・ヤン＝ヨーステン・茶屋に毘耶宇島・東京・広南・交趾への渡海朱印状を与える。3月キリスト教禁止を命じ、京都の耶蘇教寺院を破却する。4月南光坊天海に会い、川越の喜多院に寺領を寄進する。7月ノビスパン総督に渡す復書を使者に渡す、暹邏商人に南方諸国について質問する。8月呂宋船主西ルイスに駿府で接見し来航許可朱印状を与える、木屋・ヨーステンに暹邏渡海朱印状を与える。明人鄭芸竜・祖官を引見して薬物などの献呈を受ける。9月ゴア総督に復書を送り使節に来航許可朱印状を与える、呂宋国主に復書を送る。10月オランダ国王に復書を送る。12月名古屋城完成。

抛れる。12月下間少進が家康より拝領の舞台の披露能を自宅で行う。この年から元和四年まで、京・伏見・駿府・江戸城において、本因坊と宗桂を五十四番対局させる（御城将棋）。

2・3遠州境川・佐倉で鹿狩をする。2・13碁打ちと将棋指しに禄と扶持を与える。2・25崇源院に書状を送り、家光・忠長の養育に関して訓誡する。2・28伊達政宗・生駒親正に茶を振舞う。2月観世身愛が許されて駿府に帰参する。3月本因坊・大橋宗桂を召して囲碁・将棋を見る。3・25下間少進が駿府城三の丸で演能の際、千五百石の家禄の言葉を与える（少進は本願寺所属であることを理由に辞退、装束と扇子を拝領する）。

一八	一六一三	72	正月角倉・後藤・舟木・明人五官・マノシル・村上・シンニョロ・長谷川・大黒屋に東京・交趾・暹羅・呂宋などへの渡海朱印状を与える。2月天台宗	3・26将軍秀忠を招いて茶の湯を行い、秀忠に投頭巾肩衝を与える。5・3松前（蠣崎）慶広が駿府の家康に膃肭臍二箱を献ず。6・25羅山と問答する。7・24侍医の与安（片山宗哲）に烏犀円などの製剤を命じる。7・29大久保長安の中風治療に烏犀円の投与を決める。8・14江戸に向かう途中の古田織部が駿府に来着、家康の命で奈良一乗院准后尊政を茶でもてなす。8月明人鄭芝竜・祖官を引見して薬物などの献呈を受ける。閏11月関東で鷹狩をするために江戸に向かい、12月駿府に帰着する。 6月林道春が論語を講義する。9月関東で鷹狩のため駿府を発つ。11月戸田・川越・岩槻・

一九	一六一四	73	の論議を聴き、関東天台宗法度を下す。5月修験道法度、関東新義真言宗法度を下す。6月公家衆法度五ヶ条、勅許紫衣之法度を制定。8月天海の宿坊において増上寺存応の法問を聴く、この年天海に日光山を管理させる。9月イギリス来航、平戸に商館を開設、ブ号船長ジョン・セーリス東インド会社グロージェームズ一世の書簡を駿府の家康に届ける、通商を許し、復書を送る。9月呂宋の使者より国書と宝物を贈られ、亡命人民の帰還を請われてこれを許し、復書を送る。ヨーステンに暹邏渡海朱印状を与える。支倉常長、ノバ・イスパニア（メキシコ）経由でローマに向かう。12月天海・存応の法話を聴く、将軍秀忠の名で伴天連追放令を出す。 正月明人三官に東京、小西・木津・シンニョロ・マルトロメティナに呂宋、木屋に暹邏、木田・シンニョロ・ゴンサルロイベイラに東埔寨、明人華宇・明人五官・明人六官・舟木・明人三官・マノエル・コンサルに交趾への渡海朱印状を与える。3月秀忠が右大臣従一位に叙任される。5月天海より血脈の相伝を受ける。8月方広寺大仏の開眼供養・鐘銘文に	忍・越谷・葛西などで鷹狩。 1・7総州吉田・佐倉で鹿狩をする。3・27冷泉為満が家康に古今伝授を行うため駿府に参上する。4・5漢書『群書治要』『貞観政要』・和書『続日本紀』『延喜式』の書き抜きを五山僧に命じる。4・22与安を通じ、

			不審をいだく、方広寺の件で片桐且元、駿府に赴き弁明。8月淀殿の使者大蔵卿局らを駿府において引見する。9月片桐且元の報告により秀頼と淀殿が不快感を持つ、且元は茨木城に退去。10月豊臣家への軍事行動を決意、諸大名に出陣を命じ、駿府を発ち、諸大名に大坂参集を命じる。10・23二条城に入る。11・10秀忠が伏見城に入る。11・15二条城を出陣、奈良に宿泊、11・16法隆寺阿弥陀院に宿泊、秀忠は枚方に入る。11・17住吉に布陣、11・18秀忠と茶臼山で会う。大坂城中の織田有楽・大野治長に書状を送り和議を図る。12・4真田丸をめぐる攻防戦。12・16大坂城を砲撃、淀殿・秀頼が講和に同意する。12・21和議成立。12・25二条城に徴兵。12・28参内し和議を奏す。	細川忠興に万病円・八味丸・銀液丹を与える。4月駿府城三の丸で金春安照・下間少進が演能、林道春を引見し論語を読ませる。7・1二条城で秀忠を迎え能を催す。7・21飛鳥井雅庸が家康に『源氏物語』を講釈する。8・22飛鳥井雅庸から源氏三箇大事の相伝を受ける。8月・9月駿府城で観世身愛の嗣子三十郎重成に五番能を演じさせる。10・27南禅寺金地院で五山僧に「諸家記録」を書写させるよう崇伝と羅山に命じ、12・26献じられる。11・9二条城で天海に『日本後紀』『弘仁格式』『貞観格式』『類聚国史』『類聚三代格』の所在を確かめさせる。
元和 元	二〇	一六一五	74	正月二条城を発ち駿府へ帰着、船右衛門に呂宋、明人華宇・明人三官・舟木に交趾への渡海朱印状を与
				3月金地院崇伝・林道春が古記録謄写完成の報告をする、林道

える。3・29井上主計助正就と密談する。4月義直の婚儀のため駿府城を発ち、4・9名古屋に到着、大坂方に敵意ありとの風聞、諸大名に出陣を命じる。4・18二条城に入る。4・21秀忠、伏見城に入る。5・5出陣、5・6河内道明寺で激戦、大坂方敗退。5・7大坂に出陣、真田幸村らと茶臼山付近で激戦、大坂城炎上。5・8秀頼と淀殿自害、二条城に凱旋。5月天台宗・真言宗の論議を聴く。閏6・7秀忠が伏見城において武家諸法度を下す、閏6・11古田織部が大坂方へ内通の嫌疑により切腹、閏6・13元和と改元、閏6・17秀忠が二条城において禁中幷公家諸法度を下す、閏6・24諸宗本山・本寺の諸法度を定める。8・23駿府に帰還。9月西ルイス・木屋・琉球人・シンニョロ＝メリイナに呂宋、大文字屋に交趾、明人三官・長谷川・シャコウベ・高尾に暹邏、弥右衛門に東埔寨、村山に高砂への渡海朱印状を与える。9月第六子松平忠輝を不埒により勘当する。この年家康の外孫（亀姫の子）松平忠明、一〇万石で大坂城主となる。次女督姫死去。

春に銅製活字版で『大蔵一覧集』を印行するよう命じる。閏6・9策伝が『本朝文粋』を二条城に滞在中の家康に献じる。閏6月織田有楽に大坂城内の茶器について問う。閏6・22『本朝文粋』の写本一部を伝奏役の公家を通じて朝廷に進献。閏6・27秀忠とともに大坂夏の陣の武功を賞するため二条城において舞楽を上覧する。7・1二条城で能を上覧。7・5二条城で『源氏物語抄』を公家衆に配分、仮名を付すよう命じる、この日幸若舞を上覧する。7月・8月二条城において中院通村に『源氏物語』初音・帚木巻を読ませる。9・14、18駿府城外で鷹狩をする。10・1、5、7江戸への道中に鷹狩をする。10・

二	
一六一六	
75	
正月曹洞宗の法問を聴く、明人華宇に東京、明人三官・舟木らに交趾への渡海朱印状を与える。1・21鷹狩に出て発病。2・2秀忠が駿府に入る、諸社寺で病気平癒の祈禱が行われる。3・27勅使広橋兼勝・三条西実条が駿府に赴いて、太政大臣に任官の宣旨を伝える。4・2本多正純・天海・崇伝らに後事を託す、4・16幕府より家康を駿河久能山に祀ることを神竜院梵舜に伝える。4・17没、夜に久能山へ遺骸を移す。4・19吉田流神道で久能山奥社の廟に安置。4・22秀忠が久能山に参詣。5月秀忠が家康の神号を天海が推す権現号に決める。7月義直尾張藩政開始。8月キリシタン禁令を強化し、中国以外の来航船を長崎平戸に限定する。9月朝廷の勅許を得て家康の神号が東照大権現に決まる。10月天海が日光山に神廟造営を命じられる。	21戸田で、10・25川越で、10・晦川越で、11・10岩槻・越谷で、12・7、12中原で鷹狩をする。この年駿河版『大蔵一覧集』印行。1・5駿府近郊で、1・12田中で鷹狩をする。1・19京都の板倉勝重に出版事業に従事する木切・彫手・植手・摺手・校合せる。駿河版『群書治要』印行(他に元治元年あり)。11月『駿府御分物刀剣元帳』。

三	一六一七		2・21久能山神廟に勅使が参向し東照大権現の神号を進じる。3・9贈正一位。3月日光東照社殿竣工。3・15日光への改葬の行列が久能山を出発。4・8霊柩を日光山奥院の岩窟中に安置、4・14神位を仮殿に移す。4・16神位を本社に移し正遷宮式を行う。4・17祭礼挙行。12・7久能山東照社正遷宮。この年朝鮮通信使（正使　呉允謙）四二八人来日。三女振姫死去。

＊本年表の作成にあたっては、中村孝也『徳川家康公伝』および論集『徳川家康』（宮帯出版社、二〇一六年）に拠った。記して謝意を表すものである。

*護良親王　新井孝重
*懐良親王　森茂暁
*赤松氏五代　渡邊大門
*北畠親房　岡野友彦
楠正成　兵藤裕己
*楠木正行・正儀　生駒孝臣
*新田義貞　山本隆志
*光厳天皇　深津睦夫
足利尊氏　市沢哲
*足利直義　亀田俊和
佐々木道誉　下坂守
細川頼之　亀田俊和
円観・文観　田中貴子
足利義詮　早島大祐
*足利義持　吉田賢司
足利義教　秦野祐介
足利持氏　植田真平
足利義政　木下昌規
三条西実隆　前田雅之
*日野富子　田端泰子
*大内義弘　平瀬直樹
伏見宮貞成親王　松薗斉
*山名宗全　山本隆志
細川勝元・政元　古野貢
畠山義就　呉座勇一
足利成氏　阿部能久
世阿弥　西野春雄
雪舟等楊　河合正朝
宗祇　鶴崎裕雄
一条兼良　田村航
*満済　森茂暁
一休宗純　原田正俊

蓮如　岡村喜史

戦国・織豊

北条早雲　家永遵嗣
*北条氏綱　黒田基樹
*北条氏政　黒田基樹
*大内義隆　藤井崇
*斎藤氏四代　木下聡
*毛利元就　岸田裕之
*毛利輝元　光成準治
*小早川隆景・秀秋　光成準治
*六角定頼　村井祐樹
*今川義元　小和田哲男
*武田信玄　笹本正治
*武田勝頼　笹本正治
*真田氏三代　笹本正治
*三好長慶　天野忠幸
松永久秀　天野忠幸
*宇喜多直家・秀家　渡邊大門
*上杉謙信　矢田俊文
*大友義鎮　鹿毛敏夫
島津義久・義弘　福島金治
細川幽斎　鈴木元
*長宗我部元親・盛親　平井上総
*最上氏三代　松尾剛次
浅井長政　長谷川裕子
蠣崎・松前氏五代　新藤透
吉田兼倶　西山克
山科言継　松薗斉
*雪村周継　赤澤英二

正親町天皇・後陽成天皇　神田裕理
*足利義輝・義昭　山田康弘
織田信長　三鬼清一郎
織田長益　八尾嘉男
織田信雄　柴裕之
*明智光秀・秀満　小和田哲男
豊臣秀吉　藤井讓治
豊臣秀次　矢部健太郎
*北政所おね　田端泰子
*淀殿　福田千鶴
筒井氏三代　片山正彦
蜂須賀正勝・家政　三宅正浩
前田利家　東四柳史明
*山内一豊・忠義　長屋隆幸
*黒田如水　小和田哲男
*蒲生氏郷　藤田達生
大谷吉継　石畑匡基
石田三成　堀越祐一
*細川ガラシャ　田端泰子
*支倉常長　田中英道
千利休　熊倉功夫
*長谷川等伯　宮島新一
*顕如　神田千里
教如　安藤弥

江戸

*徳川家康　笠谷和比古
板倉勝重　谷徹也
本多忠勝　柴裕之

本多正純　小川雄
柳生宗矩　福田千鶴
*徳川家光　野村玄
柳沢吉保　福留真紀
徳川吉宗　横田冬彦
*後水尾天皇　久保貴子
*光格天皇　藤田覚
*春日局　福田千鶴
宮本武蔵　渡邊大門
*池田光政　倉地克直
保科正之　八木清治
シャクシャイン　岩崎奈緒子
*田沼意次　藤田覚
細川重賢　安高啓明
松平治郷　小林准士
*二宮尊徳　小林惟司
*末次平蔵　岡美穂子
*高田屋嘉兵衛　生田美智子
沢庵宗彭　芳澤元
*林羅山　鈴木健一
吉野太夫　渡辺憲司
熊沢蕃山　川口浩
*山崎闇斎　澤井啓一
山鹿素行　前田勉
*北村季吟　島内景二
伊藤仁斎　澤井啓一
貝原益軒　辻本雅史
関孝和　佐藤賢一
*ケンペル　B・M・ボダルト＝ベイリー
新井白石　大川真
*雨森芳洲　上田正昭
石田梅岩　高野秀晴

白隠慧鶴　芳澤勝弘
前野良沢　松田清
平賀源内　石上敏
本居宣長　田尻祐一郎
杉田玄白　吉田忠
木村蒹葭堂　有坂道子
*大田南畝　沓掛良彦
菅江真澄　赤坂憲雄
*鶴屋南北　諏訪春雄
*山東京伝　佐藤至子
*滝沢馬琴　高田衛
平田篤胤　山下久夫
国友一貫斎　太田浩司
シーボルト　宮坂正英
本阿弥光悦　岡佳子
*狩野探幽・山雪　山下善也
尾形光琳・乾山　河野元昭
*二代目市川團十郎　田口章子
伊藤若冲　狩野博幸
*浦上玉堂　高橋博巳
*佐竹曙山　成瀬不二雄
葛飾北斎　岸文和
酒井抱一　玉蟲敏子
孝明天皇　青山忠正
*和宮　辻ミチ子
徳川慶喜　大庭邦彦
島津斉彬　原口泉
*横井小楠　沖田行司
*古賀謹一郎　小野寺龍太
*永井尚志　高村直助
*岩瀬忠震　小野寺龍太

ミネルヴァ日本評伝選

上代

*俾弥呼 古田武彦
日本武尊 西宮秀紀
*仁徳天皇 若井敏明
雄略天皇 吉村武彦
継体天皇 若井敏明
*蘇我氏四代 遠山美都男
*推古天皇 義江明子
聖徳太子 仁藤敦史
斉明天皇 武田佐知子
*小野妹子・毛人・毛野 大橋信弥
*額田王 梶川信行
弘文天皇 遠山美都男
天武天皇 新川登亀男
持統天皇 丸山裕美子
阿倍比羅夫 熊田亮介
*藤原四子 木本好信
役小角 脊古真哉
*柿本人麿 古橋信孝
*元明天皇・元正天皇 渡部育子
聖武天皇 本郷真紹
光明皇后 寺崎保広

平安

*孝謙・称徳天皇 勝浦令子
藤原不比等 荒木敏夫
橘諸兄・奈良麻呂 遠山美都男
吉備真備 今津勝紀
*藤原仲麻呂 木本好信
道鏡 吉川真司
*藤原種継 木本好信
*行基 吉田靖雄
*桓武天皇 井上満郎
嵯峨天皇 西別府元日
宇多天皇 古藤真平
醍醐天皇 石上英一
村上天皇 京樂真帆子
花山天皇 上島享
*三条天皇 倉本一宏
藤原薬子 中野渡俊治
*藤原良房・基経 瀧浪貞子
*紀貫之 神田龍身
*安倍晴明 斎藤英喜
*藤原道長 朧谷寿
*藤原伊周・隆家 倉本一宏

藤原定子 山本淳子
*藤原彰子 朧谷寿
藤原頼通 末松剛
清少納言 三田村雅子
和泉式部 ツベタナ・クリステワ
大江匡房 小峯和明
*阿弖流為 樋口知志
坂上田村麻呂 熊谷公男
*源満仲・頼光 元木泰雄
平将門 西山良平
*藤原純友 寺内浩
源義家 大津雄一
最澄 吉田一彦
空海 武内孝善
円珍 岡野浩二
*空也 石井義長
奝然 上川通夫
*源信 小原仁
慶滋保胤 吉原浩人
安倍貞任 野中哲照
*後白河天皇 美川圭
*式子内親王 奥野陽子
建礼門院 生形貴重

鎌倉

藤原頼長・師長 樋口健太郎
*藤原秀衡 入間田宣夫
平時子・時忠 元木泰雄
平維盛 根井浄
木曾義仲 樋口州男
守覚法親王 阿部泰郎
藤原隆信・信実 山本陽子
*源頼朝 川合康
*源義経 近藤好和
源実朝 神田龍身
*九条兼実 加納重文
九条道家 上横手雅敬
*北条時政 野口実
熊谷直実 佐伯真一
*北条政子 関幸彦
*北条義時 岡田清一
曾我十郎・五郎 杉橋隆夫
後鳥羽天皇 兵藤裕己
北条時頼 山本隆志
北条時宗 近藤成一
平頼綱 細川重男

竹崎季長 堀本一繁
西行 西澤美仁
鴨長明 浅見和彦
藤原定家 赤瀬信吾
*京極為兼 今谷明
*兼好 島内裕子
重源 横内裕人
*運慶 根立研介
快慶 井上一稔
法然 今堀太逸
*栄西 中尾良信
明恵 西山厚
*親鸞 末木文美士
恵信尼・覚信尼 西口順子
覚如 今井雅晴
*道元 船岡誠
叡尊 細川涼一
*忍性 松尾剛次
*日蓮 佐藤弘夫
一遍 蒲池勢至
夢窓疎石 原田正俊
*宗峰妙超 竹貫元勝

南北朝・室町

後醍醐天皇 上横手雅敬

刊行のことば

歴史を動かすものは人間であり、興趣に富んだ人間の動きを通じて、世の移り変わりを考えるのは、歴史に接する醍醐味である。

しかし過去の歴史学を顧みるとき、人間不在という批判さえ見られたように、歴史における人間のすがたが、必ずしも十分に描かれてきたとはいえない。二十一世紀を迎えた今、歴史の中の人物像を蘇生させようとの要請はいよいよ強く、またそのための条件もしだいに熟してきている。

この「ミネルヴァ日本評伝選」は、正確な史実に基づいて書かれるのはいうまでもないが、単に経歴の羅列にとどまらず、歴史を動かしてきたすぐれた個性をいきいきとよみがえらせたいと考える。そのためには、対象とした人物とじっくりと対話し、ときにはきびしく対決していくことも必要になるだろう。

今日の歴史学が直面している困難の一つに、研究の過度の細分化、瑣末化が挙げられる。それは緻密さを求めるが故に陥った弊害といえるが、その結果として、歴史の大きな見通しが失われ、歴史学を通しての社会への働きかけの途が閉ざされ、人々の歴史への関心を弱める危険性がある。今こそ歴史が何のためにあるのかという、基本的な課題に応える必要があろう。評伝という興味ある方法を通じて、解決の手がかりを見出せないだろうかというのも、この企画の一つのねらいである。

狭義の歴史学の研究者だけでなく、多くの分野ですぐれた業績をあげている著者たちを迎えて、従来見られなかった規模の大きな人物史の叢書として、「ミネルヴァ日本評伝選」の刊行を開始したい。

平成十五年（二〇〇三）九月

ミネルヴァ書房

《著者紹介》

笠谷和比古（かさや・かずひこ）

1949年　神戸市生まれ。

1978年　京都大学大学院文学研究科国史学専攻博士課程修了。博士（文学）。

現　在　国際日本文化研究センター名誉教授。

著　書　『主君「押込」の構造』平凡社選書，1988年／講談社学術文庫，2006年。

『近世武家社会の政治構想』吉川弘文館，1993年。

『士（サムライ）の思想』日本経済新聞社，1993年／岩波書店，1997年／ちくま学芸文庫，2016年。

『関ヶ原合戦』講談社選書メチエ，1994年／講談社学術文庫，2008年。

『徳川吉宗』ちくま新書，1995年。

『武士道と日本型能力主義』新潮選書，2005年。

『関ヶ原合戦と大坂の陣』吉川弘文館，2007年。

『武家政治の源流と展開』清文堂出版，2011年。

『歴史の虚像を衝く』教育出版，2015年。

『論争　関ヶ原合戦』新潮選書，2022年，ほか。

ミネルヴァ日本評伝選

徳《とく》　川《がわ》　家《いえ》　康《やす》

——われ一人腹を切て，万民を助くべし——

2016年12月10日　初版第1刷発行　〈検印省略〉

2022年11月30日　初版第3刷発行

定価はカバーに
表示しています

著　者　笠　谷　和比古

発行者　杉　田　啓　三

印刷者　江　戸　孝　典

発行所　株式会社　ミネルヴァ書房

607-8494 京都市山科区日ノ岡堤谷町1

電話代表（075）581-5191

振替口座 01020-0-8076

共同印刷工業・新生製本

ISBN978-4-623-07869-1

Printed in Japan

人名索引

※「徳川家康」は頻出するため省略した。

あ　行

か　行

さ　行

な　行

は　行

ま　行

や　行

ら　行

わ　行

事項索引

さ　行

た　行

な　行

は　行

ま　行

や　行

ら　行